ENJOY TRAVEL

인조이 **남미**

인조이 남미

지은이 박재영
펴낸이 임상진
펴낸곳 (주)넥서스

초판 1쇄 발행 2011년 2월 5일
5판 23쇄 발행 2024년 12월 10일

6판 1쇄 인쇄 2026년 1월 5일
6판 1쇄 발행 2026년 1월 10일

출판신고 1992년 4월 3일 제311-2002-2호
주소 10880 경기도 파주시 지목로 5
전화 (02)330-5500 팩스 (02)330-5555

ISBN 979-11-24028-36-0 13980

www.nexusbook.com

여행을 즐기는 가장 빠른 방법

ENJOY TRAVEL

인조이 남미

페루 · 볼리비아 · 칠레 아르헨티나 · 브라질

SOUTH AMERICA

박재영 지음

넥서스BOOKS

Prologue

여는 글

제가 남미를 처음 여행한 것은 2008년이었습니다. 회사를 그만두고 1년간 여행을 할 때 여행 기간의 대부분을 남미에서 보내기로 결심했습니다. 유럽이나 아시아는 한국에서 살면서 언제든지 갈 수 있지만, 남미는 이때가 아니면 갈 수 없다고 생각했으니까요. 그래서 오랜 시간 동안 스페인어를 배우고 현지 문화를 즐기기 위해 살사를 배우고 사진과 수영까지 배우면서 남미 여행을 준비했었습니다. 그리고 8개월 동안 중남미를 여행했었죠. 당시만 해도 남미에는 한국인 여행자가 아주 드물었습니다. 그래서 길에서 동양인만 마주쳐도 우리나라 사람일까 싶어서 '어느 나라에서 왔어요?'라고 물어보곤 했었습니다. 여행자가 드물다 보니 제대로 된 남미 가이드북도 없어서 세계적으로 유명한 '론리 플래닛' 영문판을 구해서 일일이 번역을 해가며 참고를 했습니다.

2011년경부터 남미 여행자가 폭발적으로 늘기 시작하면서 이제는 남미에서 한국 사람을 보는 것이 더는 신기하지 않게 되었습니다. 물론 유럽이나 동남아와 비교할 순 없지만, 점점 많은 한국 여행자들이 남미를 찾고 있습니다. 하지만 여전히 대부분의 가이드북은 정보가 부족하고 매년 변하는 현지 사정을 제대로 반영하지 못하고 있습니다. 특히, 사진과 관광지 소개에만 집중하다 보니 여행자들에게 가장 필요한 여행 준비와 투어, 교통 부분의 정보가 부실한 것이 늘 문제였습니다. 그래서 차라리 여행 블로그를 보라고 권하곤 했습니다. 하지만 블로그의 정보도 사실 문제가 많습니다. 왜냐하면 대부분의 블로거는 딱 한 번 여행한 경험을 바탕으로 적기 때문이죠. 여행지는 계절에 따라, 성수기냐 비수기냐에 따라, 심지어 날씨에 따라 상황이 다르고, 매년 현지의 물가나 여행과 관련된 규정이 변하는데 그런 것까지 잘 알고 적는 블로거는 없으니까요. 이렇게 항상 남미 가이드북에 대해 아쉬움을 가지고 있다가, 넥서스 출판사로부터 가이드북을 써 줄 수 있냐는 제안을 받았습니다. 제 역량을 벗어나는 일이지 않을까 조금 조심스러웠지만, 그동안 제가 느꼈던 아쉬운 점을 채워줄 수 있는 제대로 된 가이드북을 만들어 보자고 결심하였습니다. 그리고 8개월 동안의 노력 끝에 이 책을 출간하게 되었습니다.

가이드북을 쓰면서 무엇보다 염두에 둔 것은 정보의 깊이와 자세함이었습니다. 예를 들어, 보통 가이드북에서 볼리비아 비자를 받는 방법과 절차를 대략적으로만 소개하다 보니 많은 여행자가 블로그를 일일이 뒤져가며 자세한 정보를 찾아야 했습니다. 이러한 번거로움을 덜고자 이 책에서는 블로그 수준의 자세한 정보를 전달하려고 노력했습니다. 저는 지난 10년간 블로그를 운영하면서 많은 글을 적었기 때문에, 여행자들이 원하는 정보의 수준을 잘 알고 있습니다. 또, 남미 여행 팀을 인솔하면서 팀원들이 저에게 물어봤던 점을 최대한 반영했습니다. 그래서 별도의 자료를 찾아보지 않고 이 책 한 권만으로 자세한 정보와 절차까지 알 수 있도록 구성했습니다. 또한 생생한 최신 정보를 반영하려고 노력했습니다. 세상 어디나 그렇듯이 남미의 물가와 여행지의 규정은 매년 변합니다. 예를 들어 2019년부터 마추픽추 관람 규칙이 변했고, 칠레를 입국할 때 신선 식품을 반입하면 큰 벌금을 내야 합니다. 매년 물가가 요동치는 아르헨티나는 말할 것도 없습니다. 저는 매년 남미를 돌아보고 있기 때문에, 모든 최신 정보와 경험을 이 책에 반영하기 위해 노력했습니다. 가이드북의 특성상 이번에 출간하는 것이 결코 전부가 아니라고 생각합니다. 앞으로 꾸준히 매년 달라지는 현지 사정을 반영해서, 언제 보더라도 신선한 정보가 가득한 책으로 유지하는 것이 더 중요한 일이겠지요. 그래서 매년 제가 남미에서 수집한 정보를 바탕으로 개정판을 낼 것을 약속드립니다.

부족하지만 제 책이 남미 여행을 준비하고 꿈꾸는 모든 분들에게 작은 도움이 되기를 바랍니다. 그리고, 세상에서 자연환경이 가장 아름다운 대륙인 남미를 여행하는 모든 분들이 안전하고 즐겁게 여행하시길 기원합니다. 마지막으로 저에게 부족했던 귀중한 사진 자료를 제공해주신 배상민 형님, 김홍규 님, 이승석 님과 출간을 위해 많은 노력을 기울여주신 넥서스 식구분들께 깊이 감사드립니다.

박재영

이 책의 구성

현지의 최신 정보를 정확하게 담고자 하였으나 현지 사정에 따라 정보가 예고 없이 변동될 수 있습니다. 특히 요금이나 시간 등의 정보는 안내된 자료를 참고 기준으로 삼아 여행 전 미리 확인하시기 바랍니다.

1 남미 Best 여행지 12

남미를 여행할 때 놓치지 말아야 하는 추천 장소를 정리했다. 남미 여행을 준비할 때는 이곳을 중심으로 여행 일정을 잡는 것을 추천한다.

2 남미 추천 코스

어디부터 여행을 시작할지 고민이 된다면 추천 코스를 살펴보자. 저자가 추천하는 코스를 참고하여 자신에게 맞는 최적의 일정을 세워 본다.

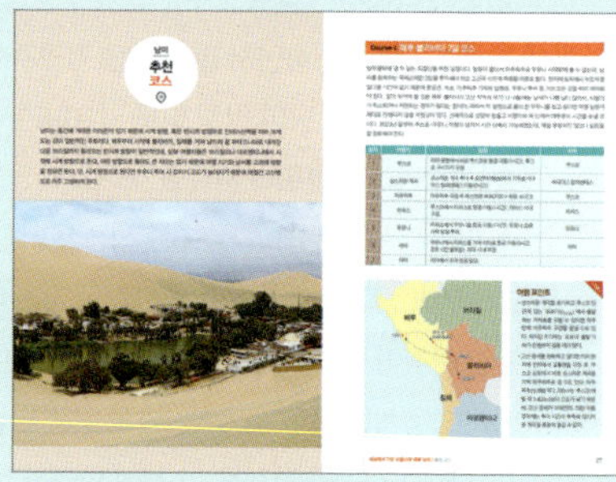

3 남미 여행 준비

여행 시기를 결정하는 데 중요한 기후와 축제 정보부터 여행 준비 과정에서 필요한 비자, 예약, 준비물 등의 다양한 정보를 담았다.

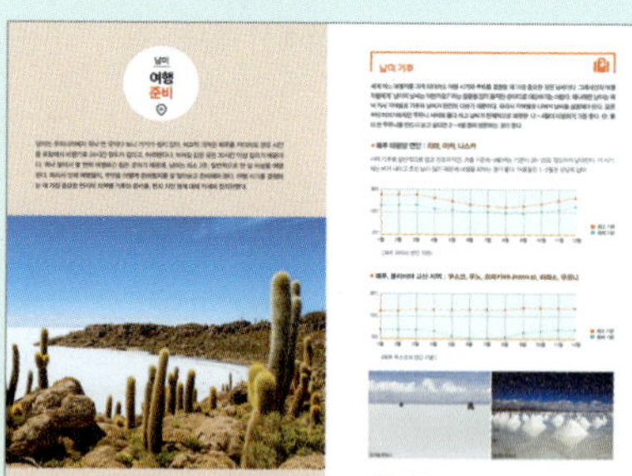

4 남미 입출국하기

남미 여행의 시작과 끝인 입출국에 관한 정보를 자세히 담았다.

5

지역 가이드

남미의 각 지역별 주요 관광지와 투어 정보, 맛집, 숙소 등을 소개한다. 남미를 찾는 여행자라면 꼭 가 봐야 할 핵심 여행 정보 위주로 정리하였다.

나라별 기본 정보와 대표 음식

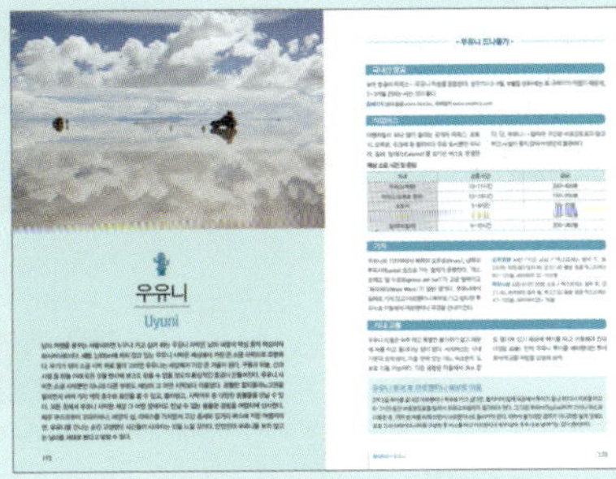

지역별 교통 정보와 핵심 명소

투어 정보

추천 식당 및 숙소

6

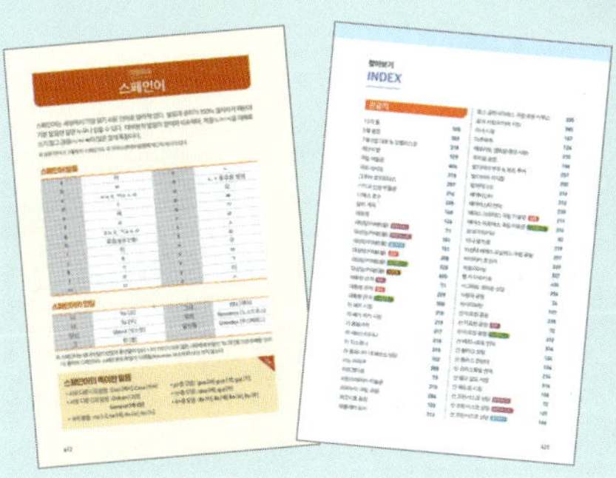

부록 – 여행 회화 & 찾아보기

현지에서 사용할 수 있는 간단한 스페인어와 포르투갈어 회화 표현을 수록하였다. 또한 책에서 소개된 관광지, 투어, 음식점, 숙소 등을 이름만 알아도 쉽게 찾을 수 있도록 정리했다.

Contents
목차

칠레

아르헨티나

브라질

Venezuela
Guyana
Surinam
Colombia
Ecuador
Peru
페루
와라스
성스러운 계곡
(마추픽추)
리마
쿠스코
이카
나스카
푸노
코파카바나(태양의 섬)
라파스
Bolivia
볼리비아
태평양
우유니
산 페드로
살타
Paraguay
Chile
칠레
포스
푸에르토 이과수
Argentina
아르헨티나
이스터섬
멘도사
산티아고
Uruguay
부에노스 아이레스
푸콘
발디비아
푸에르토 바라스
바릴로체
푸에르토 몬트
엘 찰텐
칼라파테
푸에르토 나탈레스
우수아이아

SOUTH AMERICA

세상에서 가장 아름다운 대륙

남미

남미는 아메리카 대륙 중 파나마 운하의 남쪽에 위치한 지역으로, 총면적은 1,784만km^2이다(남한의 178배). 페루, 볼리비아, 칠레, 아르헨티나, 브라질, 에콰도르, 콜롬비아, 베네수엘라 등 총 13개국이 있는데, 이 책에서는 우리나라 여행자들이 가장 많이 찾는 페루, 볼리비아, 칠레, 아르헨티나, 브라질(남부) 5개국을 다룬다. 남미의 인구는 약 4.3억 명(2018년 기준)으로 아시아나 유럽, 아프리카에 비해 인구 밀도가 상당히 낮다.
남미는 15세기 스페인, 포르투갈의 정복 전부터 살았던 원주민, 유럽에서 건너온 백인, 아프리카에서 노예로 유입된 흑인, 그리고 그 사이에서 태어난 혼혈 인종까지 다양한 인종이 있다. 가장 부유한 칠레의 1인당 국민소득이 약 1만 7천 달러에 불과하지만, 넓고 비옥한 땅이 많기 때문에, 전체적으로 먹거리가 아주 저렴하고 풍부하다. 또한 1차 산업 위주의 국가들이 많아서 공장이 많지 않고 인구가 적기 때문에, 일부 대도시를 제외하고는 공기가 아주 맑다. 따라서 남미를 여행하면 우리나라에서는 좀처럼 보기 힘든 티 없이 맑은 하늘을 거의 매일 볼 수 있다.
인구가 적고 개발이 많이 되지 않아 깨끗한 자연이 잘 보존된 남미는 아마존의 정글부터 사막, 고산, 숲과 호수, 눈 덮인 화산, 빙하 등의 다양한 풍경을 만날 수 있다. 게다가 그 풍경 하나하나가 세계 최고 수준으로 아름답기 때문에, 남미를 제대로 여행하고 나면 '이제 어디를 가야 여기보다 아름다운 곳을 만날까?'라는 고민이 생길 것이다. 지구 반대편으로 가면 우리가 교과서에서 배우지 못한, 세상에서 가장 아름다운 대륙 남미가 기다리고 있다.

남미

Best 여행지 12

남미는 워낙 크기 때문에 너무나 많은 아름다운 여행지가 있다. 세상에서 가장 큰 소금 사막부터 안데스 산맥의 호수와 고원, 화산과 호수가 어우러진 아름다운 휴양지, 거대한 빙하 등 엄청나게 많은 볼거리가 곳곳에 자리하고 있다. 오랫동안 필자는 남미의 곳곳을 여행했지만 아직도 가보지 못한 곳이 많을 정도다. 여기에서는 필자가 여행했던 남미 여행지 중 절대 놓치지 말아야 할 최고의 여행지 12곳을 소개한다.

페루 **와라스 Huaraz**

해발 5,000~6,000m대의 눈 덮인 안데스 설산들이 일렬로 뻗어 있고, 설산 사이사이에는 만년설이 녹아서 만들어진 하늘색 호수들이 빛나고 있다. 69 호수 투어나 산타 크루스 트레킹을 통해서 안데스의 아름다운 설산과 호수들을 만나 보자. (p.136)

페루 쿠스코 Cusco

세계적으로 유명한 잉카의 유적인 마추픽추뿐만 아니라 쿠스코에는 수많은 매력이 있다. 성스러운 계곡을 달리며 아름다운 안데스고원을 만끽하고, 친체로, 마니살레스, 모라이에서 아름다운 고산의 풍경과 어우러진 잉카의 흔적을 만나 보자. 남미에서 가장 아름다운 식민 도시인 쿠스코의 골목을 걷는 것도 절대 놓쳐선 안 된다. (p.94)

볼리비아 **태양의 섬** Isla del Sol

태양의 섬에서 아름다운 티티카카 호수를 만끽할 수 있다. 해발 4,000m의 섬마을 정상에 서면 짙푸른 호수 위로 새하얀 물결을 만들며 보트가 달리고 뭉게구름은 눈높이에 드리워져 있다. 티티카카의 석양과 밤하늘의 은하수도 바로 눈앞에서 펼쳐진다. (p.154)

볼리비아 **우유니 사막** Salar de Uyuni

우유니를 가 보지 않고 남미 여행을 다녀왔다고 말할 수는 없다. 해발 3,600m에 자리한 세상에서 가장 큰 소금 사막은, 우기가 되면 세상에서 가장 큰 거울이 되어 하늘 아래 모든 것을 반사한다. 소금 사막뿐만 아니라 광활한 알티플라노고원을 달리면서, 온갖 색상의 아름다운 호수와 화산 그리고 플라밍고, 사막여우 등의 다양한 동물을 만날 수 있다. 세상 그 어떤 곳보다 환상적인 풍경을 우유니에서 볼 수 있다. (p.172)

칠레 산 페드로 San Pedro

우유니 사막이라는 남미 최고의 풍경에 가려져 상대적으로 저평가받고 있지만, 아타카마 사막도 세상에서 가장 멋진 사막 중 하나이다. 이 세상 풍경이 아닌 것 같은 달의 계곡과 아름다운 소금 호수들 그리고 건조한 기후 덕분에 언제나 볼 수 있는 밤하늘의 은하수는 산 페드로를 잊지 못하게 한다. (p.226)

칠레 푸에르토 바라스 Puerto Varas

장미를 가로수로 이용하고 있어서 '장미의 도시'로도 불리는 푸에르토 바라스는 칠레에서 가장 아름다운 도시로 유명하다. 도시 앞에 있는 드넓은 얀키우에 호수 뒤로는 눈 덮인 오소르노 화산과 칼부코 화산이 병풍처럼 펼쳐져 있다. 호숫가를 산책하고 화산과 호수가 보이는 근사한 식당과 카페에서 먹거리를 즐기면, 왜 푸에르토 바라스가 남미 최고의 휴양지 중 하나로 꼽히는지를 알게 될 것이다. (p.254)

칠레 토레스 델 파이네 Torres del Paine

온몸을 뒤흔드는 강한 바람과 티끌 하나 없이 깨끗한 하늘과 구름, 하늘색 빙하 호수와 크리스털처럼 빛나는 빙하, 그 속에 수직으로 치솟은 해발 3,000m에 가까운 거대한 바위산. 이 모든 것을 만날 수 있는 토레스 델 파이네는 세계 최고의 트레킹 코스이며, 우유니 사막과 더불어 남미 최고의 풍경 중 하나이다. 3박 4일간의 W 트레킹이 부담스럽다면 일일 투어를 통해라도 반드시 파이네의 환상적인 풍경을 만나 보자. (p.268)

칠레 푸콘 Pucon

눈 덮인 비야리카 화산과 수정처럼 맑은 비야리카 호수 사이에 자리 잡은 푸콘은 칠레에서 가장 유명한 휴양지이다. 끝에서 끝까지 걸어도 20분도 안 걸리는 크기의 작고 예쁜 마을은 모든 건물이 나무로 만들어져 있으며, 눈 덮인 비야리카 화산이 내려다보고 있는 거리에는 항상 꽃과 나무가 가득하다. 동화 속 마을에 온 것 같은 푸콘의 아름다운 자연 속에서 비야리카 화산 트레킹, 래프팅, 승마 등의 액티비티를 즐긴 후, 숲속에 숨겨진 천연 온천에서 여행의 피로를 풀어 보자. (p.234)

아르헨티나 바릴로체 Bariloche

푸른 숲과 설산에 둘러싸인 나우엘 우아피 호숫가에 있는'안데스의 푸른 보석' 바릴로체는 남미의 그 어떤 곳보다 아름답다. 새파란 호숫물은 크리스털처럼 깨끗하고, 1년 내내 푸른 나무들 사이에 서 있는 하얀 고사목은 숲의 푸름을 더 돋보이게 한다. 캄파나리오 언덕 위의 카페에 앉아 커피 한 잔을 마시며 가슴 시리도록 새파란 바릴로체의 산과 호수와 숲을 보는 것은, 남미 여행에서 가장 행복한 시간 중 하나일 것이다. 남미에서 가장 유명한 바릴로체의 수제 초콜릿과 아이스크림도 놓치지 말자. (p.322)

아르헨티나 모레노 빙하
Glaciar Perito Moreno

지구 최남단의 땅 파타고니아에 있는 수많은 빙하 중 가장 아름다운 빙하는 이곳일 것이다. 때로는 새하얗게, 때로는 하늘처럼 새파랗게 빛나는 모레노 빙하는 자연의 경이로움을 느끼게 한다. 미니 트레킹이나 빅 아이스 투어를 신청해 인간의 흔적이 느껴지지 않는 빙하 위를 걸어 보자. 빙하 얼음을 넣은 위스키 한 잔은 보너스! (p.336)

아르헨티나 부에노스 아이레스
Buenos Aires

남미는 아름다운 자연을 즐기기 위해 찾는 곳이라 대도시에 대한 관심은 상대적으로 떨어진다. 하지만 매력이 가득한 문화의 도시, 부에노스 아이레스는 절대 지나칠 수가 없는 곳이다. 고풍스러운 건물이 늘어선 거리에선 탱고 음악이 흐르고 댄서들이 춤을 춘다. 거대한 오벨리스코가 서 있는 세계에서 가장 넓은 도로, 오페라 하우스를 개조한 서점, 형형색색의 건물이 늘어선 거리 등 부에노스 아이레스는 구석구석 매력이 흘러넘친다. (p.298)

아르헨티나·브라질 **이과수 Iguazu**

세계에서 가장 큰 폭포 지대인 이과수에는 280개가 넘는 크고 작은 폭포들이 절벽을 따라 늘어서 있다. 얼마나 많은 물이 쏟아지는지 가늠조차 할 수 없는 엄청난 규모의 폭포와 저 멀리서도 들리는 폭포수의 굉음을 느껴 보자. 이과수에서 가장 큰 폭포 '악마의 목구멍'을 볼 수 있는 아르헨티나 이과수뿐만 아니라, 이과수 전체의 풍경을 볼 수 있는 브라질 이과수도 놓칠 수 없다. (p.358 / p.386)

남미

추천 코스

남미는 중간에 거대한 아마존이 있기 때문에 시계 방향, 혹은 반시계 방향으로 안데스산맥을 따라 크게 도는 것이 일반적인 루트이다. 페루부터 시작해 볼리비아, 칠레를 거쳐 남미의 끝 파타고니아로 내려간 다음 브라질까지 올라오는 반시계 방향이 일반적인데, 일부 여행자들은 브라질이나 아르헨티나에서 시작해 시계 방향으로 돈다. 어떤 방향으로 돌아도 큰 차이는 없기 때문에 여행 시기와 날씨를 고려해 방향을 정하면 된다. 단, 시계 방향으로 돈다면 우유니 투어 시 갑자기 고도가 높아지기 때문에 며칠간 고산병으로 아주 고생하게 된다.

Course 1. 페루·볼리비아 7일 코스

일주일밖에 낼 수 없는 직장인을 위한 일정이다. 일정이 짧아서 마추픽추와 우유니 사막밖에 볼 수 없는데, 남미를 왕복하는 국제선에만 3일을 투자해야 하고 고산과 시차에 적응할 여유도 없다. 현지에 도착해서 이것저것 알아볼 시간이 없기 때문에 항공권, 숙소, 마추픽추 기차와 입장권, 우유니 투어 등 거의 모든 것을 미리 예약해야 한다. 알아 두어야 할 것은 페루·볼리비아 고산 지역의 우기(12~3월)에는 날씨가 나쁜 날이 많아서, 비행기가 취소되거나 지연되는 경우가 많다는 점이다. 따라서 이 일정으로 물이 찬 우유니를 보고 싶다면 여행 일정이 제대로 진행되지 않을 위험성이 있다. 신체적으로 상당히 힘들고 비행기와 차 안에서 대부분의 시간을 보낼 것이다. 2023년 말부터 쿠스코-우유니 직항이 생겨서 시간 단축이 가능해졌는데, 매일 운항하진 않으니 일정을 잘 검토해야 한다.

일자	여행지	일정	숙박
1	쿠스코	리마 공항에서 바로 쿠스코로 항공 이동(1시간), 쿠스코 구시가지 구경.	쿠스코
2	성스러운 계곡	성스러운 계곡 투어 후 오얀타이탐보에서 기차로 아구아스 칼리엔테스 이동(2시간).	아구아스 칼리엔테스
3	마추픽추	마추픽추 구경 후 쿠스코로 복귀(기차 + 차량, 4시간).	쿠스코
4	라파스	쿠스코에서 라파스로 항공 이동(1시간), 라파스 시내 구경.	라파스
5	우유니	라파스에서 우유니로 항공 이동(1시간), 우유니 소금 사막 당일 투어.	우유니
6	리마	우유니에서 라파스를 거쳐 리마로 항공 이동(3시간, 경유 시간 불포함), 리마 시내 구경.	리마
7	리마	리마에서 귀국 항공 탑승.	

TIP

여행 포인트

- 성스러운 계곡을 포기하고 쿠스코 인근에 있는 '포로이(Poroy)'에서 출발하는 기차표를 구할 수 있다면 하루 만에 마추픽추 구경을 끝낼 수도 있다. 하지만 우기에는 '포로이' 출발 기차가 운행하지 않을 때가 많다.
- 고산 증세를 완화하고 싶다면 미리 현지에 연락해서 교통편을 구한 후, 쿠스코 공항에서 바로 성스러운 계곡을 거쳐 마추픽추로 갈 수도 있다. 마추픽추는(해발 약 2,700m)는 쿠스코(해발 약 3,400m)보다 고도가 낮기 때문에 고산 증세가 약해진다. 다만 이럴 경우에는 투어 시간이 부족해 성스러운 계곡을 충분히 즐길 수 없다.

Course 2. 페루·볼리비아·칠레 & 이과수 14일 코스

2주 휴가를 낼 수 있는 직장인을 위한 루트이다. 일정이 바빠서 다소 힘들지만 페루, 볼리비아를 제대로 즐길 수 있고, 칠레의 아타카마 사막과 이과수, 부에노스 아이레스와 리우 데 자네이루까지 볼 수 있다. 다만 항공 이동이 많기 때문에 비용이 상당히 많이 든다. 남미 비행기 체험을 온 것이 아닌가 생각될 정도로 비행기를 많이 탈 것이다.

일자	여행지	일정	숙박
1	와카치나	리마에서 이카(와카치나)로 버스 이동(5시간), 사막 버기 투어.	와카치나
2	바예스타섬 또는 나스카 경비행기	바예스타섬 투어나 이카 공항에서 출발하는 나스카 경비행기 투어 후 버스로 리마 이동(5시간).	리마
3	쿠스코	리마 공항에서 쿠스코로 항공 이동(1시간), 쿠스코 구시가지 구경.	쿠스코
4	성스러운 계곡	성스러운 계곡 투어 후 기차로 아구아스 칼리엔테스 이동(2시간).	아구아스 칼리엔테스
5	마추픽추	마추픽추 관람 후 쿠스코로 복귀(기차 + 차량 4시간).	쿠스코
6	라파스	쿠스코에서 라파스로 항공 이동(1시간), 라파스 시내 구경.	라파스
7	티티카카 호수	티티카카 호수와 태양의 섬 일일 투어.	라파스
8	우유니 사막	라파스에서 우유니로 항공 이동(1시간), 우유니 2박 3일 투어 시작.	우유니(투어 숙소)
9	우유니 사막	우유니 투어 2일 차.	우유니(투어 숙소)
10	아타카마 사막	칠레의 산 페드로에 도착하여 달의 계곡 투어.	산 페드로
11	부에노스 아이레스	칼라마 공항까지 차량 이동(1시간) 후 산티아고로 항공 이동 (2시간). 다시 산티아고→부에노스 아이레스 항공 이동(3시간) 후 부에노스 아이레스 시내 구경.	부에노스 아이레스
12	부에노스 아이레스	부에노스 아이레스 시내 구경 후 푸에르토 이과수로 항공 이동(2시간).	푸에르토 이과수
13	이과수	이과수 구경 후 브라질의 리우 데 자네이루로 항공 이동 (2시간).	리우 데 자네이루
14	리우 데 자네이루	리우 데 자네이루 구경 후 귀국편 항공 탑승.	

여행 포인트

TIP

- 산티아고에서 이과수를 거쳐서 리우 데 자네이루까지 가려면 비행기를 여러 번 갈아타야 하기 때문에, 비용과 시간이 상당히 많이 든다.(항공료 600~800달러 예상) 따라서 이과수를 빼면 비용이 상당히 줄어든다. 이과수를 빼서 생긴 시간으로 와카치나, 쿠스코, 산 페드로 등 다른 지역에 더 머물 수 있다.
- 마추픽추 입장권과 기차표는 반드시 미리 예약해야 한다. 인터넷에서 직접 예약하기 힘들다면 쿠스코 현지에 있는 사랑채 등 한국인 업체에 요청할 수 있다. 우유니 투어도 반드시 현지 여행사에 이메일을 보내 미리 예약해야 한다.
- 시간을 조금 더 낼 수 있다면 산티아고와 부에노스 아이레스 여행에 투자하는 것을 추천한다.

Course 3. 파타고니아 14일 코스

칠레, 아르헨티나는 숙소와 먹거리의 상태가 페루, 볼리비아보다는 좋다. 그리고 파타고니아에는 고산 지역이 없기 때문에 아름다운 풍경을 즐기며 상대적으로 힘들지 않게 여행할 수 있다. 하지만 페루와 볼리비아에 비해 물가가 비싸고, 파타고니아까지 가는 이동 거리가 멀기 때문에 비용도 많이 든다. 파타고니아는 특히 성수기(12~2월)와 비수기의 가격 차이가 크다. 비용과 시간이 가장 많이 드는 W 트레킹을 하지 않으면, 푸콘 같은 다른 지역을 일정에 추가할 수 있으며 비용이 많이 줄어든다. 남미를 한꺼번에 돌아볼 수 없는 상황이라면, 페루·볼리비아 루트를 먼저 여행한 뒤에 이 지역에 가 볼 것을 권한다. 산티아고-푸에르토 나탈레스 항공편을 이용하면 좀 더 편리한데, 항공편이 매일 있지는 않다.

일자	여행지	일정	숙박
1~2	산티아고	산티아고 시내나 발파라이소, 비냐 델 마르 등의 산티아고 인근 지역으로 여행.	산티아고
3	푸에르토 나탈레스	푸에르토 나탈레스로 항공 이동하여(2시간), 토레스 델 파이네 W 트레킹 준비.	푸에르토 나탈레스
4~7	토레스 델 파이네	토레스 델 파이네 W 트레킹(3박 4일) 후, 푸에르토 나탈레스 복귀.	토레스 델 파이네(산장)
8	칼라파테	아르헨티나 칼라파테로 버스 이동하여(6시간), 칼라파테 시내 구경.	칼라파테
9	모레노 빙하	모레노 빙하 트레킹.	칼라파테
10~11	바릴로체 또는 우수아이아	바릴로체(또는 우수아이아)로 항공 이동 후, 바릴로체(또는 우수아이아) 여행.	바릴로체 또는 우수아이아
12~13	부에노스 아이레스	부에노스 아이레스로 항공 이동(2~4시간), 부에노스 아이레스 여행.	부에노스 아이레스
14	부에노스 아이레스	부에노스 아이레스에서 귀국편 항공 탑승.	

TIP

여행 포인트

- 성수기(12~2월)에 간다면 파타고니아행 항공권은 출발 몇 달 전에 미리 예약해야 한다. 성수기에는 항공권 구하기가 아주 힘들고 또 늦게 예약하면 상당히 비싸진다.
- 토레스 델 파이네 W 트레킹을 하려면 반드시 산장을 미리 예약해야 한다. 산장 예약이 아주 힘들기 때문에 무엇보다 이것을 가장 먼저 준비해야 한다. 산장 예약은 '칠레 토레스 델 파이네 편(p.272)'을 참고하면 된다.
- 모레노 빙하 트레킹은 한국에서 출발하기 전에 현지 업체를 통해 예약하는 것이 좋다. 특히 빙하 트레킹을 하고 싶다면 최소 1~2개월 전에는 예약해야 한다. 빙하 트레킹은 '아르헨티나 칼라파테 편(p.336)'을 참고하자.

Course 4. 남미 50일 코스

남미의 모든 여행지를 충분히 돌아보는 루트이다. 장거리 구간을 이동할 때 버스를 주로 이용한다면 이동 시간이 많이 걸리기 때문에, 여유 있게 일정을 짜자. 버스나 투어 등의 모든 것을 사전에 예약할 수 없기에, 현지 사정 따라 일정이 틀어질 수 있다. 따라서 빡빡하게 일정을 계획하지 말고 1~2일 정도 예비일을 넣는 것이 좋다.

여행 포인트

TIP

- 시간이 충분하기 때문에 정교하게 계획을 세울 필요는 없다. 상황에 따라 여행지와 이동 방법이 달라질 수 있다.
- 대부분의 교통편은 현지에 도착한 후 구매해도 무방하지만, 성수기(12~3월)에 간다면 파타고니아행 항공권은 미리 사야 한다. 만약 토레스 델 파이네 W 트레킹을 하고 싶다면 산장을 최대한 빨리 예약해야 한다.
- 주로 버스를 이용해서 이동한다면 10시간 이상의 장거리 이동 후에는 충분한 휴식을 하자. 그리고 장거리 버스 대신 항공편을 이용하면 상당히 편해진다. 항공권과 버스 가격이 비슷한 구간이 많으니 한번 체크해 보자.

일자	여행지	일정	숙박
1	리마	리마 시내 구경.	리마
2~4	와라스	리마에서 와라스로 버스 이동(8시간) 후, 고산 적응 및 69 호수 투어.	와라스
5~7	와카치나	와라스에서 리마로 복귀(8시간)하여, 이카(와카치나)로 버스 이동(5시간). 와카치나에서 버기 투어, 바예스타섬 투어.	와카치나
8~9	나스카, 쿠스코	나스카 경비행기 투어 후 쿠스코까지 버스 이동(15시간) 또는 리마 복귀 후 항공 이동(7시간).	쿠스코
10~12	성스러운 계곡, 마추픽추	성스러운 계곡·마추픽추 관람 및 쿠스코 자유 일정.	아구아스 칼리엔테스, 쿠스코
13	푸노	푸노 버스 이동(8시간) 및 우로스섬 투어.	푸노
14	태양의 섬 (또는 코파카바나)	푸노에서 버스 + 보트를 이용(5시간)하여 태양의 섬 도착 후 관광.	태양의 섬 (또는 코파카바나)
15~16	라파스	태양의 섬에서 보트 + 버스로 이동(5시간)하여 라파스에 도착, 관광 후 야간버스(10시간) 또는 항공(1시간)으로 우유니 이동.	라파스
17~19	우유니 사막, 산 페드로	우유니 2박 3일 투어 후 칠레 산 페드로 도착, 시내 구경 및 휴식.	우유니 사막, 산 페드로
20~21	산티아고	산 페드로 여행 후, 산티아고로 항공 이동(2시간). 산티아고 시내 구경.	산티아고
22~23	산티아고	와이너리 투어, 발파라이소 같은 산티아고 인근 지역 구경 후, 야간 버스로 푸콘 이동(10시간).	산티아고
24~26	푸콘	푸콘에서 비야리카 화산 트레킹, 래프팅, 천연 온천 등 액티비티와 휴식의 시간.	푸콘
27	발디비아 또는 산 마르틴	발디비아(3시간) 또는 아르헨티나의 산 마르틴(5시간)으로 버스 이동 후 관광.	발디비아 또는 산 마르틴
28~30	바릴로체	발디비아(8시간) 또는 산 마르틴(3시간)에서 바릴로체로 버스 이동, 바릴로체 둘러보기.	바릴로체
31~32	푸에르토 바라스	푸에르토 바라스로 버스 이동(6시간) 후 푸에르토 바라스 여행.	푸에르토 바라스
33~37	토레스 델 파이네	푸에르토 나탈레스로 항공 이동(2시간). 토레스 델 파이네 W 트레킹.	푸에르토 나탈레스, 토레스 델 파이네
38~39	칼라파테	아르헨티나의 칼라파테로 버스 이동(6시간) 후, 모레노 빙하 투어.	칼라파테
40~41	피츠로이	엘 찰텐으로 버스 이동(3시간), 피츠로이 트레킹 후, 버스로 칼라파테 복귀(3시간),	엘 찰텐
42~43	우수아이아	우수아이아로 항공 이동(1시간), 비글 해협 또는 티에라 델 푸에고 국립 공원 투어.	우수아이아
44~46	부에노스 아이레스	부에노스 아이레스로 항공 이동(3시간 30분), 부에노스 아이레스 둘러보기.	부에노스 아이레스
47~48	이과수	푸에르토 이과수로 항공 이동(2시간), 아르헨티나·브라질 이과수 관람.	푸에르토 이과수
49~50	리우 데 자네이루	리우 데 자네이루로 항공 이동(2시간), 리우 데 자네이루 구경 후 귀국편 항공 탑승.	리우 데 자네이루

남미

여행 준비

남미는 우리나라에서 워낙 먼 곳이다 보니 가기가 쉽지 않다. 비교적 가까운 페루를 가더라도 경유 시간을 포함해서 비행기로 24시간 정도가 걸리고, 아르헨티나, 브라질 같은 곳은 30시간 이상 걸리기 때문이다. 워낙 멀어서 몇 번씩 여행하긴 힘든 곳이기 때문에, 남미는 최소 2주, 일반적으로 한 달 이상을 여행한다. 따라서 언제 여행할지, 무엇을 어떻게 준비할지를 잘 알아보고 준비해야 한다. 여행 시기를 결정하는 데 가장 중요한 현지의 지역별 기후와 준비물, 현지 치안 등에 대해 자세히 정리하였다.

남미 기후

세계 어느 여행지를 가게 되더라도 여행 시기와 루트를 결정할 때 가장 중요한 것은 날씨이다. 그래서인지 여행자들에게 '남미의 날씨는 어떤가요?'라는 질문을 많이 듣지만 한마디로 대답하기는 어렵다. 왜냐하면 남미는 워낙 커서 지역별로 기후와 날씨가 완전히 다르기 때문이다. 따라서 지역별로 나눠서 날씨를 설명해야 한다. 결론부터 이야기하자면 우유니 사막에 물이 차고 날씨가 전체적으로 따뜻한 12~4월이 여행하기 가장 좋다. 단, 물이 찬 우유니를 반드시 보고 싶다면 2~4월 중에 방문하는 것이 좋다.

■ 페루 태평양 연안 : 리마, 이카, 나스카

사막 기후로 일반적으로 덥고 건조하지만, 겨울 시즌(6~9월)에는 기온이 20~25도 정도까지 낮아진다. 이 시기에는 비가 내리고 흐린 날이 많기 때문에 여행을 피하는 것이 좋다. 여름철인 1~2월은 상당히 덥다.

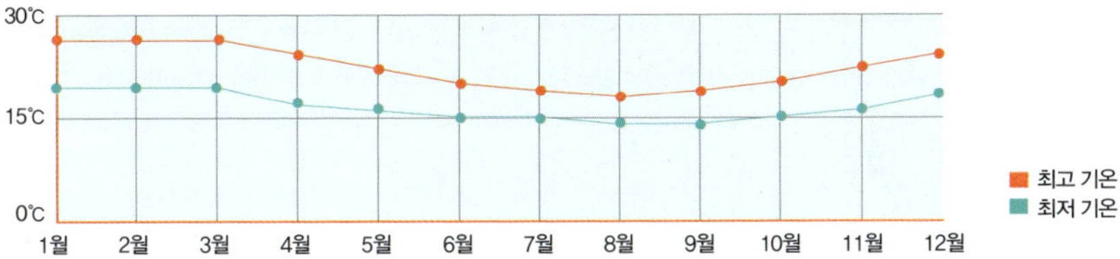

〈페루 리마의 연간 기온〉

■ 페루, 볼리비아 고산 지역 : 쿠스코, 푸노, 코파카바나(태양의 섬), 라파스, 우유니

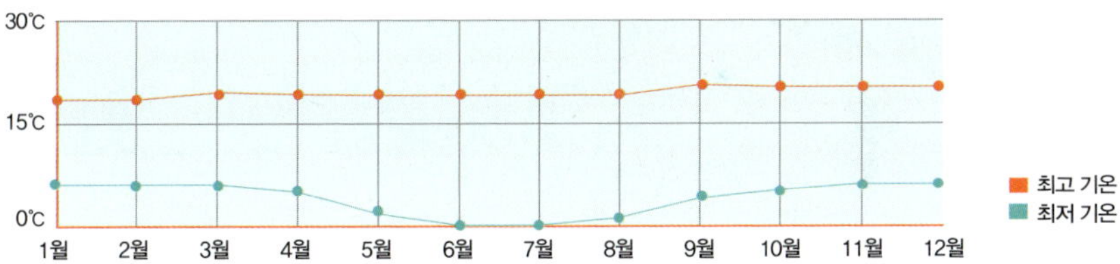

〈페루 쿠스코의 연간 기온〉

건기의 우유니

우기의 우유니

TIP

고산 지역의 기온

페루, 볼리비아의 고산 지역은 해발 3,000~ 4,000m 정도이며, 우기와 건기가 뚜렷이 구분된다. 일반적으로 해가 뜨면 우리나라의 봄 날씨 정도로 상당히 따뜻하며, 구름이 끼거나 비가 오면 긴소매나 재킷이 필요하다. 해가 지면 기온이 떨어져서 따뜻한 옷이 필요하지만, 겨울(5월 말~9월 초)을 제외하면 영하까지 거의 떨어지지 않는다. 즉, 겨울 시즌만 제외하면 날씨가 추울 때도 우리나라의 쌀쌀한 봄, 가을 정도이기 때문에, 추위를 크게 걱정할 필요가 없다. 다만, 우유니 투어 둘째 날 숙소는 해발 4,300m에 있어서 여름 시즌에도 영하로 떨어질 때가 있다. 6~8월은 밤에 아주 춥고 우유니 투어 중 폭설로 고립되는 경우도 있기 때문에 여행을 피하는 것이 좋다.

건기의 고산 지역

고산 지역의 우기

일반적으로 우기는 12~4월이며 이때 우유니 사막에 물이 차 있을 가능성이 가장 높다. 11월, 5월에도 물이 찬 모습을 가끔 볼 수 있지만, 가능성이 낮으며 물의 양도 아주 적다. 6~10월은 우유니에 물이 있을 가능성이 극히 낮다. 또한 고산 지역은 우기가 되면 꽃과 작물이 무성하게 자라서 이동하는 내내 아름다운 풍경을 볼 수 있다. 이에 반해 건기에는 누런 흙만 있는 삭막한 풍경을 마주하게 된다. 따라서 이 지역은 반드시 우기(12~4월)에 여행할 것을 강력히 권한다. 보통 12~1월은 비가 내리기 시작하는 때라서 물이 없을 가능성도 높기 때문에, 물이 가득 찬 우유니를 보고 싶다면 2~4월이 가장 좋다.

우기의 고산 지역

■ 칠레 북부와 아르헨티나 북서부 : 산 페드로, 살타

사막 기후로 1년 내내 덥고 건조하다. 밤에는 조금 쌀쌀해지기 때문에 긴팔 옷이나 재킷이 필요하다. 언제 여행해도 별 차이가 없는 지역이다.

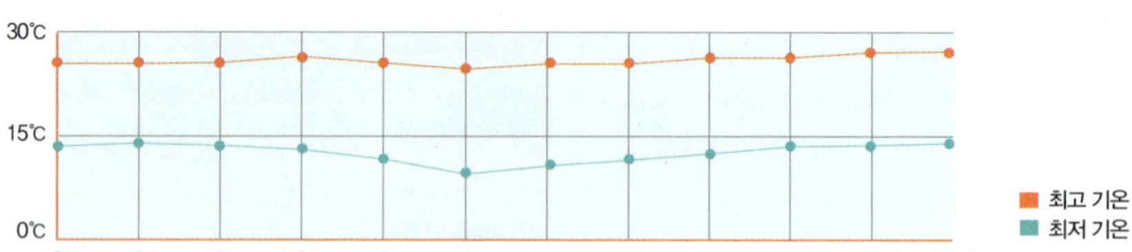

〈칠레 산 페드로의 연간 기온〉

■ 칠레, 아르헨티나 중부 : 산티아고, 멘도사, 부에노스 아이레스

아시아로 따지면 일본 규슈, 오키나와 정도의 위도로 여름(12~2월)에는 아주 덥고 겨울(6~8월)에는 서늘하고 비가 많이 온다. 최근에는 기상 이변으로 겨울에 영하까지 떨어질 때도 있다. 겨울 시즌은 피하는 것이 좋다.

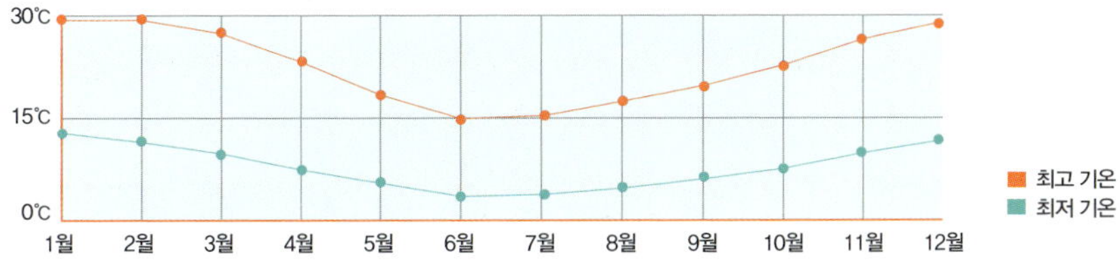

〈칠레 산티아고의 연간 기온〉

■ 칠레, 아르헨티나의 중남부 : 푸콘, 발디비아, 푸에르토 바라스, 푸에르토 몬트, 바릴로체

남미 최고의 휴양지로 날씨가 온화해서 여름(12~2월)에도 최고 기온이 25~28도 정도다. 겨울에도 기온이 영상이지만 비가 많이 오기 때문에, 이때는 피하는 것이 좋다. 다만 바릴로체는 영하까지 떨어져 눈이 많이 오며, 인근 지역의 스키장이 문을 연다. 이 일대는 꽃이 만발하는 12~2월이 가장 아름답다.

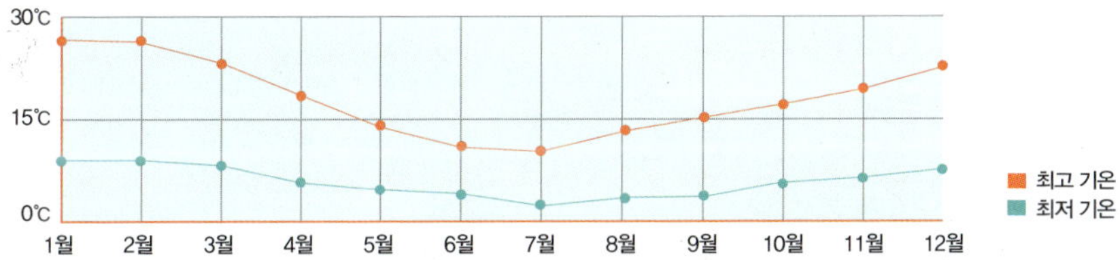

〈칠레 푸콘의 연간 기온〉

푸콘

■ 칠레·아르헨티나의 남부 파타고니아: 푸에르토 나탈레스, 칼라파테, 우수아이아

1년 내내 한랭한 기후로 여름에도 쌀쌀한 때가 많고 겨울은 영하의 날씨에 눈이 많이 온다. 따라서 항상 패딩처럼 따뜻한 옷을 준비해야 한다. 겨울은 버스·비행기 운행이 크게 줄어들고 해가 아주 짧아지기 때문에 여행하기 상당히 불편하다. 트레킹하기 가장 좋은 시즌은 12~4월이며, 4~5월에는 아름다운 파타고니아의 단풍을 볼 수 있다.

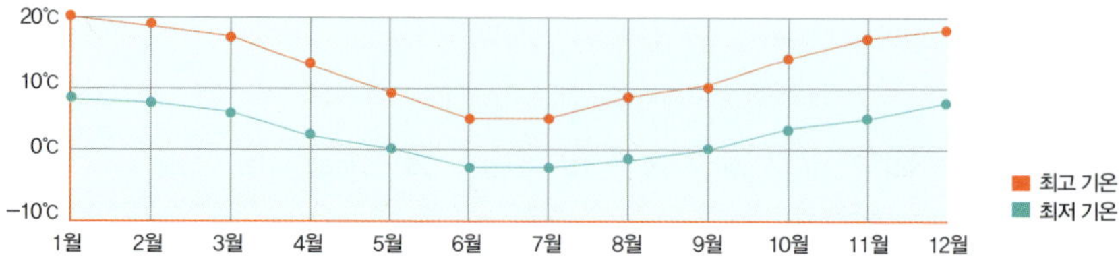

〈아르헨티나 칼라파테의 연간 기온〉

■ 아르헨티나 북동부, 브라질 남부 : 푸에르토 이과수, 포스 두 이과수, 리우 데 자네이루

1년 내내 덥고 습하며 비가 많이 온다. 6~8월에는 기온이 조금 낮아지지만, 큰 차이는 없다. 언제 여행해도 상관없는 곳이다. 단, 12~3월에는 상당히 덥다.

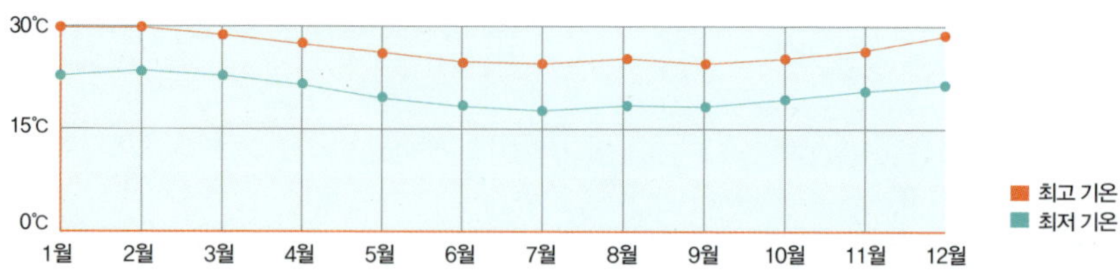

〈브라질 리우 데 자네이루의 연간 기온〉

남미의 치안

남미 여행을 준비하는 많은 여행자가 가장 걱정하는 것 중 하나가 치안이다. 하지만 현지에서 사는 사람들이 느끼는 안전과 여행자들이 체감하는 안전은 상당히 다르다. 그리고 남미는 주로 자연을 보기 위해 방문하는 여행지라 장기 여행자가 아니라면 일반적으로 대도시에서 머무는 시간이 상당히 짧아서 생각보다는 안전한 편이다.

치안이 불안한 대도시, 비교적 안전한 소도시

세상 어디를 가나 치안이 불안한 지역은 인구가 많은 대도시이다. 남미의 모든 대도시도 치안이 좋지 않다. 하지만 파리, 로마 등 대도시가 주요 여행지인 유럽과 달리 남미를 찾는 대부분의 여행자는 마추픽추, 우유니, 토레스 델 파이네 등 자연 속에 있는 여행지를 찾기 위해 방문한다. 즉, 남미 여행자들은 치안이 나쁜 대도시에서 머무는 시간이 짧기 때문에 범죄를 당할 가능성이 의외로 낮다.

남미 여행자들이 많은 시간을 보내는 주요 관광 도시를 방문하면 외국인 관광객이 아주 많다. 그리고 여행자들이 현지인들보다는 많은 돈을 쓰기 때문에, 이런 관광지들은 대도시에 비해 오히려 소득 수준이 나은 편이다. 게다가 남미의 지방 도시들은 아시아, 유럽의 도시들에 비하면 인구가 상당히 적은 편이라 치안 상태가 좋다. 따라서 남미 여행자들은 일반적으로 짧게 체류하는 대도시들만 조심하면 별다른 문제 없이 여행할 수 있는 것이다.

도둑맞을 가능성은 생각보다 낮다

여행자를 노리는 전문적인 소매치기와 도둑들이 많은 로마, 바르셀로나 등 유럽의 대도시에 비해, 남미의 대도시에는 그런 기술 좋은 도둑들이 많지 않다. 남미의 대도시들은 상대적으로 강도가 많은 편인데, 세상 어디나 그렇듯이 강도 사건은 주로 인적이 드문 으슥한 거리나 변두리 지역에서 일어난다. 즉, 짧게 머무는 대도시에서 기본적인 안전 수칙만 지킨다면 거의 모든 여행자들이 남미 여행을 아무런 문제 없이 끝낼 가능성이 아주 높다. 남미 여행, 너무 두려워할 필요가 없다.

장기 여행자는 더 주의를 기울이자

남미를 4~6개월씩 여행하는 장기 여행자는 1~2개월만 여행하는 사람들보다는 사고가 생길 가능성이 높기 때문에 조심해야 한다. 오랜 기간을 여행하다 보면 짧게 여행하는 사람들과 달리 한국인 숙소가 있고 한국 식당이 있는 부에노스 아이레스 같은 대도시에서 몇 주씩 머물곤 한다. 이럴 경우 관광객이 많은 중심가만 돌아보는 것이 지겹기 때문에, 외국인들이 잘 가지 않는 변두리 지역에 가기도 한다. 또한 주변 동네에 익숙해져서 인적이 드문 밤늦은 시간에 돌아다니기도 한다. 이렇게 잠시 방심할 때 강도를 만나는 일이 발생하는 것이다. 따라서 대도시에서는 아무리 오래 머물더라도 긴장을 완전히 풀지 않도록 조심해야 한다. 또한, 장기 여행자는 비용을 아끼기 위해 저렴한 로컬 버스를 이용하는 일이 많다. 이런 버스들은 비싼 버스는 비해 가난한 사람들이 이용하고, 중간에 자주 정차하다 보니 도난 사고가 자주 발생한다. 따라서, 로컬 버스를 이용할 때는 짐 관리에 특별히 주의해야 한다.

TIP

남미 여행의 안전 수칙

사실 아래에서 필자가 언급하는 내용은 남미뿐만 아니라 세상 어느 지역을 가더라도 기본적으로 조심해야 하는 안전 수칙이다.

귀중품을 보이지 말자.

비싼 장신구와 DSLR 카메라 같은 값비싼 전자 제품은 노출을 가급적 피해야 한다. 특히 대도시에서는 장신구는 착용하지 말고, 카메라는 카메라 가방에 넣어서 다니다가 사용할 때만 꺼내는 것이 좋다. 마추픽추, 우유니 등 관광객들이 많이 있는 곳에서는 마음 놓고 사용해도 무방하다.

휴대폰을 조심하자.

우리나라에서는 휴대폰이 별것 아닌 물건이지만, 남미에서는 고가의 품목이다. 실제로 훔쳐서 팔면 노트북과 유사한 가격을 받을 수 있고 훔치기가 쉽기 때문에, 남미에서 가장 많이 도난당하는 것이 휴대폰이다. 대도시에서는 길거리, 카페의 야외 테이블, 택시 등 외부에 노출될 수 있는 곳에서는 사용을 피하는 것이 좋다. 특히 대도시에서는 오토바이를 탄 도둑이 손에 든 휴대폰을 훔쳐서 달아나는 경우가 많기 때문에 주의해야 한다.

가방은 몸 앞쪽에 두자.

식당, 버스 터미널 등 사람이 많은 곳에서는 가방을 항상 몸 앞쪽에 두어야 한다. 버스 터미널에서 짐을 뒤쪽에 두고 잠시 한눈을 파는 동안 짐을 도둑맞는 일이 자주 발생하기 때문이다. 식당에서도 가방을 의자 뒤쪽에 걸어 두는 것은 위험하다. 반드시 다리 사이 같은 몸 앞쪽에 두어야 한다. 만약 혼자 식사를 한다면 화장실에 갈 때는 가방을 가지고 가는 것이 좋다.

대도시에서 밤늦게 다니지 말자.

대도시에서 인적이 드문 거리에 들어가지 말고 밤늦은 시간에는 외출을 피하자. 이런 곳은 강도를 당하기 딱 좋은 곳이다. 만약 밤늦게 외출해야 한다면 숙소에 치안 상태를 물어보고, 멀리 이동한다면 택시를 이용하는 편이 안전하다.

귀중품을 위탁 수하물로 보내지 말자.

공항에서 현금, 노트북, 카메라 등 귀중품을 위탁 수하물로 보내지 말아야 한다. 남미의 공항에선 여행자의 가방을 열고 귀중품을 훔치는 사건이 종종 발생한다. 귀중품은 반드시 본인이 가지고 기내에 반입하는 것이 좋다.

말 거는 현지인을 조심하자.

길에서 말을 거는 현지인을 조심하자. 물론 한류의 영향으로 한국 사람과 이야기를 나누고 싶어 하는 사람이 있을 수도 있겠지만, 굳이 말도 잘 안 통하는 외국인에게 접근하는 대부분의 사람들은 목적이 있는 것이다. 특히 이야기를 나누다 특정 장소로 함께 가자고 하는 경우는 절대 동행하지 말아야 한다.

택시 합승을 해서는 안 된다.

남미의 거의 모든 택시는 합승을 하지 않는다. 합승을 요구한다면 강도일 가능성이 높으니 즉시 택시에서 내리는 것이 좋다. 다만, 일부 지역에서는 짧은 구간을 운행하면서 버스처럼 1인당 요금을 받는 합승 택시가 있는데 이런 것은 문제없다.

카드는 필요할 때만 휴대하자.

만에 하나 강도를 당했는데 카드가 있다면 더 큰 피해를 입을 수 있기 때문이다. 남미 여행 중 신용 카드와 국제 현금 카드는 자주 이용할 일이 없기 때문에, 꼭 필요한 경우에만 휴대하는 것이 좋다. 그리고 만약 ATM에서 현금을 뽑아야 한다면 사람이 많은 중심가에서 낮에 인출하는 것이 더 안전하다.

환전 시 위조지폐 여부를 확인하자.

최근에는 위조지폐가 발견되는 일이 크게 줄었지만, 남미는 다른 대륙에 비해서는 위폐가 많은 편이다. 우리 돈으로 몇만 원 단위 정도의 고액권은 환전소에서 받는 즉시 지폐의 재질, 은선, 음화 같은 것을 확인하는 것이 좋다. 종이에 프린트한 수준으로 조악하게 만들어진 위폐가 많기 때문에, 대부분 조금만 주의를 기울이면 피할 수 있다. 혹시나 의심이 가는 지폐가 있다면 바로 환전소에 교환을 요구하자.

여행 종류 선택하기

남미는 개인적으로 배낭여행을 할 수도 있지만, 패키지여행이나 단체 여행을 할 수도 있다. 단체 여행의 경우 일반적으로 두 가지 형태가 있는데, 호텔에서 숙박을 하고 비행기로 주로 이동하는 호텔팩과 호스텔 또는 게스트하우스에서 숙박하면서 버스로 주로 이동하는 배낭팩이 있다.호텔팩이 배낭팩보다는 다소 비싸지만 숙소와 이동이 훨씬 편하기 때문에, 피로가 덜하고 일행들 사이에 문제가 발생할 가능성이 배낭팩에 비하면 적다. 패키지여행은 모든 것을 여행사가 준비하기 때문에 아주 편하지만, 비용이 많이 들고 정해진 식사와 투어를 해야 한다. 여행사를 통하면 개인적으로 여행하는 것보다 당연히 비용이 더 많이 든다.

하지만 이동이나 숙박, 투어에 대해 준비하지 않아도 되기 때문에, 짧은 시간에 많은 여행지를 방문할 수 있고 여행지 자체에 집중할 수 있는 장점이 있다. 이에 반해 개인적으로 여행을 하면 비용을 크게 아낄 수 있고 원하는 일정에 맞춰 움직일 수 있는 장점이 있지만, 현지 사정에 대해 정확하게 모르기 때문에 실수를 할 수 있다. 따라서 개인적으로 여행한다면 동일한 루트를 여행하는 단체 여행에 비해서는 충분한 시간이 있어야 한다.

구분	장점	단점
개인 여행	비용이 적게 든다. 여행 일정과 루트를 마음대로 조정할 수 있다.	단체 여행보다는 시간이 많이 든다. 숙소, 교통, 투어 등의 모든 것을 직접 알아봐야 한다.
단체 여행	패키지여행에 비해 저렴하다. 투어, 식사, 시내 관광 코스 등을 개인 취향에 따라 선택할 수 있다.	개인 여행에 비해 비용이 많이 든다. 단체로 여행하기 때문에 일행들 사이에 문제가 발생할 수 있다.
패키지여행	식사 메뉴, 투어, 도시별 관광 코스가 정해져 있기 때문에 따라다니만 하면 된다.	비용이 상당히 많이 든다. 자유 시간이 짧고 식사, 투어 등을 개인적으로 선택할 수 없다.

여행 비용 준비

남미는 신용 카드를 사용할 수 없는 곳이 많고, 볼리비아 등 일부 국가는 신용 카드 복제가 자주 발생하기 때문에 때문에, 현금(미국 달러)이나 국제 현금 카드를 준비하는 것이 좋다. 1~2개월 정도만 남미를 여행한다면 현금으로 준비하는 것이 편하다.

달러 준비 및 환전

여행 비용은 달러로 준비해서 현지에서 환전하는 것이 가장 편하다. 남미 어디에서나 달러는 기준 환율 대비 환전 수수료가 적다. 달러는 권종과 상관없이 동일한 환율이 적용된다. 단, 볼리비아·아르헨티나에서 암달러 환전을 하려면 반드시 100달러 지폐를 준비해야 한다. 유로, 캐나다 달러 등 다른 통화도 환전 가능하나 달러가 가장 환율이 좋다. 하지만 찢어졌거나 낙서가 있는 지폐는 환전이 거부되기 때문에, 한국에서 환전시 미리 지폐 상태를 확인해야 한다. 50달러나 100달러 같은 고액권은 반드시 신권으로 준비해야 한다.(구권은 환전 불가)

쓰고 남은 화폐는 인접한 다른 나라에서 그 나라의 화폐로 환전이 가능하다. 예를 들어 페루의 돈이 남으면 볼리비아와 칠레에서 현지 화폐로 바꿀 수 있다. 물론 환전을 다시 하는 것 때문에 약간의 손해는 보게 되지만, 정확하게 쓸 만큼만 환전하기 위해 환전 금액을 너무 고민할 필요는 없다. 다만 아르헨티나 돈은 가치가 지속적으로 떨어지기 때문에 재환전 시 손해를 많이 보게 되며, 보통 아르헨티나 국경 인근 지역에서만 환전이 가능하다.

ATM 이용

ATM은 태양의 섬, 우유니 사막 등 일부 오지를 제외하면 어디에나 있다. 하지만 거의 모든 ATM을 이용할 때 현지 은행에서 4~6달러 수준의 별도 수수료를 부과한다. 거기에 현금 카드를 발행한 우리나라의 은행과 Master, Visa 등 카드사에서 부과하는 수수료도 있기 때문에 한 번 인출할 때마다 1만 원 정도의 수수료를 내야 한다. 또한 일반적으로 남미의 ATM은 한 번에 우리 돈으로 약 20~30만 원밖에 인출이 안 된다. 따라서 장기 여행자가 아니라면 달러를 가져와서 환전하고, ATM은 비상 용도로만 이용하는 편이 낫다. 단, 볼리비아는 카드 복제가 자주 발생하기 때문에 ATM 사용을 되도록 피해야 한다. 우리나라 은행에서 발급한 국제 현금 카드는 모두 사용이 가능하며, 이 책에서 다루는 국가에는 시티 은행이 없다.

신용 카드 이용

볼리비아는 카드 복제 사고가 자주 발생하므로 ATM과 함께 신용 카드도 사용을 피해야 한다. 나머지 국가는 백화점, 마트, 고급 식당, 쇼핑몰 같은 곳에서는 신용 카드 사용이 가능하다. 하지만 해외에서 신용 카드를 사용하면 별도 수수료가 붙기 때문에 소액은 현금 결제를 하는 것이 좋다. 구멍가게, 로컬 식당, 대부분의 호스텔과 투어비는 현금으로 지불해야 한다.

신용 카드 사용 시 주의 사항

TIP

남미는 통신망이 우리나라보다 불안정하기 때문에, 신용 카드 결제 중 오류가 자주 발생한다. 예를 들어 단말기에 카드를 그었는데 결제가 되지 않아서, 어쩔 수 없이 한 번 더 그었는데 이중 결제가 되는 일이 자주 발생한다. 이런 일이 발생하면 오류를 확인 후 해당 점포에 직접 가서 결제를 취소해야 하는데, 우리나라와 달리 취소 처리에 시간이 많이 걸린다. 게다가 여행자들은 계속 이동해야 하기 때문에, 혹시나 다음 도시로 이동한 후에 이중 결제가 이루어졌다는 것을 알게 되면 상당히 난감해진다. 따라서 가급적 현금을 이용하는 것이 좋고, 신용 카드는 큰 금액을 결제할 때나 비상 시에 이용할 것을 권한다.

사전 예약 필요 항목

대부분 버스와 항공권, 투어는 현지에 도착한 후 알아봐도 별문제가 없다. 하지만 일부 항목은 미리 예약하지 않으면 큰 어려움을 겪을 수도 있기 때문에, 아래에 나온 것들은 반드시 미리 준비하는 것이 좋다.

마추픽추행 기차와 입장권

대부분의 여행자가 50~120달러(편도) 정도 하는 아주 비싼 기차를 타고 마추픽추를 다녀와야 한다. 그런데 마추픽추의 성수기(7~8월, 12~2월)에는 엄청난 여행자들이 몰리기 때문에, 1~2개월 전에 기차표를 미리 확보하는 것이 좋다. 미리 사지 않는다면 어쩔 수 없이 아주 비싼 표를 사야 하고, 최악의 경우 원하는 날짜에 다녀오지 못할 수도 있다. 마추픽추 입장권은 일반적으로 페루 도착 후에 구매해도 무방하지만, '와이나픽추'까지 포함된 입장권을 사고 싶다면 5~6개월 전에는 구매해야 한다.

※ 기차와 입장권 관련 세부 내용은 '페루 마추픽추 편(p.121)' 참조

파타고니아행 항공권

성수기(12~2월)에는 엄청나게 많은 여행자들이 남미 대륙의 끝, 파타고니아를 찾는다. 따라서 칠레의 푼타 아레나스(Punta Arenas), 푸에르토 나탈레스(Puerto Natales) 또는 아르헨티나의 칼라파테(Calafate)행 항공권은 최소 1~2개월 전에 예약해야 한다. 버스를 이용해서 파타고니아까지 내려갈 수도 있지만 30시간 가까이 걸리고, 버스비가 비행기보다 비쌀 때도 있다. 게다가 성수기에는 버스표도 며칠씩 없는 경우가 흔하기 때문에, 미리 항공권을 사는 것이 좋다.

잉카 트레일

마추픽추까지 잉카의 옛길을 따라 걷는 정식 잉카 트레일(Inca Trail)을 하고 싶다면 사전에 예약을 해야 한다. 잉카 트레일은 비가 오지 않는 건기(5~11월)에 사람들이 몰리는데, 특히 5~6월은 반년 전에는 예약해야 자리를 구할 수 있다. 우기(12~4월)는 상대적으로 사람이 적지만 1~2개월 전에는 예약하는 것이 좋다.

※ 잉카 트레일은 '페루 쿠스코 편' p.108 참조

토레스 델 파이네 W 트레킹

파타고니아 최고의 풍경을 만날 수 있는 토레스 델 파이네의 W 트레킹은 미리 산장을 예약해야만 트레킹을 즐길 수 있다. 하지만 파타고니아의 날씨가 가장 좋은 성수기(12~2월) 시즌에는 산장 예약 사이트가 열리자마자 마감되는 경우가 흔하다. 따라서 산장 예약 사이트를 자주 들어가서 본인이 원하는 날짜의 예약이 가능한지 확인하는 것이 좋다. 일반적으로 6개월 전부터 예약이 가능하다.

※ 산장 예약은 '칠레 토레스 델 파이네 편' p.272 참조

모레노 빙하 트레킹

아르헨티나 파타고니아에서 가장 유명한 여행지인 페리토 모레노 빙하에는 '미니 트레킹'과 '빅 아이스'라는 트레킹 투어가 있다. 그중 '빅 아이스' 투어는 하루에 45명만 참여할 수 있기 때문에, 사전에 예약하지 않으면 즐기기 힘들다. 성수기(12~2월)에는 최소 1~2개월 전에는 예약해야 하고, 비수기에도 2~3주 전에는 예약하는 것이 좋다. 미니 트레킹도 2~3주 전까지는 예약하는 것이 좋다.

※ 빙하 투어는 '아르헨티나 칼라파테 편' p.336 참조

여행 준비물

일반적으로 남미는 한 달 이상 긴 시간 동안 여행하기 때문에, 준비물을 어떻게 챙겨야 할지 난감해 하는 여행자들이 많다. 특히, 언제 가더라도 고산과 파타고니아 지역은 쌀쌀하고, 반대로 1년 내내 더운 지역도 있다. 짐은 아주 필수적인 것만 챙기고 보온용 옷이나 생필품 등은 가능한 한 현지에서 구매할 것을 권한다. 남미는 거의 모든 도시에 대형마트가 있기 때문에 여행자들이 필요한 물품을 쉽게 구할 수 있다. 짐이 가벼운만큼 여행도 가볍고 편해진다는 것을 명심하자.

여권

남미 국가들은 여권 만료일까지 최소 6개월이 남아 있어야 입국이 가능하다. 일반적으로 남미는 1개월 이상 길게 여행하는 경우가 많기 때문에, 여권 만료일이 임박했다면 출발 전에 새 여권을 발급받는 것이 좋다.

의류

남미 여행 준비물 중 가장 큰 고민은 의류 준비일 것이다. 남미는 언제 가더라도 더운 지역도 있고 추운 지역도 있기 때문이다.

• 보온 의류

페루·볼리비아의 고산 지대와 파타고니아는 항상 쌀쌀하다. 하지만 겨울 시즌(5~9월)에 가지 않는다면 기온이 영하로 떨어지는 일이 드물기 때문에, 무거운 보온 의류는 조금만 준비하고 가볍고 얇은 옷을 여러 개 준비해서 겹쳐 입는 것이 좋다. 따라서 얇고 가벼운 패딩 정도만 준비하고, 쿠스코 같은 페루의 고산 지대에 도착하면 털실로 만든 옷을 사 입는 방법을 추천한다. 얼마 안 되는 돈으로 살 수 있고, 충분히 따뜻하고 색깔이 예쁘기 때문에 마추픽추, 우유니에서 사진을 찍을 때도 좋다. 모자, 장갑도 현지에서 몇천 원 밖에 안 하기 때문에 기념품이라고 생각하고 사는 것이 좋다. 이렇게 저렴한 옷을 사서 입고 다니다가, 더운 지역에 오면 버려도 되고 기념품으로 보관해도 된다. 겨울옷을 많이 가져가면 입을 일은 거의 없으면서 여행 내내 짐이 된다.

• 속옷·양말

옷에 비해 속옷과 양말은 충분히 준비하는 것이 좋다. 일반적으로 남미의 속옷과 양말의 품질이 우리나라보다 좋지 않고, 속옷의 경우 사이즈 표기가 달라서 고르기가 쉽지 않기 때문이다. 보통 1주일에서 10일치 정도를 준비할 것을 추천한다.

신발

트레킹을 전혀 하지 않는다면 운동화를 신어도 되지만, 대부분의 남미 여행자들이 한 번쯤은 트레킹을 한다. 또, 비가 자주 오는 지역도 많기 때문에, 운동화보다는 방수가 되는 경량 트레킹화를 준비하는 편이 좋다. 남미는 호스텔은 물론 호텔에서도 실내화를 제공하지 않기 때문에, 실내에서 신을 슬리퍼를 가져가는 것이 좋다.

여행 중 세탁소 이용

TIP

태양의 섬, 우유니 사막 등 일부 오지를 제외하면 어디에 가나 세탁소가 많다. 옷 무게를 달아서 요금을 매기는 곳이 많으며, 보통 1kg에 우리 돈으로 2~3천 원 정도이다. 일부 지역에는 기계 건조를 해서 2~4시간 만에 찾을 수 있는 세탁소도 있는데, 하루 뒤에 찾는 일반 세탁에 비해 두 배 정도 비싸지만 빠르게 처리할 수 있다.

침낭과 보온용품

페루, 볼리비아 여행 중 가장 추운 곳은 해발 4,300m에 있는 우유니 투어 이틀째 숙소다. 하지만 추운 시즌이 아니면 영하까지 떨어지지 않기 때문에 크고 무거운 침낭은 필요 없다. 특히 호텔을 이용한다면 방에 히터가 있기 때문에 침낭이 전혀 필요 없다. 따라서 장기 여행자가 아니라면 침낭보다는 얇은 내복과 핫팩을 준비할 것을 추천한다. 핫팩은 트레킹을 할 때 손난로 용도로도 쓸 수 있어서 아주 유용하다. 만약 겨울 시즌에 우유니 투어를 하게 되더라도 보통 우유니 투어사에 요청하면 큰 침낭을 무료로 빌려준다. 물론 침낭이 깨끗하지는 않지만 어차피 투어 숙소의 이불도 깨끗하지 않다. 장기 여행자라면 페루·볼리비아의 호스텔은 히터가 없고 야간 버스를 자주 타기 때문에 침낭이 필요하다. 하지만 담요 대용으로 쓸 가벼운 침낭이면 충분하다. 토레스 델 파이네 등 트레킹을 하는 지역에서는 어차피 큰 트레킹용 침낭을 따로 빌려야 하기 때문이다.

멀티 어댑터

페루와 볼리비아는 전압이 110V이고 앞이 뾰족한 어댑터로 충분하지만, 칠레, 아르헨티나는 콘센트 형태가 전혀 달라서 반드시 멀티 어댑터가 있어야 한다. 남미 여행의 필수품이다.

TIP

배낭 vs 캐리어

남미 여행을 준비하는 사람들이 많이 물어보는 질문 중 하나는, 배낭과 캐리어 중 어떤 것이 더 좋은가 하는 것이다. 물론, 둘 중 어떤 것을 가지고 가든 여행이 불가능한 것은 아니다. 하지만 필자의 경험상 혼자 여행하는 사람은 배낭을 이용하는 것이 좋고, 일행이 몇 명 있거나 단체로 여행하는 사람은 캐리어를 이용해도 무방하다.

나 홀로 여행자

나 홀로 여행자들은 일반적으로 공항이나 버스 터미널에서 숙소까지 이동할 때 시내버스를 타고, 숙소를 미리 예약하지 않고 여러 숙소를 돌아본 후 결정하곤 한다. 따라서 짐을 가지고 돌아다니는 시간이 길 수밖에 없는데, 남미 도시들의 인도는 울퉁불퉁한 곳이 많아서 캐리어를 가지고 오래 걷는 것이 상당히 힘들다.

일행이 있는 여행자

이에 반해 일행이 여러 명 있거나 단체로 여행한다면 숙소를 미리 예약해 두는 경우가 많다. 또한 여러 명이 나누면 비용 부담이 적어지기 때문에, 공항과 버스 터미널에서 시내버스 대신 택시를 타고 숙소까지 이동할 수 있다. 혹시나 숙소를 예약하지 않았더라도 일행 중 한 명이 짐을 지키는 동안 다른 일행이 돌아다니면서 숙소를 돌아볼 수도 있다. 따라서 캐리어를 끌고 시내를 오래 돌아다니지 않아도 되기 때문에, 굳이 배낭을 쓸 필요가 없는 것이다.

배낭과 캐리어의 적당한 크기

배낭여행자들 사이에 우스갯소리로 하는 말이 있다. '배낭의 무게는 전생의 업보의 무게'라고. 무거운 짐을 가지고 여행하는 것이 그만큼 힘들다는 의미이다. 배낭이나 캐리어가 크면 공간이 많아서 좋을 것 같지만, 그만큼 꼭 필요하지 않은 짐도 넣게 된다. 따라서 가능한 한 작은 배낭과 캐리어를 준비해서 정말 필요한 것만 가져간다는 마음가짐으로 준비하는 것이 낫다. 실제로 여행을 해 보면 필요 없이 공간만 차지하는 짐이 상당히 많기 때문이다. 경우에 따라 다르겠지만, 배낭은 45~55리터, 캐리어는 26인치 이하를 준비하라고 권하고 싶다. 너무 큰 캐리어를 준비하면 숙소를 이용하거나 택시를 탈 때에도 아주 불편하다. 또한 큰 캐리어는 자체 무게도 4~5kg나 되기 때문에, 여행 내내 애물단지가 될 수 있다. 여행 준비물 부분에서 언급했듯이 방한용 옷 같은 것을 줄여서 가급적 작은 배낭과 캐리어를 쓸 수 있도록 노력하자.

의약품

남미는 어디를 가나 약국인 '파르마시아(Farmacia)'가 많다. 하지만 스페인어가 능숙하지 않다면 증상을 정확하게 설명하고 약을 사기 쉽지 않기 때문에, 필수적인 의약품은 미리 준비하는 것이 편하다. 물론 대부분의 약은 현지 약국에서 구매할 수 있는데, 말이 잘 통하지 않는다면 영어를 할 줄 아는 현지인에게 도움을 요청하거나 인터넷 번역기 등을 활용하자.

• 필수 약품

지사제, 두통약, 종합 감기약, 멀미약, 소독약, 상처 치유 연고, 밴드 등이다. 환경이 자주 달라지기 때문에 배탈 증세를 겪는 여행자가 상당히 많다. 따라서 지사제를 충분히 준비해야 한다. 고산 지역에서는 두통과 감기 증세를 겪을 가능성이 높기 때문에, 두통약과 종합 감기약도 반드시 준비해야 한다. 장거리 버스와 배를 탈 일이 자주 있기 때문에, 멀미약도 준비하는 것이 좋다. 트레킹, 액티비티 중 사소한 상처가 생기는 경우가 많기 때문에, 소독약, 상처 치유 연고, 밴드도 준비가 필요하다.

• 고산 증세 대비 약품

이뇨제, 비아그라 등 고산 증세를 완화할 수 있는 약품은 병원에서 처방을 받아야 구매할 수 있으며 복용 시 부작용이 있다. 따라서 만약에 대비해 준비는 하더라도 고산 증세가 심하지 않다면 복용하지 않는 편이 낫다. ※ 자세한 내용은 p.99 참조.

세면도구, 물티슈, 휴지 등의 생필품

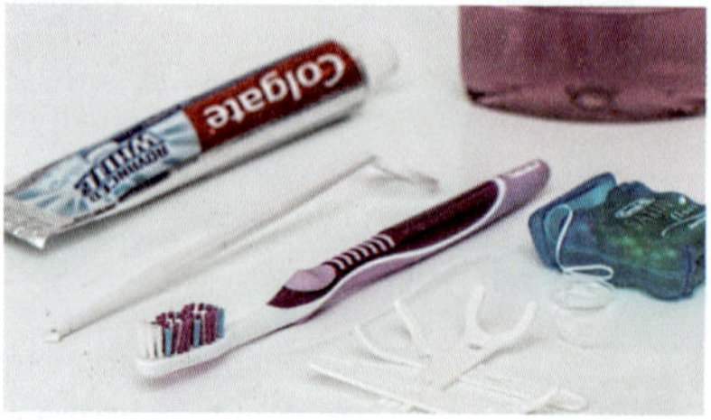

남미 어디를 가나 쉽게 살 수 있고 오히려 우리나라보다 싼 곳이 많으니 조금만 준비하자. 헤드앤숄더, 도브 등 글로벌 브랜드의 물품을 주로 팔기 때문에 품질은 걱정하지 않아도 된다.

선블록과 선글라스

고산 지역과 파타고니아는 자외선이 상당히 강하다. 게다가 남미는 자연을 즐기러 가는 곳이기 때문에, 낮 시간에 야외를 돌아다닐 일이 많다. 따라서 선블록과 선글라스는 필수적으로 준비해야 한다. 혹시 준비하지 않았다면 현지에서 쉽게 살 수 있다.

기타

온천 및 물놀이를 위한 수영복(혹은 물에 입고 들어갈 수 있는 옷), 우비, 우산, 수건(우유니 투어용. 투어 숙소에 수건 없음) 등을 준비한다.

TIP

우리나라 음식은 최소한만 준비하자

남미는 한국 식당이 있는 도시들이 몇 곳밖에 없고 여행 기간이 일반적으로 길기 때문에, 라면, 고추장, 누룽지, 김 같은 우리나라 음식을 준비해 오는 사람들이 많다. 하지만 이런 음식을 많이 준비하면 그만큼 짐이 늘어나고 무거워진다. 게다가 칠레는 입국할 때 신선 식품을 가지고 들어갈 수 없기 때문에, 통조림 형태가 아니라 비닐에 담아서 준비해 온 반찬류는 반입이 불가능하다. 또한 칠레 산티아고에는 한인 슈퍼가 있기 때문에 필요한 음식이 있다면 여기서 구매할 수도 있다. 따라서 페루부터 여행을 시작한다면 페루·볼리비아 여행 중 먹을 것 정도만 준비하고, 추가로 필요한 것이 있다면 산티아고에서 구매하는 것이 짐을 줄이는 방법일 것이다.

무게가 많이 나가지 않으면서 유용한 음식은 고추장, 김, 누룽지, 컵라면 정도이다. 김치, 된장 등 냄새가 많이 나는 음식을 숙소나 식당에서 먹으면 큰 문제가 생길 가능성이 높으니 가급적 피하도록 하자. 혹자는 통조림 김치나 볶음김치 같은 것은 냄새가 적게 나기 때문에 문제가 없지 않냐고 하는데, 우리나라 사람 기준으로 냄새가 적게 나는 것이지 현지인들이 느끼기에는 심한 냄새일 수 있다.

일부 몰지각한 단체 여행자들이 호텔에서 찌개 등 냄새 나는 음식을 만들어 먹는 바람에 쫓겨나는 일도 있었고, 이런 일들이 자꾸 생기다 보니 한국인 단체를 거부하는 호텔들도 생기고 있다. 어글리 코리언이 되지 않도록 자제하자.

·TIP·

황열병 예방 접종

몇 년 전까지는 볼리비아 비자를 받을 때 황열병 예방 접종이 필수였다.하지만 아마존 지역을 가지 않는다면 필수가 아닌 것으로 변경되었고, 2025년 12월부터 볼리비아가 무비자 국가가 되면서 더 이상 받을 필요가 없다. 하지만 최근 지구 온난화로 고온 현상이 지속되면서 남미 국가들의 아마존 유역에 황열병이 크게 유행하고 있다. 이에 따라 2025년 5월부터 에콰도르가 입국 시 황열병 접종 증명서 제시를 의무화했고, 2026년 7월부터 파라과이도 요구하고 있다. 콜롬비아는 접종이 권고 사항이다. 이 세 나라처럼 아마존 유역을 끼고 있는 국가인 페루와 볼리비아가 황열병 접종을 의무화할지는 알 수 없으나, 접종을 해 두는 것이 마음 편할 수도 있다. 황열병 예방 접종이 의무인 국가에 입국할 때는 반드시 접종 증명서 원본을 제시해야 하며, 입국 10~14일 이전에 접종을 해야 한다.

예방 접종 장소

예방 접종은 전국의 대형 병원, 의료원에서 받을 수 있는데 한 번 접종하면 평생 유효하다. 예방 접종이 가능한 곳은 질병 관리 본부 홈페이지(www.cdc.go.kr)의 '예방 접종 의료 기관' → '황열 예방 접종'에서 확인할 수 있다. 전화로 예약 후 방문하는 것이 좋다.

예방 접종 시 주의 사항

간혹 공항에서 출국할 때 예방 접종을 하는 사람이 있는데 아주 위험하다. 접종 후 1~2주간의 잠복기가 지난 다음, 15~20% 정도 확률로 고열 등 꽤 심각한 이상 증세가 나타난다. 이럴 경우 병원 치료를 받아야 하는데, 남미에 도착한 후 증세가 나타나면 여행 자체를 망칠 수 있다. '난 접종받고 가도 이상 없던데.'라는 말을 믿고 따라 했다가는 낭패를 당할 수 있으니 조심하자. 다른 사람이 괜찮았다고 본인도 괜찮을 것이란 보장은 전혀 없다. 이상 증세가 나타나는지 관찰할 시간이 필요하기 때문에, 출발 최소 2주 전까지는 접종을 받는 것이 좋다. 또한, 몸의 면역력이 떨어지면 이상 증세가 나타날 가능성이 높아지기 때문에, 접종 후 1~2주는 음주와 과로를 피해야 한다.

남미 축제

남미는 다양한 축제가 1년 내내 열리는데, 여행 중 뜻하지 않게 축제를 마주치는 것은 즐거운 일이다. 하지만 대규모 축제는 사전에 숙소와 교통, 티켓 등 관련 사항을 잘 알아보고 미리 준비한 후 참석해야 하며, 상당한 비용 지출을 감수해야 한다.

카니발

1월

코스퀸 민속 음악 축제 (아르헨티나)

Festival Nacional de Folklore de Cosquin

아르헨티나의 가장 큰 음악 축제로 코스퀸(Cosquin)에서 1월 마지막 주에 열린다.

2월

카니발 (브라질)

Canaval

브라질의 카니발이 가장 유명하지만 비슷한 시기에 남미 전체에서 카니발이 열린다. 축제 기간은 매년 다르며 2~3월 중에 펼쳐진다. 볼리비아의 오루로 카니발도 브라질의 카니발만큼 유명하다.

칸델라리아 성모 축제 (페루, 볼리비아)

Festival de la Virgen de la Candelaria

페루, 볼리비아의 안데스 산악 지대에서 2월에 열리는 전통 축제로 화려한 복장을 입고 펼쳐지는 퍼레이드로 유명하다. 티티카카 호수 인근 지역에서 특히 성대하게 열린다.

3월

벤디미아 와인 축제 (아르헨티나)

Fiesta Nacional de la Vendimia

3월 초에 아르헨티나의 와인 산지인 멘도사에서 펼쳐지는 와인 축제로 퍼레이드와 불꽃놀이 같은 전통 행사가 펼쳐진다.

롤라팔루자 칠레 (칠레)

Lollapalooza Chile

칠레에서 가장 큰 록 페스티벌로 3월 말이나 4월 초에 열린다. 세계에서 모인 다양한 록 그룹의 공연을 볼 수 있다.

4월

바릴로체 초콜릿 축제

아르헨티나

Fiesta del Chocholate

수제 초콜릿으로 유명한 아르헨티나 바릴로체에서는 매년 4월 중순쯤 초콜릿 축제가 열린다. 수제 초콜릿 만들기, 초콜릿 아트, 퍼레이드 등의 다양한 행사가 열린다.

6월

인티 라이미

페루

Inti Raimi

인티 라이미 축제는 남미에서 가장 큰 원주민 전통 축제로 페루 쿠스코에서 열린다. 해가 가장 짧은 동지(6월 21일)에 태양의 힘이 다시 강해지기를 기원하는 것으로, 6월 24일이 축제일로 지정되어 있다.

상파울루 프라이드

브라질

São Paulo Pride

브라질 상파울루에서 열리는 세계 최대 규모의 게이 축제이다. 일반적으로 6월 중순에 열리며 전 세계에서 수백 만의 인파가 몰려든다.

8월

탱고 축제

아르헨티나

Festival y Mundial de Tango

탱고의 본고장 아르헨티나 부에노스 아이레스에서 펼쳐지는 탱고 축제로, 전 세계의 정상급 무용수가 모여든다. 8월에 2주간 펼쳐지며 다양한 공연과 탱고 강습이 열린다.

9월

미스투라

페루

Mistura

페루에서 열리는 대규모 음식 축제이다. 리마에서 매년 9월에 열리며 다양한 음식과 함께 퍼레이드 등 각종 행사가 펼쳐진다.

12월

부에노스 아이레스 재즈 축제

아르헨티나

Buenos Aires Jazz Festival Internacional

아르헨티나 부에노스 아이레스에서 열리며 전 세계의 유명한 재즈 뮤지션들의 다양한 공연이 열린다.

레비용

브라질

Revillon

리우 데 자네이루에서 매년 12월 31일에 열리는 새해 전야 축제다. 코파카바나의 해변에서 새해가 온 것을 기념해 엄청난 규모의 불꽃놀이가 벌어진다. 브라질 사람들은 행운을 기원하는 하얀색 의상을 입고 온다.

레비용

남미

입출국 하기

최근 몇 년 동안 남미를 찾는 우리나라 여행자들이 크게 늘면서, 남미행 국제선을 구하기가 예전에 비해 쉬워졌다. 워낙 먼 곳이다 보니 경유 시간, 경유 횟수에 따라 가격이 크게 달라진다. 또한 남미는 공항 출입국 절차가 까다롭지 않기 때문에 출입국에 어려움을 겪는 일은 드물다. 다만, 중간에 미국을 거치는 항공편을 탄다면, ESTA(이스타) 등 미국 경유를 위한 준비를 해야만 한다.

남미 국제선

남미행 국제선

한국에서 남미까지는 아주 멀다. 상대적으로 가까운 페루 리마까지는 환승 시간을 포함해 보통 20~25시간이 걸리고, 아르헨티나, 브라질, 칠레는 30~40시간이나 걸린다. 따라서 당연히 직항은 없다. 페루와 볼리비아는 상대적으로 미국에서 가깝기 때문에 미국이나 멕시코를 경유하는 항공편을 이용하는 것이 낫고, 아르헨티나와 브라질은 미국을 경유하건, 유럽이나 중동을 경유하건 비슷하다. 우리나라에서 정반대에 있기 때문에 어느 방향으로 가건 지구를 반 바퀴 돌아야 하기 때문이다.

항공사 선택

미국의 항공사인 유나이티드(United), 델타(Delta), 아메리칸 에어라인(America Airlines)은 미국을, 아에로멕시코(Aeromexico)는 멕시코를 경유한다. 아에로멕시코를 이용하면 미국을 입국하지 않기 때문에 ESTA가 필요 없다. 남미에서 가장 큰 항공사인 라탐(LATAM)은 페루로 갈 때는 미국을 경유하고, 아르헨티나와 브라질을 갈 때는 미국 또는 유럽을 경유한다. KLM·에어프랑스·터키 항공·에미레이트 항공·에어캐나다도 이용 가능한데, 터키 항공·에미레이트·에어캐나다는 페루에는 취항하지 않고 콜롬비아까지만 간다.

항공권 구매

남미행 항공권은 시즌에 따라 가격 편차가 아주 크고 직항이 없기 때문에, 어떤 항공사가 더 좋다고 말하긴 힘들다. 여행을 원하는 때의 항공권 가격을 체크해 본 후, 소요 시간이 적고 가격이 저렴한 항공권을 미리 구매하는 것이 좋다. 전 세계적인 여행 성수기인 12~1월, 7~8월이 가장 비싸며, 일반적으로 출발 2~3개월 전까지는 구매를 해야 비교적 저렴하게 항공권을 확보할 수 있다.

한국 출국

공항 도착

서울에서 인천 공항으로의 이동은 공항버스를 이용하거나, 자가용을 이용할 수 있다. 또한, 서울역에서 출발하는 공항철도를 이용할 수도 있다. 김포 공항에서 인천 공항까지는 약 40분 정도 소요된다. 서울역을 기준으로 인천 공항까지는 공항버스로 약 1시간이 소요되지만 서울 시내의 교통 사정을 감안하여 미리 서둘러야 한다. 공항버스 노선 및 시간은 공항 리무진 홈페이지(www.airportlimousine.co.kr)에서 미리 확인할 수 있으며, 버스 노선별로 적용되는 할인 쿠폰도 다운받을 수 있다.

탑승권 발급

출발 2시간 전까지는 공항에 도착하여 해당 항공 카운터에 가서 탑승권을 발급받자. 인천 국제공항은 2018년 제2여객터미널이 신설되어 제1청사는 아시아나 항공과 제주 항공을 비롯한 저비용 항공사와 외항사(일부 제외)가 이용하고, 제2청사는 대한 항공, 델타 항공, KLM, 에어프랑스 항공사 등 일부 항공사가 이용한다.

출국장

인천 공항 제1청사는 3층에 4개의 출국장이 있고, 제2청사는 3층에 2개의 출국장이 있다. 출국장으로는 출국할 여행객만 입장이 가능하며, 입장할 때 항공권과 여권, 그리고 기내 반입 수하물을 확인한다. 또한 출국장에 들어가자마자 양옆으로 세관 신고를 하는 곳이 있는데, 사용하고 있는 고가의 물건을 외국에 들고 나가는 경우 미리 이곳에서 세관 신고를 해야 입국 시 다시 가져오는 데 대한 불이익을 받지 않는다. 하지만 DSLR, 노트북 등 일반적으로 이용되는 품목은 신고를 하지 않아도 별문제가 없다.

보안 심사

여권과 탑승권을 제외한 모든 소지품 검사를 받는다. 칼, 가위 같은 날카로운 물건이나 스프레이, 라이터, 가스 같은 인화성 물질은 반입이 안 되므로 기내 수하물 준비 시 미리 체크한다.

출국 심사

출국 심사 때는 항공권과 여권을 검사하며, 서류 작성은 필요 없다. 우리나라는 자동 출입국 심사 서비스를 시행하고 있는데, 자동 출입국 심사대에서 여권과 지문을 스캔하고, 안면 인식을 한 후 심사를 마친다. 주민 등록이 된 7세 이상의 대한민국 국민이면(14세 미만 아동은 법정 대리인 동의 필요) 모두 가능하고, 18세 이상 국민은 사전 등록 절차 없이 이용할 수 있다. 출국 심사를 통과하면 공항 면세점이 있는데 시내 면세점이나 인터넷 면세점에서 물건을 구입한 경우 면세점 인도장에서 물건을 찾을 수 있다. 면세 범위는 $800이며 초과 시에는 세금이 부과된다.

비행기 탑승

출국편 항공 해당 게이트에서 탑승이 가능한데 일반적으로 출발 30분~1시간 전부터 탑승이 가능하므로 보딩 타임을 확인하자. 항공 탑승권에 보면 'Boarding Time' 밑에 시간이 적혀 있다. 이 시간이 탑승 시간이므로 늦지 않도록 주의하자.

비행기 탑승 시 몇 가지 주의할 점

TIP

Q. 액체류는 기내 반입이 안 되나요?

2007년 3월 1일부로 액체, 젤류 및 에어로졸 등의 기내 반입이 제한되고 있다. 이는 늘어나는 항공 관련 테러를 방지하기 위한 대책의 일환으로, 최근 액체로 된 폭탄 제조 사례가 많이 발견되고 있기 때문이다. 한국 내 모든 국제공항 출발편 이용 시 다음과 같은 규정이 적용된다.

❶ 항공기 내 휴대 반입할 수 있는 액체, 젤류 및 에어로졸은 단위 용기당 100ml 이하의 용기에 담겨 있어야 하며, 이를 초과하는 용기는 반입할 수 없다. 100ml는 요구르트병을 조금 넘는 정도의 크기이다. 로션, 향수 등은 용기에 적혀 있는 용량을 꼭 확인하도록 한다.

❷ 액체류 등이 담긴 100ml 이하의 용기는 용량 1리터 이하의 투명한 플라스틱제 지퍼백(크기 20×20cm)에 담아서 반입하며, 이때 지퍼는 잠겨 있어야 한다. 지퍼백이 완전히 잠겨 있지 않으면 반입이 불가하며, 지퍼백으로부터 제거된 용기는 반입할 수 없다. 지퍼백은 1인당 1개만 허용된다. 1리터까지 기내 휴대가 가능하므로 규정상으로는 100ml 이하의 용기 10개까지 기내 반입이 허용되나, 실제로는 봉투 크기가 작으므로 용기 2~3개 정도를 넣으면 지퍼백이 꽉 찬다.

❸ 기내에서 승객이 사용할 분량의 의약품 또는 유아를 동반한 경우 유아용 음식(우유, 음료 등)은 반입이 가능하다.

❹ 지퍼백은 공항 매점에서 구입할 수 있다.

Q. 면세품의 경우는?

❶ 보안 검색대 통과 후 또는 시내 면세점에서 구입한 후 공항 면세점에서 전달받은 주류, 화장품 등의 액체, 젤류는 투명하고 봉인이 가능한 플라스틱제 봉투에 넣어야 한다.

❷ 봉투가 최종 목적지행 항공기 탑승 전에 개봉되거나 훼손된 경우 반입이 금지된다.

❸ 이 봉투에는 면세품 구입 당시 교부받은 영수증을 동봉하거나 부착해야 한다.

❹ 한국 내 공항에서 국제선으로 환승 또는 통과하는 승객의 면세품에도 위의 조항이 적용된다.

미국 경유

남미로 가는 항공편 중 상당수가 미국을 경유한다. 미국은 단순히 환승할 때도 입국 심사를 하므로 미국 경유 항공편을 이용한다면 입국 심사에 시간이 걸리는 것을 고려해 환승 시간을 2시간 이상 확보하는 것이 좋다.

ESTA(이스타) 신청

미국을 경유만 하더라도 반드시 미국의 '전자 여행 허가 시스템(ESTA)'을 출발 전에 미리 신청해야 한다. 한번 승인된 ESTA는 2년간 유효한데 유효 기간 중간에 여권을 교체할 경우 다시 신청해야 한다. ESTA는 인터넷으로 신청할 수 있으며 신청 시 신용카드로 40달러(USD)를 지불해야 한다. 단, 여권에 유효한 미국 비자가 있는 사람은 ESTA를 발급받을 필요가 없다. 신청 후 승인에 시간이 다소 걸리는 경우도 있기 때문에, 출국 1주일 전까지는 신청을 완료하는 것이 좋다. 공식 ESTA 신청 사이트가 아닌 곳에서 신청하면 대행 수수료로 3~8만 원의 추가 비용을 내게 된다. 따라서 반드시 공식 사이트(esta.cbp.dhs.gov)에서 신청하자.

최근 이유도 없이 갑자기 ESTA가 취소되는 경우가 자주 발생하니, 미국행 비행기를 탈 때는 가급적 공항에 일찍 가는 것이 좋다. 공항에서 취소된 것이 확인된 후 바로 신청하면 대부분 1시간 이내에 다시 발급된다.

입국 심사

미국에 도착하면 입국 심사관을 만나기 전에 ESTA 단말기를 먼저 이용해야 한다. ESTA라고 적힌 표지판을 따라가면 단말기가 쭉 늘어서 있는데, 한글 메뉴를 선택할 수 있다. 단말기에 나오는 지시 사항에 따라 여권을 스캔하고 사진을 찍고 입국 목적, 위험물 소지 여부 등을 체크하면 용지가 출력된다. 출력된 용지를 가지고 입국 심사대에 가서 다시 줄을 선 후 입국 심사관을 만나게 되는데, 남미로 '트랜짓(Transit. 경유)'한다고 하면 간단하게 심사가 끝난다. 영어가 미숙하다면 남미행 국제선의 이티켓(e-Ticket)을 심사관에게 보여 주자. 단말기가 없는 공항은 그냥 입국 심사대 줄을 서면 된다.

수화물 환승

일부 항공편은 미국의 공항에서 수화물을 찾아서 다시 보내야 한다. 일반적으로 인천 공항의 체크인 카운터에서 항공권을 받을 때, 항공사 직원이 수화물 환승이 필요한지 알려 준다. 만약 수화물을 다시 보내야 한다면 경유 공항의 수화물을 찾는 곳에서 짐을 찾은 후, '수화물 환승(Baggage Transfer)' 카운터로 가서 짐을 다시 보내야 한다. 수화물 환승 카운터는 일반적으로 수화물 찾는 곳 인근에 있는데, 찾기 힘들다면 공항 직원에게 위치를 물어보면 된다.

남미 입국

입국 절차는 국가에 상관없이 거의 동일하다. 하지만 칠레의 경우 자국 농업 보호를 위해 과일, 야채, 육류 등 신선 식품 반입을 엄격하게 규제하고 있다. 적발 시 거액의 벌금이 부과되므로 칠레 입국 시에는 절대 금지 품목을 반입하지 말아야 한다. (세부 내용은 칠레 편 p.195 참조)

착륙 및 입국 심사

대부분의 국가가 세관 신고서를 작성해야 하고, 칠레 등 일부 국가는 입국 신고서도 작성해야 한다. 비행기에서 승무원이 미리 나눠 주는 신청서를 작성하자. 일반적으로 남미 국가의 입국 심사관이 까다로운 질문을 하지는 않지만, 방문 목적, 입국하는 국가에 머무는 체류 기간, 입국하는 도시의 숙소 등의 기본적인 질문에 대한 대답은 영어로 준비하는 것이 좋다.

짐 찾기

입국 심사를 마친 후, 수하물 찾는 곳으로 이동한다. 전광판에서 자신의 항공편명을 확인한 후 해당 수화물 수취대에서 짐이 나오면 본인의 네임 태그를 확인해 짐을 찾는다. 만약, 본인의 짐이 나오지 않았다면 당황하지 말고 항공사 직원에게 도움을 요청하자. 특히 미국을 경유하는 항공편은 짐이 도착하지 않는 일이 종종 발생한다. 항공사 직원에게 항공권과 함께 받은 수화물 티켓을 보여 주고 숙소 주소를 알려 주면, 보통 1~2일 내에 항공사가 숙소로 짐을 보내준다. 숙소에 도착해서 직원에게 상황을 설명하면 직원이 항공사에 전화해 진행 상황을 체크하고 짐을 받아 줄 것이다.

세관 심사

육류, 채소, 과일을 포함한 기타 동식물의 반입은 금지되므로 주의한다. 간혹 가방 검색을 요청하는 심사관이 있으며 이때에는 간단한 질문과 함께 가방 내 소지품 및 기타 물품에 대한 검사를 진행하기도 한다. 칠레와 볼리비아는 세관 서류를 인터넷으로 미리 등록해야 한다.

입국장

입국장으로 들어서면 공항버스, 택시 등 교통수단을 타고 숙소까지 가야 한다. 교통편 이용을 위해 현지 국가의 돈을 환전해야 하는데, 일반적으로 입국장에 있는 환전소들은 환율이 상당히 안 좋다. 따라서 공항에서는 교통편을 이용할 약간의 돈만 환전하고, 시내에 가서 추가로 환전하는 것이 좋다. 택시비를 카드로 결제하거나 달러로 낼 수 있는 곳이 많아, 이 방법을 사용한다면 공항에서 환전하지 않아도 된다. 단, 카드 복제가 자주 일어나는 볼리비아에서는 카드를 이용하지 않는 것이 좋다. 도시별로 공항에서 시내까지 가는 방법은 본문의 정보에서 확인할 수 있다.

남미 출국

남미 출국은 다른 나라들과 별다른 차이가 없다. 다만 남미는 국제선 체크인이 느린 경우가 많기 때문에, 비행기 출발 3시간 전까지 공항에 도착하는 것이 안전하다. 한국 입국 시 육류, 과일 등 신선식품은 반입이 불가하며, 면세 한도(800달러)를 초과하지 않도록 주의하자. 미국을 경유하는 항공편이라면 미국 내에서 수화물 환승이 필요한지 반드시 확인해야 한다. 수화물을 맡길 때 항공사 직원이 자세히 안내해 줄 것이다.

탑승권 발급

공항 국제선 청사에 도착하면 해당 항공사에 가서 탑승권을 받는다. 남미 공항은 일반적으로 보안 검색이 느리기 때문에 탑승권을 받은 후 즉시 보안 검색대로 가는 것이 좋다.

보안 검색 및 이민국 심사

한국에서의 출국과 마찬가지로 보안 검색을 받고 이민국을 통과해야 한다.

비행기 탑승

출국 심사를 마치면 면세점이 나온다. 면세점 쇼핑이 끝나면 탑승 게이트로 이동하는데, 항공권에 적힌 보딩(Boarding) 시간에 늦지 않도록 주의한다.

입국 심사

인천 공항 도착 후에 입국 심사대로 이동한다. 출국할 때처럼 18세 이상의 국민은 사전 등록 없이 자동 입국 심사를 이용할 수 있다.

짐 찾기

입국 심사를 마친 후 아래층으로 내려오면 수하물 수취대가 있다. 자신의 항공편명이 적힌 수취대에서 가서 짐을 찾는다. 이때 수하물에 붙어 있는 일련번호를 체크해 자신의 짐이 맞는지 확인한다.

세관 검사

기내에서 작성한 세관 신고서를 제출하고 입국장으로 나가는데, 세관 신고를 해야 하는 사람은 자진 신고가 표시되어 있는 곳으로 가야 한다. 세관신고서는 일반적으로 한국으로 도착하는 항공기 내에서 승무원이 나눠주기 때문에, 미리 작성해 놓는 것이 편리하다.

남미

장거리 이동 수단

항공편

항공편을 이용하면 훨씬 편하고 빠르게 이동하면서, 여행을 즐기는 것에 더 집중할 수 있다. 페루, 볼리비아는 버스에 비해 비행기가 비싸지만, 나머지 국가들은 비행기와 버스 가격과 비슷하거나 더 싼 경우도 있다. 따라서 버스 티켓을 구매하기 전에 국내선 가격을 먼저 확인해 보는 것이 좋다. 특히 칠레와 아르헨티나는 저가 항공이 발달했으니 반드시 체크해 보자. 항공권은 항공사 홈페이지나 Kayak, SKy Scanner 등의 항공권 비교 사이트에서 구매할 수 있는데, 저가 항공과 볼리비아의 보아(Boa) 항공은 홈페이지에서 구매하는 것이 좋다. 정규 항공과 저가 항공이 시설과 서비스에서 별 차이가 없기 때문에, 굳이 정규 항공을 고집할 이유는 없다. 국가별 항공사 홈페이지는 도시별 국내선 항공 내용을 참고하면 된다.

• 정규 항공사

라탐(LATAM) www.latam.com
아비앙카(Avianca) www.avianca.com
아르헨티나(Argentina) www.aerolineas.com
보아(Boa) www.boa.com

• 저가 항공사

스카이(SKY) www.skyairline.com
제트스마트(Jetsmart) www.jetsmart.com
골(Gol) www.voegol.com.br
아술(Azul) www.voeazul.com.br

장거리 버스

남미 국가들은 국토가 아주 크기 때문에 장거리 이동을 위한 교통망이 잘 발달되어 있다. 버스와 비행기가 주요 이동 수단이며, 철도는 마추픽추 등 일부 지역을 빼고는 이용할 일이 거의 없다. 비행기는 다른 대륙과 별 차이가 없지만, 버스는 시설이 상당히 좋고 가격도 일반적으로 저렴하다. 그래서 남미 여행은 버스 여행이라고 해도 무방할 정도로 여행자들은 자주 버스를 이용하게 된다.

• 버스 좌석의 등급

'까마'와 '세미 까마'

일반적으로 한 줄에 4개 좌석이 있는 일반석을 '세미 까마(Semi-Cama)', 3개 좌석이 있는 우등 좌석을 '까마(Cama)'라고 부른다. 두 좌석 모두 우리나라 시외버스에 비해 좌석 간의 간격이 넓고, 까마 좌석은 약 150~160도까지 펴지기 때문에 편하다. 버스 전체가 까마 또는 세미 까마 좌석인 버스도 있고, 2층에는 세미 까마가 있고 1층에는 까마 좌석이 있는 버스도 있다. 장거리 노선은 일반적으로 까마 좌석이 더 빨리 팔리기 때문에, 까마를 이용하고 싶다면 도착 즉시 다음 도시로 떠나는 버스표를 사는 것이 좋다.

프리미엄 까마

비행기의 퍼스트 클래스처럼 180도로 완전히 펴지는 좌석도 있다. 일반적으로 '프리미엄 까마(Premium Cama)'라고 부르는데, 워낙 특별한 등급이다 보니 회사별로 이름이 조금씩 다르다. 일반적으로 좌석을 펼친 후 얇은 매트를 깔고 이불과 베개까지 주기 때문에 아주 편하다. 하지만 가격이 '까마'의 두 배 가까이 될 정도로 비싸고, 페루, 칠레 같은 국가의 일부 장거리 노선에만 있다. 가끔 프로모션으로 '까마'와 비슷한 가격에 팔 때가 있는데, 이럴 때 한 번쯤 이용해 볼 만하다.

볼리비아의 좌석 등급

볼리비아의 경우 좌석 등급을 다르게 부르는 경우가 있기 때문에 주의해야 한다. 볼리비아의 일부 버스 회사들은 일반 좌석을 '세미 까마'가 아니라 '까마'라고 부르고, 우등 좌석은 '소파 까마(Sofa-Cama)' 등 다른 이름으로 부른다. 따라서 볼리비아에서 우등 좌석을 이용하고 싶다면, 버스표를 살 때 한 줄에 3개 좌석만 있는 것인지 물어보는 것이 좋다.

• 식사와 음료 제공

장거리 노선의 경우 식사와 음료를 제공하는 버스가 많지만, 식사가 불포함인 버스도 있다. 남미는 우리나라와 달리 중간에 식당이 있는 휴게소가 거의 없다. 또, 버스 안에 화장실이 있기 때문에, 5~6시간씩 멈추지 않고 계속 달리곤 한다. 따라서 버스표를 살 때는 '꼬미다(Comida, 식사)'와 '베비다(Bebida, 음료)'가 포함인지 반드시 물어보자. 식사가 제공되지 않는 버스를 탄다면 약간의 먹거리를 준비하는 것이 좋다.

• 페루·볼리비아의 버스

페루와 볼리비아는 버스 회사에 따라 가격과 시설 차이가 상당히 크다. 예를 들어 페루의 버스 회사인 '크루스 델 수르(Cruz del Sur)'의 최고급 버스를 타면 와이파이(Wi-Fi)는 물론이고 좌석별로 모니터까지 장착되어 있다. 이에 반해 저렴한 버스를 타면 시설이 낡고 버스 내부와 화장실이 지저분하며 중간에 자주 정차한다. 저렴한 버스에서는 중간에 내리는 현지인이 여행자의 짐을 훔치는 사건이 자주 발생하기 때문에, 버스 안에 들고 들어가는 짐 보관에 각별히 신경 써야 한다. 페루·볼리비아는 물가가 싸서 비싼 버스도 칠레·아르헨티나에 비하면 저렴하기 때문에, 너무 싼 버스 이용은 피하는 것이 좋다.

• 칠레·아르헨티나의 버스

칠레와 아르헨티나는 버스 시설이 전체적으로 상당히 좋아서 어떤 회사의 버스를 타도 무난하다. 버스 회사별로 가격 차이가 크지 않으며, 일반적으로 우등좌석인 '까마'도 크게 비싸지 않다. 또한, 일부 장거리 버스는 국제선 비행기처럼 따뜻한 식사와 음료, 술까지 제공하기도 한다. 다만, 파타고니아 지역의 버스는 우등 좌석인 '까마'가 없으며, 좌석 간 간격이 좁은 편이라 다른 지역에 비해 불편하다.

• 브라질의 버스

브라질의 버스는 전체적으로 칠레·아르헨티나 버스에 비해 시설이 약간 떨어지며, 좌석 등급과 에어컨 유무에 따라 가격 차이가 많이 난다. 예를 들어 에어컨이 있는 버스의 우등 좌석은 에어컨이 없는 일반 좌석에 비해 3~4배 비쌀 때도 있다. 따라서 저렴한 표를 구하고 싶다면 터미널에 도착하자마자 다음 도시로 가는 버스표를 사는 것이 좋다.

페루
Peru

- 리마 Lima
- 이카 Ica(와카치나 Huacachina)
- 나스카 Nazca
- 쿠스코 Cusco
- 성스러운 계곡 Valle Sagrado
- 마추픽추 Machu Picchu
- 푸노 Puno
- 와라스 Huaraz

남미를 여행하는 사람들은 대부분 페루에서 여행을 시작한다. 남미 국가 중에 상대적으로 한국과 가깝고 마추픽추나 쿠스코같이 유명 관광지가 있기 때문이다. 또 페루는 남미 하면 떠오르는 인디오 문화를 접할 수 있고, 사막과 호수, 고산 지역 등 다양한 자연환경과 함께 오래된 도시와 유적도 즐길 수 있다. 게다가 교통비, 식대 등 물가도 저렴하다. 무엇보다 페루에서 여행을 시작해 볼리비아로 가는 것이 고산 적응에 좋다. 쿠스코(해발 3,400m)가 푸노(해발 3,825m), 볼리비아 라파스(해발 3,600~4,000m), 우유니 사막(해발 3,600~4,300m / 투어 숙소 기준)보다 고도가 상대적으로 낮기 때문에, 페루부터 여행을 시작하면 조금씩 고도를 올릴 수 있다.

페루
기본 정보

수도 리마
인구 3,422만 명(2024년 기준)
면적 128만km^2(남한의 약 13배)
언어 스페인어
1인당 GDP 8,452달러(2024년 기준)
통화 솔(Sol)
1USD = 약 3.3~3.4솔
1솔 = 약 440원 (2026년 초 기준)
전압 220V, 60Hz
시차 한국 보다 14시간 느림(수도 기준)
긴급 전화 경찰 105, 화재 116, 구급 105

페루의 공휴일

1월 1일	신년
4월 중	부활절 주간
5월 1일	노동절
6월 29일	성 베드로와 바울의 날
7월 28~29일	독립 기념일
8월 30일	산타 로사의 날
10월 8일	앙가모스 전투 기념일
11월 1일	만성절
12월 8일	성모 수태일
12월 25일	성탄절

기후

페루의 기후는 지역에 따라 크게 차이가 난다. 리마, 이카, 나스카 등 태평양 연안은 사막 기후로 덥고 건조하며, 와라스, 쿠스코, 푸노 등 안데스의 고산 지역은 우기(12~4월)와 건기(5~11월)로 뚜렷하게 구분된다. 특히 고산 지역은 우기가 건기에 비해 따뜻하고 들판에 꽃과 농작물이 자라는 때라 풍경이 훨씬 예쁘다. 가장 따뜻할 때 여행하고 싶다면 12~2월에 여행하는 것이 좋고, 여행자가 적을 때를 선호한다면 3~4월이 좋다. 단, 12~2월 중순에는 고산 지역에 비가 자주 내린다. 5~9월은 고산 지역이 상당히 춥다.

역사

• 스페인 지배 이전

잉카 시대 이전에는 차빈(Chavin), 티아와나코(Tiahuanaco) 등의 다양한 문명이 존재했다. 페루를 대표하는 잉카(Inca) 문명은 작은 부족 국가였으나, 15세기 중반 9대 왕인 파차쿠텍(Pachakutec)의 시대부터 강대한 국가로 성장해, 안데스산맥을 따라 북으로는 에콰도르, 남으로는 칠레 북부에 이르는 방대한 영역을 정복했다. 하지만 11대 왕이 죽은 후 왕자들 사이에 내란이 발생하였고 아타우알파(Atahualpa)가 내란의 승자가 되어 즉위하였으나,

직후 스페인 정복자 '프란시스코 피사로(Francisco Pizarro)'가 쿠스코에 도착해 아타우알파를 살해하고 잉카를 붕괴시켰다.

• 독립

수백 년에 걸친 혹독한 스페인의 지배가 계속될 무렵 18세기 후반부터 독립의 움직임이 일어나기 시작했다. 칠레와 아르헨티나를 해방한 산 마르틴(Jose San Martin) 장군은 칠레에서 배를 타고 건너와 1821년 리마를 기습 점령한 후 페루의 독립을 선언했다. 하지만 스페인 주력군을 상대하기엔 병력이 부족했기 때문에, 에콰도르 과야킬(Guayaquil)로 가서 베네수엘라, 콜롬비아, 에콰도르를 해방한 시몬 볼리바르(Simon Bolivar) 장군을 만났다. 남미 독립의 두 영웅 사이에 역사적인 '과야킬 회담(Reunion de Guayaquil)'이 열렸으나 두 사람은 심각한 의견 차이가 있었고, 회담 직후 산 마르틴은 은퇴를 선언하고 페루를 떠났다. 시몬 볼리바르는 에콰도르에서 남하해 1823년 페루에 도착하였고, 볼리바르 휘하의 호세 수크레(Jose Sucre) 장군이 아야쿠초(Ayacucho) 전투에서 스페인군에 승리를 거두면서 페루 독립을 쟁취하였다. 사실상 스페인군을 괴멸시킨 것은 볼리바르이지만, 산 마르틴이 페루 독립을 최초로 선언했기 때문에 '페루 독립의 아버지'는 산 마르틴이다.

• 독립 이후

독립 이후 내분과 잦은 전쟁으로 혼란을 겪은 후 1836년 페루 – 볼리비아 연방이 결성되었다. 하지만 정치적인 문제가 발생하고, 페루 – 볼리비아 연방을 견제하던 칠레와의 전쟁에서 패하면서 페루와 볼리비아로 분리되었다.1879년부터 1883년까지 이어진 '남미 태평양 전쟁'에서 페루와 볼리비아는 칠레에게 패배하였고, 페루는 수도인 리마까지 칠레에게 점령당하게 된다. 종전 협상 끝에 일부 영토를 돌려받았지만, 이키케(Iquique)를 비롯한 남부 지역을 칠레에게 빼앗겼고 큰 경제적 손실을 보았다. 20세기 들어 산업화가 진행되면서 인구가 몰린 리마 등의 대도시를 중심으로 치안이 급속히 나빠지고 빈부 격차가 확대되었으나, 최근에는 치안 상태가 많이 개선되었다.

경제

페루는 대부분의 남미 국가와 마찬가지로 천연자원이 풍부해서, 구리, 아연 등 광물과 석유, 천연가스, 어업 등 1차 산업이 큰 비중을 차지한다. 2008년 리만 브라더스 사태 이후 원자재 가격의 하락으로 어려움을 겪었지만, 아르헨티나, 베네수엘라 등 경제가 붕괴 상태인 다른 남미 국가보다는 안정적이며, 물가와 환율 변동도 크지 않은 편이다.

환전

페루는 어디를 가나 사설 환전소가 많고 환전 수수료가 적어서 달러(USD)를 가져와 바꾸는 것이 가장 유리하다. 가장 환율이 좋은 곳은 리마의 '산 마르틴 광장' 근처 환전소인데, 요즘엔 미라플로레스도 별 차이가 없다. 환전 시 여권은 필요 없으며 보통 지폐 종류에 상관없이 환율은 동일하다. 단, 지폐에 낙서가 있거나 찢어져 있으면 환전해 주지 않는다.

신용 카드 / ATM

신용 카드는 대형 마트, 백화점, 고급 식당 및 상점에서 이용 가능하며, 구멍가게나 로컬 식당에서는 이용할 수 없다. ATM은 어디서나 이용이 가능하지만 현지 은행에서 부과하는 수수료가 인출 1회당 6~7달러 정도로 아주 비싸다. 따라서 달러를 가져와서 환전하는 것이 좋다.

대한민국 대사관

주소 Calle Guillermo Marconi 165, San Isidro, Lima, Peru
전화 (51-1) 632-5000
팩스 (51-1) 632-5010
E-mail peru@mofa.go.kr
홈페이지 per.mofa.go.kr
※대사관 긴급 연락처(휴일, 근무 시간 외) :
(+51) 998 787 454, (+51) 995 448 565

페루
대표 먹거리

페루의 음식은 요즘 우리나라의 음식과 비교하면 상당히 짜기 때문에, 우리나라 사람 입맛에 맞지 않는 경우가 많다. 따라서 볶음밥, 국물 요리 같은 경우는 주의해서 선택하는 것이 좋다.

세비체 Ceviche

생선, 조개, 오징어 등의 해산물을 잘게 잘라 양파 같은 야채와 함께 라임(Limon, 리몬) 즙을 기본으로 만든 소스에 절인 것이다. 맛이 상당히 강해서 한국인들 입맛에 맞지 않는 경우도 많지만, 페루 여행에서 맛봐야 할 대표 음식이다. 일반적으로 시장에서 파는 세비체가 식당에서 파는 것보다 맛이 강하다.

꾸이 Cuy

남미 지역은 유럽인이 살기 전까지는 소, 돼지 등의 대형 가축이 없었다. 따라서 부족한 단백질 보충을 위해 오래전부터 먹던 음식이 꾸이(기니피그)다. 내장과 털을 제거한 후 머리까지 통째로 숯불에 구워서 파는데, 한 마리에 50~80솔 정도로 상당히 비싸다. 살이 별로 없고, 닭고기와 비슷한 맛이 난다. 요즘은 일상적으로 먹지는 않고, 관광객들이 찾는 별미가 되었다.

로모 살따도 Lomo Saltado

'로모'는 소고기 안심과 등심 쪽 부위를, '살따도'는 볶은 음식을 의미한다. 소고기를 적양파, 토마토 같은 야채와 함께 볶은 후 밥이나 감자튀김과 함께 내놓는다. 페루 소고기는 일반적으로 상당히 질긴데 '로모'는 부드러운 편이며, 밥과 함께 먹을 수 있기 때문에 짠맛이 덜하다. 페루 음식 중 필자가 추천하는 음식이다.

소빠 데 뽀요 Sopa de Pollo

말 그대로 닭(Pollo, 뽀요)으로 만든 수프(Sopa, 소빠)로 우리나라 닭곰탕과 비슷하다. 간이 짜지 않은 곳에서 먹는다면 맛있게 먹을 수 있다. 참고로 가지나(Gallina)도 닭이라는 뜻이며, 깔도 데 가지나(Caldo de Gallina)도 비슷한 음식이다.

삐까로네스 Picarones

고구마, 밀가루 등으로 반죽한 페루식 도넛으로 거리나 시장에서 파는 저렴하고 간단한 음식이다. 갓 튀긴 뜨끈뜨끈한 삐까로네스에 무화과, 사과, 레몬 등이 들어간 달콤한 시럽을 뿌려 먹는다. 단, 식으면 맛이 없다.

치차론 Chicharron

네모나게 자른 돼지고기를 짭짤하게 양념한 후 기름에 튀긴 저렴한 서민 음식이다. 비주얼은 부담스럽지만 먹어 보면 생각보다 부드럽고 양도 푸짐하다. 물론 페루 음식답게 좀 짜다. 고기와 함께 야채나 감자가 함께 나온다. '치차론'은 튀긴 돼지고기이고, '치차론 데 뜨루차(Chicharron de Trucha)'는 잘라서 튀긴 송어, '치차론 데 마리스꼬(Chicharron de Marisco)'는 튀긴 해물(오징어·조개 등)이다. 즉, 잘라서 튀긴 음식을 '치차론'이라고 부른다.

뜨루차 Trucha

페루, 볼리비아 고산 지역의 호숫물은 아주 차갑기 때문에 송어(Trucha, 뜨루차) 양식을 하기 좋아, 송어 음식점이 많다. 일반적으로는 통째로 튀기거나 굽는데, 튀긴 것은 '뜨루차 프리따(Trucha Frita)', 팬에 기름을 두르고 구운 것은 '뜨루차 알 라 쁠란차(Trucha a la Plancha)'라고 한다. 로컬 식당에서는 주로 튀긴 '뜨루차 프리따'를 판다. 뜨루차로 만든 세비체도 송어 특유의 부드러운 식감 때문에 맛있다.

뽀요 프리또 Pollo Frito

페루, 볼리비아에서 가장 흔하게 마주칠 수 있는 음식은 닭튀김인 '뽀요 프리또'이다. 페루에서 닭이 소나 돼지보다 싸기 때문에 닭으로 만든 음식을 흔하게 볼 수 있다. 닭 크기가 우리나라에 비해 크기 때문에 양이 많지만 조금 퍽퍽하다. 숯불이나 전기에 구운 닭은 '뽀요 알 라 브라사(Pollo a la Brasa)' 또는 '뽀요 아사도(Pollo Asado)'라고 한다.

치파 Chifa

페루에는 중국 식당이 아주 많은데, 중국 음식을 통칭해서 '치파'라고 부른다. 대표적인 메뉴는 볶음밥인 '아로스 프리또(Arroz Frito)'와 닭 육수로 만든 완탕 수프(Sopa de Wantan, 소빠 데 완탕)인데 가격이 저렴하고 양이 많다. 물론 짜장면, 짬뽕 등 한국식 중국 음식은 팔지 않는다. 단, 페루 음식이 대부분 그렇듯이 좀 짠 편이다.

치차 Chicha

원래는 우리나라 막걸리처럼 옥수수를 발효해 만든 술을 '치차'라고 한다. 여행자들이 식당에서 쉽게 접할 수 있는 '치차 모라다(Chicha Morada)'는 알코올이 없는데, 자주색 옥수수를 파인애플 껍질, 계피 등과 함께 끓인 것이다. 설탕이 많이 들어가서 달고 좀 심심한 맛이라 한국인 입맛에 잘 맞진 않지만, 잉카 콜라(Inca Cola)와 함께 페루에서 가장 대중적인 음료다. 다양한 곡물과 과일로 만든 많은 종류의 치차가 있다.

페루의 과일

페루는 과일이 정말 싸고 맛있다. 망고(Mango), 개구리알처럼 생긴 씨앗을 씹어 먹는 그라나디야(Granadilla), 이카와 피스코 지역에서 많이 생산되는 포도(Uva)가 인기가 좋다. 필자가 가장 추천하는 과일은 치리모야(Chirimoya)인데, 가격은 다른 과일보다 다소 비싼 편이다. 초록색 껍질 안에 크림처럼 부드러운 과육은 아주 깊이 있는 단맛이 난다. 페루의 과일은 보통 1kg에 3~10솔 (약 1~3달러) 정도로 저렴하다. 12~3월에는 블루베리가 많이 나는데, 칠레보다는 비싸지만 우리나라보다는 훨씬 싸고 맛도 좋다.

잉카 콜라 Inca Cola

잉카 콜라는 노란색의 탄산음료로 코카콜라보다 인기가 좋아서 페루의 어느 식당에 가나 마실 수 있다. 한때 '페루의 자존심'이라고 불리기도 했다. 맛은 콜라보다 환타에 가깝다.

피스코 사워 Pisco Sour

'피스코(Pisco)'는 포도를 발효시킨 후 증류해서 만든 무색의 증류주이다. 피스코는 리마 남쪽에 있는 도시인데, 포도가 많이 생산되는 지역이라 도시의 이름을 딴 술인 '피스코'가 만들어졌다.
'피스코 사워'는 피스코에 라임, 설탕, 계란 흰자 등을 넣고 만든 칵테일이다. 피스코 사워는 칠레에서 굉장히 인기가 좋아서, 칠레의 마트에 가면 다양한 맛의 피스코 사워를 판다. 그래서 칠레 사람들은 '피스코는 페루 술이지만, 피스코 사워는 칠레 술이다'라는 말을 하곤 한다.

리마

Lima

태평양 연안의 사막 지대에 있는 리마는 비는 많이 내리지 않지만, 화창한 날보다는 안개가 끼어 있는 날이 더 많은 도시다. 남미 내에서도 손꼽히는 대도시로 많은 여행자가 이곳에서 남미 여행의 첫 여정을 시작한다. 프란시스코 피사로가 잉카 제국을 무너뜨린 후, 1535년 남미에서 처음으로 만들어진 콜로니얼 도시인 리마는 19세기 초 남미 각국이 독립할 때까지 스페인 식민 지배의 중심지였다. 따라서 이러한 역사가 고스란히 녹아 있는 건축물이 도심 곳곳에 있지만, 보존과 복원이 잘 되어 있지는 않기 때문에 리마 시내 관광에 많은 시간을 투자할 필요는 없다. 보통 북쪽에 있는 구시가지인 '센트로(Centro)', 남쪽에 있는 신시가지인 '미라플로레스(Miraflores)'와 '바랑코(Barranco)' 지역을 반나절씩 둘러본다.

국제선 항공

리마의 호르헤 차베스 국제 공항(Aeropuerto Internacional Jorge Chavez)은 구시가지인 센트로에서 북서쪽으로 약 10km 떨어져 있다. 한국에서 출발할 경우 중동이나 유럽보다는 미국을 경유하는 항공편을 이용하는 것이 훨씬 빠르며, 비행 시간은 보통 20~26시간(환승 시간 포함)이 걸린다. 만약 미국에서 리마로 이동한다면 대략 6~8시간이 소요된다. 칠레의 산티아고, 아르헨티나의 부에노스 아이레스 등 남미의 다른 국가와 연결되는 항공편이 많으며, 저가 항공도 많기 때문에 버스보다는 항공편을 이용하는 것이 좋다. 공항의 크기는 작은 편인데 운항하는 항공편이 많아서, 항상 사람이 많고 탑승 수속이 느리다. 따라서 국내선을 타더라도 출발 2시간 전에는 도착하는 것이 좋다. 보안 검색도 느리기 때문에 탑승권을 받은 후 지체하지 말고 보안 검색 대기 줄로 가야 한다.

■ 공항에서 시내로 이동하기

공항버스

공항에서 미라플로레스까지 운행하기 때문에 미라플로레스 근방에서 숙박한다면 택시보다 저렴하게 이동할 수 있다. 단, 센트로 지역으로 가는 공항버스는 없다.

시간 07:00~22:00 / 1시간~1시간 30분 소요 **요금** 편도 20솔(약 5달러) **홈페이지** www.airportexpresslima.com

공항 택시

공항 택시를 이용하는 것이 가장 빠르고 편리하다. 입국장에 있는 택시 부스에서 요금을 지불하고 택시 표시가 없는 자가용 택시를 타게 되는데, 일반 택시보다 차량 상태가 좋다. 현금(달러, 솔) 또는 신용 카드로 지불 가능한데, 공항은 환전율이 안 좋으니 페루 돈인 '솔(Sol)'이 없다면 달러로 지불하자.

공항 밖으로 나가서 일반 택시를 잡으면 공항 택시보다 조금 저렴해지는데, 차량 상태가 안 좋고 미터기가 없기 때문에 탑승 전에 요금 협상을 해야 한다. 또한 우버(Uber)도 이용할 수 있는데, 미리 택시비를 알 수 있기 때문에 외국인에게 편리하다.

시간 24시간 / 미라플로레스까지 40분~1시간 소요 **요금 공항 택시** 센트로 55솔(15달러), 미라플로레스 65솔(19달러)

국내선 항공

리마에서 쿠스코까지는 버스로 24시간이 걸리고 안데스산맥을 넘어가기 때문에 길이 험하다. 따라서 돈을 최대한 아껴야 하는 여행자가 아니라면 국내선 항공을 이용하는 것을 추천한다. 큰 항공사뿐만 아니라 작은 항공사까지 많은 항공사가 운행하고 있어서 항공권을 구하기 쉽다.

시간 리마에서 쿠스코까지 약 1시간 소요 **홈페이지 라탐** www.latam.com, **스카이** www.skyairline.com, **제트스마트** www.jetsmart.com

시외버스

리마에는 중앙 터미널이 없고 버스 회사별로 터미널을 운영하는데, 하비에르 프라도 에스테 대로(Avenida Javier Prado Este) 주변에 많은 회사가 모여 있다. 버스 회사와 좌석 등급에 따라 가격과 시설의 차이가 크고, 프로모션으로 할인되는 경우도 있으니 미리 홈페이지에서 출발 시간과 가격을 확인하는 것이 좋다. 와라스, 쿠스코, 아레키파 등 장거리 노선은 가급적 우등 좌석인 까마(Cama)를 이용하는 것이 편하다.

예상 소요 시간 및 운임

지역	소요 시간	요금
쿠스코	22시간~24시간	110~250솔
이카	5시간~5시간 30분	45~90솔
나스카	7시간~8시간	90~150솔
와라스	8시간~9시간	60~120솔
트루히요	8시간~10시간	60~150솔
아레키파	17시간~18시간	100~180솔
피우라	15시간~17시간	80~200솔

주요 시외버스 회사

• **크루스 델 수르 Cruz del Sur**

최고의 시설을 자랑하고 안전, 스케줄 등 모든 면에서 신뢰할 수 있다. 다른 버스 회사보다 훨씬 비싸지만 돈값을 한다. 특히 우등 좌석인 까마(Cama)가 훌륭하다.

주소 Javier Prado Este 1109 **홈페이지** www.cruzdelsur.com.pe

• **올투르사 Oltursa**

크루스 델 수르와 가격은 비슷하지만, 시설은 조금 떨어진다. 터미널이 산 이시드로(San Isidro)와 산 보르하(San Borja) 지역 사이에 있기 때문에, 숙소가 인근에 있다면 이용할 만하다.

주소 Andrés Aramburú 1160 **홈페이지** www.oltursa.pe

• **텝사 Tepsa**

크루스 델 수르와 비슷한 시설을 자랑한다. 인터넷으로 가격을 확인했을 때 크루스 델 수르보다 저렴하다면 선택을 고려해 볼 만하다.

주소 Javier Prado Este 1091 **홈페이지** www.tepsa.com.pe

• **모빌 투어 Movil Tours**

가격은 저렴한데 시설이 무난해서 가성비가 좋다. 와라스, 트루히요 등 리마의 북쪽 지역으로 이동할 때 좋다.

주소 Javier Prado Este 1093 **홈페이지** www.moviltours.com.pe

• **소유스 · 페루 버스 Soyuz · Peru bus**

저렴한 로컬 버스로 이카(와카치나), 피스코 등 4~5시간 거리의 가까운 지역으로 이동할 때 주로 이용한다. 단, 저렴한 가격에 맞게 시설이 안 좋고, 자주 정차하기 때문에 시간이 오래 걸린다.

주소 Mexico 333 **홈페이지** www.perubus.com.pe

시내 교통

버스

일반 버스는 노선 번호와 행선지가 표기되어 있지 않는 경우가 많아서 탑승 전에 목적지를 정확히 확인해야 한다. 우리나라의 지하철과 같은 역할을 하는 메트로(Metro) 버스는 큰 도로를 따라 몇 개 노선만 운행하지만, 전용 차선을 이용하기 때문에 상당히 빠르다. 하지만 버스 카드를 구매해야 이용이 가능하기 때문에, 리마에 1~2일만 머문다면 택시나 우버를 이용하는 것이 좋다.

요금 메트로 버스 2.5솔(버스 카드 5솔)

택시

페루의 모든 택시는 탑승 전에 목적지를 말하고 반드시 요금을 흥정해야 한다. 저녁과 야간에는 20~30% 정도 할증이 된다. 또 연말 · 연초 · 크리스마스 등 명절 시즌에도 할증된다. 외국인에게 바가지를 씌우는 경우가 많기 때문에, 미리 숙소에서 대략적인 택시 가격을 확인하는 것이 좋다. 우버(Uber) 등 앱을 이용하면 가격이 정확하게 나오기 때문에 편리하다. 실제로 요즘 여행자들은 일반 택시보다 앱을 더 많이 이용한다.

요금 미라플로레스 – 센트로 25~30솔(평일 주간 기준)

TIP

남미의 대중교통, 콜렉티보(Colectivo)

남미를 여행하다 보면 '콜렉티보(Colectivo)'라는 단어를 상당히 많이 듣게 된다. 콜렉티보는 원래 '모으다'라는 뜻의 스페인어 단어인데, 남미에선 여러 사람이 타는 교통수단을 '콜렉티보'라고 부른다. 일반적으로 10~19인승 밴(Van)이나 25~30인승 정도의 미니 버스는 콜렉티보라고 부르며, 40인승 이상의 큰 버스는 '부스(Bus)'라고 한다. 페루, 볼리비아에서는 콜렉티보가 시내 뿐만 아니라 2~3시간 거리에 있는 시외 지역까지 운행하기 때문에, 여행자들은 자주 콜렉티보를 이용하게 된다. 참고로 짧은 구간을 왔다갔다 하는 합승 택시도 콜렉티보라고 부른다.

리마
Av. Oscar R. Benavides
← 호르헤 차베스 국제공항 (8km)
Aeropuerto Internacional
Jorge Chávez
Av. Arica
센트로
아르마스 광장
Plaza de Armas
Av. Brasil
시외버스 회사 밀집 지역
Via Expresa Paseo de la Republica
Av. Javier Prado Este
Circuito de Playas
산 이시드로
산 보르하
노다지
Nodaji
미라플로레스
사랑의 공원
Parque del Amor
바랑코
라르코마르
Larcomar
2km

센트로
Enel
Via Expresa Linea Amarilla
Av. Tacna
Jirón Rufino Torrico
딴따(센트로)
Tanta(Centro)
대통령 관저
Palacio de Gobierno
Jirón Junín
산 프란시스코 성당
Iglesia San Francisco
아르마스 광장
Plaza de Armas
대성당(카테드랄)
Catedral
Jirón Ancash
Federico Villareal National University
Jirón Camaná
TM. Jirón de la Unión
Jirón Carabaya
Jirón Huallaga
Jirón Lampa
Av. Nicolás de Piérola
Hospital de la Solidaridad
Saint Bartolome National Hospital
Jiron Puno
Jiron Lampa
Av. Abancay
Galeria Dorado
Avenida Alfonso Ugarte
Av. Wilson
산 마르틴 광장
Plaza San Martín
Av. Nicolás de Piérola
Metro Breña
Jirón Pachitea
Distribuidora Navarrete
Galeria COMPUPLAZA
Av Bolivia
Sheraton Lima Hotel & Convention Center
Movicentro Mall
호스탈 이키케
Hostal Iquique
Dirincri Pnp
Av. Miguel Grau
200m

미라플로레스
Calle Enrique Palacios
Av. Arequipa
Cevichería El Rey Luchin
Calle 2 de Mayo
Calle Coronel Inclán
Wasabi
엘 코레아노
El Coreano
Av. José Pardo
파리와나 호스텔
Pariwana Hostel
Calle Berlin
에도 스시 바
Edo Sushi Bar
University of Piura,
Lima campus
Bolognesi
Calle Berlin
Diagonal
Avenida Alcanfores
케네디 공원
Parque Kennedy
Calle Francia
웡(대형 마트)
Wong
메트로(대형 마트)
Metro
슬라이스 피제리아
Slice Pizzeria
Delfino Mar
Calle Madrid
알프스 리마 케네디 파크 호스텔
Alpes Lima Kennedy Park Hostel
엘 뽀요 피에르
El Pollo Pier
Calle Gral Recavarren
비반다(대형 마트)
Vivanda
메트로(대형 마트)
Metro
후안 발데스 카페
Juan Valdez Cafe
Av. Alfredo Benavides
Bolognesi
티에라 비바 라르코 호텔
Tierra Viva Larco Hotel
Av 28 de Julio
Calle San Martin
칵야 힐링 도그 호스텔
Kaclla, The Healing Dog Hostel
푼토 아술
Punto Azul
사랑의 공원
Parque del Amor
Av 28 de Julio
Artes y Oficios
Calle Manco Capac
라 루차 산구체리아 크리오야
La Lucha Sangucheria Criolla
Calle Porta
Calle Manco Capac
Miraflores Colón Hotel
Calle Colón
이비스 라르코 호텔
Ibis Larco Hotel
Tanta de Miraflores
Av Jose Larco
Calle Juan Fanning
La Rosa Náutica
La Vista Restaurant
San Fernando
라르코마르
Larcomar
Armendariz
땀따(라르코마르)
Tanta(Larcomar)
Av. la Paz
Lima Wasi Hotel
Circuito de Playas
Quebrada De Armendariz
200m

Centro
센트로

리마의 구시가지인 센트로는 1535년 스페인 정복자 피사로가 아르마스 광장을 중심으로 건설했다. 아르마스 광장 주변으로 대통령 관저, 대성당, 산 프란시스코 성당 등 스페인 정복기에 건설된 건물이 남아 있다. 하지만 매연과 교통 체증이 심하고 인근에 빈민가가 있어서 치안이 나쁘다. 따라서 인적이 드문 곳을 들어가거나 밤늦게 돌아다니는 것을 피해야 한다.

아르마스 광장
Plaza de Armas

대통령 관저(Palacio de Gobierno), 대성당(Catedral) 등 식민지 시대의 건축물로 둘러싸인 아르마스 광장과 그 주변부는 1991년 유네스코 세계 문화유산으로 등록되었다. 광장의 북쪽에는 대통령 관저, 동쪽에는 대성당이 있다. 남쪽은 '리마의 명동'이라 불리는 우니온 거리(Jiron de la Unión)로 이어지는데, 몇 블록 내려가면 산 마르틴 광장으로 연결된다. 1650년에 세워진 광장 중앙의 분수와 대성당이 어우러진 야경이 멋있다.

대성당(카테드랄)
Catedral

식민지 시대의 가장 상징적인 건축물이다. 페루에서 가장 오래된 성당으로 피사로가 주춧돌을 놓았다. 바로크 양식으로 지어진 대성당은 몇 차례의 지진으로 손상을 입은 후 1778년에 복구했다. 내부는 화려한 제단과 그림이 있고, 피사로의 초상화와 유해가 성당 한쪽에 있다. 남미의 성당은 대부분 무료인데, 쿠스코 대성당과 더불어 입장료를 받는 몇 안 되는 곳이다.

위치 아르마스 광장 동쪽 **시간** 월~금 09:00~17:00, 토 10:00~13:00 / 일요일 휴무 **요금** 입장료 30솔

TIP

리마의 치안 상태

리마는 다른 남미 대도시들과 비교해 치안이 나쁘지 않은 편이지만, 역시나 조심할 필요가 있다. 미라플로레스, 산 보르하, 산 이시드로 등 남쪽 지역은 부유한 지역으로 비교적 안전한 편이지만, 센트로는 인근에 빈민가가 있어서 상당히 조심해야 한다. 특히 센트로에서 숙박을 한다면 밤늦은 시간에는 가능한 한 외출을 피하고, 인적이 드문 거리는 피해야 한다. 거리를 걸을 때 가방, 휴대폰 등 소지품 관리에 유의해야 한다. 한때 택시기사를 가장한 택시 강도가 많았지만, 최근에는 많이 줄어들었다. 하지만 기사가 합승을 권하거나 누군가 중간에 합승하려고 한다면, 기사와 공모한 강도일 수 있기 때문에 바로 내리는 것이 좋다. 리마에서 남미 여행을 시작한다면 아직 남미에 대해 익숙하지 않을 것이니 가급적 안전에 유의하자.

대통령 관저
Palacio de Gobierno

최초의 건물은 피사로가 직접 설계를 했지만, 현재의 건물은 1937년에 다시 지어졌다. 매일 정오에 이뤄지는 근위병 교대식은 하나의 볼거리인데 철창 너머로 봐야 하기 때문에 보기에 편하지는 않다.

위치 아르마스 광장 북쪽 방향 **홈페이지** presidencia.gob.pe

TIP

'빨라시오(Palacio)'는 궁전?

중남미에 대한 글을 보면 '대통령 궁'이라는 표현이 많이 나온다. 이것은 '빨라시오(Palacio)'라는 스페인어 단어를 영어의 'Palace'처럼 '궁전'으로 해석했기 때문이다. 하지만 '빨라시오'는 궁전이라는 뜻도 있지만, 정부의 관청이라는 뜻도 있다. 즉, 대통령이 거주하고 근무하는 'Palacio de Gobierno'는 대통령 궁보다는 대통령 관저라고 번역하는 것이 더 자연스럽다. 민주주의 국가에서 '대통령 궁전'이라는 표현을 쓰는 것은 상당히 어색하다.

산 마르틴 광장
Plaza San Martin

페루 독립의 아버지 산 마르틴 장군의 거대한 기마상이 있는 곳이다. 새하얀 유럽풍 건물로 둘러싸여 있고 꽃과 나무로 깔끔하게 단장되어 있다. 햇빛을 피할 곳이 없는 아르마스 광장에 비해 그늘이 있는 벤치가 있어서 좋다. 아르마스 광장에 비해 교통 체증이 덜하므로, 미라플로레스에서 택시를 타고 온다면 산 마르틴 광장에서 내리는 것이 낫다. 광장 주변 환전소의 환율이 리마에서 가장 좋다.

위치 아르마스 광장에서 남쪽으로 도보 약 10분

산 프란시스코 성당
Iglesia San Francisco

아르마스 광장에서 몇 블록 떨어진 산 프란시스코 성당은 1672년에 바로크 양식으로 건축되었으며, 규모가 크지는 않지만 지하 무덤인 카타콤으로 유명하다. 성당은 무료지만 수도원과 카타콤은 30분마다 출발하는 가이드 투어를 신청해야만 볼 수 있다. 수도원 내부에는 꾸이를 먹는 최후의 만찬 그림을 비롯한 많은 고서와 가구, 초상화 등이 있다. 지하의 카타콤은 낮은 천장과 미로로 이루어진 지하 무덤으로 곳곳에 해골과 뼈가 쌓여 있다.

주소 Ancash y Lampa **위치** 아르마스 광장에서 동쪽으로 두 블록
시간 카타콤 09:00~20:15 **성당** 07:00 ~11:00, 16:00~20:00
요금 가이드 투어 성인 15솔, 학생 8솔, 어린이 3솔 **홈페이지** museocatacumbas.com

Miraflores
미라플로레스

센트로 지역이 리마의 역사를 간직한 곳이라면 미라플로레스 지역은 리마의 현재를 보여 주는 곳이다. 태평양이 내려다보이는 절벽 위에 자리한 미라플로레스는 잘 정비된 거리와 무성한 가로수, 깔끔한 고급 주택과 상점이 늘어서 있다. 센트로 지역보다 물가는 비싸지만 치안이 좋고 숙소가 깨끗하다.

라르코마르
Larcomar

미라플로레스의 해안 절벽에 자리한 쇼핑몰로 리마를 방문한 사람이라면 누구나 가 보는 핫플레이스다. 쇼핑을 하며 태평양이 내려다보이는 시원한 풍경을 즐길 수 있다. 날씨가 좋은 날에는 고급 식당인 '딴따(Tanta)'와 '망고(Mango)'에 가서 태평양의 석양을 바라보며 저녁을 먹을 수 있다. 단, 전망이 좋은 자리를 잡고 싶다면 빨리 가는 것이 좋다. 콜롬비아의 스타벅스인 '후안 발데스 카페(Juan Valdes Cafe)'에서는 아주 진한 콜롬비아 커피를 즐길 수 있다.

주소 José Larco y Armendáriz **위치** 케네디 공원에서 남쪽으로 도보 약 15분

사랑의 공원
Parque del Amor

미라플로레스는 해안 절벽을 따라 꽃, 잔디, 나무가 무성한 산책로가 아름답게 조성되어 있다. 그중에서 가장 유명한 곳은 키스하는 연인상이 있는 사랑의 공원(Parque del Amor, 빠르께 델 아모르)이다. 타일로 만들어진 벽은 흡사 바르셀로나의 구엘 공원이 떠오르기도 한다. 시원한 태평양을 조망할 수 있으니 꼭 들러 보자.

위치 라르코마르에서 해안을 따라 우측(서쪽)으로 도보 약 15분

케네디 공원
Parque Kennedy

미라플로레스 구청 옆에 있는 공원으로 꽃과 잔디가 넓게 깔려 있고 벤치가 많다. 사실 남미 대도시에는 이런 공원이 지역별로 있기 때문에 특별하지는 않지만, 주변에 호스텔과 저렴한 호텔, 젊은 사람을 대상으로 한 카페와 패스트푸드점, 바가 많다.

위치 미라플로레스 구청 옆

패러글라이딩

미라플로레스의 사랑의 공원 인근에 가면 패러글라이딩을 체험할 수 있다. 꽤 비싸지만 현장에서 바로 신청할 수 있고 시간이 오래 걸리지 않는다. 2인 이상이 함께 신청하면 금액을 할인해 주기도 한다.

시간 10~15분 소요 **요금** 180~260솔

시티 투어

일반적으로 센트로와 미라플로레스 지역을 2층 버스를 타고 돌아본다. 센트로 또는 미라플로레스에서 출발할 수 있으며, 요금은 코스와 소요 시간에 따라 다르다. 리마는 볼거리가 넓은 지역에 흩어져 있는 것이 아니기 때문에 가이드의 설명이 꼭 필요한 사람이 아니라면 투어보다는 개인적으로 돌아보는 것을 권한다. 시티 투어는 리마 시내의 여행사나 숙소에 문의하면 예약이 가능하다.

시간 코스별로 상이 **요금** 30~60달러

추천 **식당**

'페루 대표 먹거리' 파트에서도 이야기했듯이 음식이 짠 편이라 우리 입맛에 잘 맞지 않는다. 대체로 고기보다는 해산물 요리가 한국인 입맛에 더 맞다. 센트로에 비해 미라플로레스 지역이 훨씬 비싸지만, 깔끔한 식당이 많다.

딴따
Tanta

유명 셰프인 '가스톤 아쿠리오(Gaston Acurio)'가 운영하는 퓨전 음식점이다. 리마에 여러 개의 지점이 있는데, 그중에서 최고는 라르코마르에 있다. 태평양을 바라보며 식사를 할 수 있는데, 창가 자리에서 석양을 보며 식사하려면 일찍 가야 한다. 단, 전체적으로 음식이 짜기 때문에 호불호가 갈린다. 바로 옆에 있는 식당인 '포풀라르(Popular)'나 '망고(Mango)'의 음식이 우리 입맛에는 좀 더 잘 맞는다.

주소 ❶ Malecón de la Reserva 610, Miraflores(라르코마르) ❷ Nicolás de Rivera 142(센트로) **시간** 09:00~24:00 **홈페이지** tantaperu.com

노다지
Nodaji

리마에서 가장 괜찮은 한식당이다. 우리나라 교민은 미라플로레스 북동쪽에 있는 산 보르하(San Borja) 지역에 많이 살기 때문에, 대부분의 한식당이 그쪽에 있다. 미라플로레스에서 택시로 10~13솔 정도이며 식당 근처에 한인 마트도 있다. 메트로(Metro) 버스를 이용한다면 산 보르하 수르(San Borja Sur) 역에서 내리면 된다.

주소 Aviacion 3257, San Borja **시간** 월~토 12:00~22:00, 일 13:00~22:00

푼토 아술
Punto Azul

세비체, 치차론 데 마리스코 등 페루의 해물 요리를 맛볼 수 있는 고급 식당이다. 가격이 비싸지만, 인기가 좋아 자리가 없을 때도 많다. 재료의 질이 훌륭하고 인테리어가 깔끔하다.

주소 San Martin 595, Miraflores **시간** 월~토 11:00~24:00, 일 11:00~17:00 **홈페이지** puntoazulrestaurante.com

후안 발데스 카페
Juan Valdez Cafe

콜롬비아 커피 생산자 연맹(FNC)에서 만든 카페로, 최상급 콜롬비아 원두로 만든 커피를 맛볼 수 있다. 아메리카 대륙에 수백 개의 지점이 있는데, 미라플로레스에는 이곳과 라르코마르에 있다. 단, 아메리카노는 상당히 진하니 익숙하지 않다면 다른 커피를 고르자.

주소 Benavides 415, Miraflores **시간** 08:00~23:00

후안 발데스 카페

슬라이스 피제리아

라 루차 산구체리아 크리오야
La Lucha Sangucheria Criolla

고급 샌드위치 가게로 가격은 비싸지만, 맛은 좋다. 감자튀김, 초리소 등 사이드 메뉴도 괜찮다. 라르코 마르와 케네디 광장 옆에도 같은 가게가 있다 .

주소 Jose Larco 999, Miraflores **시간** 08:00~01:00 **홈페이지** lalucha.com.pe

슬라이스 피제리아
Slice Pizzeria

페루의 피자는 다른 페루 음식처럼 짠 편이다. 하지만 이곳에서는 짜지 않고 도우가 얇고 바삭한 화덕 피자를 맛볼 수 있다. 물가가 비싼 미라플로레스에선 꽤 싼 편이며, 도우가 얇아 혼자 한 판을 먹어도 부담스럽지 않다. 다양한 토핑을 저렴하게 추가할 수도 있다.

주소 Alcanfores 350, Miraflores **시간** 월~토 12:00~23:45, 일 15:00~23:45

엘 코레아노
El Coreano

한국인 부부가 운영하는 곳으로, '핑크 빙수'라는 가게였다가 한식당으로 변경되었다. 미라플로레스의 유일한 한식당이고 가격도 관광객용 식당보다 저렴하다. 김치찌개, 삼겹살, 떡볶이를 추천한다. 최근 이전을 추진하고 있어, 주소가 이 책과 달라질 수 있다.

주소 Coronel Inclan 131, Miraflores **시간** 화~일 12:00~20:30 / 월요일 휴무

엘 뽀요 피에르
El Pollo Pier

물가가 비싼 미라플로레스에도 저렴한 로컬 식당은 있다. 이곳은 전채(수프 등)와 음료가 포함된 세트 메뉴인 '메뉴 델 디아(Menu del Dia)'를 주로 판다. 특별한 맛집은 아니지만 근처에 저렴한 로컬 식당 몇 개가 모여 있는데, 세트 메뉴가 매일 바뀌니 메뉴판을 보고 마음에 드는 식당을 선택하면 된다.

주소 Porta 187 **시간** 일~목 11:00~19:00, 금·토 12:00~24:00

에도 스시 바
Edo Sushi bar

미라플로레스의 고급 일식당으로 제대로 된 일식을 맛볼 수 있는데, 회나 초밥보다는 롤(Roll) 종류의 가성비가 좋다. 가격은 비싸지만, 페루 음식이 입맛에 맞지 않는다면 가 볼 만하다. 리마의 다른 일식당들에 비해 라멘이 맛있다.

주소 Berlin 601, Miraflores **시간** 월~토 12:30~15:30, 19:00~23:00, 일 13:00~16:00 **홈페이지** edosushibar.com

추천 **숙소**

센트로의 숙소는 저렴하지만 지저분한 곳이 많고 치안이 나쁘다. 미라플로레스는 치안 상태가 좋고 깔끔한 숙소가 많은데, 바닷가 인근에는 비싼 호텔이 많고 케네디 광장 주변에는 저렴한 숙소가 많다.

알프스 리마 케네디 파크 호스텔
Alpes Lima Kennedy Park Hostel

케네디 광장 인근에 새로 문을 연 호스텔로 깨끗하고 식당, 바 등 공용 공간이 상당히 잘 만들어져 있다. 다만 시끌벅적한 파티 호스텔 분위기이기 때문에 조용한 숙소를 원한다면 피하는 것이 좋다.

주소 Porta 145 **가격** 도미토리 40~70솔, 더블 · 트윈 150~250솔

호스탈 이키케
Hostal Iquique

산 마르틴 광장에서 도보로 10분 정도 떨어져 있지만 시설이 깨끗하고 타일로 장식된 인테리어가 특이하다. 하지만 도미토리가 없다.

주소 Iquique Brea 758 **가격** 싱글 80~90솔, 더블 · 트윈 120~180솔 **홈페이지** hostaliquique.com

파리와나 호스텔
Pariwana Hostel

케네디 공원 근처에 있으며 식당, 주방, 루프탑 바 등 공용 시설 있고, 규모가 큰 편이다. 주변에 환전소, 식당, 바가 있기 때문에 생활이 편리하다.

주소 Jose Larco 189, Miraflores **가격** 도미토리 50~80솔, 더블 · 트윈 180~220솔 **홈페이지** pariwana-hostel.com

칵야 힐링 도그 호스텔
Kaclla, Healing Dog Hostel

해안까지 도보로 5분 정도면 갈 수 있어서 라르코마르, 사랑의 공원을 구경하기 좋으며, 붉은색 벽과 화분으로 꾸며진 실내가 예쁘다. 페루 전통 공예품을 장식에 많이 활용해서 미라플로레스인데도 구시가지의 느낌이 난다.

주소 Porta 461, Miraflores **가격** 도미토리 40~50솔, 더블 · 트윈 120~200솔 **홈페이지** kacllahostel.com

티에라 비바 라르코 호텔
Tierra Viva Larco Hotel

페루의 대형 호텔 체인인 '티에라 비바'에서 운영하는 3성급 호텔로, 주변에 대형 마트, 환전소 등 편의 시설이 많다. 방이 넓고 내부 시설이 아주 깨끗하며 조식도 동급 호텔들보다 나은 편이다. 가격은 비싼 편이지만 만족도가 높다.

주소 Bolívar 176, Miraflores **가격** 더블 · 트윈 80~90달러 **홈페이지** tierravivahoteles.com

이카

Ica

리마 남쪽에 있는 이카는 사막 속에 자리한 도시이다. 사실 이카만이 사막이 아니라 리마에서 이카까지 가는 길 대부분이 사막이다. 이카 자체는 특별한 볼거리가 없는 작은 도시이지만, 택시를 타고 와카치나(Huacachina)에 도착하는 순간 감탄하게 된다. 이카 시내에서 약 5km 정도 떨어진 오아시스 마을인 와카치나는 모래 언덕과 야자수들이 오아시스를 둘러싸고 있다. 걸어서 10분이면 한 바퀴를 돌 수 있을 정도로 작은 동네이지만, 여행자와 호객꾼이 가득해 항상 활기가 넘친다. 버기를 타고 사막을 누비고 모래 언덕을 내달리는 짜릿한 샌드 보드를 즐긴 후, 마지막으로 사막의 일몰을 바라보고 있으면 와카치나의 매력을 듬뿍 느낄 수 있다. 페루가 남미 여행의 시작이라면 와카치나에 며칠 머물면서 장거리 비행과 시차에 지친 몸을 회복하는 것이 좋다.

• 이카 드나들기 •

시외버스

크루스 델 수르(Cruz del Sur), 텝사(Tepsa), 모빌 투어(Movil Tours) 등의 회사가 리마 – 이카 구간을 운행한다. 보통 나스카를 지나 쿠스코 또는 아레키파까지 연결된다. 저렴한 소유스(Soyuz)와 페루 버스(Peru Bus)는 리마 – 파라카스 – 이카 구간만 운행한다. 쿠스코 가는 길은 아주 험하고 고산 증세도 심하기 때문에, 가급적 리마로 돌아가서 항공편을 이용할 것을 권한다.

예상 소요 시간 및 운임

지역	소요 시간	요금
리마	5시간~5시간 30분	45~90솔
파라카스	1시간	10~30솔
나스카	2시간 30분~3시간	30~70솔
쿠스코	17시간~18시간	90~170솔
아레키파	12시간~13시간	100~190솔

시내 교통

이카 시내에서 와카치나까지는 모토(Moto)라고 부르는 3륜 오토바이 택시나 일반 택시를 이용하면 된다. 버스 터미널에서 와카치나까지 약 10~15분 소요되며 모토는 10~12솔, 일반 택시는 15~20솔이다. 역시 탑승 전에 기사와 가격을 흥정해야 한다.

와카치나
Huacachina

오아시스 마을인 와카치나는 '버기 투어(Buggy Tour)'로 유명하다. 굉음을 내뿜는 버기를 타고 사막을 달리고, 높은 모래 언덕 위에서 샌드 보드(Sand Board)를 타고 질주할 수 있다. 워낙 작은 동네라 특별히 갈 곳은 없지만, 야자수 그늘 밑에서 오아시스와 모래 언덕을 보며 쉬는 것만으로도 잊지 못할 추억이 될 것이다. 최근 기상 이변으로 비가 자주 내리면서 11~3월 사이에 모기가 엄청나게 늘어나는 이상 현상이 자주 나타나고 있다. 따라서 모기향을 미리 준비하는 것이 좋다. 와카치나의 대부분의 숙소는 에어컨이 없으니 참고하자.

위치 이카 버스 터미널에서 택시로 약 10~15분

보데가 타카마
Bodega Tacama

'보데가'는 '와이너리'라는 뜻으로, 이카 근처에 있는 와이너리 중에서 이곳이 가장 유명하다. 와이너리 투어를 할 수 있는데, 사막을 배경으로 펼쳐진 포도밭을 볼 수 있다. 그곳에서 피스코와 와인을 맛볼 수 있고 와이너리 내에 레스토랑도 있다.

위치 이카에서 북동쪽 약 10km 지점, 택시로 약 25솔 **시간** 화~토 09:00~17:00 / 월요일 휴무 **요금** 와이너리 투어 20솔(약 1시간 소요, 교통 불포함 시) **홈페이지** www.tacama.com

이카 지역의

Tour

버기 투어 Buggy Tour

버기 투어는 예약 없이 숙소, 여행사 등 어디서나 신청 가능하며, 인원이 어느 정도 모이면 바로 출발한다. 일반적으로 1시간이 소요되지만, 16:00~16:30에 출발하는 버기는 석양까지 보기 때문에 1시간 반이 소요되고 가격도 조금 더 비싸다. 샌드 보드는 서서 타는 것이 아니라 엎드려서 타기 때문에, 운동 신경과 상관없이 누구나 즐길 수 있다. 예전에는 와카치나 마을 내에서 버기를 타고 출발했지만, 2018년 말부터 모래 언덕 중간까지 걸어가서 버기를 타야 한다.

만약 투어 후에 바로 다른 도시로 이동해야 한다면 오아시스 옆에 있는 유료 샤워 시설을 이용하면 된다. 신발은 어떤 것을 신어도 상관없는데, 운동화를 신으면 계속 모래가 들어오기 때문에 샌들이 더 편리하다. 복장은 활동이 편한 옷을 입으면 된다. 다만 석양을 보는 투어일 경우 해 질 녘이 되면 쌀쌀하기 때문에 긴 팔 또는 얇은 재킷을 준비하는 것이 좋다. 모래가 눈에 들어가는 것을 막기 위해 선글라스 착용이 필수다.

시간 1시간~1시간 30분 소요 **가격** 투어 약 45~50솔 / 투어를 예약할 때 입장료(3.6솔)가 포함되어 있는지 확인 필수

바예스타섬 Islas Ballestas

이카에서 리마 방향으로 차로 1시간 걸리는 '파라카스(Paracas)' 항구 앞바다에 있는 바위섬으로, '가난한 자의 갈라파고스'라 불린다. 엄청난 수의 새와 바다사자가 살고 있는데, 보트 투어를 통해 구경할 수 있다.

파라카스 항구에서 보트를 타고 25분 정도 바다로 나가면 몇 개의 작은 바위섬이 있는데, 바위는 온통 새하얀 새똥으로 덮여 있다. 이 새똥을 '구아노(Guano)'라고 하는데 비료의 원료로, 19세기 페루의 주요 수출품 중의 하나였다. 엄청난 수의 새, 바다사자, 훔볼트펭귄까지 볼 수 있기 때문에 페루에서 꼭 들러 봐야 할 여행지다. 바다가 아주 잔잔한 지역이라 뱃멀미는 걱정하지 않아도 된다. 보트가 출발하는 파라카스 항구에도 식당과 숙소가 많이 있기 때문에, 시간이 많은 여행자라면 이곳에서 하루를 머물고 와카치나로 이동할 수도 있다.

시간 08:00, 10:00 출발 / 투어는 약 2시간 소요 **요금** 80~90솔(입장료 포함) / 예약은 파라카스의 부두에 가서 직접 신청하거나, 이카(와카치나)의 숙소나 여행사에서 신청

TIP

엘 칸델라브라 지상화

파라카스 항구에서 보트를 타고 바다로 나가면 모래 언덕에 삼지창처럼 세 개의 줄기가 뻗은 거대한 문양이 있다. 나스카의 지상화처럼 이 지역의 고대 문명이 만든 것인데, 비가 거의 오지 않는 기후적 특성 때문에 오랜 세월 동안 보존되었다. 원래는 이 지역에 있는 나무 모양을 본따서 만든 것인데, 스페인 정복자들이 촛대 모양으로 생각해서 칸델라브라(Candelabra)라는 이름을 붙였다.

나스카 라인 투어 Nazca Line

이카 시내에서 차로 10~15분 거리에 있는 '이카 공항(Aeropuerto Ica)'에 가면 매일 오전 경비행기가 출발한다. 가격은 나스카 공항까지 가서 타는 것보다 100달러 정도 비싸지만, 15~16인승 비행기를 이용하기 때문에 덜 불편하고 무엇보다 시간을 많이 아낄 수 있다.

여권을 반드시 지참해야 하고, 상업용 항공기를 타는 것이기 때문에 다른 공항과 동일하게 보안 검색을 한다. 따라서 라이터, 칼 등 위험물은 지참할 수 없다. 비행기가 작기 때문에 카메라, 물 등 크기가 작은 물품만 가지고 탑승할 수 있다. 하루에 세 번 항공기가 출발하며, 탑승 전 멀미약을 반드시 복용하자. 공항과 항공사 간의 비용 이슈 때문에, 코로나 이후 이카 출발 투어가 중단되고 있다.

시간 09:00, 11:30, 12:30 / 1시간 30분 소요 **가격** 투어 200~210달러(공항세 35솔 별도, 여권 지참) / 이카, 와카치나의 숙소나 여행사에서 예약 가능하고, 숙소에서 공항까지 왕복 차량 제공 **홈페이지** 모빌에어 www.movilair.com.pe

TIP

이카에서 바로 즐길 수 있는 나스카 라인 투어!

이카에서 나스카까지 가려면 꼬불꼬불한 산길을 따라 버스로 3시간 넘게 가야 한다. 따라서 리마로 돌아가서 쿠스코까지 비행기로 이동할 사람이라면, 나스카 라인 경비행기 투어 30분을 위해 왕복 6시간 이상을 길에 버려야 한다. 이럴 경우 이카에서 출발하는 투어를 하는 것이 훨씬 효율적이다.

추천 식당

와카치나의 식당은 모두 외국인 관광객용이라 햄버거, 피자, 파스타 같은 메뉴를 주로 판다. 순도 100% 관광지이기 때문에 가격은 비싸고, 맛은 큰 기대를 안 하는 것이 좋다.

와일드 올리브
Wild Olive

피자와 파스타, 샐러드를 전문적으로 파는 곳으로 피자 토핑과 소스를 선택할 수 있다. 물론 우리나라 피자 같은 맛을 기대할 순 없지만, 페루에서 이 정도면 괜찮은 편이다.

시간 08:00~22:00 **홈페이지** wildolivetrattoria.business.site

라 카사 데 밤부
La Casa de Bamboo

키누아(Quinua), 리소토, 필래프(Falafel), 카레 등 건강식을 많이 팔며 채식주의자를 위한 메뉴도 있다. 맛은 좀 떨어지더라도 건강하고 부담 없는 메뉴를 원한다면 찾아가 보자.

시간 08:00~23:00

추천 숙소

이카 시내보다는, 숙소가 비싸더라도 와카치나에서 자는 것을 권한다. 와카치나는 큰 호텔이 없다 보니 게스트하우스와 호텔이 가격만 조금 다를 뿐 시설은 비슷하다. 단, 와카치나는 숙소를 구하기 힘들기 때문에 사전 예약은 필수다.

호텔 쿠라시
Hotel Curasi

와카치나 입구에 있는 2성급 호텔로 작지만 시설이 깔끔하다. 와카치나에서 가장 멋진 수영장이 있는 것으로 유명하며 오아시스 바로 옆에 있어서 좋다. 하지만 워낙 인기가 좋아서 방이 없는 경우가 많다.

위치 와카치나 마을 입구 **가격** 더블 · 트윈 50~80달러 **홈페이지** huacachinacurasi.com

바나나 어드벤처 호스텔
Banana's Adventure Hostel

오아시스 끝쪽에 있는 호스텔로 수영장은 작지만, 바와 정원이 예쁘고, 더블·트윈 룸은 호텔 못지않게 좋다. 다만 젊은 배낭여행자가 모여서 밤늦게까지 노는 분위기라 조용한 숙소를 원한다면 피하는 것이 좋다.

가격 도미토리 90~110솔, 더블 · 트윈 200~260솔 **홈페이지** bananasadventure.com

호텔 엘 와카치네로
Hotel El Huacachinero

원래 호스텔이었으나 시설을 보완한 후에 3성급 호텔로 다시 문을 열었다. 새로 리모델링을 했기 때문에 시설이 깨끗하고, 오아시스에서 한 블록 뒤에 있는 것이 단점이지만 대신 조용하다. 수영장이 있는 정원이 쉬기 좋다.

가격 더블 · 트윈 65~90달러 **홈페이지** www.elhuacachinero.com

나스카

Nazca

나스카는 뜨거운 사막 속에 있으며 비가 거의 오지 않는다. 유명한 나스카 라인이 오랫동안 보존될 수 있었던 이유도 이러한 지형적 특징 때문이다. 사실 나스카 라인은 특별한 공사를 한 것이 아니라, 사막 표층을 이루고 있는 검은 흙과 돌을 걷어내어 만든 것이다. 나스카 라인에서 관찰되는 문양은 파라카스와 나스카, 와리 같은 고대 문명이 관여한 것으로 추정되며, 기원전부터 7세기까지 오랜 시간에 걸쳐 새겨진 것으로 보인다. 나스카 라인은 공중에서 보지 않는 이상 분별하기 어려울 정도로 거대한 규모라 20세기에 항공 관측이 시작되어서야 발견되었다. 하지만 아직도 나스카 라인은 누가, 왜 그렸는지 명확하지 않다. 최근 몇 년 사이에 전 세계적인 기상 이변의 영향으로 나스카 인근 지역에 폭우가 자주 내리면서 나스카 라인 보존에 대한 우려가 제기되고 있다.

시외버스

대부분의 버스 회사가 리마 – 이카 – 나스카 – 쿠스코로 이어지는 노선을 운행하고 있다. 버스 회사들은 아르마스 광장 서쪽에 있는 '리마 거리(Calle Lima)'에 몰려 있다.

예상 소요 시간 및 운임

지역	소요 시간	요금
리마	7~8시간	90~150솔
이카	2시간 30분 ~3시간	30~70솔
쿠스코	14~15시간	90~150솔
아레키파	9~10시간	100~160솔

시내 교통

나스카는 아주 작기 때문에 시내 이동 시 택시(5솔)를 이용하면 된다. 대부분의 숙소는 버스 회사가 있는 리마 거리에서 도보로 이동할 수 있다.

나스카 지역의
Tour

나스카 라인 투어 Nazca lines Tour

여행자들이 나스카를 방문하는 유일한 이유는 나스카 라인을 보기 위해서다. 하지만 TV나 사진에서 보던 선명한 모습을 기대한다면 실망할 수 있다. 하늘에서 작은 경비행기 창문을 통해 보는 것이라, 어떤 것은 겨우 알아볼 수 있다. 여행자의 만족도는 반반 정도이다. 가격이 비싸기 때문에 투어 여부는 여행자의 큰 고민 중 하나인데, 본인의 여행에서 후회가 될 것인지 아닌지를 판단해서 결정하면 된다. 여러 번의 추락 사고가 발생하면서 안전 규정이 크게 강화되었고, 그 결과 최근 몇 년 사이에 투어 비용이 많이 올랐다. 숙소, 여행사는 물론 다양한 곳에서 예약이 가능한데, 나스카 시내에 있는 항공사 사무실에서 예약하는 것이 조금 저렴할 때도 있다. 투어 업체를 선정할 때, 픽업 포함 여부를 확인해야 하며 탑승 전에 멀미약을 먹는 것이 좋다. 비행기가 작기 때문에 아주 작은 가방이나 카메라만 가져갈 수 있으며, 반드시 여권을 지참해야 하고, 라이터, 칼 등 위험물을 가지고 탈 수 없다. 2022년부터 공항세 외에 관광세(Boleto Turistico. 47솔)를 내야 해서 비용이 더 비싸졌다.

시간 30분 소요 **요금** 90~110달러(공항세 30솔/관광세 47솔 별도) / 여권 지참 **홈페이지** **아에로 파라카스** www.aeroparacas.com, **나스카 플라이트** www.nazcaflights.com, **아에로 디아나** aerodiana.com.pe

나스카 라인 전망대 Mirador de Las Lineas de Nazca

나스카 시내에서 20km 정도 떨어진 도로 옆에 약 13m 높이의 전망대인 '미라도르(Mirador)'가 있다. 도마뱀, 나무 등 몇 개의 나스카 라인을 볼 수 있는데 아주 명확하게 보이진 않는다. 경비행기 가격이 부담스러운 여행자가 찾는 곳이지만, 기대는 안 하는 것이 좋다. 투어로 다녀올 필요는 없고 이카행 버스를 타고 가다가 중간에 내려서 구경한 후 돌아오면 된다

위치 나스카 시내에서 20km 떨어진 지점에 위치, 버스(4~5솔)로 약 30분 소요 **요금** 입장료 3솔

TIP

나스카 라인의 미스터리

지상에서는 구분조차 할 수 없을 정도로 큰 나스카 라인은 어떻게 만들어진 걸까? 평생 나스카 라인 연구에 매달려 온 '마리아 레이체(Maria Reiche)' 박사는 말뚝에 줄을 매어 고정하는 방법으로 직선을 그리고 컴파스의 원리를 이용해 원과 곡선을 그렸다고 했으며, 실제 말뚝을 박았던 흔적도 발견이 되었다. 하지만 아직도 왜 만들었는지에 대한 의견은 분분하다. 고대인이 사용한 달력, 종교 의식, 외계인과의 교류 등의 온갖 가설이 있다.

추천 식당

아르마스 광장 인근 식당들은 피자, 파스타 등을 판매하는데 가격이 조금 비싸다. 유명 관광지이지만 잠시 머물다 가는 곳이라 괜찮은 곳이 많지 않다.

리꼬 뽀요
Rico Pollo

저렴하면서 양이 많고 맛도 괜찮은 로컬 식당이다. 숯불 닭 구이(Pollo a la Brasa)가 메인이고 돼지고기, 소고기 등 여러 가지 바비큐를 판다.

주소 Calle Lima 190 **시간** 10:00~24:00

치파 남쿵
Chifa Nam Kug

페루의 전형적인 중국 식당으로 맛은 무난하다. 아르마스 광장에서 가까워 국물과 밥이 그리운 한국인 여행자가 자주 찾는다. 음식이 덜 짜고 주문한 음식이 빨리 나온다.

주소 Calle Bolognesi 448 **시간** 11:00~21:00

라 카사 루스티카
La Kasa Rustika

이 동네 관광객용 식당이 다 그렇듯이 페루 요리부터 스테이크, 피자, 파스타 등 여행자들이 찾을 만한 음식은 다 판다. 가격은 조금 비싸지만 푸짐하다.

주소 Bolognesi 372 **시간** 07:00~23:00

추천 숙소

나스카 지역은 숙소 가격이 싸다. 단, 저렴한 숙소에 머문다면 투어를 팔기 위해 숙소 직원들이 끈질기게 권할 것이다.

나스카 롯지
Nasca Lodge

이 지역의 여느 저가형 숙소들처럼 시설은 보잘것 없지만 깨끗하게 관리되고 있다. 파스텔 톤의 내부 인테리어가 깔끔하다.

주소 el Acero 7 **가격** 도미토리 30~40솔, 더블 · 트윈 60~80솔

엘 노팔 호텔
El Nopal Hotel

저가 호텔이지만 새로 지은 호텔이라 깨끗하고 침구류, 가구, 화장실도 상태가 좋다. 방이 다소 작은 것이 단점이지만, 아르마스 광장에서 가까워 이동이 편하다.

주소 Calle Bolognesi 684 **가격** 싱글 70~80솔, 더블 · 트윈 90~110솔

카사 안디나 스탠다드 나스카
Casa Andina Standard Nazca

페루의 대형 호텔 체인인 '카사 안디나'의 호텔로 야자수가 서 있는 정원과 수영장이 아름답다. 방이 넓고 깨끗하며 아르마스 광장과 버스 회사 사이에 있기 때문에 이동이 편하다. 괜찮은 중급 호텔을 원한다면 최고의 선택이 될 것이다.

주소 Jiron Bolognesi 367 **가격** 더블 · 트윈 70~80달러 **홈페이지** casa-andina.com

쿠스코

Cusco

쿠스코는 잉카의 수도였던 곳이지만 사실 잉카의 흔적이 많지는 않다. 스페인 정복자들이 기존 건물을 파괴하고 그 석재를 이용해 스페인식 건물을 만들었기 때문에 일부 남아 있는 돌담과 건물 토대를 제외하고는 완전한 스페인식 도시이다. 만약 잉카 유적이 남아 있는 도시를 보고 싶었다면 기대에 못 미치겠지만, 쿠스코는 남미에서 가장 아름다운 콜로니얼 도시다. 쿠스코를 그 어떤 도시보다 멋있게 만드는 것은 고산의 하늘이다. 손을 뻗으면 물들 것 같은 새파란 하늘과 눈앞의 언덕을 감싸는 구름, 하얀 회벽과 붉은 벽돌로 만든 건물이 남미 그 어떤 도시보다 아름답다. 그리고 옛 건물이 보존된 역사 지구와 페루인의 삶을 그대로 느낄 수 있는 로컬 시장도 좋다. 단, 쿠스코 여행 전 알아 두어야 할 것은 해발 3,400m에 있기 때문에 많은 남미 여행자가 걱정하는 고산 증세가 시작되는 곳이라는 점이다. 리마에서 여행을 시작했다면 이카와 나스카는 몸풀기였고, 쿠스코부터 본격적인 남미 여행이 펼쳐질 것이다.

항공

쿠스코의 알레한드로 벨라스코 아스테테 공항(Aeropuerto Alejandro Velasco Astete)은 역사 지구에서 남동쪽으로 6km 정도 떨어져 있다. 리마-쿠스코 간 항공편은 하루에 수십 편이 운항하기 때문에 쉽게 구할 수 있다. 2023년 말부터 아비앙카 항공에서 쿠스코-라파스 직항을 운항하기 시작했는데, 매일 운항하진 않는다.

홈페이지 **라탐** www.latam.com, **아비앙카** www.avianca.com, **스카이** www.skyairlines.com, **제트스마트** www.jetsmart.com

■ 공항에서 시내로 이동하기

역사 지구까지 거리는 멀지 않지만 교통 체증 때문에 택시로 15~20분 정도 소요되며, 요금은 20~30솔 정도다. 하지만 공항에서 대기하던 택시 기사들이 처음에는 비싼 가격을 부르기 때문에 흥정해야 한다. 가격이 내려가지 않으면 공항 밖으로 나가서 지나가는 택시를 잡는 방법도 있다. 공항 인근에서 역사 지구까지 가는 버스, 콜렉티보(Colectivo)도 있다. (요금 1.2솔 / 30~40분 소요)

시외버스

리마, 이카, 푸노, 볼리비아 코파카바나, 라파스 등을 오가는 장거리 노선은 구시가지 남쪽에 있는 버스 터미널인 '테르미날 테레스트레(Terminal Terrestre)'에서 출발한다. 버스 티켓은 터미널까지 가지 않고, 쿠스코 시내의 여행사에서도 구매할 수 있다.

푸노(Puno)행 버스는 트란스셀라(Transzela), 투리스모 메르(Turismo Mer) 등이 비싸지 않고 시설이 좋다. 산 루이스(San Luis) 같은 아주 싼 버스를 타면 냄새가 심하고 시설이 엉망이다.

트란스 티티카카(Trans Titicaca), 와이루로 투어(Huayruro Tour), 투어 페루(Tour Peru), 트란스 살바도르(Trans Salvador) 같은 회사는 볼리비아의 코파카바나, 라파스까지 가는 직행버스를 운행한다.

위치 **테르미날 테레스트레** 구시가지 남쪽에 위치, 터미널에서 역사 지구까지는 택시(요금 약 10~15솔)로 10~15분 소요

예상 소요 시간 및 운임

지역	소요 시간	요금
리마	22~24시간	110~250솔
나스카	14~15시간	90~150솔
이카	17~18시간	90~170솔
푸노	7~8시간	60~100솔
아레키파	9~10시간	70~140솔
코파카바나	13~14시간	100~150솔
라파스	15~16시간 (직행 기준)	120~160솔

시내 교통

버스

역사 지구는 생각보다 작기 때문에 모두 도보로 이동할 수 있다. 일반 버스와 콜렉티보는 노선과 번호 표시가 잘 안 되어 있고 역사 지구 중앙으로는 들어오지 못한다. 따라서 택시를 이용하는 것이 훨씬 편하다. 택시비는 리마처럼 탑승 전 목적지를 말해 주고 가격을 정해야 하는데, 가까운 곳은 5솔이면 갈 수 있다. 만약 공항이나 버스 터미널을 일반 버스를 타고 가고 싶다면, 숙소에 정류장 위치 등 자세한 정보를 문의하는 것이 좋다.

TIP

성스러운 계곡으로 이동하기

친체로, 우루밤바, 피삭, 오얀타이탐보로 가는 로컬 버스인 콜렉티보는 목적지별로 출발지가 다르다.

피삭행 푸푸티(Puputi) 거리에서 출발한다. 중간에 켄코(요금 2솔 / 15분 소요), 탐보마차이(요금 3솔 / 25분 소요) 등의 유적지를 거쳐 피삭(요금 6솔 / 1시간 소요)에 도착한다.

오얀타이탐보행 파비토스(Pavitos) 거리에서 출발한다. 중간에 친체로(요금 7~8솔 / 1시간 소요)와 우루밤바(요금 12~15솔 / 1.5시간 소요)를 거치고 오얀타이탐보(요금 18~20솔 / 2시간 소요)에 도착한다.

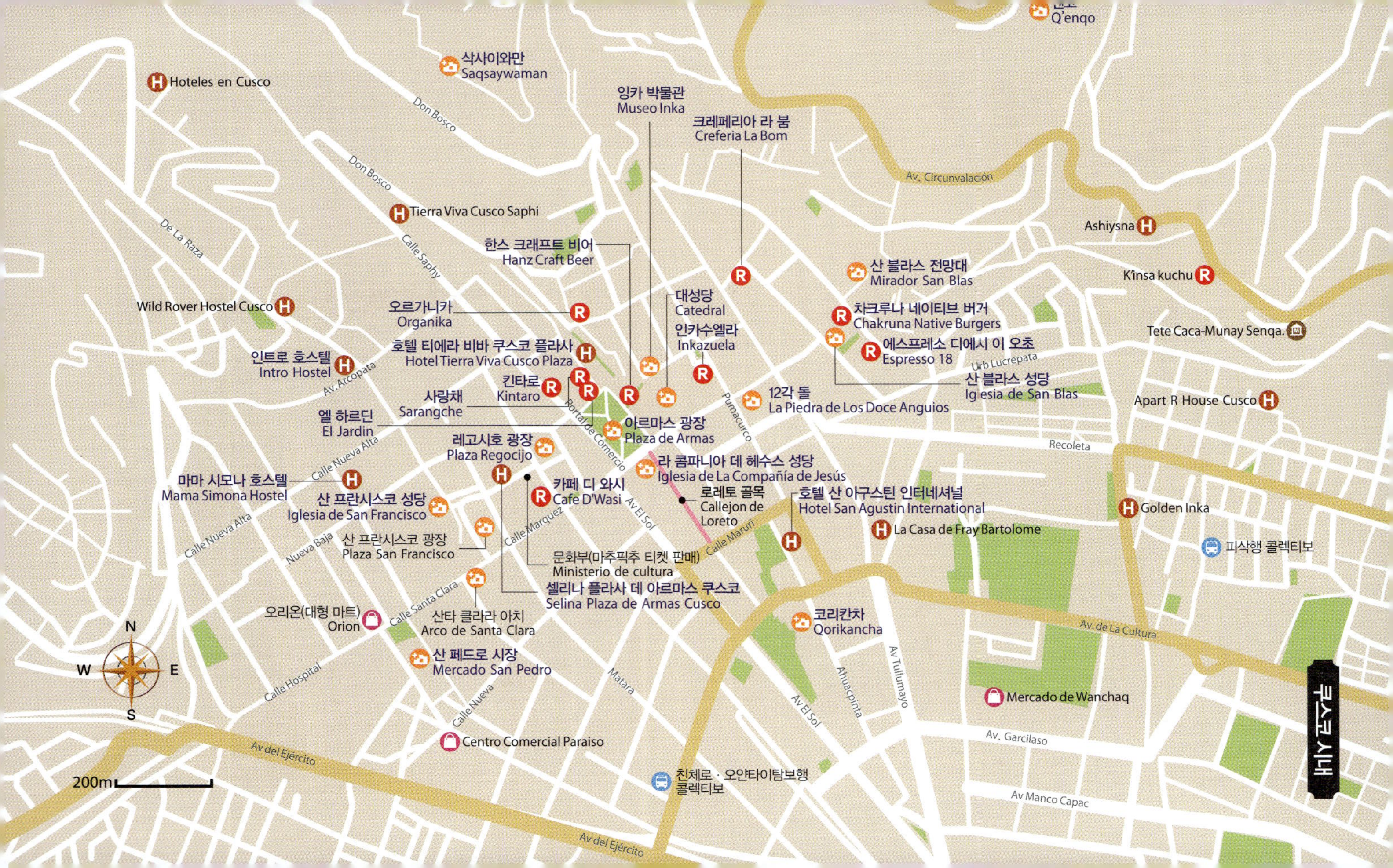

쿠스코 시내
Q'enqo
삭사이와만
Saqsaywaman
Hoteles en Cusco
잉카 박물관
Museo Inka
크레페리아 라 붐
Creferia La Bom
Av. Circunvalación
Don Bosco
Don Bosco
Tierra Viva Cusco Saphi
De La Raza
Calle Saphy
Ashiysna
한스 크래프트 비어
Hanz Craft Beer
산 블라스 전망대
Mirador San Blas
K'insa kuchu
Wild Rover Hostel Cusco
오르가니카
Organika
대성당
Catedral
차크루나 네이티브 버거
Chakruna Native Burgers
Tete Caca-Munay Senqa.
인트로 호스텔
Intro Hostel
호텔 티에라 비바 쿠스코 플라사
Hotel Tierra Viva Cusco Plaza
인카수엘라
Inkazuela
에스프레소 디에시 이 오초
Espresso 18
Av. Arcopata
킨타로
Kintaro
Urb Lucrepata
산 블라스 성당
Iglesia de San Blas
사랑채
Sarangche
12각 돌
La Piedra de Los Doce Anguios
Apart R House Cusco
엘 하르딘
El Jardin
Pumacurco
아르마스 광장
Plaza de Armas
Portal de Comercio
Recoleta
레고시호 광장
Plaza Regocijo
Calle Nueva Alta
라 콤파니아 데 헤수스 성당
Iglesia de La Compañía de Jesús
마마 시모나 호스텔
Mama Simona Hostel
카페 디 와시
Cafe D'Wasi
로레토 골목
Callejon de Loreto
호텔 산 아구스틴 인터네셔널
Hotel San Agustin International
Golden Inka
산 프란시스코 성당
Iglesia de San Francisco
Av El Sol
La Casa de Fray Bartolome
Calle Nueva Alta
Nueva Baja
산 프란시스코 광장
Plaza San Francisco
Calle Marquez
Calle Maruri
피삭행 콜렉티보
문화부(마추픽추 티켓 판매)
Ministerio de cultura
셀리나 플라사 데 아르마스 쿠스코
Selina Plaza de Armas Cusco
Calle Santa Clara
N
오리온(대형 마트)
Orion
산타 클라라 아치
Arco de Santa Clara
코리칸차
Qorikancha
Av. de La Cultura
W
E
산 페드로 시장
Mercado San Pedro
Calle Hospital
Matara
Ahuacpinta
Av Tullumayo
Mercado de Wanchaq
S
Calle Nueva
Av El Sol
Centro Comercial Paraiso
Av. Garcilaso
Av del Ejército
200m
친체로 · 오얀타이탐보행 콜렉티보
Av Manco Capac
Av del Ejército

잉카의 역사

조그만 부족 국가였던 잉카는 15세기 중반, 9대 왕인 파차쿠텍(Pachakutec)의 시대부터 강대한 국가로 성장했다. 그러다 11대 왕이 죽은 후 내란이 발생하였고 아타왈파(Atahualpa)가 내란의 승자가 되어 즉위하였으나, 그 직후인 1532년 스페인 정복자 '프란시스코 피사로(Francisco Pizarro)'가 아타왈파를 살해하고 잉카를 붕괴시켰다.

잉카 문명에 관한 오해

• TIP •

가끔 마야와 잉카 문명을 혼동해서 마추픽추가 수천 년 전에 만들어진 것으로 잘못 알고 있는 여행자들이 있는데, 잉카는 조선 시대에 존재했던 문명이다. 사실 잉카가 전성기를 누린 기간은 80년 정도에 불과하며, 이 짧은 기간 동안 영토를 넓히는 정복 사업에 몰두하였다. 중미에서 수천 년에 걸쳐 번성하면서 수학, 천문학 등이 고도로 발달하고, 정교한 유물이 대량으로 남아 있는 마야(Maya) 문명과 여러 면에서 다르다. 따라서 유물과 유적보다는 아름다운 고산 지역과 잉카의 유적이 어우러진 풍경, 그 속에서 살아가는 페루인의 일상을 보는 것이 쿠스코 여행을 조금 더 풍성하게 만들어 줄 것이다.

기후

고산 지역이기 때문에 햇빛이 좋은 날에는 가볍게 입고 다닐 수도 있지만, 흐리거나 비가 내리면 재킷을 걸쳐야 하며, 밤에는 따뜻한 겉옷이나 패딩을 입는 것이 좋다. 하지만 가장 추운 6~8월을 제외하면 밤 기온이 영하로 떨어지는 일은 거의 없기 때문에, 추위를 크게 걱정할 필요는 없다. 우기(12~4월)에는 자주 내리는 비로 불편한 점도 있지만, 풍경이 건기와 완전히 다르다. 들판에는 흐드러지게 꽃이 피고, 보리, 밀, 옥수수, 퀴노아 같은 작물이 자라면서 온통 녹색으로 가득하다. 따라서 황량한 건기보다는 우기인 12~4월 사이에 여행할 것을 추천한다. 단, 잉카 트레킹은 비가 오지 않는 편이 좋기 때문에, 건기가 트레킹 성수기다.

우기

건기

고산 증세

■ 일반적인 고산 증세

쿠스코는 해발 3,400m이기 때문에 대부분의 여행자는 산소 부족으로 인한 고산 증세를 느끼게 된다. 약한 두통과 어지럼증, 숨 가쁨, 심장 두근거림, 피로 같은 증세는 대부분의 사람이 겪게 되고, 체질에 따라 감기, 몸살, 메스꺼움과 구토, 설사 등 다양한 증상이 나타난다. 보통 쿠스코에 도착한 첫날 증상이 심하며 시간이 지날수록 약해진다. 아주 가끔 고산 증세가 심해서 제대로 일정을 진행할 수 없는 사람도 있지만, 거의 모든 사람은 심각한 증상 없이 여행이 가능하다. 단, 정상적인 움직임이 힘들 정도의 극심한 두통이라면 반드시 병원을 가야 한다. 하지만 쿠스코에서 고산 증세로 인해 병원까지 가는 경우는 극히 드물기 때문에 너무 걱정할 필요는 없다.

■ 고산 증세에 대비한 주의 사항

고산에선 몸이 산소를 공급하는 것만으로도 힘든 상태이기 때문에 최대한 무리하지 말아야 한다. 천천히 걷고, 심호흡을 자주 하고, 걷는 중간에 자주 쉬고, 따뜻한 물이나 차를 자주 먹는 것이 좋다. 특히 몸이 완전히 적응하기 전까지는 과식과 음주, 달리기, 점프 같은 것은 피해야 한다.

이뇨제, 비아그라 등 고산병약을 준비하기도 하는데, 신체에 무리가 갈 수도 있기 때문에 증세가 심하지 않다면 가급적 복용을 피하는 것이 좋다.

■ 잠자기 전 고산 증세 대비

상당수가 고산에 적응되기 전까지 낮에는 별문제가 없다가 밤에 두통을 많이 느낀다. 자다가 깨서 두통을 느끼면 정말 힘들기 때문에, 고산에 어느 정도 적응하기 전에는 타이레놀 등의 두통을 덜어 줄 약을 취침 전에 먹을 것을 권한다.

■ 고산 증세와 불면증

고산 증세의 대표적인 증상 중 하나가 잠이 잘 오지 않는다는 것이다. 게다가 리마에서 여행을 시작했다면, 대부분의 사람들이 쿠스코에서 시차 적응이 완벽하게 되지 않은 상태라 잠을 자는 데 어려움을 겪는다. 따라서 한국에서 수면제를 처방받아서 불면증으로 아주 힘들 때 먹는 것도 방법이다. 다만, 수면제는 함부로 먹으면 안 되는 약이기 때문에, 반드시 의사와 충분히 상담한 후 준비하는 것이 좋다. 고산에서는 감기에 걸리기 쉬운데, 이때 먹는 종합감기약에도 졸음을 유발하는 성분이 있어서 도움이 된다.

■ 고산 증세와 코카(Coca) 차

페루, 볼리비아 고산 지역의 거의 모든 숙소는 코카(Coca) 잎과 따뜻한 물을 제공하는데, 코카 잎을 우려낸 '코카 차'를 마시면 고산병에 좋다고 한다. 코카는 남미가 원산지인 나무로 강한 각성과 통증 완화 효과가 있다. 하지만 나뭇잎을 씹어야 효과가 큰 것이고 차로 마시면 큰 효과가 없다. 따라서 코카 차를 마신다고 고산 증세가 갑자기 좋아지는 경우는 없다. 다만 기온이 낮은 고산 지역에 오면 원래 따뜻한 차를 많이 먹는 것이 좋다. 그리고 우리나라 호텔에 가면 녹차가 비치되어 있는 것처럼, 이 지역은 코카 잎이 흔하고 평소에 많이 마시는 차라서 있는 것이다. 효과를 기대하는 것보다는 이 지역의 특산물을 맛본다는 생각하면 된다.

아르마스 광장
Plaza de Armas

쿠스코의 중앙 광장으로 아름다운 정원과 분수대 주변은 항상 사람들로 가득하다. 대성당과 라 콤파냐 데 헤수스 성당이 있고 근사한 카페와 식당, 여행사와 상점이 광장을 둘러싸고 있다. 마사지, 투어 등을 호객하는 사람과 그림이나 기념품을 파는 상인이 자주 말을 걸어서 귀찮긴 하지만, 페루에서 아니 남미 전체에서 가장 아름다운 광장으로 꼽을 수 있는 곳이다. 광장을 둘러싼 건물들 덕분에 야경도 아주 아름답다. 광장 중앙의 분수대에 도끼 창을 들고 서 있는 인물은 잉카의 9대 왕인 '파차쿠텍(Pachacutec)'으로, 잉카를 부흥시킨 최고의 영웅이다.

대성당(카테드랄)
Catedral

100년에 가까운 공사 끝에 1654년에 완성된 바로크 양식의 대성당은 스페인 정복자들이 잉카의 '비라코차(Viracocha) 궁전'을 허물고 만들었다. 성당 건설을 위한 석재는 쿠스코 옆 언덕에 있던 성채인 삭사이와만(Saqsaywaman)에서 가져왔다. 내부는 화려한 제단과 유물이 가득한데 특히 은으로 만든 제단과 검은색 예수상이 눈길을 끈다. 현지 문화를 반영한 '최후의 만찬' 그림에는 꾸이를 먹는 모습이 그려져 있다. 내부 관람 시 사진과 비디오 촬영은 금지다.

시간 10:00~18:00 **요금** 입장료 40솔, 어린이 20솔

TIP

국제 학생증 소지 시 입장료 할인

쿠스코와 마추픽추 지역에서는 국제 학생증(ISIC)를 소지하고, 만 26세 미만이라면 대부분의 입장료를 50% 할인받을 수 있다. 단, 국제 학생증이 있어도 나이가 26세 이상일 경우 최근에는 할인해 주지 않는다.

라 콤파니아 데 헤수스 성당
Iglesia de La Compañía de Jesús

대성당과 함께 아르마스 광장에 있는 성당이다. 1668년에 완공되었으며 건축 양식이 대성당과 유사하다. 좌우 대칭을 이루는 두 개의 탑이 인상적이며 내부는 화려한 제단과 성상 그리고 그림들이 있다. 마찬가지로 내부는 대성당처럼 사진 촬영이 금지되어 있다. 성당을 정면으로 봤을 때 왼쪽 골목은 '까예혼 데 로레토(Callejon de Loreto)', 즉 '로레토 골목'이라 하는데 잉카 시대의 정교한 석벽을 볼 수 있다. 원래 이 성당은 잉카의 '와이나 카팍(Huayna Capac)' 궁전을 허물고 지은 곳인데 궁전의 벽이 그대로 남아 있다. 우리나라 여행자들에게는 잘 알려져 있지 않지만, 쿠스코에서 가장 아름다운 길 중의 하나다.

시간 월~토 08:00~11:00, 13:00~17:00, 일 09:00~10:30, 13:00 ~17:00 **요금** 입장료 성인 10솔, 학생 5솔

잉카 박물관
Museo Inka

대성당 옆에 있는 조그만 박물관으로 쿠스코 인근에서 출토된 잉카 시대의 토기, 금장신구 등의 유물을 전시하고 있다. 잉카 문명은 전성기가 아주 짧았기 때문에 아즈텍과 마야 문명 수준의 근사한 유물을 기대하면 안 된다. 잉카의 유물에 관심이 아주 많다면 가볼 만하다. 박물관 내부는 사진 촬영이 금지다.

주소 Ataud 154 **위치** 대성당 뒤쪽에서 북쪽으로 한 블록 **시간** 월~금 09:15~16:00, 토 08:45~13:45 / 일요일 휴무 **요금** 입장료 20솔 **홈페이지** museoinka.unsaac.edu.pe

코리칸차
Qorikancha

코리칸차는 본래 잉카의 태양의 신전이었는데, 스페인 정복자들이 신전을 부순 후 '산토 도밍고 성당(Iglesia de Santo Domingo)'을 지었다. 현재는 성당 아래 토대와 일부 벽에서만 태양의 신전 흔적을 확인할 수 있다. 성당의 넓은 뜰에는 잉카 시대의 축제 때 술로 가득 채웠다는 우물이 남아 있다. 옆에는 '코리칸차 박물관(Museo de Sitio del Qoricancha)'이 있는데 잉카의 유물들을 볼 수 있다. 성당은 무료로 들어갈 수 있지만, 코리칸차와 박물관은 입장료를 내야 한다.

위치 아르마스 광장 남쪽으로 도보 5분 **시간** 월~토 08:30~17:30, 일 12:00~17:00 **요금** 입장료 성인 15솔, 어린이 8솔

레고시호 광장
Plaza Regocijo

아르마스 광장에서 산 프란시스코 성당 방향으로 50m 정도 떨어진 작은 광장으로, 쿠시파타 광장(Plaza Kusipata)이라고도 부른다. 아주 작은 광장이지만 가운데 아담한 분수가 있고 나무가 무성하다. 하얀 회벽에 파란 테라스와 창문이 있는 주변 건물이 예뻐 벤치에 앉아 잠시 쉬기 좋다.

위치 아르마스 광장에서 서쪽으로 도보 3~4분

산 블라스 성당
Iglesia de San Blas

대성당 뒤쪽 언덕에 있는 흙벽돌로 만든 작은 성당이다. 성당 자체는 큰 볼거리가 없지만 가는 길이 예쁘다. 또한 바로 옆에 있는 아담한 '산 블라스 광장(Plaza de San Blas)'은 작은 공원처럼 되어 있어서 잠시 쉬기에 좋다.

위치 12각 돌에서 도보로 약 2~3분

산 블라스 전망대
Mirador San Blas

산 블라스 성당을 지나 몇 분 정도 언덕을 천천히 올라가면 넓은 공터에 벤치가 있는 산 블라스 전망대가 있다. 고산에서 오르막을 오른다는 것이 상당히 힘들지만, 전망대에 도착해 시원하게 펼쳐진 아름다운 쿠스코의 전경을 바라보면 고생이 아깝지 않다.

위치 대성당 뒤쪽으로 도보 약 15분

12각 돌
La Piedra de Los Doce Anguios

잉카의 정교한 건축 기술은 유명한데 특히 조그마한 틈새도 없이 촘촘히 쌓아 올린 석벽이 인상적이다. 그중에서 12각 돌은 쿠스코에서 가장 유명한 돌로 항상 기념사진을 찍으려는 사람들이 줄을 서서 기다리고 있다.
사실 네모반듯하고 일정한 모양으로 돌을 다듬어서 벽을 쌓는 것이 건축 시간을 단축할 수 있고 효율적이지만, 잉카 문명은 철기는 물론 청동을 이용한 도구도 거의 없었다. 그래서 돌을 일정한 모양으로 만들기 어려웠고, 어쩔 수 없이 궁전 벽과 같이 중요한 건물을 제외한 곳에선 돌의 모양을 그대로 살려 벽을 만들어야 했다. 거친 돌의 표면은 물에 젖은 모래를 올린 후 자갈을 이용해 갈아서 아귀를 맞췄다. 이런 이유로 철기가 보급된 다른 문명에서는 좀처럼 보기 힘든 모양의 석벽을 잉카의 유적에서 많이 볼 수 있다.

위치 대성당을 정면으로 봤을 때 성당 오른쪽 길인 '아툰 루미욕(Hatun Rumiyoc) 거리'를 따라 두 블록, 아르마스 광장에서 도보 6~7분

산 프란시스코 성당
Iglesia de San Francisco

대성당과 비슷한 크기의 산 프란시스코 성당은 화려하지 않고 수수하다. 1572년에 건설되었다가 지진에 의해 파괴된 후 1650년에 복구되었다. 성당 안에는 소박한 내부 장식이 편안한 느낌을 준다. 무엇보다 입장료가 없고 사진 촬영이 가능한 것이 큰 장점이다. 성당 앞에 있는 '산 프란시스코 광장(Plaza de San Francisco)'도 아르마스 광장처럼 화려하진 않지만, 한적하고 조용해서 쉬기 좋다. 산 프란시스코 광장 뒤쪽은 관광객보다 현지인들이 많은데, 일요일이 되면 광장에 포장마차촌이 열려서 페루의 전통 음식을 판매한다. 성당 왼쪽 도로에 있는 아담한 산타 클라라 아치(Arco de Santa Clara)를 통과해서 몇 분만 걸어가면 로컬 시장인 산 페드로 시장(Mercado San Pedro)이 있다.

위치 아르마스 광장에서 서쪽으로 도보 10분 **시간** 월~토 09:00~18:00, 일 06:30~12:00, 17:00~20:00 **요금** 성당 무료, 박물관 5솔

산 페드로 시장
Mercado San Pedro

쿠스코의 역사 지구를 조금 벗어나면 로컬 시장이 많은데, 가장 쉽게 찾아갈 수 있는 곳이 산 페드로 시장이다. 시장 안에는 구역별로 같은 물건을 파는 가게가 모여 있다. 유명하다는 12각 돌이나 성당 등을 돌아보는 것도 좋지만, 산 페드로 시장 같은 곳에서 현지인들의 일상을 보고 느끼는 것도 쿠스코 여행에서 잊지 못할 기억 중 하나가 될 것이다. 시장 주변의 거리에도 먹거리를 파는 사람들이 많고 시장 내부만큼이나 붐빈다. 관광객들이 많이 찾으면서 이곳의 과일은 로컬 가격보다 비싸기 때문에, 산 페드로 시장 근처 거리에 있는 로컬 시장에서 사는 것이 훨씬 낫다. 기념품도 외부 가게들보다 다소 비싼 편이다. 시장 맞은편에 있는 흰 건물에는 '오리온(Orion)'이라는 대형 마트가 있다.

위치 산 프란시스코 광장 왼쪽 길을 따라 도보 2~3분 **시간** 06:00~19:00(오후 3~4시가 되면 대부분의 가게가 문을 닫음)

산 페드로 시장 내 간식거리

생과일주스 시장 입구 근처에 수십 개의 가게가 늘어서 있다. 여러 가지 과일을 섞거나 우유 등 다른 재료를 추가하는 것도 가능하다.
추따 시장 중간에는 통밀로 만든 크고 둥근 빵인 추따(Chuta)를 파는 가게들이 있다. 추따는 쿠스코 지역의 전통 빵으로, 통밀 특유의 거친 느낌과 고소함이 있다. 3~5솔이면 큰 빵 하나를 살 수 있기 때문에, 마추픽추 투어를 갈 때 간식으로 가져가기 좋다.
삐까로네스 식당 구역 중간에는 페루식 도넛인 삐까로네스(Picarones)를 파는 할머니가 계신데, 평일 오후에만 나오셔서 만나기 쉽지 않다. 갓 튀긴 삐까로네스에 무화과와 사과가 들어간 달콤한 시럽을 뿌려 먹는다.

삭사이와만
Saqsaywaman

삭사이와만은 쿠스코를 둘러싼 산 위에 있는 성이다. 지그재그 형태의 성벽이 3단으로 건축되어 있는데, 자연을 숭배하던 잉카인들이 번개의 형상을 따라 만든 것으로 추정된다. 삭사이와만은 수백 톤에 이르는 거대한 거석을 사용해 만들어진 것으로 유명하다.

원래 성벽 위에는 태양의 신전을 비롯해 많은 건물이 있었는데, 스페인 정복자들이 그 석재를 가져가다 쿠스코의 대성당을 만들었다. 매년 6월에는 삭사이와만 앞에서 태양의 신을 기리는 축제인 '인티 라이미(Inti Raimi)'가 열린다. 삭사이와만 옆 언덕 위에 있는 '흰색 예수(Cristo Blanco, 크리스토 블랑코)'에서는 쿠스코 전체의 풍경을 볼 수 있다.

위치 쿠스코 역사 지구 북쪽, 시내에서 차로 10~15분 **시간** 07:00~17:30 **요금** 70솔 / 통합 입장권으로 입장 가능

TIP

인티 라이미 축제

인티 라이미 축제는 남미에서 가장 큰 원주민 전통 축제이다. '인티'는 태양, '라이미'는 축제를 의미하기 때문에, '태양의 축제'로 불린다. 해가 가장 짧은 동지(6월 21일)에 태양의 힘이 다시 강해지기를 기원하는 축제로, 현재는 6월 24일이 축제일로 지정되어 있다. 축제 행렬은 코리칸차에서 시작해 아르마스 광장을 거쳐 삭사이와만까지 행진하며, 태양신에게 야마의 심장을 제물로 바친다.

쿠스코 지역의
Tour

쿠스코에는 트레킹, 래프팅, 산악자전거 등 많은 투어가 있다. 하지만 몸이 고산에 어느 정도 적응하기 전까지는 가급적 몸에 무리가 가는 투어는 피하는 것이 좋다.

잉카 트레일 Inca Trail

직접 두 발로 걸어서 마추픽추를 가고 싶어 하는 여행자를 위해서, 여행사들이 다양한 트레킹 투어를 판매한다. 그중에서 가장 유명한 것은 잉카의 옛길을 따라 걸을 수 있는 '잉카 트레일(Inca Trail)'이다. 일정은 3박 4일간 50km 정도를 걷는데, 해발 4,000m가 넘는 곳까지 올라가기 때문에 쉬운 코스는 아니다. 인원이 엄격하게 제한되고, 잉카 트레일을 공식적으로 판매하는 여행사를 통해서 예약해야만 하는데, 미국과 유럽 여행자에게 인기가 많아 예약이 쉽지 않다. 우기(12~4월)보다는 걷기 좋은 건기(5~11월)가 더 인기있다.
'잉카 정글 트레킹'이라고 부르는 전혀 다른 투어 프로그램이 있는데 코스 자체가 완전히 다르니 주의하자.

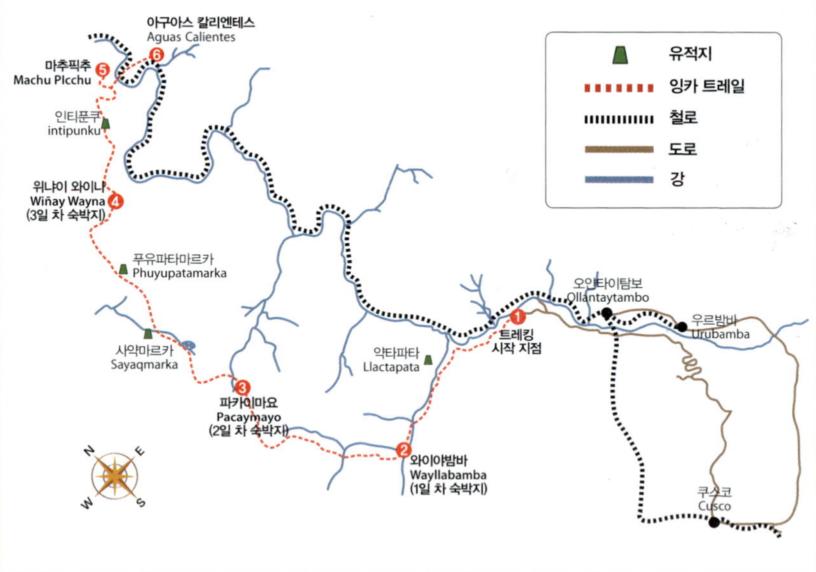

■ 투어 예약

출발 6개월 전부터 예약이 가능하다. 가장 인기가 좋은 5월은 보통 며칠 만에 예약이 끝나버리며, 6~10월도 서둘러 예약해야 한다. 하지만 우리나라 여행자가 많이 찾는 우기(12~4월)에는 비교적 예약이 쉽다. 쿠스코에 있는 한인 여행사 중에는 한식당 사랑채에서 운영하는 길 투어에서 잉카 트레일을 공식 판매한다. 트레킹 중 숙박은 텐트에서 캠핑한다.

요금 790달러(교통, 숙박, 식사, 가이드와 마추픽추 입장료 포함) **홈페이지** 길 투어 cafe.naver.com/cuscoperu

■ 트레킹 코스

트레킹은 오얀타이탐보(Ollantaytambo)를 지나서 있는 칠카(Chilca) 외곽까지 버스로 이동 후 시작된다. 멋진 고산의 풍경과 함께 약타파타(Llactapata), 룬쿠라카이(Runkurakay), 사약마르카(Sayaqmarka), 푸유파타마르카(Phuyupatamarka) 등의 잉카 트레킹을 해야 만날 수 있는 유적을 볼 수 있다.

투어 코스

일차	지역
1	와이나밤바(해발 3,100m)
2	파카이마요(해발 4,200m)
3	위냐이 와이나(해발 2,650m)
4	마추픽추, 아구아스 칼리엔테스 (기차로 쿠스코 이동)

사약마르카

약타파타

잉카 정글 트레킹

·TIP·

정식 잉카 트레일의 가격이 부담스러운 배낭여행자들이 대안으로 선택한다. 잉카 트레일 루트와는 전혀 다른 루트로 가는데, 중간에 잉카 유적이 없고, 자전거, 집라인, 래프팅(비용 별도) 등의 프로그램들이 들어가 있다. 숙박은 중간에 있는 호스텔의 도미토리를 이용하는데, 페루 시골 숙소라 상태가 엉망이다. 전체적으로 투어 환경이 열악해 평가가 썩 좋지 않다.

투어 코스 산타 테레사(Santa Teresa) → 수력발전소(Hidroelectrica) → 아구아스 칼리엔테스(Aguas Calientes)
요금 버스+도보 150~170달러, 버스+도보+기차 230~250달러 / 마추픽추 입장권(152솔) 불포함

비니쿤카 Vinicunca

'무지개 산(Rainbow Mountain)'으로도 불리는데, 화산에서 분출된 미네랄 때문에 붉은색, 노란색 등 다양한 색이 층을 이루고 있다. 경치는 멋있지만 해발 4,500~5,000m까지 1시간 가량 걸어 올라가야 하고,고도가 높아서 날씨가 나쁜 경우가 많다. 해발 5,000m 가까운 곳에서 걷는 것은 힘든 일이기 때문에,고산 적응이 완벽하게 된 상태가 아니라면 올라갈 때 말이나 오토바이를 타는 것이 좋다. 날씨가 나쁜 날은 상당히 춥기 때문에, 장갑, 모자, 패딩 등 방한용품을 든든하게 가져가는 것이 좋다. 여러 가지로 힘든 투어이기 때문에 몸과 마음의 준비를 단단히 하고 가야 한다.

시간 쿠스코에서 차로 약 4시간 소요(편도) / 03:00~05:00 사이에 출발하여 16:00~18:00 쿠스코로 복귀 **요금** 투어 70~90솔(입장료 별도 25솔) / 말 또는 오토바이 이용 편도 60솔, 왕복 90솔

살리나스

ATV 투어

최근 몇 년 사이에 인기가 급상승한 투어로 4륜 바이크인 ATV를 직접 운전해 쿠스코 인근의 여러 지역을 다녀온다. 코스 중에는 '살리나스(Salinas)' 염전과 원형 밭 '모라이(Moray)'를 다녀오는 코스가 가장 풍경이 좋아서 인기가 좋다. 투어는 6시간쯤 걸리는데, 보통 오전 출발이 오후 출발보다 날씨가 좋다. 직접 운전을 하며 멋진 풍경 속을 달릴 수 있지만, 중간에 비포장도로가 많아서 먼지를 엄청나게 뒤집어쓴다. 먼지에 대한 대비를 해야 하며 우기(12~4월)에는 비에 대한 대비도 필요하다. 출발 전에 ATV 조작법을 간단하게 연습한 후 출발한다.

요금 약 100솔 / 입장료 별도(살리나스 20솔, 모라이는 통합 입장권 이용) **예약** 쿠스코 시내 여행사에서 예약 가능

추천 **식당**

쿠스코는 워낙 유명한 관광지이다 보니 저렴한 식당부터 비싼 식당까지 선택의 폭이 넓다. 단, 유명한 식당을 가도 크게 맛있다고 느끼지 못하는 경우가 많은데, 전체적으로 간이 세기 때문이다. 그럴 때 추천하는 곳은 산 페드로 시장과 한식당이다.

오르가니카
Organika

직접 재배한 유기농 재료를 사용하여 음식을 만든다. 무엇보다 예쁜 식용 꽃을 이용하여 음식을 플레이팅하기 때문에, 요리 비주얼이 훌륭하다. 가격은 비싸지만 예쁜 음식 사진을 찍기에는 가장 좋은 곳이다.

주소 Resbalosa 410 **시간** 11:00~22:00

인카수엘라
Inkazuela

퓨전 스타일의 까수엘라(고기와 야채를 넣고 끓인 수프)가 주메뉴인 곳으로 로모 살따도, 세비체 같은 페루 전통 음식도 판매한다. 음식은 깔끔하지만 중심가에 있어서 가격은 비싸다.

주소 Plazoleta Nazarenas 167 **시간** 월 17:00~20:00, 화~일 12:00~22:00 **홈페이지** restaurantinkazuela.com

에스프레소 디에시 이 오초
Espresso 18

산 블라스 광장 인근에 있는 카페다. 깔끔하고 모던한 인테리어도 괜찮지만 가장 큰 장점은 카페에서 보이는 쿠스코의 아름다운 전경이다. 아르마스 광장에서 올라가는데 시간과 노력이 필요하지만 그만한 가치가 있다. 해가 질 때쯤 가서 야경을 보는 것도 좋다.

주소 Tandapata 649 **시간** 화~일 08:30~13:00, 15:00~19:00 / 월요일 휴무

사랑채
Sarangche

쿠스코에서 가장 오래된 한식당으로 찌개류, 삼겹살, 제육볶음, 김치전 등의 다양한 한식을 팔고 있다. 장시간 비행과 시차, 고산 증세로 지쳤을 때, 익숙한 고향의 맛을 먹으면 컨디션이 확 좋아질 것이다. 부대찌개, 제육볶음, 삼겹살, 잡채를 추천한다.

주소 Procuradores 341, 시간 월~토 12:00~15:30, 18:00~21:30 / 일요일 휴무

사랑채

차크루나 네이티브 버거
Chakruna Native Burgers

페루 음식이 입에 잘 맞지 않을 때는 피자, 햄버거나 일식, 한식이 좋은 대안이다. 특히 페루 햄버거나 샌드위치는 저렴하면서 푸짐하다. 이곳은 배낭여행자들 사이에 유명한 햄버거 가게로 햄버거 + 감자튀김 + 음료수 세트를 저렴한 가격에 먹을 수 있다.

주소 Plazoleta de San Blas 699 **시간** 11:30~16:00, 17:30~22:00

엘 하르딘
El Jardin

아르마스 광장 옆에 새로 문을 연 카페이다. 커피 맛이 괜찮고 수제 버거, 팬케이크 등 다양한 메뉴를 파는데, 플레이팅이 예쁘게 나온다. 다만 위치가 위치인지라 가격은 비싼 편이다.

주소 Portal de Panes 151 **시간** 08:00~24:00

카페 디 와시
Cafe D'Wasi

레고시호 광장 인근에 있는 카페로 페루에서는 보기 드물게 다양한 원두를 직접 로스팅해서 판매한다. 사실 페루 원두가 콜롬비아, 코스타리카 등 유명한 커피 원산지처럼 훌륭하지는 않지만, 커피 애호가라면 한 번쯤 맛볼 만하다.

주소 Heladeros 135 **시간** 07:00~22:00

한스 크래프트 비어
Hanz Craft Beer

수제 맥주와 함께 스테이크, 햄버거 등을 판다. 맛이 특별하지는 않지만, 대성당 바로 옆에 있어서 멋진 아르마스 광장의 야경을 보며 맥주 한잔을 즐길 수 있다. 단, 고산 적응이 되기 전까지 음주는 피하자.

주소 Portal de Carnes 216 **시간** 11:00~23:00

크레페리아 라 붐
Creferia La Bom

인테리어가 예쁘고 아담한 크레페 전문점이다. 다양한 과일과 시럽, 아이스크림, 심지어 샐러드가 올라간 크레페를 먹을 수 있다. 플레이팅도 보기가 좋아, 여성 여행자들에게 인기가 많다.

주소 Carmen Alto 283 **시간** 화~일 08:00~22:30 / 월요일 휴무 **홈페이지** labohemecusco.com

킨타로
Kintaro

내부 인테리어가 깔끔한 일식당으로 우동과 덮밥, 롤 등을 판다. 가격은 조금 비싸지만 청결하고 음식이 깔끔하다. 맛은 리마의 고급 일식당보다는 못한 편이다. 식당 입구의 카페에서는 녹차 라테와 치즈 케이크를 판다.

주소 Plateros 334 **시간** 11:00~22:00 **홈페이지** kintarocuzco.com

카페 디 와시

추천 **숙소**

역사 지구에 있는 숙소는 오래된 건물을 사용하기 때문에 현대식 건물보다 환기가 잘 안 되고 불편한 점이 있다. 특히 저렴한 숙소는 관리가 잘 되지 않아서 냄새가 나는 곳이 많다. 따라서 너무 저렴한 숙소는 피하는 것이 좋다. 신시가지에 있는 숙소가 더 싸고 시설이 좋지만, 숙소만 나서면 아름다운 거리가 펼쳐지는 구시가지에 비할 수는 없다.

셀리나 플라사 데 아르마스 쿠스코
Selina Plaza de Armas Cusco

아르마스 광장에서 두 블록밖에 떨어져 있지 않아 위치가 좋다. 공용 공간이 화분과 장식물로 예쁘게 꾸며져 있고, 도미토리에는 개인 로커 시설이 잘 되어 있다. 가격은 비싸지만 위치와 시설이 좋다. 단, 더블·트윈은 비싸기 때문에 호텔을 이용하는 것이 낫다.

주소 Garcilaso 150 **가격** 도미토리 55~90솔, 더블 · 트윈 260~360솔 **홈페이지** selina.com

마마 시모나 호스텔
Mama Simona Hostel

산 프란시스코 성당 가까이 있어서 아르마스 광장까지 도보로 6~7분이면 갈 수 있다. 호스텔치고는 방이 넓고 공용 공간이 잘 꾸며져 있다. 특히 식당이 방이 있는 구역과 분리되어 있어서 덜 시끄럽다.

주소 Ceniza 364 **가격** 도미토리 45~65솔, 더블 · 트윈 120~130솔 **홈페이지** mamasimona.com

인트로 호스텔
Intro Hostel

위치가 적당하고 비싸지 않으며 야외 정원이 잘 꾸며져 있는 대형 호스텔이다. 도미토리 방도 상당히 커서 편하다. 시설이 조금 낡긴 했지만, 가격을 고려하면 감수할 만하다.

주소 Cuesta Santa Ana 515 **가격** 도미토리 30~45솔, 더블 · 트윈 90~160솔 **홈페이지** introhostels.com

호텔 산 아구스틴 인터내셔널
Hotel San Agustin International

코리칸차 바로 옆에 있는 3성급 호텔로 동급 호텔보다 방이 넓고 식당 등 부대시설이 좋다. 아르마스 광장 남쪽에 있어서 공항과 터미널 이동이 편리하고, 조식이 괜찮다.

주소 Maruri 390 **가격** 더블 · 트윈 80~100달러 **홈페이지** hotelessanagustin.com.pe

호텔 티에라 비바 쿠스코 플라사
Hotel Tierra Viva Cusco Plaza

쿠스코에는 '티에라 비바' 계열의 호텔이 여러 개 있는데 아르마스 광장에 접해 있는 이곳이 위치가 가장 좋다. 가격은 동급 호텔들보다 다소 비싸지만 내부 시설이 잘 정돈되어 있고 아주 깨끗하다.

주소 Suecia 345 **가격** 더블 · 트윈 90~110달러 **홈페이지** tierravivahoteles.com

성스러운 계곡

Valle Sagrado

쿠스코에서 북동쪽으로 15km 정도 떨어진 우루밤바(Urubamba)강 계곡을 따라 자리한 피삭, 우르밤바, 오얀타이탐보 지역을 '성스러운 계곡'이라고 한다. 하지만 일반적으로 우루밤바강의 계곡뿐만 아니라 쿠스코에서 가까운 친체로, 마라스 같은 마을과 인근 유적까지 합쳐서 성스러운 계곡이라고 부른다. 쿠스코에 온 여행자라면 마추픽추와 함께 투어로 둘러보는 여행지다. 투어 코스는 크게 두 개가 있는데 '친체로 코스'와 '피삭 코스'가 있다. 시간이 많다면 둘 다 다녀올 수도 있겠지만, 한 가지만 골라야 한다면 '친체로 코스'를 추천한다. 고고학에 관심 있는 사람이 아니라면 피삭 코스에서 볼 수 있는 유적에는 크게 흥미를 느끼기 힘들 수 있고, 포장도로를 따라가는 것이라 주변 풍경이 아름답지 않다. 이에 반해 친체로 코스는 친체로 마을의 직물, 살리나스의 염전, 모라이의 원형 밭 등 다양한 구경거리가 있고, 안데스의 설산과 함께 꽃과 농작물이 가득한 아름다운 고원의 풍경을 볼 수 있다.

성스러운 계곡 지역의
Tour

성스러운 계곡 투어 Valle Sagrado Tour

성스러운 계곡 투어는 일반적으로 '친체로 코스+피삭'으로 구성되어 있다. 따라서 오얀타이탐보에서 마추픽추행 기차를 타는 사람은 피삭을 포기하고 오얀타이탐보에서 투어를 끝내면 된다. 오얀타이탐보에서 기차를 타야 한다면 기차 출발 시간과 투어 차량의 오얀타이탐보 도착 예정 시간을 꼼꼼하게 확인해야 한다. 투어에 기차표, 아구아스 칼리엔테스 숙소, 마추픽추로 올라가는 버스 등을 포함해서 파는 투어도 있는데, 기차 시간, 숙소, 포함 사항, 일정을 잘 점검해야 한다. 사실 마추픽추행 기차와 버스표는 쉽게 살 수 있기 때문에, 한꺼번에 묶여진 상품을 이용하는 것보다는 개인적으로 구매하는 것이 좋다. 투어는 쿠스코 시내 여행사 혹은 숙소에서 예약이 가능하다. 두 코스 모두 콜렉티보, 버스, 택시 등을 이용해 개인적으로 여행할 수 있고 여행사의 투어를 이용할 수도 있다.

요금 투어 비용 70~90솔(차량, 가이드, 점심 포함) / 가격이 저렴할 경우 점심이 부실하거나 불포함일 수 있음

쿠스코 통합 입장권 Boleto Turistico del Cusco

·TIP·

쿠스코와 쿠스코 인근 유적 그리고 박물관을 돌아보고 싶다면 통합 입장권을 사는 것이 좋다. 통합 입장권 하나로 14개 관광지를 무료로 방문할 수 있는데, 유적지별로 입장권을 사면 하나에 70솔이다. 여러 명이 한 티켓을 사용하는 것을 방지하기 위해 구매 시 티켓 중앙에 본인의 이름을 적어야 하며, 구매일로부터 10일간 사용할 수 있다. 통합 입장권으로 입장 가능한 곳의 매표소라면 어디서나 구매 가능하다.

요금 130솔 / 국제 학생증(만 26세 미만) 소지 시 70솔 **티켓 사용처** 삭사이와만(Saqsaywaman), 켄코(Q'enqo), 푸카 푸카라(Puka Pukara), 탐보마차이(Tambomachay), 친체로(Chinchero), 피삭(Pisaq), 오얀타이탐보(Ollantaytambo), 모라이(Moray), 티폰(Tipón), 피키약타(Pikillacta), 현대 미술관(Museo Municipal de Arte Contemporáneo), 지역 역사 박물관(Museo Histórico Regional), 코리칸차 박물관(Museo de Sitio del Qoricancha), 파차쿠텍 기념비(Monumento Pachacuteq)

친체로 코스

친체로 → 살리나스 염전 → 모라이 → 오얀타이탐보(p.119)

친체로 마을(Chinchero) 쿠스코에서 1시간 거리에 있는 마을로 전통 직물이 유명하다. 마을 곳곳에 알파카 털, 양털 등 직물을 가공하고 염색하는 방법을 보여 준 후 물건을 파는 가게들이 있다. 하지만 가게 안에서 파는 물건들은 다른 곳보다 비싸다. 마을의 언덕을 걸어 올라가면 넓은 들판에 잉카 시대에 만든 계단식 밭과 벽이 있으며, 그 위에 스페인 정복자들이 세운 하얀 성당이 세워져 있다. 유적 자체는 큰 볼거리가 없지만 고원과 설산의 풍경이 아름답다. 유적 앞 광장에는 현지인들이 옷과 가방, 장신구 등 천으로 된 공예품을 판매하는데 다른 곳보다 저렴한 편이다. 해발 3,760m나 되는 곳이라 언덕을 올라갈 때 천천히 걸어야 한다.

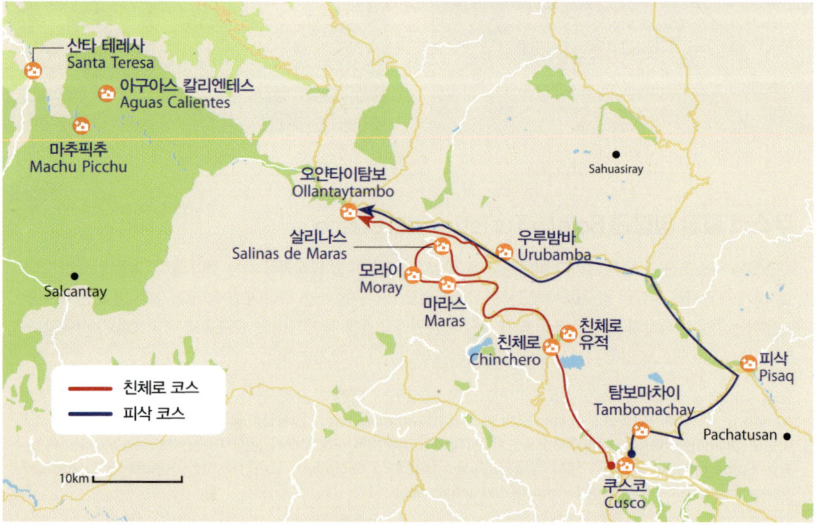

⬇

살리나스 염전(Salinas de Maras) 마라스(Maras) 마을 옆 계곡에 있는 천연 염전으로 해발 3,380m에 있다. 안데스산맥이 융기한 뒤 산 속에 남아 있던 소금 성분이 지하수에 녹아 흘러나오면서 산속에 염전을 만들 수 있게 된 것이다. 건기(5~11월)에 가면 새하얀 소금으로 덮인 염전을 볼 수 있지만, 우기에는 별로 하얗지 않다. 통합 입장권에 포함되어 있지 않은 곳이라 입구에서 입장권(20솔)을 별도로 사야 한다. 염전에서 생산된 소금을 기념품으로 많이 팔기도 하는데, 소금 기념품은 볼리비아에서 우유니 투어를 할 때 방문하는 콜차니(Colchani) 마을에서 사는 것이 훨씬 싸다.

⬇

모라이(Moray) 역시 마라스 마을 인근에 있는 원형으로 만들어진 계단식 밭으로, 일반적인 농업용이 아니라 저지대의 작물을 고지대로 가져와 시험 재배를 하던 곳이다. 각 단마다 온도가 조금씩 다르다고 한다. 전체를 걸어서 한 바퀴 돌아볼 수 있다.

살리나스 염전

모라이

피삭 코스

켄코 → 탐보마차이 → 피삭 → 오얀타이탐보

켄코(Q'enqo) 잉카 시대에 신에게 제사를 지낸 곳으로 큰 바위들이 여기저기 쌓여 있다. 바위 안쪽으로 사람이 드나들 수 있는 좁은 통로가 있는데, 안쪽에는 제물을 올렸던 조그만 바위 받침대가 남아 있다. 바위의 위쪽으로는 산 제물의 피가 흐르도록 홈이 파여 있는데 이 피가 흐르는 형태에 따라 점을 쳤다고 한다.

⬇

탐보마차이(Tambomachay) 마르지 않는 물이 샘솟는다고 해서 '성스러운 샘'이라고 불리는 탐보마차이는 돌벽과 수로를 따라 두 줄기의 물이 조금씩 흘러나온다. 목욕탕 등의 용도로 사용했을 것으로 추측하고 있다. 다른 유적에 비해 규모가 상당히 작다.

피삭(Pisaq) 우루밤바 강가에 있는 작은 마을로 마을 위 언덕에 마추픽추처럼 산성 형태의 작은 유적이 있다. 쿠스코에서 시간 여유가 있다면 찾아가면 좋지만, 마추픽추와 삭사이와만에 비하면 규모가 상당히 작기 때문에 무리해서 갈 필요는 없다. 피삭 마을에선 매주 일요일에 제법 큰 시장이 열리며 화요일, 목요일에도 작은 시장이 열린다.

오얀타이탐보(Ollantaytambo) 오얀타이탐보는 우르밤바강과 일렬로 뻗은 산줄기 사이에 위치한 작은 마을로, 수로가 있는 돌담길이 유명하다. 몇백 미터 정도 길이의 돌담길은 몇 곳 없지만, 쿠스코와는 다른 분위기의 옛길을 걷는 재미가 있다. 마을 옆의 언덕에는 가파른 경사면에 돌을 촘촘히 쌓아 만든 계단식 밭 유적이 있다. 거의 모든 여행자가 오얀타이탐보 역에서 마추픽추 아래에 있는 아구아스 칼리엔테스 마을로 가는 기차를 타기 때문에 여행자를 겨냥한 식당과 숙소가 많다. 기차는 일반적으로 새벽 기차가 오후와 저녁 기차보다 싸기 때문에, 오얀타이탐보에서 하룻밤을 보내고 새벽에 마추픽추로 가는 여행자도 많다. 마을 광장에서 기차역까지 걸어가면 20분 정도 소요되는데, 광장에서 삼륜 오토바이 택시인 모토(Moto)를 타면 1인당 2솔에 역까지 갈 수 있다. 기차역 주변에는 저렴한 로컬 식당과 카페가 있다.

마추픽추

Machu Picchu

마추픽추는 '하이람 빙엄(Hiram Bingham)'이 1911년에 발견하기 전까지 우르밤바 계곡 깊숙한 곳에 숨겨져 있었다. 스페인 정복 이후 크게 파괴된 대부분의 잉카 유적과 달리 원형이 보존된 채로 발견되어 매일 수많은 여행자가 방문하고 있다. 마추픽추를 건설한 목적에 대해서는 정확히 밝혀진 바가 없으나, 스페인 침략 이후 건설한 최후의 도시였다는 설, 종교적인 목적의 도시였다는 설 등의 다양한 가설이 있다. 사실 마추픽추는 산성이기에 특별한 건축물은 없다. 따라서 비좁은 유적 통행로에 서서 가이드에게 설명을 듣는 것보다는, 돌아다니며 자연과 마추픽추가 어우러진 멋진 풍경을 보는 것에 집중할 것을 권한다. 특히 산과 우루밤바강이 마추픽추와 어우러진 풍경이 환상적이다. 최근 몇 년 사이에 관광객이 많아지면서 2019년부터 일일 입장객 수와 입장 시간을 제한하고 있다.

❶ 아구아스 칼리엔테스 이동

마추픽추로 이동하기 위해서는 아구아스 칼리엔테스 마을을 거쳐야 한다. 이곳으로 이동하는 방법은 기차를 이용하는 방법, 버스와 도보를 이용하는 방법이 있다.

기차

아구아스 칼리엔테스행 기차는 오얀타이탐보와 포로이(Poroy)에서 출발한다. 쿠스코에서 오얀타이탐보까지는 성스러운 계곡 투어 또는 콜렉티보를 이용해서 갈 수 있다. 잉카 레일과 페루 레일에서 열차를 운행하는데, 40km가 조금 넘는 거리를 가면서 가격은 상당히 비싸다. 늦게 예약하면 어쩔 수 없이 더 비싼 티켓을 살 수도 있으므로 일정이 정해지면 서둘러 기차표를 사는 것이 좋다. 쿠스코에서 차로 약 30분 걸리는 '포로이(Poroy)' 역에서도 열차가 운행하는데, 우기에는 운행하지 않을 때가 많다. 오얀타이탐보에서 새벽에 출발해 마추픽추를 보고 아구아스 칼리엔테스에서 저녁 기차로 돌아오면 기차 비용이 다소 저렴해진다.

시간 약 2시간 소요 **요금** 편도 50~200달러(운행 시간과 등급에 따라 다름)
홈페이지 잉카 레일 www.incarail.com, **페루 레일** www.perurail.com

오얀타이탐보 → 쿠스코

오얀타이탐보 역에서 쿠스코로 돌아올 때는 콜렉티보를 이용하면 된다. 역 밖으로 나오면 콜렉티보 기사들이 호객을 하고 있다. 역 바로 앞에 있는 기사들은 바가지를 씌우는 경우가 많으니, 마을 방향으로 걸어서 나가면서 가격을 비교하자.

시간 약 2시간 소요 **요금** 15~20솔

콜렉티보 + 도보

가끔 아구아스 칼리엔테스행 기차비를 아끼기 위해 도보 이동을 선택하는 여행자도 있다. 어려운 방법은 아니지만 중간에 철로를 걸어야 하기 때문에 지나가는 기차를 조심해야 하고, 야간에는 이동을 삼가야 한다.

이동 경로

❶ **쿠스코 → 산타 마리아(Santa Maria)** / (콜렉티보 : 25~30솔, 약 2~3시간 소요)
❷ **산타 마리아 → 산타 테레사(Santa Teresa)**/ (콜렉티보 : 10~15솔, 약 1시간 30분 소요)
❸ **산타 테레사 → 이드로일렉트리카(Hidroelectrica,** 수력 발전소) / (콜렉티보 : 7~8솔, 약 30분 소요)
❹ **이드로일렉트리카 → 아구아스 칼리엔테스** / (도보 : 철로를 따라 약 3시간 이동)
※ 최근에는 쿠스코와 오얀타이탐보에서 이드로일렉트리카까지 직행하는 콜렉티보를 숙소나 여행사에서 예약할 수도 있음(쿠스코 출발 시 편도 40~50솔 / 왕복 70~80솔, 약 5~6시간 소요)

❷ 마추픽추 이동

아구아스 칼리엔테스 마을에서 마추픽추 입구까지는 버스로 이동하는데, 수시로 출발하기 때문에 예약은 필요 없다. 표는 아구아스 칼리엔테스의 버스 정류장이나 마추픽추 입구에 있는 매표소에서 구매할 수 있다. 마추픽추까지 걸어갈 경우 올라가는 것은 약 2시간, 내려오는 것은 약 1.5시간이 소요된다. 돈은 아까운데 걸어서 올라가기는 싫다면, 올라가는 표만 사서 버스를 타고 올라간 후 내려올 때는 걸어서 내려오는 방법도 있다. 평지에서는 도로를 따라 걷지만 산을 올라갈 때는 도보용 등산로가 따로 있다.

시간 버스로 약 20분 소요 **요금** 버스 편도 편도 12달러, 왕복 24달러

마추픽추 입장권 사전 예약

관광객이 급증하면서 유적 보호를 위해 입장 규정이 2019년부터 변경되었다. 먼저 입장권 구매 시 반드시 입장 시간을 정해야 한다. 시간은 오전 6시부터 오후 2시까지 1시간 간격으로 정할 수 있으며, 해당 시간대 티켓이 다 팔리면 다른 시간대를 선택해야 한다. 마추픽추행 버스는 입장 시간 40분 전부터 탈 수 있다(예를 들어, 7시 입장 시 6시 20분부터 버스 탑승 가능). 마추픽추 홈페이지에 가면 시간대별로 남은 티켓의 숫자를 확인하고 표를 살 수 있다. 페루의 '문화부(Ministerio de Cultura)' 사무소에서도 구매 가능한데, 쿠스코의 사무소는 '레고시호 광장(Plaza Regocijo)' 근처에 있고(주소 Garcilaso 225), 아구아스 칼리엔테스 사무소는 '망고 카팍 광장(Plaza Mango Capac)'에 있다. 마추픽추 티켓은 입장 당일에도 남아 있는 경우가 많다. 단, 마추픽추+와이나픽추 입장권은 최소 4~5개월 전에는 예약해야 한다. 2022년 말부터 구매 후 이름·시간 변경이나 환불이 불가능하기 때문에, 일정을 신중하게 검토한 후 사야 한다.

시간 06:00~14:00(1시간 간격 입장) / 마추픽추 + 와이나픽추 입장 시간은 07:00, 10:00 **요금** 마추픽추 152솔, 마추픽추 + 와이나픽추 200솔(와이나픽추는 1일 400명 입장 가능) **홈페이지** www.machupicchu.gob.pe

마추픽추 관람 시 주의 사항

마추픽추는 좁고 경사가 급한 길이 많고, 몇십 미터에 이르는 절벽도 있다. 실제로 관광객이 떨어져 사망한 일도 있어서 최근에는 안전 규정을 엄격하게 적용하고 있다. 유적 가장자리에 설치된 안전줄을 넘어가면 안 되며, 우리나라 여행자들이 사진 찍을 때 좋아하는 점프 샷은 엄격하게 금지되어 있다. TV 프로그램에 나왔던 여러 명이 모여서 '마추픽추, 마추픽추'하면서 뱅글뱅글 도는 것도 안전상의 이유로 금지되어 있다. 유적 내 길은 올라가는 길, 내려가는 길이 화살표로 구분되어 있어서 정해진 방향으로만 이동해야 한다.

마추픽추 관람 준비물

마추픽추 내에는 화장실, 편의 시설, 음식점 등이 전혀 없다. 따라서 입장 전에 마추픽추 입구 옆 건물에 있는 화장실을 가는 것이 좋다. 물과 간식은 미리 준비해 가야 하는데, 마추픽추 내에서는 원칙적으로 물을 제외한 음식물을 먹는 것이 금지다. 따라서 안 먹는 것이 낫고 꼭 먹어야 한다면 시선을 피할 수 있는 곳에서 간단히 먹어야 한다. 그리고 비가 자주 오는 지역이기 때문에 우비를 준비해 가는 것이 좋다. 입장 시 여권을 검사하기 때문에 반드시 지참해야 하며, 불필요한 짐이 있다면 마추픽추 입구에 있는 짐 보관소에 맡길 수 있다.

아구아스 칼리엔테스
Aguas Calientes

마추픽추 아래에 자리한 마을로 깎아지른 산과 우루밤바강이 멋지게 어우러진 곳이며, 대부분의 여행자들이 마추픽추를 가기 위해 하루를 머물러야 한다. 도로가 없어 물자 수급이 원활하지 않고 뜨내기 고객만 상대하다 보니 거의 모든 식당이 비싸고 맛이 없다. 마찬가지로 숙소도 가격 대비 시설이 엉망인 곳이 대부분이다. 티에라 비바(Tierra Viva), 카사 안디나(Casa Andina) 같은 호텔 체인에서 만든 호텔은 그나마 괜찮지만, 역시 다른 지역에 비해 가격이 비싸다. 마을의 오르막이 끝나는 곳에 '아구아스 테르말레스(Aguas Termales)'라고 부르는 작은 온천(입장료 20솔)이 하나 있는데 물이 깨끗하지 않고 미지근해서 추천하지 않는다. 기차역 인근 시장에서 기념품을 많이 파는데 완전 바가지다.

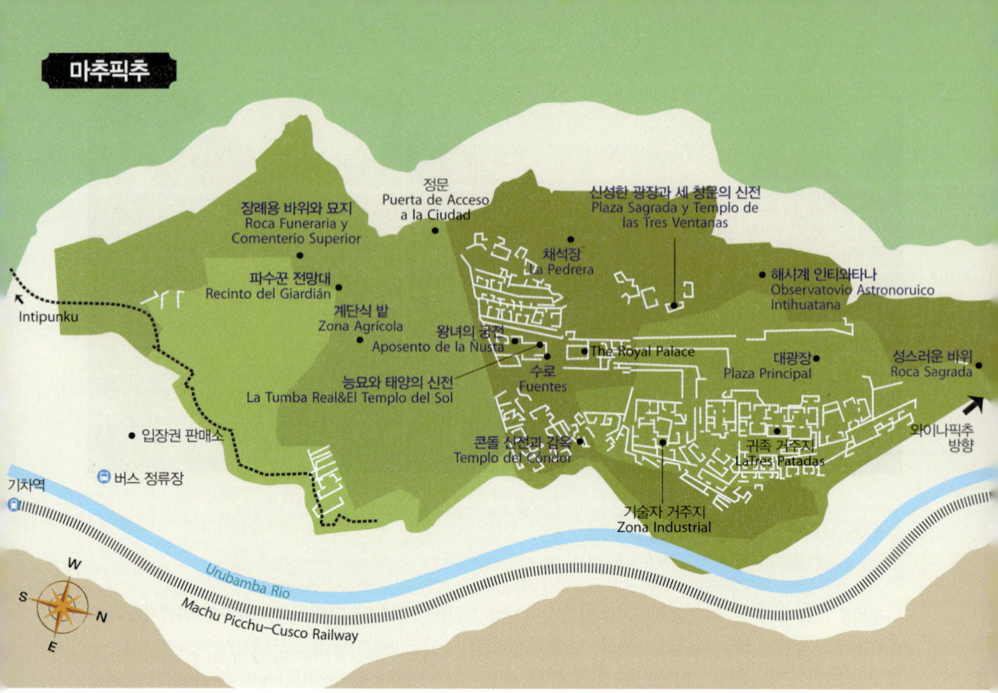

마추픽추
Machu PIcchu

태양의 도시, 잃어버린 공중 도시 등으로 불리는 페루의 대표적인 유적지다. 스페인 정복 이후 대부분 파괴된 잉카 제국의 유적과는 다르게 원형에 가까이 보존된 채로 발견되었다. 단순히 하나의 건축물 혹은 문화유산이라는 의미를 넘어서 번성했던 잉카 문명을 다시금 되돌아볼 수 있는 곳이다.

TIP

와이나픽추에서 마추픽추의 경관을 보자

와이나픽추는 '젊은 봉우리'라는 뜻과 잘 어울리게 해발 2,700m의 높이로 기세 좋게 솟아 있다. 마추픽추의 북쪽에서 마주하고 있는 와이나픽추에 올라 마추픽추를 내려다보면 탄성이 절로 나올 만큼 아름답다. 그러나 그 환상적인 감동을 느끼기 위해서는 2시간 이상의 트레킹과 아슬아슬한 위험 부담을 감수해야 한다. 좁은 등산로를 따라 때로는 양옆이 절벽에 가까운 구간도 통과할 수 있는 담력이 필요하다.

파수꾼 전망대
Recinto del Giardián

파수꾼 전망대는 마추픽추와 와이나픽추가 한눈에 내려다보이는 멋진 경관을 볼 수 있는 곳이다. 전망대 뒤쪽 방향으로 20분 정도 걸어가면 잉카 다리(Puente del Inca)를 볼 수 있는데, 이 다리는 길 사이에 나무를 놓은 것으로 위급 상황 시 나무를 떨어뜨려 통로를 차단하기 위한 것이다.

신성한 광장과 세 창문의 신전
Plaza Sagrada y Templo de las Tres Ventanas

신성한 광장은 세 개의 신전이 모여 있는 곳으로 동쪽에는 '세 창문의 신전', 남쪽에는 온전한 집의 형태를 유지하고 있는 '제사장의 집'이 있다. 북쪽에 있는 신전에는 중앙에 폭이 4m가 넘는 제단이 있다.

세 창문 신전

해시계 인티와타나
Observatorio Astronómico Intihuatana

신성한 광장을 지나 언덕의 계단을 오르면 마추픽추 유적 내에서 가장 높은 곳에 있는 해시계 '인티와타나(Intihuatana)'가 있다. 중앙에 있는 기둥의 그림자를 통해 해시계의 역할을 했다는 설도 있고 신에게 제사를 지내던 제단이라는 설도 있다.

콘돌 신전
Templo del Cóndor

천연석으로 이루어진 콘돌 신전은 바닥에 콘돌의 부리와 머리 모양을 한 돌이 있다. 신전 밑 지하에는 좁은 통로가 있는데, 아래에 돌의자와 작은 공간이 있으며, 감옥으로 쓰였다는 설이 있다.

대광장
Plaza principal

마추픽추 중앙에 있는 광장으로 휴식을 취하거나 행사를 갖고 운동을 하는 장소로 활용했다. 광장 양쪽은 돌을 쌓아 만든 두 개의 단이 광장을 둘러싸고 있다.

왕녀의 궁전
Aposento de la Ñusta

마추픽추에서 유일하게 2층으로 설계된 왕녀의 궁전은 여러 의문점이 해소되지 못한 채 남아 있다. 중요한 용도의 건물에서만 보여지는 2층의 설계 형태 그리고 태양의 신전 바로 옆에 있는 점이 왕실이나 신성한 곳과 연관되어 있을 것이라는 예상하게 한다. 궁전 안쪽에는 물건을 놓을 수 있는 장식 공간이 마련되어 있으며 삼각 형태로 축조된 벽면을 통해 지붕의 모양을 추측해 볼 수 있다.

태양의 신전
El Templo del Sol

자연석 위에 탑의 형태로 우뚝 세워져 있는데 정교하게 쌓아 올린 석벽으로 유명하다. 잉카 제국의 새해는 6월 21일로 태양의 축제도 이 시기에 맞춰 열리는데, 그날이 되면 태양의 빛이 신전 중앙의 창문으로 들어온다고 한다.

TIP

능묘

높이 쌓아 올린 태양의 신전 아래에는 삼각형으로 이루어진 거대한 석실이 자리 잡고 있다. 이곳이 어떤 용도로 쓰였는지는 아직까지 정확히 증명되지 않았지만 묘석으로 추정되는 돌과 제단, 신전 아래 자리 잡고 있는 형태로 보아 왕실의 미라를 안치했던 능묘인 것으로 추측하고 있다. 석실 안쪽 깊숙한 곳에는 미라를 두고 제단에는 왕실의 안위를 위한 제물을 바친 것으로 전해진다. 한편 태양의 신전을 지지하고 있는 자연석의 크기가 너무 거대해 이를 옮길 수가 없어 그 모양에 맞추어 능묘를 설계한 것으로 알려져 있다.

성스러운 바위
Roca Sagrada

마추픽추의 북쪽 끝으로 가면 뾰족한 삼각 지붕의 건물 두 개 사이로 높이 3m, 폭 6m가 넘는 거대한 바위가 세워져 있다. 초가지붕이 없어져 있어 소박한 느낌을 주는 두 건물은 마치 성스러운 바위를 호위하듯 양옆을 지키며 자리 잡고 있다. 성스러운 바위는 와이나픽추 기슭에 있는데 뒤로 보이는 산맥의 윤곽과 비슷해 신기하게 느껴진다. 많은 여행자들이 성스러운 바위의 기를 받고자 양손을 바위에 갖다 대고 기원을 한다. 와이나픽추에 가고자 하는 사람은 성스러운 바위를 찾으면 된다. 그 뒤로 와이나픽추로 오르는 길이 있다.

장례용 바위와 묘지
Roca Funeraria y Cementerio Superior

마추픽추 입구에서 조금 들어오면 제일 먼저 초가지붕으로 된, 관리인 주거지로 추정되는 건물을 지나 그 뒤쪽으로 계단이 만들어져 있는 커다란 바위가 나타난다. 바위 위는 평평하게 되어 있어 그 위에 제물을 올려놓고 제사를 지냈던 것으로 보인다. 바로 뒤에 있는 묘지는 하이램 빙엄이 마추픽추를 발견했을 당시 170여 구의 여성 유골을 발견한 장소이다. 이는 처녀를 제물로 삼은 종교적인 의식이 행해졌거나, 마지막으로 잉카인들이 피신할 때 기동성이 약한 여성을 죽이고 떠난 것이라는 주장 등 여러 가지로 추측되고 있다.

채석장
La Pedrera

정문에서 똑바로 나아가면 바위가 흩어져 있는 채석장이 왼편에 나타난다. 바위들 중에는 일렬로 홈이 패인 채 직선으로 쪼개지다 만 것도 있는데, 이를 통해 잉카인들이 금속 도구 없이 어떻게 바위를 다듬었는지 과학적으로 추측할 수 있다. 먼저 바위에 원하는 방향으로 홈을 여러 개 판 다음 홈 안에 나무를 넣고 물을 부어 팽창하는 힘을 이용해 바위를 쪼갰던 것이다. 이후 모서리와 표면을 다듬어 집을 짓거나 벽을 쌓아 올리는 방식으로 그들의 석조 기술과 건축 문화를 발전시켰다.

수로
Fuentes

깊은 산 속에서도 자유롭게 물을 사용할 수 있도록 높은 곳까지 물을 끌어와 수로를 만든 잉카인들의 관개 기술은 가히 감탄할 만하다. 마추픽추의 수로 역시 잉카 제국의 도시에서 볼 수 있는 여느 수로와 마찬가지로 물이 자연스럽게 흐를 수 있도록 돌을 깎아 홈을 만들어 물길을 정비하였다. 수로의 마지막에는 흘러내린 물이 모일 수 있는 공간을 만들어 그 물을 길어다 쓸 수 있도록 설계되어 있다.

계단식 밭
Zona Agrícola

어마어마한 규모를 자랑하는 계단식 밭은 마추픽추의 동쪽 1/3 이상과 서쪽 일부를 차지하고 있다. 1.5~2m 정도로 돌을 쌓아 계단을 만들었으며 평지가 없는 지형 조건을 극복한 잉카인들의 지혜를 엿볼 수 있는 곳이다. 이들은 이곳에서 고산 지대 기후 조건에 적합한 옥수수, 감자, 코카 등을 재배했다고 전해진다. 특히 서쪽에 위치한 계단식 밭은 경사가 유난히 가파른 곳으로 내려다보기만 해도 겁이 날 정도이다.

추천 **식당**

토토즈 하우스
Toto's House

철로 바로 옆에 있는 식당으로, 아래로는 우루밤바 강이 엄청난 기세로 흐른다. 1층의 강이 보이는 테이블에 앉아 커피 한잔을 하면, 비싸고 맛없는 커피도 멋진 풍경 때문에 용서가 된다. 뷔페 식당이 있는데 비싼 가격(60솔)에 비해 퀄리티는 좋지 않다.

시간 11:00~16:00, 18:00~22:00 **홈페이지** grupointi.com

아바스토스 시장
Mercado de Abastos

마추픽추행 버스 정류장 바로 옆 건물 2층과 3층에 있다. 트루차, 치차론 등의 로컬 음식을 먹을 수 있다. 쿠스코의 시장보다 비싸고 양은 적지만, 이 동네에선 가장 저렴하고 맛도 먹을 만하다. 시장 안에는 과일 가게도 있다.

시간 09:00~21:00

푸노

Puno

푸노는 티티카카 호숫가에 있는 도시로 해발 3,825m의 고산에 있으며, 페루에서 볼리비아로 육로 이동할 때 꼭 방문하는 곳이다. 케추아어를 쓰는 잉카 문화권과 달리 이 지역에 사는 아이마라(Aymara)족의 후손은 아이마라어를 사용했다. 갈대로 만든 섬인 우로스섬이 유명하지만 그 외에는 볼거리가 없으며, 우로스섬도 완전히 관광지가 되어 버려서 현지인의 삶을 들여다본다는 느낌을 받기 어렵다. 또한 도시 주변 호숫가는 오염되어 상당히 지저분하다. 볼거리가 별로 없기 때문에 반나절이나 하루 정도 머물면 충분하다. 도시 내부는 길이 상당히 좁기 때문에 차량을 조심해야 하며, 번화가를 벗어난 곳에서는 밤늦게 외출을 삼가는 것이 좋다. 아르마스 광장(Plaza Armas)과 피노 공원(Parque Pino) 사이의 리마 거리(Calle Lima)가 관광객을 위한 중심가이다.

• 푸노 드나들기 •

시외버스

페루와 볼리비아를 연결하는 교통의 요지이기 때문에, 쿠스코, 아레키파 등 페루 도시와 함께 코파카바나, 라파스 등 볼리비아의 주요 도시로 오가는 버스가 있다. 버스 터미널에서 아르마스 광장까지는 도보로 약 15~20분 소요된다. 시내까지 택시(7~8솔)나 3륜 오토바이 택시인 모토(5솔)를 이용할 수도 있다. 푸노에는 공항이 없고 버스로 1시간 반 정도 걸리는 훌리아카(Juliaca)에 공항이 있다.

예상 소요 시간 및 운임

지역	소요 시간	요금
쿠스코	7~8시간	60~100솔
아레키파	5~6시간	60~80솔
코파카바나	5시간	35~50솔
라파스	5~10시간	60~100솔

푸노에서 볼리비아로 가는 방법

푸노에서 볼리비아 라파스로 가는 길은 '코파카바나(Copacabana)'를 경유하는 루트와 '데사과데로(Desaguadero)'를 경유하는 루트가 있다. 코파카바나를 경유할 경우 코파카바나에서 버스를 갈아타야 하며, 10시간(환승 시간 포함) 정도 소요되지만 티티카카 호수를 볼 수 있다. 데사과데로를 지날 경우 티티카카는 볼 수 없지만 5~6시간이면 라파스에 도착할 수 있다.

티티카카 호수
Lago Titicaca

해발 3,825m의 안데스 고원에 자리한 티티카카 호수는 남미에서 두 번째로 큰 호수다. 1년 내내 차갑고 푸른 호수 위로 드리워진 하얀 구름은 바로 눈앞에 있는 것만 같고, 노을이 지는 시간이 되면 그 아름다움을 이루 말할 수 없다. 고산의 호수에서만 볼 수 있는 하늘과 호수, 구름의 조화가 티티카카를 유명하게 만든 가장 큰 요인이다.

TIP

푸노보다는 태양의 섬에서

푸노는 인구가 많다 보니 호숫물이 상당히 오염되어 있어서, 티티카카 호수의 아름다움을 제대로 감상하기 힘들다. 티티카카가 얼마나 아름다운지 보고 싶다면 볼리비아의 '태양의 섬(Isla del Sol)'을 방문할 것을 권한다.

우로스섬
Isla Uros

우로스섬은 굳이 투어를 예약하지 않고 부두에 직접 가서 우로스행 보트를 타면 된다. 현지인들이 '또또라(Totora)'라고 부르는 갈대로 만든 섬인 우로스는 하나의 큰 섬이 아니라 작은 섬들이 모여 있는데, 부두에서 보트로 25~30분 정도면 도착한다.

보통 3개의 섬을 들르는데 섬들은 크기 말고는 별 차이가 없으며, 처음 들른 섬에서 섬을 만드는 과정을 설명해 준 뒤에 기념품 구입과 식사, 갈대로 만든 배를 탈 것을 권한다. 불과 10년 전만 해도 우로스섬 주민들의 생활 환경이 너무 어려워서 도와주고 싶을 정도였으나, 지금은 관광객의 급증으로 오히려 육지에 사는 사람들보다 더 잘 사는 것처럼 느껴질 때도 있다. 섬에 있는 집에서는 태양열 발전기를 이용해 많은 전자 제품을 사용하고 있고, 관광객을 노린 섬이 우후죽순처럼 새로 만들어지고 있다. 3개의 섬을 둘러보고 돌아오는 데 3시간 정도 소요된다.

요금 보트비 10솔 / 우로스 섬 입장권 5솔

추천 **식당**

식당은 아르마스 광장(Plaza de Armas)과 연결된 리마(Lima) 거리에 몰려 있는데, 메뉴는 피자, 파스타, 스테이크 등 어디를 가나 비슷하고, 관광객을 상대로 하기 때문에 가격 대비 맛이 떨어진다.

리믹스 피제리아 카페 바
Remix Pizzeria Cafe Bar

푸노에서 피자로 유명한 캐주얼한 분위기의 식당으로 주류도 판매한다. 단, 페루 어디를 가나 그렇지만 우리나라에서 먹던 퀄리티의 피자를 기대하면 안 된다. 어디까지나 이 동네에서는 괜찮다는 것이다.

주소 Puno 517 **시간** 14:00~23:00

라 카사 델 코레히도르
La Casa del Corregidor

샌드위치, 스테이크, 뜨루차 등 먹거리와 함께 주류를 판매한다. 레스토랑보다는 펍에 좀 더 가까운 분위기인데 원색으로 건물을 꾸며서 예쁘다. 크게 비싸지 않기 때문에 맥주 한 잔과 함께 음식을 먹기 좋은 곳이다.

주소 Destua 576 **시간** 월~토 09:00~21:00 / 일요일 휴무 **홈페이지** cafebar.casadelcorregidor.pe

툴리판스
Tulipan's

푸노 시내에 많고 많은 관광객용 식당과 마찬가지로 페루 요리부터 피자, 샐러드, 케이크 등등 안 파는 것이 없다. 가격은 싸지 않지만 음식이 푸짐한 편이다.

주소 Lima 394 **시간** 12:00~21:30

치파 난화
Chifa Nan Hua

치파 난화는 중국 식당으로 다른 곳에 비해 음식이 조금 덜 짠 편이다. 물론 그렇다고 안 짜다는 것은 아니다. 양이 상당히 푸짐한데 일행이 많다면 다양한 요리가 함께 나오는 4~10인 세트 메뉴를 추천한다.

주소 La Torre 117 **시간** 11:00~22:00

추천 **숙소**

푸노는 아주 좋은 호텔은 드물지만, 다른 지역보다 상당히 저렴한 가격에 호텔을 이용할 수 있다. 30~40달러 정도에 머물 수 있는 3성급 호텔도 많기 때문에 호스텔보다는 호텔 이용을 권한다. 단, 전체적으로 숙소 시설은 낡은 편이다.

코지 호스텔
Cozy Hostel

호스텔치고는 방이 넓은 편이고 오픈한 지 오래되지 않은 곳이라 푸노의 다른 저가 숙소보다 깨끗하다. 중심가에서 몇 블럭 떨어져 있긴 하지만, 가격 대비 좋고, 대형 마트와 시장이 바로 옆에 있다.

주소 Titicaca 144 **가격** 도미토리 25~35솔, 더블 · 트윈 60~100솔 **홈페이지** cozyhostelperu.com

솔 플라사 호텔
Sol Plaza Hotel

푸노 시내에 있는 호텔들 중에서 방의 시설이 가장 좋은 편이다. 침대가 크고 방이 넓으며 침구류도 상당히 좋다. 할인 가격으로 나올 때 예약한다면 푸노에서 가장 가성비가 뛰어난 숙소가 된다.

주소 Jiron Puno 307 **가격** 더블 · 트윈 40~80달러

보니 호스텔
Bonny Hostel

아르마스 광장 바로 옆에 있어서 위치가 좋고, 방과 침대가 호스텔치고는 크다. 전통 직물을 활용한 내부 장식과 침구류가 인상적이며 유지 관리가 잘 되고 있어서 깨끗하다.

주소 Moquegua 479 **가격** 도미토리 25~35솔, 싱글 50~60솔, 더블 · 트윈 60~80솔 **홈페이지** bonnyhostelpuno.com

호텔 티에라 비바 푸노 플라사
Hotel Tierra Viva Puno Plaza

푸노에 있는 3성급 호텔 중에 시설이 좋은 편이다. 티에라 비바 계열의 호텔답게 방이 넓고 시설이 아주 깨끗하다. 푸노의 호텔 중에는 비싼 편이지만 다른 도시의 동급 호텔보다는 저렴하다.

주소 Grau 270 **가격** 더블 · 트윈 50~70달러 **홈페이지** tierravivahoteles.com

솔 플라사 호텔

와라스

Huaraz

안데스산맥 속 해발 3,100m에 자리한 작은 마을인 와라스에 도착하면, 정말 보잘것없는 시골 마을의 모습에 실망할 수도 있다. 하지만 조금만 눈을 돌리면 환상적인 풍경을 볼 수 있다. 마을 바로 옆으로 와스카란(Huascaran, 6,768m)과 해발 5,000~6,000m 높이의 새하얀 안데스의 설산이 일렬로 쭉 늘어서 있고, 설산 사이사이에는 아름다운 하늘색의 빙하 호수가 있다. 와라스의 또 하나의 장점은 해발 4,000m 이상의 고지대까지 도로가 있어서, 당일 투어로 해발 4,600m에 있는 호수도 다녀올 수 있다는 것이다. 리마 – 쿠스코 – 우유니로 이어지는 일반적인 남미 여행 루트에서 벗어나 있긴 하지만, 시간 여유가 있는 여행자라면 꼭 찾아가 봐야 할 곳이다.

시외버스

남쪽의 리마, 북쪽의 트루히요(Trujillo)에서 와라스를 오가는 버스가 운행한다. 에콰도르에서 내려올 경우 피우라(Piura), 트루히요를 거쳐서 와라스로 오면 된다. 리마↔와라스 버스는 주로 야간 버스인데 '모빌 투어(Movil Tours)'에는 아침에 출발하는 버스가 있다.

시간 리마 8~9시간 소요, **트루히요** 7~8시간 소요 **요금 리마** 60~120솔, **트루히요** 50~90솔

시내 교통

와라스는 리마처럼 버스 회사별로 터미널을 별도로 운영하고 있다. 하지만 동네가 작기 때문에 대부분의 숙소는 터미널에서 도보로 이동할 수 있다. 만약 거리가 멀다면 택시(7~10솔)를 이용하면 된다. 마을이 남북으로 길기 때문에 좀 멀리 가야 한다면 도로에서 지나다니는 합승 택시(1인당 5솔)를 타는 것이 편하다.

와라스 지역의 Tour

트레킹을 하기 가장 좋은 시즌은 비가 적은 5월~11월 사이인데 6~9월은 날씨가 춥다. 투어는 시내에 있는 여행사나 숙소에서 예약이 가능한데, 여행사와 비교해 가격 차이가 크지 않다면 숙소에서 예약하는 것이 변경, 취소, 픽업 등 여러 면에서 편리하다.

69 호수 트레킹 Laguna 69 Trekking

와스카란 국립 공원(Nacional Parque Huascaran) 안에 있는 해발 4,600m의 호수로 특별한 명칭 없이 69번째 호수라는 번호가 붙어서 이름이 정해졌다. 이름에 특별한 의미는 없지만, 설산이 호수를 둘러싼 환상적인 풍경과 투명한 하늘색 물빛으로 유명한 곳이다.

필자가 2008년 처음 이곳을 찾았을 때는 찾는 사람이 거의 없어서, 몇 차례 콜렉티보를 갈아타며 고생을 해야 했지만, 우리나라 배낭여행자들 사이에 소문이 나면서 아예 '69 호수 투어'가 생겼다. 최근에는 많이 줄었지만 예전에 워낙 많은 한국인 배낭여행자들이 했던 투어라서, 대부분의 가이드들이 우리말을 조금 할 수 있다. 와라스의 숙소, 여행사에서 쉽게 예약할 수 있다. 당일 코스이지만 해발 4,000m 이상에서 걷는 것은 굉장히 힘들기 때문에 와라스 도착 후 1~2일 동안 고산 적응 기간을 가진 후 투어를 하는 것이 좋다

시간 약 12시간 소요 **요금** 투어 40~50솔 / 국립 공원 입장료 30솔 별도

투어 코스 얀가누코 호수(Laguna Llanganuco / 해발 3,850m) → 세보야 빰빠(Cebolla Pampa / 해발 4,000m)에서 내려 69호수까지 왕복 6~8시간 고산 트레킹

TIP

얀가누코 호수 버스 투어

와라스를 가 보고는 싶은데 트레킹은 자신이 없다면 버스 투어를 할 수도 있다. 윤가이(Yungay)를 거쳐 공동묘지 등 몇 곳을 구경한 후 얀가누코 호숫가에 있는 전망대를 방문한다. 69 호수 트레킹이 유명해지기 전에 와라스를 방문한 사람들은 이 투어를 주로 했지만, 요즘엔 다들 69 호수 트레킹을 해서 잘 이용하지 않는 투어가 되었다.

산타 크루스 트레킹 Santa Cruz Trekking

와스카란 국립 공원의 산과 계곡을 걷는 트레킹으로 3박 4일 코스가 일반적이다. 고산 트레킹을 좋아하는 사람에게 추천하지만, 몇 가지 유의 사항이 있다. 네팔처럼 낮은 곳에서 트레킹을 시작하는 것이 아니라 고산에서 시작하고, 중간에 해발 5,000m 정도까지 올라가기 때문에 극심한 고산 증세에 시달릴 수 있다. 또한 일정의 대부분을 텐트에서 자기 때문에 밤에 상당히 춥고 씻기가 힘들다. 즉, 다른 지역의 고산 트레킹에 비해 일정이 짧은 장점은 있지만, 난이도가 꽤 높다는 점을 유의해야 한다. 와라스 도착 후 2~3일 정도 고산 적응 기간을 가진 후 하는 것이 좋으며, 고산병과 두통약을 반드시 준비해야 한다. 고산 지대를 걸어야 하기 때문에 아주 힘들지만, 와스카란 국립 공원의 설산과 호수들의 풍경은 정말 절경이다.

요금 하루당 130~150달러(등산 장비, 가이드, 식사, 짐 운반용 당나귀가 포함) / 여행사마다 가격 차이가 있고 빌려주는 장비도 조금씩 다름

투어 코스

3박 4일 코스(약 50km) 바케리아(Vaqueria / 해발3,700m) → 카샤팜파(Cashapampa / 해발 2,900m) / (출발지와 도착지가 서로 바뀔 수도 있음)

추천 **식당**

작은 시골 마을인 와라스의 식당은 저렴하고 양이 많지만 맛은 조금 떨어진다. 최근에는 관광객을 노린 깔끔한 식당이 많이 생기고 있는데, 피자, 햄버거 등을 판매하는 식당이 늘었다.

시울라 카페
Siula Cafe

건물 내부와 외부에 그려진 원색의 다양한 벽화들이 인상적인 카페다. 비교적 저렴한 가격에 커피와 샌드위치 등 각종 먹거리를 즐길 수 있다.

주소 Jiron Guzman Barron 438 **시간** 월~토 08:00~22:00, 일 17:00~22:00

꾸야 꾸야
Kuya Kuya

최근에 문을 연 칵테일 전문점으로 저렴한 가격에 피스코 사워 등 다양한 주류를 마실 수 있다. 단, 고산에 적응되기 전에는 절대 마시지 말자.

주소 San Martin 658 **시간** 월~토 15:00~23:00, 일 17:00~22:00

크레페리에 패트릭
Creperie Patrick

와라스 같은 시골 동네에서도 크레페를 먹을 수 있다. 뿐만 아니라 스테이크, 수제 버거 등의 메뉴도 판매하고 있다. 단, 가격은 다소 비싸다.

주소 Luzuriaga 422 **시간** 월~토 16:00~22:30, 일 18:00~22:30 **홈페이지** creperiepatrick.com

© Jack Schillsta

추천 **숙소**

트레킹을 목적으로 방문하는 도시이다 보니 호텔은 별로 없고 주로 게스트하우스와 호스텔이 있다. 너무 저렴한 숙소는 지저분한 곳이 많기 때문에 피하는 것이 좋다.

안데스 캠프 호스텔
Andes Camp Hostel

시설은 보잘것없지만 저렴하고 침대가 좀 넓다. 숙박비를 아껴야 하는 여행사에게 좋다.

주소 Huascar 615 **가격** 도미토리 20~30솔, 더블 · 트윈 50~70솔 **홈페이지** andescamplodge.com

알프스 와라스
Alpes Huaraz

다른 게스트하우스에 비해 방이 넓고 상당히 깔끔하며, 주방과 식당 등 공용 공간도 넓다. 테이블이 있는 정원에서 시간을 보내기 좋다.

주소 Ladislao Meza 112 **가격** 도미토리 25~35솔, 더블 · 트윈 85~100솔 **홈페이지** hostalalpeshuaraz.com

라 카사 데 사렐라
La Casa de Zarela

건물부터 와라스에서 보기 드물게 아주 깔끔하고, 내부 인테리어도 아기자기하게 꾸며놓았다. 방은 크지 않고 기본적인 시설만 있지만 깨끗하다.

주소 Julio Arguedas 1263 **가격** 더블 · 트윈 120~150솔 **홈페이지** lacasadezarelahuaraz.com

셀리나 와라스
Selina Huaraz

언덕에 있는 대형 게스트하우스로 내부가 예쁘고 시설이 좋다. 공용 시설과 방, 침구류가 화려한 전통 천을 이용해서 인테리어되어 있고 공간이 넓다. 가격이 비싸지만, 다른 게스트하우스보다 확연히 좋다.

주소 Italia 1124 **가격** 도미토리 30~60솔, 더블 · 트윈 150~250솔 **홈페이지** selina.com

볼리비아
Bolivia

- 코파카바나 Copacabana
- 태양의 섬 Isla del Sol
- 라파스 La Paz
- 우유니 Uyuni

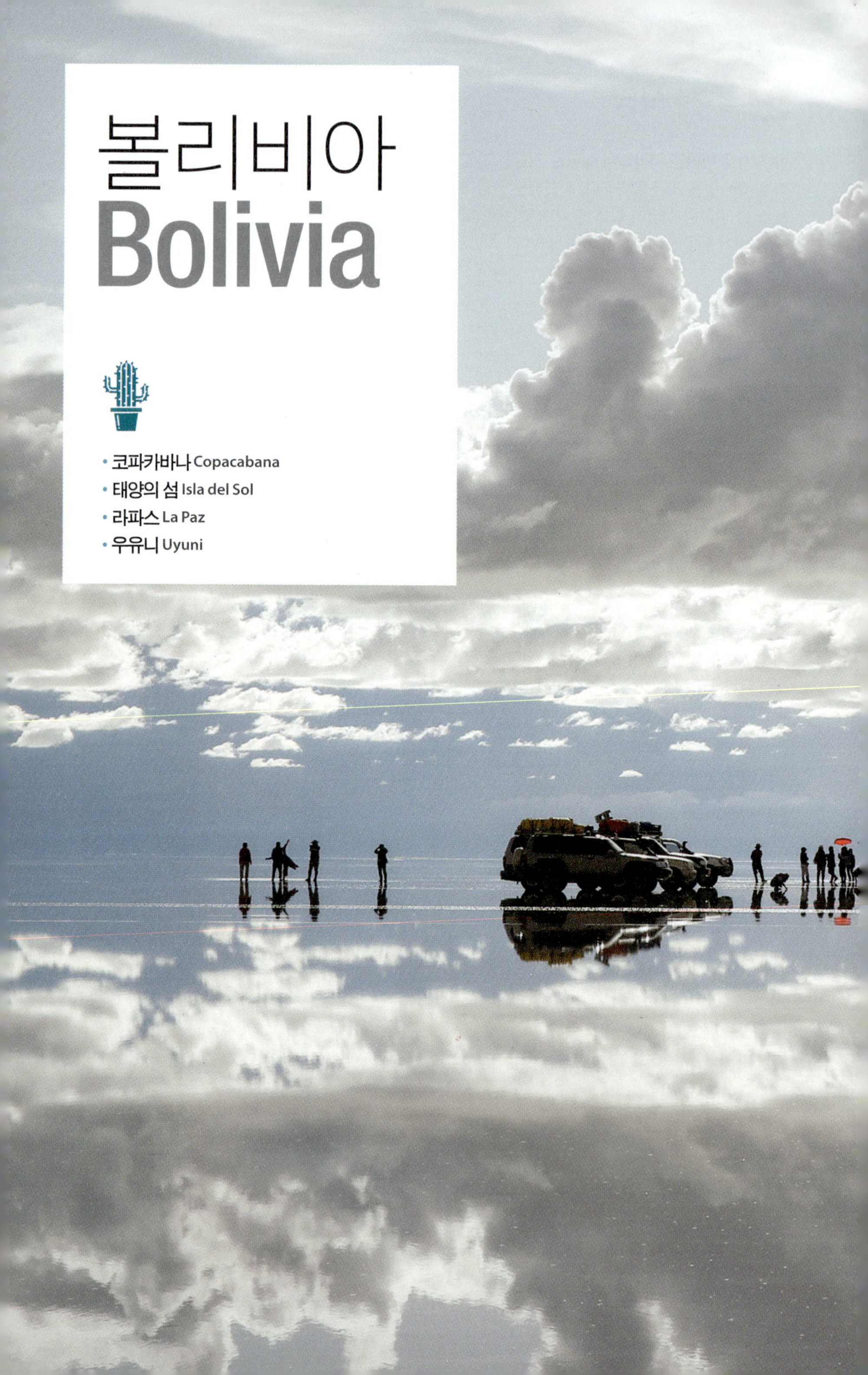

남미 여행자라면 누구나 가고 싶어 하는 우유니 사막이 있는 볼리비아는, 아름다운 자연과 풍부한 지하자원을 가졌지만, 남미에서 가장 가난한 나라 중 하나이다. 스페인 지배로부터 독립 이후 정치적 혼란이 계속되었고, 칠레, 파라과이 등 이웃 국가와의 전쟁에서 연패하여 많은 국토를 빼앗겼다. 하지만 아직까지 많은 볼리비아 사람들은 전통 의상을 입는 등 전통문화를 유지하고 있다. 여행자들은 이러한 볼리비아 사람들의 모습과 더불어 오염되지 않은 자연환경에 깊은 인상을 받는다. 비록 교통이나 숙박이 다른 나라에 비해 불편하고, 비자를 따로 받아야 하는 번거로움도 있지만, 볼리비아는 그런 불편함을 감수할 가치가 충분한 여행지이다. 티티카카 호수, 라파스, 우유니 사막은 모두 안데스 산맥의 알티플라노고원 속에 있기 때문에, 볼리비아 여행은 곧 알티플라노 여행이라 할 수 있다.

볼리비아 기본 정보

수도 수크레(Sucre)
인구 1,238만명(2024년 기준)
면적 110 만km^2 (남한의 약 11 배)
언어 스페인어
1인당 GDP 3,226달러(2024년 기준)
통화 볼(Bol)
1 USD = 약 6.9~7.0볼
(암달러 약 11~13볼. 2026년 초 기준)
1 볼 = 약 200원
(암달러 약 120원. 2026년 초 기준)
전압 220V, 50Hz
시차 한국보다 13시간 느림(수도 기준)
긴급 전화 경찰 110, 화재 119, 구급차 165, 관광 경찰서 +591-2-246-2111, 800-14-0081

볼리비아의 공휴일

1월 1일	신년
1월 22일	공화국 설립 기념일
2월~3월 중	카니발(2일간 / 매년 다름)
4월 중	부활절 주간(매년 다름)
4월19일	성 금요일
5월 1일	노동절
6월 중	성체절(매년 다름)
6월 21일	아이마라 새해
8월 6일	독립 기념일
11월 2일	만성절
12월 25일	성탄절

※ 지역에 따라 공휴일에 다소 차이가 있음

기후

우리나라 여행자들이 많이 찾는 코파카바나, 태양의 섬, 라파스, 우유니는 모두 안데스의 고산 지역이기 때문에 페루의 쿠스코, 푸노처럼 우기(12~4월)와 건기(5~11월)로 뚜렷하게 나눠진다. 우유니 소금 사막의 반영을 보려면 반드시 우기에 방문해야 한다. 최근 기상 이변의 영향으로 비가 내리는 시기가 매년 달라지면서 언제 여행을 가는 것이 가장 좋다고 말하기 힘들지만, 제대로 된 반영을 보려면 우기에 여행하는 것 외에는 대안이 없다. 우유니 사막의 밤 기온은 겨울 시즌(6~9월)이 아니면 영하로 거의 떨어지지 않아서 추위로 고생하지 않는다. 단, 겨울 시즌은 밤에 굉장히 춥고 우유니 투어 중 폭설에 고립된 사례도 있으니 이 시기에 여행하는 것은 피하는 것이 좋다.

역사

스페인 지배로부터 독립한 이후 볼리비아 역사에 가장 큰 영향을 끼친 사건은 칠레와의 '태평양 전쟁(Gerra del Pacifico)'이었다. 아타카마 사막을 비롯한 현재의 칠레 북부인 '안토파가스타(Antopagasta)' 지역은 원래 볼리비아의 영토였고 이 지역을 통해 볼리비아는 바다로 진출할 수 있었다. 즉, 볼리비아는 지금처럼 내륙 국가가 아니라 원래 바다가 있는 나라였다. 19세기 칠레는 초석, 은 등의 지하자원을 채굴하기 위해 이 지역에 진출하였고, 볼리비아 정부는 칠레에 대해 무과세 등 혜택을 부여하는 조약을 1874년에 체결하였다. 하지만 경제 혼란으로 자금이 부족했던 볼리비아 정부는 조약을 어기고 세금을 부과하기 시작했고, 그 외에도 철도 부설 등 여러 가지 문제로 칠레와 충돌하면서 1879년에 결국 전쟁이 일어났다. 당시 페루는 볼리비아와 역사적으로 각별한 관계였고, 군사 동맹도 체결한 상태였기 때문에 볼리비아와 연합해 전쟁에 뛰어들었다. 하지만 칠레는 해전과 육전에서 모두 승리하며 두 나라의 군대를 격파하였고, 1881년에는 페루의 수도인 리마까지 진격해 함락시켰다. 결국 칠레는 볼리비아로부터 아타카마 사막이 포함된 안토파가스타주를, 페루로부터는 타라파카(Tarapaca)와 아리카(Arica)주를 획득하였다. 이때 획득한 영토는 칠레 전체 국토의 1/3 가까이 되며, 이 지역의 지하자원은 현재까지도 칠레에 막대한 부를 안겨 주고 있다. 볼리비아는 구리, 리튬, 철광석 등 막대한 광물이 매장된 지역을 잃고, 무엇보다도 유일한 해안 지역을 잃으면서 바다가 없는 국가가 되고 말았다. 다른 나라를 통하지 않고는 무역이 불가능한 상황이 되었기 때문에 이 패배는 아직까지 볼리비아의 경제에 큰 영향을 끼치고 있다. 이후 볼리비아는 브라질뿐만 아니라 남미 최약소국 중 하나인 파라과이에게도 패해 영토를 상실하였다. 칠레에게 빼앗긴 영토를 반환받기 위해 국제 사법 재판소에 제소까지 하였으나 칠레가 승소하였고, 아직도 칠레와 볼리비아는 관계 회복이 되지 않고 있다.

경제

대부분의 국토가 해발 3,000m 이상의 고산 지대거나 무더운 아마존 유역이라 인근 국가보다 생산성이 낮다. 하지만 석유, 천연가스, 아연, 은 등 지하자원이 풍부해 국가 경제를 지탱하고 있다. 특히 천연가스는 남미에서 베네수엘라 다음으로 매장량이 많아서, 브라질과 아르헨티나로 수출하고 있다. 최근에는 우유니 사막에 풍부한 리튬 등 고부가 가치 광물에 대한 개발이 추진되고 있다. 하지만 풍부한 자원에도 불구하고 불안한 정치 상황과 만연한 부정부패로 인해 남미 최빈국을 벗어나지 못하였다. 2005년 남미 최초의 원주민 출신 대통령인 '에보 모랄레스(Evo Morales)' 집권 이후 천연가스 국유화, 빈곤층 지원 정책 등 경제 정책이 성공하면서, 연간 4~5%대의 성장률을 달성했었다. 이런 경제 발전을 통해 1인당 국민 소득이 1990년대보다 3배 이상 올랐지만, 여전히 남미에서 가장 낮은 수준이고, 2020년 이후 정치적 혼란과 함께 경제 상황도 심각해지고 있다.

환전

볼리비아는 환율이 거의 변하지 않아서 언제 어디서나 환전율이 비슷하다. 코파카바나와 우유니에서는 일반적으로 1달러에 6.8~6.9볼이며, 라파스에서는 7볼까지 받을 수 있었다. 하지만 볼리비아의 경제 상황이 나빠지면서 2024년 2월 중순부터 암달러가 생겼다. 환전소에서 100달러짜리 지폐로 가격을 협상하면 11~13볼까지 받을 수 있으니, 협상을 일단 시도해보는 것이 좋다. 라파스가 가장 환율을 잘 쳐준다. 또한 암달러가 생기면서 물가가 계속 오르고 있다. 페루 돈은 동전까지 환전할 수 있으니 페루 여행이 끝났다면 동전까지 페루와 볼리비아 국경에서 환전하면 된다.

신용 카드 / ATM

카드를 불법 복제 당하는 사건이 정말 자주 발생한다. 그러니 아주 급한 상황이 아니라면 신용 카드와 ATM 이용은 피하는 것이 좋다. 심지어 필자는 라파스의 4성급 호텔 리셉션에서 신용 카드로 결제를 했다가 복제된 적도 있다. 신용 카드는 최고급 식당이나 일부 고급 호텔 같은 곳에서만 사용이 가능하다.

대한민국 대사관

주소 Calacoto calle #13, Edificio Torre Lucia 4-5 Piso, La Paz, Bolivia

전화 (+591)-2-211-0361

E-Mail coreabolivia@mofa.go.kr

※대사관 긴급 연락처 (+591) 7673-3337, (+591) 7673-3334, (+591) 7673-3336

볼리비아
대표 먹거리

볼리비아의 음식은 페루 음식보다는 우리 입맛에 잘 맞는 편이다. 페루보다는 덜 짜고, 고기를 이용한 국물 요리가 많아서 한국인 취향에 맞는다. 또한 고기를 올린 컵밥이나 샌드위치 같은 간단한 먹거리를 거리에서 많이 팔기 때문에, 주머니가 가벼운 배낭여행자라면 저렴하게 끼니를 해결할 수 있다.

살떼냐 Salteña

밀가루로 두툼한 피를 만들어 오븐에 구운 볼리비아식 만두다. 주로 닭고기, 감자, 양파 등이 속 재료로 들어간다. 남미 다른 나라의 '엠빠나다(Empanada)'와 비슷한 음식인데 볼리비아 어디에 가나 흔하게 팔고 우리나라 사람들 입맛에 잘 맞는 편이다. 저렴하고 크기가 크지 않기 때문에 간단히 간식으로 먹기 좋다.

뜨루차 Trucha

티티카카 호수에는 송어(Trucha, 뜨루차) 양식장이 많이 있어서 티티카카 호수에 있는 코파카나바, 태양의 섬 인근 지역에서는 신선한 뜨루차를 먹을 수 있다. 보통 한 마리를 통째로 요리하기 때문에 양이 푸짐하다. 우리나라 고등어구이처럼 프라이팬에 기름을 두르고 구운 것은 '뜨루차 알 라 플란차(Trucha a la Plancha)', 통째로 튀긴 것은 '뜨루차 프리타(Trucha Frita)'라고 한다. 관광객을 상대로 하는 식당에선 팬에 구운 것이 주로 나오고, 시장이나 로컬 식당에 가면 대부분 튀긴다. 튀긴 것은 고소하지만 다소 짜다.

이스삐 Ispi

사실 뜨루차는 티티카카의 토착 어류가 아니라 외국에서 들여와 양식한 것이다. 이에 반해 '이스삐(Ispi)'는 티티카카 호수에 원래 있던 토착 어류다. 생김새는 큰 멸치 같이 생겼다. 티티카카 호수 인근 지역의 로컬 식당이나 시장에 가면 기름에 바짝 튀겨서 요리하는데 술안주로 딱이다. 단, 식으면 기름 냄새가 나면서 맛이 확 떨어지니 갓 튀긴 것을 먹는 것이 좋다.

깔도 데 레스 Caldo de Res

'깔도(Caldo)'는 국(수프), '레스(Res)'는 소고기라는 뜻으로, 볼리비아식 소고깃국을 말한다. 갈비, 양지 같은 부위를 감자 등 야채와 함께 푹 끓인 것이다. 맛은 우리나라의 소고깃국과 거의 비슷한데, 고기를 잘게 자르는 우리나라와 달리 큰 고기가 통째로 들어가 있다. 일반적으로 식당보다는 시장에서 먹는 것이 더 푸짐하고 가격도 저렴하다.

차이로 Chairo

아이마라(Aymara) 문화권인 티티카카 호수 인근 지역의 전통 음식으로, 감자, 양파, 당근, 옥수수 등 각종 야채에 약간의 소고기를 넣고 끓인 것이다. 야채가 주재료이고 고기는 아주 적게 들어간다. 워낙 싸기 때문에 여러 명이 밥을 먹을 때 주문해서 국처럼 먹기 좋다.

프리까세 데 야마 Fricase de Llama

'깔도 데 레스'가 소고깃국이라면 '프리까세 데 야마(Fricase de Llama)'는 '야마 국'이다. 야마 고기를 감자, 옥수수 등과 함께 푹 끓인 것으로 지방이 적어서 위에 덜 부담스럽지만, 특유의 고기 향이 조금 있어서 입에 안 맞는 사람도 있다. 돼지고기나 닭고기를 넣은 프리까세도 있다. 우리나라 육개장처럼 국물이 빨갛지만 맵지는 않다.

엔살라다 프루따 Ensalada Fruta

프루따(Fruta)는 과일, 엔살라다(Ensalada)는 샐러드라는 뜻으로 과일 샐러드를 말한다. 다양한 과일에 요구르트를 뿌리고 아이스크림과 함께 과자를 올려준다. 가격은 과일의 양과 종류에 따라 달라지는데 보통 5~10볼 정도이다. 라파스의 '란사 시장(Mercado Lanza)'에 가면 정말 푸짐한 엔살라다 프루따를 먹을 수 있다.

코파카바나

Copacabana

페루 푸노에서 윤구요(Yunguyo)로 이동해 볼리비아 국경을 넘은 후, 차로 20분만 가면 푸노처럼 티티카카의 호숫가에 자리한 코파카바나를 마주하게 된다. 인구가 1만 명도 안되는 작은 마을이다 보니 푸노와 달리 아직까지 호숫물이 깨끗하고, 시장은 우리나라의 옛 시골 장터를 보는 것처럼 정겹다. 최근 관광객이 급증하면서 호수에는 오리 배가 떠다니고 동네가 소란스러워졌지만, 아직까지는 시골 마을의 분위기를 유지하고 있다. 마을에 큰 볼거리가 없어서 태양의 섬이나 라파스로 가는 중간 경유지 역할을 하고 있다. 숙소들이 태양의 섬보다 상태가 좋아서 코파카바나에서 숙박하면서 태양의 섬을 당일 코스로 다녀오는 여행자도 있다. 단, 티티카카 호수와 코파카바나는 해발 3,800m가 넘는 고지대이기 때문에 천천히 움직이는 것이 좋고 몸에 무리가 가는 행동도 가급적 피해야 한다.

시외버스

투어리스트 버스

트란스 티티카카(Trans Titicaca), 와이루로 투어(Huayruro Tour), 투어 페루(Tour Peru), 트란스 살바도르(Trans Salvador) 같은 버스 회사가 라파스, 우유니, 푸노, 쿠스코를 오고 가는 버스를 운행하고 있다. 볼리비아에서는 이런 버스를 일반적으로 투어리스트 버스(Tourist Bus)라고 한다. 버스 터미널이 따로 없고 회사별로 출발지가 다르기 때문에 표를 살 때 어디서 출발하는지 반드시 확인하자. 버스표는 버스 회사 사무실이나 여행사에서 구매할 수 있다.

라파스로 가는 방법

라파스로 갈 때는 중간에 '산 페드로 데 티티카카(San Pedro de Titicaca)'라는 마을에서 내려 작은 배를 타고 호수를 건너야 한다(2볼). 호수를 건너는 다리가 없기 때문이다. 호수를 건넌 후 버스를 다시 타게 된다.

예상 소요 시간 및 운임

지역	소요 시간	요금
라파스	4시간	50~70볼
우유니	16~18시간(라파스에서 환승)	200~300볼
푸노	5시간	70~90볼
쿠스코	14~15시간	170~220볼

로컬 버스(콜렉티보)

티티카카 호수에서 두 블록 올라오면 있는 수크레 광장(Plaza Sucre)에는 라파스(La Paz)와 카사니(Kasani)로 가는 로컬 버스인 콜렉티보(라파스 약 30볼, 카사니 5볼)가 수시로 출발한다. 외국인에게 바가지를 씌우는 경우가 많기 때문에 미리 가격을 물어보고 타야 한다. 페루 푸노까지 바로 가는 투어리스트 버스를 타지 않고 콜렉티보를 이용하는 경우, 먼저 카사니(20분 소요)로 가서 걸어서 국경을 넘은 다음 윤구요(10분)와 푸노(2시간 30분)로 가는 콜렉티보를 타면 된다. 가격적으로 큰 차이가 없기 때문에 바로 가는 버스를 타는 것이 훨씬 편하다.

태양의 섬으로 가는 보트

여행사나 호숫가에 있는 부두에서 손쉽게 태양의 섬 남쪽 마을인 유마니(Yumani)로 가는 배표를 살 수 있다. 시즌에 따라 다르지만 오전, 오후에 걸쳐 3~4편이 운행한다. 배 안에 있으면 기름 냄새가 심하게 나기 때문에 비가 오지 않으면 대부분의 사람들이 배 위에 올라가서 앉는다. 이때 배 안에 귀중품을 남겨두지 않도록 조심해야 한다. 최근에 태양의 섬으로 가는 보트에서 도난 사건이 자주 발생하고 있기 때문이다.

요금 편도 25~30볼 **시간** 1시간 20분 소요

코파카바나
칼바리오 언덕
Cerro Calvario
RESIDENCIAL
CRISTAL PALACE
Calle San Antonio
Hotel Utama
3 de Mayo
Calle Cochabamba
호스탈 라스 올라스
Hostal Las Olas
Michel Pérez
HOTEL PERLA
DEL LAGO
Calle Jáuregui
Av Costanera
부두
Puerto
(태양의 섬으로
가는 보트 출발)
로컬 식당
(뻬스까데리아,
Pescadería)
로컬 시장
(코파카바나 시장,
Mercado Copacabana)
2월 2일 광장
Plaza 2 de febrero
Av 6 de Agosto
호텔 에스텔라르 델 라고 티티카카
Hotel Estelar del Lago Titicaca
라파스 · 카시니행
콜렉티보
Av 6 de Agosto
대성당(카테드랄)
Catedral
트란스 티티카카 버스 사무실
TRANS TITICACA Bus
Bolívar
Calle Pando
Av 16 de Julio
Calle Murillo
로컬 식당
(호숫가 천막 식당촌)
Potosí
Hostal Florencia
호텔 로사리오 라고 티티카카
Hotel Rosario Lago Titicaca
Ruta Nacional 2
200m
Av Costanera
Hostal Joshua
Calle Murillo
Hostal Solsticio

HOTEL
MIRADOR

대성당(카테드랄)
Catedral

별 대단한 건물이 없는 시골 마을인 코파카바나에서 유일하게 인상적인 건물은 카테드랄이다. 색색의 모자이크로 장식된 돔형 지붕과 작은 첨탑들, 하얀 벽이 인상적인 카테드랄은 코파카바나를 대표하는 곳으로 늘 소개된다. 카테드랄 앞 '도스 데 페브레로 광장(Plaza 2 de Febrero, 2월 2일 광장)' 주변엔 살떼냐, 세비체, 생과일주스 등 저렴한 먹거리를 파는 가게가 많다.

칼바리오 언덕
Cerro Calvario

호수를 정면으로 봤을 때 마을 오른쪽에 있는 작은 언덕이다. 30~40분 정도면 걸어서 올라갈 수 있는데, 높은 곳에서 호수를 바라볼 수 있어서 멋진 풍경을 볼 수 있다. 단, 티티카카 호수가 해발 3,800m나 되기 때문에 오르막을 올라가는 것이 상당히 힘들다. 몸이 고산에 제대로 적응되지 않았다면 올라가지 않는 것이 좋다.

추천 식당

피자, 샌드위치, 파스타를 판매하는 비싼 관광객용 식당보다는 로컬 식당에서 먹는 것이 양도 푸짐하고 저렴하다. 동네가 워낙 작아서 로컬 식당을 찾는 것이 전혀 어렵지 않다. 어디서 먹어야 할지 모르겠다면 무조건 호숫가로 가 보자.

로컬 식당

호수 인근에 우리나라 횟집처럼 천막을 친 식당이 늘어서 있다. 티티카카 호수에 왔으니 추천 메뉴는 역시 뜨루차다. 뜨루차, 감자튀김, 샐러드가 함께 나온다. 뜨루차에 어떤 소스를 바르냐에 따라 메뉴가 다른데, 필자는 '뜨루차 알 아호(Trucha al Ajo. 버터와 마늘 소스를 바른 뜨루차)'를 추천한다. 라파스로 가는 승합차들이 출발하는 수크레 광장 옆에도 튀긴 생선을 파는 로컬 식당이 몇 개 있다. 빙어와 비슷한 '이스삐(Ispi)'를 맛볼 수 있고, 뜨루차가 호숫가보다 싸지만 조금 짜다. 도스 데 페브레로 광장 옆에 있는 코파카바나 시장(Mercado Copacabana) 안에도 식당이 많다.

위치 ❶ 티티카카 호수 인근 ❷ 수쿠레 광장 옆 ❸ 도스 데 페브레로 광장 옆 코파카바나 시장

추천 숙소

숙소 시설이 전체적으로 낡았지만, 태양의 섬의 숙소보다는 낫다. 온수가 잘 안 나오는 숙소가 많기 때문에 숙박을 결정하기 전에 온수 사용 시간을 물어보는 것이 좋다. 조금 더 비싸더라도 호수가 보이는 숙소에 머무는 것을 권한다.

호텔 에스텔라르 델 라고 티티카카

Hotel Estelar del Lago Titicaca

호수 바로 앞에 있는 호텔로 방이 넓고 테이블과 의자가 있는 발코니가 있어서 디디카카의 풍경을 즐기기 좋다. 단, 엘리베이터가 없고, 시설이 낡아서 평이 아주 좋지는 않다.

주소 Costanera y Busch **가격** 싱글 40~50달러, 더블 · 트윈 50~60달러

호스탈 라스 올라스

Hostal Las Olas

'올라(Ola)'는 스페인어로 '파도'라는 뜻으로 바다를 테마로 만든 숙소이다. 칼바리오 언덕 중턱에 있으며 소라 껍데기, 산호 등 바다와 관련된 형태로 건물을 만들었다. 시설에 비해서 가격이 비싸고 마을에서 숙소까지 올라갈 때 힘들지만, 티티카카 호수가 내려다 보이는 전망은 훌륭하다.

주소 Michel Perez **가격** 싱글 40~50달러, 더블 · 트윈 50~60달러 **홈페이지** hostallasolas.com

호텔 로사리오 라고 티티카카

Hotel Rosario Lago Titicaca

볼리비아의 유명한 호텔 체인인 '로사리오(Rosario)'에서 만든 4성급 호텔로 시설이 아주 훌륭하다. 호숫가 바로 앞에 있고 방이 상당히 넓으며 볼리비아 전통 천을 활용해 만든 인테리어가 예쁘다. 코파카바나에서 여기보다 좋은 숙소는 찾을 수 없다.

주소 Costanera y Rigoberto Paredes **가격** 더블 · 트윈 90~120달러 **홈페이지** hotelrosario.com

호텔 로사리오 라고 티티카카

태양의 섬

Isla del Sol

페루, 볼리비아 여행을 와서 태양의 섬을 방문하지 않는 것은 티티카카 호수가 얼마나 아름다운지 제대로 알지 못하고 남미를 떠나는 것이다. 푸노, 코파카바나와는 차원이 다른 눈부신 아름다움을 태양의 섬에서 만날 수 있다. 보트를 타고 남북으로 길게 뻗은 섬의 남쪽 마을인 '유마니(Yumani)'에 도착하면, 아름다운 꽃으로 가득한 '잉카 계단(La Escalera del Inca)'이 여행자를 반긴다. 섬 안에는 아무런 교통 수단이 없기 때문에 걸어서 올라갈 수 밖에 없는데, 숨을 헉헉거리며 힘들게 30~40분쯤 언덕을 올라가면 해발 4,000m에 자리잡은 마을 정상에 도착한다. 정상에 도착하는 순간 양쪽으로 새파란 티티카카가 펼쳐지면서 환상적인 풍경을 만날 수 있다. 능선을 따라 산책을 하고 식당에 앉아 티티카카를 바라보며 맥주 한잔을 하기 좋다. 섬 정상에서 숙박을 하면 숙소 앞으로는 석양이 드리우고, 뒤로는 해가 뜨는 풍경을 볼 수 있다. 또한 구름과 달이 없는 밤이라면 하늘에 가득한 은하수를 즐길 수 있다.

• 태양의 섬 드나들기 •

코파카바나의 여행사나 호숫가에 있는 부두에서 손쉽게 태양의 섬 남쪽 마을인 유마니(Yumani)로 가는 배표를 살 수 있다. 시즌에 따라 다르지만 오전, 오후에 걸쳐 3~4편을 운행한다. 돌아올 때는 유마니 마을의 부두에서 코파카바나로 가는 배표를 살 수 있다. 보통 08:00, 13:00 즈음 배가 출발하는데 시즌에 따라 스케줄이 변동되기 때문에 숙소에 미리 배 시간을 확인하는 것이 좋다. 최근 배 안에서 도난 사고가 자주 발생하니 배 위로 올라갈 때는 귀중품 관리에 조심하자.

요금 편도 25~30볼 **시간** 1시간 20분 소요

• 태양의 섬 여행 전 읽어 두기 •

2017년부터 부두에 도착한 여행자에게 섬 입장료를 받고 있으며(10볼), 유적이나 섬 중간에서 현지인들이 입장료를 또 받곤 한다. 섬 여기저기에 작은 잉카 유적들이 있는데, 유적이라고 부르기 민망한 수준이기 때문에 일부러 보러 갈 필요는 없다. 아쉬운 점은 최근 몇 년 사이에 여행자들이 급증하면서 순박한 시골 마을 같던 분위기가 변질되고 있다는 것이다. 숙박비는 몇 배가 올랐고, 예전과 달리 외국인에게 바가지를 씌우는 일도 많다. 또한 최근에는 도난 사건이 자주 발생하기 때문에 소지품 관리에 조심해야 한다.

태양의 섬 지역의
Tour

태양의 섬 트레킹

태양의 섬은 섬 정상의 능선을 따라 걷는 트레킹 코스가 유명하다. 북쪽에서 남쪽으로, 남쪽에서 북쪽으로 선택하여 걸을 수 있는데 3~4시간 정도 소요된다. 걷는 내내 좌우로 펼쳐진 티티카카 호수를 볼 수 있다. 북쪽 마을은 상당히 썰렁하지만, 남쪽 마을로 오면 전망 좋은 식당이 있기 때문에, 일반적으로 코파카바나에서 배를 타고 북쪽 마을로 간다. 북쪽 마을 뒤에 있는 언덕을 올라 능선을 따라 남쪽 마을인 유마니까지 트레킹을 한 후, 남쪽 마을에서 코파카바나로 돌아온다.

중간에 그늘이 있는 곳이 전혀 없기 때문에 모자, 선글라스, 선크림 등 햇빛에 대한 대비와 함께 충분한 생수를 준비하는 것이 좋다. 단, 고산 증세로 고생하고 있다면 트레킹을 안 하는 것이 좋다. 섬 입장료와 별도로 트레킹 루트 중간중간 현지인들이 길을 막고 별도로 입장료를 요구하는데, 어쩔 수 없이 요구하는 대로 낼 수 밖에 없다.

북쪽 마을로 가는 배는 하루에 3번밖에 없기 때문에 미리 시간을 확인하는 것이 좋다(2025년 기준 08:30, 10:30, 13:30. 2시간 소요). 북쪽 마을과 남쪽 마을 입장료가 각 10볼이고, 트레킹 루트 중간에 두 번 더 입장료를 받아서 (15볼+5볼) 총 40볼 소요된다.

태양의 섬과 달의 섬 투어

가이드와 함께 태양의 섬 옆에 있는 아주 작은 '달의 섬(Isla del Luna)'과 태양의 섬을 다녀오는 투어다. 먼저 달의 섬에 가서 1시간 정도 둘러본 후 태양의 섬에서 가서 3시간 정도 머문다. 사실 가이드의 자세한 설명이 필요한 곳은 없지만, 코파카바나에서 숙박하면서 하루 만에 두 섬을 모두 돌아보고 싶다면 이 투어를 선택하는 것이 편하다. 그런 경우가 아니라면, 투어보다는 배를 타고 태양의 섬만 다녀오는 것을 권한다. 투어는 코파카바나 시내 여행사에서 예약할 수 있다.

요금 투어 비용 50~70볼 / 태양의 섬 입장료 10볼, 달의 섬 입장료 20볼 별도

TIP

투어 시 주의 사항

투어 중간에 가이드가 투어 비용를 다 안 냈다는 이야기를 하면서 추가 비용을 요구하는 경우가 종종 있다. 따라서 예약할 때 받은 영수증을 반드시 지참해야 한다. 그리고 영수증을 받을 때 가이드와 교통편이 모두 포함되어 있다는 것을 적어달라고 하자. 최근 몇 년 사이에 이 일대가 변질되면서 여행객 대상으로 사기를 치는 사례가 자주 발생하고 있다.

추천 **식당**

유마니 마을은 곳곳에 식당이 많이 있는데 어디를 가나 비슷하기 때문에, 전망과 분위기를 보고 선택하면 된다. 마을 정상에 있는 식당이 가장 전망이 좋다.

라스 벨라스

Las Velas

태양의 섬에서 유일하게 색다른 식당으로 마을 정상에 있는 유칼립투스 숲속에 있다. 저녁에만 영업을 하는데 전기가 없어서 초를 켜놓고 식사를 한다. 그래서 식당 이름이 '라스 벨라스(양초들)'다. 주인아저씨가 뜨루차, 피자, 라자냐를 요리하는데, 워낙 인기가 좋아서 늦게 가면 자리가 없을 때가 많다. 또 전기가 없어서 헤드 랜턴 하나에 의지해 요리하다 보니 조리에 보통 1~2시간씩 걸린다. 따라서 오후 5시쯤 미리 가서 자리를 잡고 메뉴를 주문하는 것이 좋다. 식당 앞은 석양을 감상하기 좋기 때문에 석양을 본 후 식사를 하면 된다.

위치 마을 정상에서 왼쪽 숲속으로 도보 약 5분 **시간** 17:30~22:00 (종료 시간은 상황에 따라 달라짐)

파차마마

Pachamama

역시 마을 정상에 있는 식당으로 뜨루차, 피자, 파스타 같은 메뉴를 판다. 맛은 다른 식당과 전혀 다를 바 없지만 바로 옆에 있는 '인티 할란타(Inti Jalanta)' 식당과 함께 전망이 좋다. 식당 밖 야외 테이블에 앉아 티티카카 호수를 감상하며 맥주 한잔을 즐기면 더 이상 부러울 것이 없을 것이다. 수프와 후식이 포함된 '메뉴 델 디아(Menu del Dia)'를 추천한다.

위치 마을 정상에서 오른쪽으로 도보 약 3~4분 **시간** 11:00~22:00

추천 숙소

부두 근처에 있는 숙소가 언덕 정상에 있는 숙소보다 시설이 양호한 편인데, 언덕 정상에 머무는 것이 풍경은 훨씬 좋다. 일부 비싼 숙소를 제외하면 온수가 잘 나오지 않고 와이파이도 잘 잡히지 않는다. 1인당 60~80볼 정도 수준의 저렴한 숙소도 있는데 시설이 열악하고 지저분하다.

호스탈 하야야

Hostal Jallalla

새로 지은 곳이라 언덕 정상에 있는 숙소 중 유일하게 시설이 좋고 일부 방에는 히터까지 있다. 화장실과 침구류가 깨끗하고 와이파이도 비교적 잘 작동한다. 물론 다른 숙소처럼 시설에 비해 가격이 비싸지만 언덕 정상에서 깨끗한 숙소를 원한다면 추천한다. 1층보다는 2층 방들이 상태가 좋으며 트리플은 방이 아주 크다.

위치 언덕 정상에서 오른쪽으로 도보 약 5분 **가격** 더블 · 트윈 40~50달러, 트리플 70~80달러

호스탈 인티칼라

Hostal Inti Kala

언덕 정상에서 가장 전망이 좋은 숙소로 지난 4~5년 동안 우리나라 여행자들에게 인기가 좋았다. 하지만 시설 유지 보수는 전혀 안 되고 가격만 몇 배가 올라서, 가성비가 나쁜 숙소가 되었다. 온수와 와이파이는 제대로 작동하지 않으며 시설이 낡아서 비가 오면 물이 줄줄 샌다. 잠자기 불편하더라도 전망만 좋으면 된다고 생각한다면 선택해도 좋다.

위치 언덕 정상에서 오른쪽으로 도보 3~4분 **가격** 더블 · 트윈 35~40달러, 트리플 55~60달러

호스탈 팍시

Hostal Phaxi

유마니 마을 부두 옆에 있는 숙소로 시설은 태양의 섬에서 가장 괜찮은 편이다. 방이 넓고 침구류가 깨끗하며 화장실도 깔끔하다. 짐을 가지고 마을 정상까지 걸어갈 자신이 없다면 언덕 중간에 있는 숙소보다는 이곳에서 머무는 편이 낫다. 물론 시설에 비하면 매우 비싼 편이다.

위치 우유니 부두에 도착해서 왼쪽 **가격** 더블 · 트윈 50달러, 트리플 75달러

호스탈 인티칼라

라파스

La Paz

라파스에 가기 위해서는 먼저 해발 4,000m에 있는 외곽 도시인 '엘 알토(El Alto)'를 지나야 한다. 엄청난 교통 체증과 매연, 무질서한 거리를 뚫고 라파스가 보이는 곳에 도착하는 순간, 모든 여행자는 탄성을 지르게 된다. 설산으로 둘러싸인 거대한 분지 속에는 적갈색 벽돌로 지어진 수많은 건물이 빽빽하게 들어차 있다. 세상 어디서도 보기 힘든 압도적인 스케일의 분지 도시 속으로 내려가면 교통 체증과 매연, 좁은 거리를 가득 메운 인파와 무질서함에 다시 한 번 놀라게 된다. 고산에 자리한 분지 도시라 언덕길을 걸어 다니는 것이 상당히 힘들지만, 다른 대도시들과 달리 전통 복장을 하고 다니는 현지인이 많기 때문에 색다른 분위기를 느낄 수 있다. 저녁이 되면 분지 전체에 불이 켜져서 환상적인 야경을 볼 수 있고 날씨가 좋다면 도시를 둘러싼 '일리마니(Ilimani, 해발 6,438m)'를 비롯한 멋진 설산을 볼 수 있다.

국내선 항공

라파스↔우유니 구간은 야간 버스로 10시간이 걸리기 때문에 편안한 이동을 원한다면 항공편을 이용해야 한다. 보아 항공에서 라파스↔우유니 항공편을 운항한다. 코로나 때부터 쿠스코↔라파스 구간이 운행을 중단했으며, 2023년 말부터 아비앙카 항공에서 쿠스코↔라파스 직항을 운항하기 시작했는데, 항공편이 매일 있지 않기 때문에 스케줄을 잘 확인해야 한다.

홈페이지 **보아 항공** www.boa.bo, **아비앙카** www.avianca.com, **라탐 항공** www.latam.com

■ 공항에서 시내로 이동하기

라파스의 공항은 '엘 알토' 지역에 있는데 아에로푸에르토(Aeropuerto)라고 적혀 있는 공항 택시, 일반 택시, 텔레페리코(Teleferico), 공항버스(콜렉티보)를 이용하여 라파스 시내로 이동할 수 있다. 야간에는 안전한 공항 택시를 이용할 것을 권한다

이동 방법

공항 택시 100~120볼 / 시내까지 30분~1시간 소요
일반 택시 80~100볼 / 공항 밖으로 나가서 택시 이용
텔레페리코 택시 40~50볼 + 텔레페리코 3볼 / 엘 알토 지역의 텔리페리코 정류장까지 택시 이동 후 텔리페리코 탑승
공항버스(콜렉티보) 5볼 / 이사벨 광장(Plaza Isabel)까지 운행함, 인원이 차야만 출발

시외버스

버스 터미널(Terminal de Buses)에서 코파카바나(Copacabana), 우유니(Uyuni), 수크레(Sucre), 포토시(Potosi) 등 볼리비아 주요 도시와 함께 페루, 칠레, 아르헨티나 등 다른 나라로 오가는 버스도 운행한다.

투어리스트 버스

여행자가 많이 이용하는 라파스↔우유니 구간은 트란스 오마르(Trans Omar), 파나수르(Panasur), 트란스 티티카카(Trans Titicaca), 토도 투리스모(TodoTurismo) 등의 회사에서 시설이 좋은 '투어리스트 버스'를 운행한다. 단, 매진이 잘 되기 때문에 라파스 도착 즉시 티켓을 구매하는 것이 좋다. 시설이 좋은 버스는 히터가 있으며 담요도 제공된다. 또한 라파스↔우유니 구간은 도로포장이 모두 완료되었다.

로컬 버스

우유니행 직행버스를 구하지 못했다면 로컬 버스를 타고 '오루로(Oruro)'를 경유해서 우유니로 갈 수 있다. 로컬 버스는 시설이 상당히 열악하고 도난 사고가 자주 발생하니 각별히 조심해야 한다. 투어리스트 버스가 로컬 버스보다는 비싸지만 다른 나라와 비교하면 비싼 편이 아니기 때문에, 가능한 한 투어리스트 버스를 이용할 것을 권한다.

예상 소요 시간 및 운임

지역	소요 시간	요금
코파카바나	3~4시간	50~70볼
우유니(직행)	10~11시간	200~400볼
우유니(오루로 경유)	12~14시간	150~250볼
수크레	12~14시간	200~300볼
포토시	8~9시간	150~250볼

시내 교통

콜렉티보

콜렉티보(승합차)가 버스 역할을 하는데, 노선 번호가 없이 운행하기 때문에 스페인어를 못 한다면 이용하기 쉽지 않다. 콜렉티보를 이용하고 싶다면 숙소에 미리 정류장 위치와 어떤 콜렉티보를 타야 하는지 자세히 물어보자.

요금 2~3볼

택시

대부분의 여행자가 택시를 이용하는데 미터기가 없어서 탑승 전에 기사와 미리 요금을 정해야 한다. 따라서 숙소에 요금을 미리 물어보는 것이 좋다.

요금 가까운 곳은 10볼 정도 / 여행자 숙소가 많이 있는 일얌푸(Illampu) 거리에서 버스 터미널까지는 약 25~30볼

텔레페리코

라파스 시내와 엘 알토를 연결하는 케이블카인 '텔레페리코(Teleferico)'는 2014년부터 운행을 시작했다. 색으로 노선이 구분되어 있으며 현재 10개 노선이 운행하고 있다.

요금 3볼

라파스
Hostal Donde el Negro
Perú
라파스 버스 터미널
Terminal de Buses La Paz
FINAL MONTENEGRO
Ave Armentia
Calama
Salón ORION
Calle Vicente Eguino
더 어드벤처 브루 호스텔
The Adventure Brew Hostel
Av Ismael Montes
Sucre
Gradas de MLU
Quintanilla Zuazo
센트럴 역(텔레페리코)
Estación Central
아티즈 게스트하우스
Arthy's Guesthouse
Calle Catacora
Chuquisaca
Hostal Ananay
Hostel El Carretero
Willma Tienda
Importadora Humfer S.R.L.
Av. Peru
Bozo
Loki La Paz
Mercado Bolívar
Santa Anita
DoLeMi
Galeria Comercial Katty
Galeria Hotel Tumusla
Tumusla
Ingavi
Indaburo
일얌푸 거리 Av. Illampu
킬리 킬리 전망대
Mirador Killi Killi
란사 시장
Mercado Lanza
호텔 로사리오
Hotel Rosario
Melchor Jimenez
Murillo
마요르 광장
Plaza Mayor
Calle Comercio
무리요 광장
Plaza Murillo
Socabaya
Hospital "La Paz"
Mariano Graneros
칸투 호텔
Qantu Hotel
더 캐롯 트리
The Carrot Tree
산 프란시스코 성당
Iglesia de San Francisco
국회 의사당
Congreso
마녀 시장
Mercado de las Brujas
대통령 관저
Palacio de Gobierno
Pastelería Michelline
Santa Cruz
대성당(카테드랄)
Catedral
N
W
E
S
치파 상하이
Chifa Shanghai
카페 델 문도
Cafe del Mundo
호스텔 와일드 로버
Hostel Wild Rover
알리 파차
Ali Pacha
Loayza
Sinai Mallko
모짜렐라 피자
Mozzarella Pizza
야티
Yati
Bueno
Calle Comercio
Fray José Velasco
Juan de la Riva
200m
Experiencia Samsung
Mercado Rodriguez Carnes
StarCraft 2 - Bolivia
Mercado Camacho
Ave Simon Bolivar

라파스의 치안

라파스는 치안이 나쁘기로 유명했었지만, 최근 몇 년 사이에 상당히 많이 개선되었다. 하지만 여전히 여행자를 대상으로 하는 도둑이 많기 때문에 주의가 필요하다. 길에서 현지인이 카메라나 휴대폰을 주면서 사진을 찍어달라고 할 경우, 주의를 분산시킨 후 도둑질을 할 가능성이 높기 때문에 응하지 않는 것이 좋다. 최근에는 거의 발생하지 않는 일이지만 경찰이라며 여권을 요구한다면 100% 가짜 경찰이다. 따라서 여권 제시를 거부하고 주위에 도움을 요청하거나 사람이 많은 곳으로 이동해야 한다. 진짜 경찰은 대형 사건이 생기지 않는 한, 절대 외국인에게 여권을 요구하지 않는다.

택시 합승을 요구받는 경우도 조심해야 한다. 강도일 가능성이 아주 높기 때문이다. 만약 다른 사람이 중간에 탑승하려고 한다면 즉시 내리자. 또 버스 터미널, 시장 등 사람이 많은 곳에서 가방, 휴대폰 같은 물품의 도난 사고가 심심찮게 발생하니 조심해야 한다.

로컬 버스를 이용할 경우 가방을 선반에 올려두지 말고 본인 손이 닿는 곳에 보관해야 한다. 중간에 내리는 현지인이 선반에 올려둔 가방을 훔치는 사건이 자주 발생하기 때문이다. 또한 환전 부분에서 언급했던 것처럼 카드 복제가 자주 발생한다. 긴급한 상황이 아니라면 신용 카드와 ATM 이용은 피해야 한다.

에보 모랄레스(Evo Morales) 전 대통령

1959년 오루로(Oruro)의 가난한 코카 재배 농가에서 태어난 '에보 모랄레스'는 어린 시절부터 벽돌공, 코카 재배, 트럼펫 연주 등 닥치는 대로 일을 하며 돈을 벌어야 했다. 1985년 코카 재배 농가의 노조 사무국장이 되면서 정치적으로 알려지기 시작하였고, 2005년 원주민들의 절대적인 지지를 바탕으로 남미 최초의 원주민 출신 대통령으로 선출되었다. 취임 이후 천연가스 사업 국유화 등 다양한 경제 정책을 통해 볼리비아 경제가 꾸준히 발전한 것은 큰 성과로 꼽힌다.
하지만 장기 집권을 위해 헌법의 대통령 연임 규정을 연이어 수정하였고, 측근과 애인들이 연루된 비리 사건이 터지는 등 장기 집권의 문제점이 점점 커졌다. 2019년 말 4선 도전에 나섰지만 부정 선거 의혹이 발생하면서, 2019년 11월에 하야를 선언하고 대통령직에서 물러났다. MIT 연구진의 조사 결과, 부정 선거 의혹이 사실이 아님으로 밝혀졌고, 소속되었던 정당이 다시 대선에서 권력을 잡으면서 2020년 말 볼리비아로 돌아왔다. 돌아온 뒤 소속 정당의 아르세 대통령 세력과 계속 갈등을 일으켰고, 2025년 대선에 다시 출마를 선언했으나 헌법재판소 판결로 금지되었다. 아직 본인을 지지하는 세력을 활용해 좌파 세력 내에 내분을 일으키면서, 2025년 대선에서 좌파 진영에 큰 손해만 끼쳤다. 큰 변동이 있지 않는 한, 모랄레스가 다시 권력을 잡는 것은 불가능할 것으로 보인다.

코카(Coca) 잎의 슬픈 역사

코카를 주로 차로만 마시는 페루와 달리, 볼리비아에 가면 비닐봉지에 코카 잎을 가지고 다니면서 계속 씹는 사람이 많다. 이러한 문화에는 슬픈 역사적 배경이 있다. 볼리비아는 광산이 아주 많았는데 식민지 시절에 스페인 정복자들이 원주민을 광산에서 일하게 했다. 하지만 식량을 아끼기 위해 원주민들에게 각성과 진통 효과가 있는 코카 잎을 준 것이다. 코카 잎을 씹으며 일을 하면 당장은 배고픔과 피로를 참고 일하게 되지만, 점점 쇠약해지고 결국에 죽을 수도 있다. 이러한 이유 때문에 볼리비아에는 코카 잎을 씹는 문화가 생겼다고 한다. 최근에는 고된 노동을 하는 육체노동자, 운전기사 등 힘든 일을 하는 사람들 외에는 씹지 않는 편이지만, 여전히 많은 사람이 코카 잎에 의존하고 있다. 여행자들이 마주치는 사람 중에는 온종일 일을 해야 하는 우유니 투어의 지프 기사들이 코카 잎을 많이 씹을 것이다.
코카 잎 자체는 강력한 마약이 아니지만, 코카 잎을 화학 처리하면 코카인을 만들 수 있다. 또, 코카콜라에 '코카'라는 이름이 붙은 이유는 코카 잎에서 추출한 원료를 넣기 때문이다. 현재도 코카콜라는 볼리비아에서 대량의 코카 잎을 가져가고 있다고 한다.

무리요 광장
Plaza Murillo

볼리비아 최초로 독립운동을 주도하다가 1810년 스페인군에게 처형 당한 '페드로 도밍고 무리요(Pedro Domingo Murillo)'의 이름을 딴 라파스의 메인 광장으로, 광장 중앙에는 그의 동상이 서 있다.
광장 주위에는 볼리비아의 국회 의사당(Congreso), 대성당(Catedral), 대통령 관저(Palacio de Gobierno)가 있는데, 대통령 관저 앞에 서 있는 경비병 옆에서 기념사진을 찍을 수 있다. 참고로 볼리비아도 우리나라처럼 징병제를 운용하고 있으며 복무 기간은 1년이다.

산 프란시스코 성당
Iglesia de San Francisco

다소 밋밋한 대성당에 비해 산 프란시스코 성당은 스페인과 남미 건축 양식이 조화된 아름다운 외관을 자랑한다. 16세기에 최초로 건설된 성당은 17세기에 붕괴하였고, 현재의 성당은 1758년에 다시 완공되었다. 성당 외에도 수도원, 박물관 등 부속 건물이 있는데, 성당은 무료로 볼 수 있지만 나머지는 입장권을 구입해야 한다. 성당 앞에 있는 마요르 광장(Plaza Mayor)에서는 각종 행사가 자주 열린다.

시간 박물관 입장 월~토 09:00~18:30 / 일요일 휴무 **요금** 성당 무료 / 수도원, 박물관 20볼

킬리킬리 전망대
Mirador Killi Killi

라파스는 분지이기 때문에 전경이 멋있다. 킬리킬리 전망대에 가면 라파스의 전경을 볼 수 있는데 중심가에서 가깝기 때문에 많은 여행자들이 찾는다. 숙소 위치에 따라 걸어서 갈 수도 있고, 택시(8~10볼)로 갈 수도 있다. 라파스는 야경이 멋있는데 전망대로 야경을 보러 간다면 안전을 위해 택시로 다녀오기를 권한다. 물론 숙박하는 호텔의 위층에서 야경이 보인다면 굳이 전망대에 가지 않아도 된다. 케이블카 '텔레페리코'를 타고 엘 알토 지역으로 올라가서 야경을 즐길 수도 있다.

위치 반데라(La Bandera) 거리 동쪽 끝

마녀 시장
Mercado de las Brujas

우리나라에서 무당이 굿을 하는 것처럼, 볼리비아에서는 큰일이 있을 때 주술사가 와서 대지의 여신인 '파차마마(Pachamama)'에게 제사를 지낸다. 제사를 지낼 때 나무 장작 위에 설탕 같은 것으로 만든 블록과 야마 새끼의 미라 등 제물을 올려놓고 태워서 그 모양을 보고 점을 치는데, 마녀 시장은 이런 제사에 쓰이는 용품을 파는 곳이다. 규모가 크진 않지만, 다른 나라에서는 보기 힘든 흥미로운 물건을 볼 수 있다.

위치 '산타 크루스(Santa Cruz)' 거리와 '멜초르 히메네스(Melchor Jimenez)' 거리 교차 지점 인근

텔레페리코
Teleferico

엄청난 라파스의 교통 정체를 해결하기 위해 2014년부터 엘 알토 지역과 라파스 사이에 텔레페리코(Teleferico)가 운행하고 있다. 참고로 텔레페리코는 케이블카라는 뜻이다. 여행자 숙소가 많은 일얌푸(Illampu) 거리에서 가장 가까운 노선은 붉은색의 로호(Rojo)로, 엘 알토에 있는 정류장에서 내리면 라파스의 전경과 야경을 볼 수 있다. 단, 야경을 볼 때는 안전을 위해 정류장에서 멀리 가지 않는 것이 좋다.

시간 월~토 06:00~23:00 / 일 07:00~21:00 **요금** 3볼

달의 계곡
Valle de la Luna

라파스 시내에서 약 15km정도 떨어진 곳에 있는 달의 계곡인 '바예 델 라 루나(Valle de la Luna)'는 뾰족한 돌기둥이 늘어선 독특한 지형으로 유명하다. 칠레 아타카마 사막에 있는 달의 계곡에 비해 규모는 훨씬 작지만, 바위 사이를 걸어 다닐 수 있다. 라파스에서 시간 여유가 있을 때 가 볼 만하며 1~2시간 정도면 구경할 수 있다.

위치 ❶ 시내에서 마야사(Mallasa) 또는 바예 델 라 루나(Valle de la Luna)로 가는 콜렉티보를 이용(2.5볼, 1시간 소요) ❷ 라파스 시내에서 택시 이용(약 50~70볼, 30분 소요) **시간** 08:00~17:30 **요금** 입장료 15볼

라파스 지역의
Tour

죽음의 도로 자전거 투어 El Camino de la Muerte Bicycle Tour

라파스 인근에 있는 윤가스(Yungas) 산악도로를 따라 해발 4,300m부터 자전거를 타고 내려가는 투어다. 모험심이 강한 젊은 배낭여행자들 사이에 꽤 인기 있다. 라파스 시내의 여행사나 숙소에서 예약할 수 있다.

하지만 여기서 이야기하고 싶은 것은 투어 정보보다는 위험성이다. 대부분 구간이 깎아지른 절벽 옆의 비포장길이며 안전 설비가 제대로 갖춰져 있지 않기 때문에 부상과 사망 사고가 자주 발생한다. 이미 20명 가까운 여행자가 절벽 아래로 떨어져 사망했고, 부상자도 많은데 일반적으로 골절 혹은 그 이상의 심각한 부상을 당한다. 내리막을 빠르게 내려가는 것이라 자전거를 잠시라도 제어하지 못하면 한순간에 절벽 아래로 떨어지는 것이다. 따라서 산악자전거에 익숙하지 않은 여행자라면 투어 참여 여부를 신중하게 판단하자. 다행히 우리나라 여행자 중에 사망한 사람은 아직까지 없지만, 크게 다쳐서 여행을 중단했던 사례가 있었다.

요금 550~700볼(교통, 자전거 대여, 식사 등 포함) / 라파스 시내의 여행사나 숙소에서 예약 가능

추천 **식당**

일얌푸 거리와 라파스 중심에 있는 식당은 주로 양식을 판매한다. 깔도 데 레스(Caldo de Res), 프리까세(Fricase) 등 볼리비아 전통 음식을 먹고 싶다면 란사 시장(Mercado Lanza)으로 가자. 또한 거리에는 샌드위치, 살떼냐, 생과일주스 등 저렴한 먹거리를 파는 노점상이 많아 끼니를 해결하기 좋다.

모짜렐라 피자
Mozzarella Pizza

중심가에 있는 많은 피자 가게 중에서 여행자들의 평가가 가장 좋다. 가격이 저렴하고 크게 짜지 않다. 물론 어디까지나 볼리비아 음식점 중에서 괜찮은 것이라 우리나라의 피자 맛을 기대해서는 안 된다.

주소 Illampu 757 **시간** 10:30~23:30

카페 델 문도
Café del Mundo

산 프란시스코 성당 인근에 있는 우리나라 젊은 여행자들에게 인기가 많은 카페이다. 커피 등 음료와 함께 다양한 나라의 요리법을 활용한 음식을 판다. 가격은 다소 비싼 편이지만 세련되고 활기찬 분위기 속에서 식사하고 싶다면 괜찮은 곳이다.

주소 Sagarnaga 324 **시간** 06:30~22:00 **홈페이지** cafe-delmundo.com

더 캐롯 트리
The Carrot Tree

'카페 델 문도'처럼 햄버거, 파스타, 샐러드, 크레프 등 젊은 배낭여행자를 타깃으로 한 음식과 음료를 판매한다. 수제 버거가 40~50볼 정도로 로컬 식당보다는 훨씬 비싸지만 양이 푸짐하다.

주소 Linares 809 **시간** 월~토 07:00~21:00, 일 11:00~18:00

야티
Yati

최근 인기를 얻고 있는 여행자용 카페이자 식당으로 수제 버거, 샌드위치, 스테이크 등 전형적인 외국인용 메뉴를 판다. 음식이 푸짐해서 인기가 좋다.

주소 Tarija 229 **시간** 월~토 10:00~22:00, 일 15:00~22:00

치파 상하이
Chifa Shanghai

일얌푸 거리에 있는 중국 음식점으로 국물 요리가 있기 때문에 우리나라 여행자에게 인기가 좋다. 맛집이라고 부를 수준의 식당은 아니지만 굵은 면과 작은 만두가 들어간 뜨끈한 완탕 수프(Sopa Wantan)에 흰밥(Arroz Blanco)을 먹어 보자.

주소 Illampu 852 **시간** 11:00~21:00

알리 파차
Ali Pacha

라파스에서 손꼽히는 고급 레스토랑으로 질 좋은 식자재를 사용하고, 플레이팅이 또한 탁월하다. 최고급 레스토랑에서 식사하기를 원한다면 이곳을 선택하면 된다.

주소 Colon 1306 **시간** 월~토 12:00~15:00/19:00~22:00 / 일요일 휴무 **홈페이지** alipacha.com

란사 시장
Mercado Lanza

산 프란시스코 성당 옆에 있는 시장이다. 특별히 살 만한 물건은 없지만 볼리비아의 먹거리를 푸짐하고 저렴하게 즐길 수 있다. 특히 푹 삶은 큼직한 소고기가 들어간 수프인 '깔도 데 레스(Caldo de Res)'를 추천한다. 구역별로 특정 음식을 파는 가게가 모여 있는데, 구조가 복잡하기 때문에 특별히 먹고 싶은 메뉴가 있다면 현지인에게 위치를 물어보자. 물건을 파는 상점은 오후 일찍부터 문을 닫지만, 식당은 저녁까지 영업한다.

위치 산 프란시스코 성당 옆, 마요르 광장의 북쪽

추천 숙소

대부분의 숙소는 일얌푸 거리에 모여 있다. 버스 터미널 근처에도 숙소가 많은데, 라파스에 잠시 머물고 떠난다면 이곳의 숙소를 이용하는 것이 편리하다. 저렴한 숙소는 생각 이상으로 시설이 열악하고 지저분하다. 따라서 너무 싼 숙소는 피하는 것이 좋다.

호스텔 와일드 로버

Hostel Wild Rover

무리요 광장에서 가까운 상당히 큰 호스텔로 서양의 배낭여행자에게 인기가 좋은 곳이다. 비디오 감상실, 당구대, 대형 바 등 다양한 시설이 있는 것은 장점이지만, 술과 식사를 파는 것에 집중하는 파티 호스텔이라 밤늦게까지 상당히 시끄럽다. 따라서 조용한 잠자리를 원한다면 피하는 것이 좋다.

주소 Comercio 1476 **가격** 도미토리 70~130볼, 더블 · 트윈 350~450볼 **홈페이지** wildroverhostels.com

더 어드벤처 브루 호스텔

The Adventure Brew Hostel

버스 터미널에서 가까운 호스텔로, 라파스에서 잠시 머물고 다른 도시로 떠나기 편리하다. 서양의 배낭여행자들에게 인기 좋은 파티 호스텔이다. 시설은 '와일드 로버 호스텔'과 유사하고 밤늦게까지 소란스럽다.

주소 Montes 503 **가격** 도미토리 60~100볼, 더블 · 트윈 250~350볼 **홈페이지** theadventurebrewhostel.com

아티스 게스트하우스

Arthy's Guesthouse

산 프란시스코 광장 근처에 있는 작은 게스트하우스로 교통이 편리하다. 방은 작고 아주 기본적인 시설밖에 없지만, 저렴하면서 조용한 곳을 원한다면 괜찮은 선택이 될 것이다.

주소 Montes 693 **가격** 도미토리 70~100볼, 더블 · 트윈 250~300볼

콴투 호텔

Qantu Hotel

일얌푸 거리에 있는 저렴한 3성급 호텔은 대부분 시설이 낡고 지저분해서 호텔이라고 부르기 민망한 수준이다. 하지만 콴투 호텔은 시설이 비교적 새것이고 잘 관리하고 있어 아주 깔끔하다. 침구류와 화장실이 깨끗하고 식당의 전망이 좋다. 가격이 저렴한 3성급 호텔 중에서는 가장 괜찮은 곳이다.

주소 Illampu 740 **가격** 더블 · 트윈 40~50달러 **홈페이지** myqantuhotel.com

호텔 로사리오

Hotel Rosario

산 프란시스코 성당 옆에 있는 '라 카소나 부티크 호텔(Hotel La Casona Boutique)'과 함께 라파스 중심가에서 가장 시설이 좋은 호텔이다. 다양한 색상의 전통 직물과 인형을 이용한 인테리어가 아주 예쁘고 방과 화장실이 더할 나위 없이 깨끗하다. 라파스 중심가에서 좋은 호텔에 머물고 싶다면 이 호텔 이상의 선택은 없다.

주소 Illampu 704 **가격** 더블 · 트윈 70~90달러 **홈페이지** hotelrosario.com

우유니

Uyuni

남미 여행을 꿈꾸는 사람이라면 누구나 가고 싶어 하는 우유니 사막은 남미 여행의 핵심 중의 핵심이자 하이라이트이다. 해발 3,600m에 자리 잡고 있는 우유니 사막은 세상에서 가장 큰 소금 사막으로 유명하다. 우기가 되어 소금 사막 위로 물이 고이면 우유니는 세상에서 가장 큰 거울이 된다. 구름과 하늘, 산과 사람 등 하늘 아래 모든 것을 반사해 보고도 믿을 수 없을 정도의 환상적인 풍경이 만들어진다. 우유니 사막은 소금 사막뿐만 아니라 다른 부분도 세상의 그 어떤 사막보다 아름답다. 광활한 알티플라노고원을 달리면서 여러 가지 색의 호수와 화산을 볼 수 있고, 플라밍고, 사막여우 등 다양한 동물들을 만날 수 있다. 모든 곳에서 우유니 사막은 세상 그 어떤 곳에서도 만날 수 없는 황홀한 경험을 여행자에 선사한다. 페루 쿠스코부터 코파카바나, 태양의 섬, 라파스를 거치면서 고산 증세와 장거리 버스에 지친 여행자라면, 우유니를 만나는 순간 고생했던 시간들이 사라지는 것을 느낄 것이다. 단언컨대 우유니를 보지 않고는 남미를 제대로 봤다고 말할 수 없다.

• 우유니 드나들기 •

국내선 항공

보아 항공이 라파스↔우유니 직항을 운항한다. 성수기(12~3월, 부활절 연휴)에는 표 구하기가 어렵기 때문에, 2~3개월 전에는 사는 것이 좋다.

홈페이지 **보아 항공** www.boa.bo, **아비앙카** www.avianca.com

시외버스

여행자들이 워낙 많이 몰리는 곳이라 라파스, 포토시, 오루로, 수크레 등 볼리비아 주요 도시뿐만 아니라, 칠레 '칼라마(Calama)'를 오가는 버스도 운행한다. 단, 우유니↔칼라마 구간은 비포장도로가 많고 버스 시설이 좋지 않아서 상당히 불편하다.

예상 소요 시간 및 운임

지역	소요 시간	요금
라파스(직행)	10~11시간	200~400볼
라파스(오루로 경유)	12~14시간	150~250볼
포토시	5~6시간	55~70볼
수크레	8~9시간	120~150볼
칼라마(칠레)	9~10시간	300~350볼

기차

우유니의 기차역에서 북쪽의 오루로(Oruro), 남쪽의 투피사(Tupiza) 등으로 가는 열차가 운행한다. '엑스프레소 델 수르(Expreso del Sur)'가 고급 열차이고 '와라와라(Wara Wara)'가 일반 열차다. 우유니에서 칠레로 가지 않고 아르헨티나 북부로 가고 싶다면 투피사로 이동해서 아르헨티나 국경을 건너야 한다.

오루로행 **시간** 7시간 소요 / 엑스프레소 열차 수, 토 23:50, 와라와라 열차 화, 금 01:45 출발 **요금** 엑스프레소 60~120볼, 와라와라 32~102볼

투피사행 **시간** 5시간 30분 소요 / 엑스프레소 열차 화, 금 21:40, 와라와라 열차 월, 목 02:50 출발 **요금** 엑스프레소 47~120볼, 와라와라 25~76볼

시내 교통

우유니 마을은 아주 작고 특별한 볼거리가 없기 때문에 차를 타고 돌아다닐 일이 없다. 시외버스는 시내 가운데 도착하며, 마을 안에 있는 어느 숙소든지 도보로 이동 가능하다. 다만 공항은 마을에서 2km 정도 떨어져 있기 때문에 택시를 타고 이동해야 한다(1인당 20볼). 만약 우유니 투어를 예약했다면 투어 회사에 공항 픽업을 요청해 보자.

우유니 투어 후 아르헨티나 북부로 이동

2박 3일 투어를 끝내고 아르헨티나 북부로 가고 싶다면, 볼리비아/칠레 국경에서 투어가 끝난 뒤 다시 지프를 타고 6~7시간 동안 비포장도로를 달려서 우유니 마을까지 돌아와야 한다. 그 다음 투피사(Topiza)까지 기차나 버스로 이동한 후, 여러 번 차를 바꿔 타면서 아르헨티나로 들어가야 한다. 따라서 불가피한 경우가 아니라면 칠레 산페드로로 가서 아타카마 사막을 구경한 후 버스를 타고 아르헨티나 북부(살타, 후후이)로 넘어가는 것이 편리하다.

• 우유니 여행 전 읽어 두기 •

우유니 소금 사막 이야기

■ 소금 사막은 어떻게 생겨났을까?

안데스산맥은 지각 변동에 의해 태평양판과 남아메리카판이 만나 융기하면서 형성되었다. 이때 바다였던 부분이 솟아오르면서 거대한 호수가 되었고, 건조한 기후의 영향으로 점점 물이 사라져 결국 소금 사막이 형성되었다. 우유니 소금 사막은 면적이 1만 2천 km^2(약 120km X 100km)에 달해서 경상남도보다 크다. 매장된 전체 소금의 양은 100억 톤 이상으로 추정되며 리튬 등 현대 산업에 필수적인 광물도 엄청난 양이 매장되어 있어 곳곳에서 개발이 추진되고 있다.

■ 거울 같은 소금 사막, 언제 만날 수 있나?

최근 기상 이변으로 매년 비가 내리기 시작하는 때가 달라지고 있지만, 일반적으로 우유니 사막에 물이 찬 풍경은 우기인 12~4월 사이에 볼 수 있다. 물론 건기에도 비가 가끔 내리기 때문에 운이 좋다면 볼 수 있지만, 물이 차 있다고 이야기하기엔 아주 부족한 수준이다. 따라서 거울 같은 소금 사막을 만나고 싶다면 12~4월 사이에 방문하는 것이 좋다. 특히 사방이 물로 가득찬 우유니를 보고 싶다면 2~4월이 가장 좋다. 12~1월은 비가 내리기 시작하는 시기라 일반적으로 물이 많지 않다. 물론 물만 차 있다고 제대로 된 반영을 볼 수 있는 것은 아니며 바람이 없고 햇빛이 비쳐야 한다. 모든 것은 하늘에 달려 있으니 날씨 운이 좋기를 바랄 수밖에 없다.

투어 이용 시 참고 사항

■ 투어사 예약 시 확인 사항

투어 예약

우유니에는 수백 개의 투어사가 있어서 버스에서 내리는 순간 엄청나게 많은 호객꾼이 여행자를 기다리고 있다. 따라서 특별히 찾는 지프 기사나 투어사가 없다면 예약 없이 와도 쉽게 투어를 할 수 있다.

투어 가격

우유니 투어는 10년 넘게 가격이 거의 오르지 않았으나, 코로나 이후 볼리비아 경제가 위기를 맞으면서 최근 가격이 크게 올랐다. 가격이 싼 경우 식사와 숙소의 질이 떨어지고 사소한 것에 대해서도 추가 요금을 요구하는 경우가 많다. 따라서 너무 가격이 싼 투어는 피하는 것이 좋다. 부활절 연휴(보통 3월 중순에서 4월 중순. 해마다 다름), 연말에는 투어비가 크게 오른다. 암달러가 생기면서 2025년부터 투어비를 보통 달러로 요구한다.

요금 1인당 약 150~170달러(지프에 6명 탑승 기준) / 시즌에 따라 요금 변동이 큼

투어 정원

투어 지프의 정원은 6명으로 조수석에 1명, 중간에 3명, 뒷좌석에 2명이 앉는다. 하지만 그보다 적은 인원이 6명 요금을 내고 편하게 투어를 할 수도 있다.

투어 포함 사항

일반적으로 투어비에는 숙소, 식사, 음료, 차량, 운전기사가 포함되어 있고, 입장료는 포함되어 있지 않다. 예약할 때 소금 사막의 석양과 일출, 별을 볼 때 추가 요금이 있는지 확인하는 것이 좋다(보통 100~150볼 수준). 단, 석양, 일출, 별은 날씨가 좋아야만 볼 수 있는데, 우기는 구름이 많기 때문에 못 보는 경우가 꽤 많다.

입장료(투어비에 불포함) 인카와시섬 30볼(우기에는 방문하기 힘듦), 안디나 에두아르도 아바로아 보호 구역(Reserva Andina Eduardo Avaroa) 입장료 150볼

■ 투어 준비물

보온용품

11~4월에는 보통 밤에 영하까지 기온이 떨어지지 않기 때문에 추위에 대해 크게 걱정하지 않아도 된다. 여행 중에 특별히 침낭을 쓸 일이 없다면 우유니를 위해 따로 침낭을 가져오기보다는 내복, 핫팩 같은 것을 준비하자. 그리고 일반적으로 투어사에 요청하면 침낭을 무료로 빌려준다. 물론 깨끗하지는 않지만, 투어 숙소의 침구류도 어차피 깨끗하지 않다.

기타 준비물

물과 음료가 포함되어 있지만 식사할 때만 주기 때문에 개인용 물을 준비하는 것이 좋고, 햇빛이 강하기 때문에 선글라스와 선크림은 필수품이다. 투어 숙소는 침구류 외에는 어떠한 물품도 제공되지 않기 때문에 화장지와 수건을 반드시 준비해야 한다.

투어 3일 차에 방문하는 온천을 위해 수영복 등 물에 들어갈 수 있는 옷이 필요하다. 1일차 숙소에서는 유료로 더운물 샤워가 가능하며(10볼), 2일 차 숙소는 샤워 설비가 없다.

TIP

투어 시 전열기 사용 불가!

추위가 걱정된다고 무거운 전기장판을 가져오는 여행자가 가끔 있는데 투어 숙소는 보통 방에 콘센트가 없어 전기장판을 쓸 수 없다. 일반적으로 식당에 공동으로 쓸 수 있는 콘센트는 카메라, 휴대폰 충전 등 간단한 용도로만 쓸 수 있다. 또한 발전기를 돌려서 전기를 공급하는 숙소가 많아 헤어드라이어, 전기 포트 등의 전열기를 사용할 수 없다. 전열기를 사용하면 숙소 전체의 전기가 몽땅 나가 버리는 불상사가 일어날 수 있으니 주의하자.

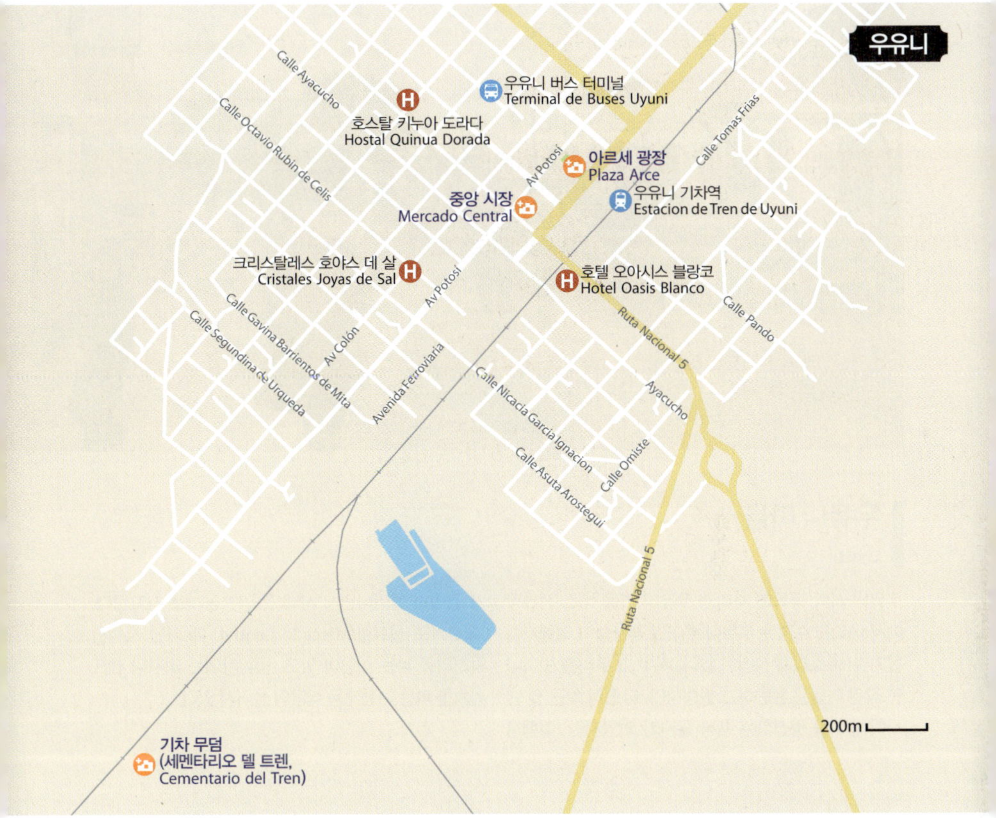

TIP

우유니와 다카르 랠리(Dakar Rally)

다카르 랠리는 1979년부터 시작된 세계적인 오프로드 자동차 대회로, 유럽부터 아프리카까지 사하라 사막 같은 오지를 달렸다. 하지만 아프리카의 전쟁과 테러 위험이 증가하면서 2009년부터 남미 대륙에서 열리고 있다. 매년 루트가 조금씩 변하지만, 일반적으로 페루, 볼리비아, 칠레, 아르헨티나의 오지를 달리며 우유니 사막을 통과할 때도 있었다. 랠리 루트에 우유니가 포함된 해에는 엄청난 인파가 몰리고 투어비가 급등하는데, 다행히 첫해 이후로는 우유니를 지나가지 않고 있다. 소금 사막 안에 있는 '소금 호텔(Hotel de Sal)' 앞에는 암염을 조각해서 만든 커다란 다카르 랠리 상징물이 서 있다.

우유니 마을
Uyuni

우유니 사막 동쪽에 자리한 우유니 마을 버스 정류장에서 내리면 수많은 우유니 투어 호객꾼들이 여행자를 잡기 위해 소리쳐 정신이 없다. 겨우 그 무리를 벗어나면 작은 마을은 황량하고 썰렁하다. 다행히 최근 몇 년 사이에 마을 중심가는 포장 공사가 되었지만, 여행자가 급격히 늘어나면서 시내 곳곳은 공사로 시끄럽다. '메르카도 센트랄(Mercado Central)'에 가면 저렴한 먹거리를 파는 식당이 있고, 중심가에는 피자나 샌드위치를 파는 여행자용 식당이 늘어서 있다.

아르세 광장
Plaza Arce

'우유니 기차역(Estacion del Tren)' 앞에 있는 조그만 광장으로 금속이나 암염으로 만든 몇 개의 조형물과 작은 증기기관차 모형이 있다. 우유니 마을에서 유일하게 여행자 구역으로 부를 수 있는 곳으로 인근에 여행자를 위한 식당이 많다.

중앙 시장
Mercado Central

아르세 광장 옆의 '메르카도 센트랄(Mercado Central)'에는 저렴한 먹거리를 파는 식당이 있다. 새벽에 버스를 타고 도착한 여행자라면 깔도 데 레스(Caldo de Res. 소고기 국)나 프리까세 데 야마(Fricase de Llama. 야마 국)를 한 그릇 뜨끈하게 먹고 우유니 투어를 준비하자. 시장 주변에는 휴지, 생수, 비누 등 우유니 투어에 필요한 물품과 빵, 샌드위치, 생과일주스 등 간단한 먹거리를 파는 곳이 많다.

위치 아르세 광장에서 남쪽으로 한 블록

우유니 지역의

Tour

우유니 일일 투어와 2박 3일 투어

우유니 투어는 크게 우유니 소금 사막만 보는 일일 투어와 칠레 국경까지 가면서 사막 전체를 보는 2박 3일 투어가 있다. 1박 2일과 3박 4일 투어도 있지만 1박 2일은 일일 투어와 비슷하고, 3박 4일은 2박 3일 투어와 유사해 큰 장점이 없다. 2박 3일 투어 시 1일 차는 소금 사막을 보고 2~3일 차는 우유니 사막의 고원을 방문한다. 간혹 소금 사막 외에는 볼거리가 없다고 일일 투어를 선택하는데, 우유니 사막은 소금 사막뿐만 아니라 모든 곳에서 환상적인 풍경을 만날 수 있다. 실제로 필자와 함께 투어를 했던 사람들에게 물어보면 2일 차부터 만나는 우유니 고원이 소금 사막보다 좋았다고 대답하는 경우가 더 많다. 따라서 정말 시간이 없는 여행자가 아니라면 반드시 2박 3일 투어를 강력하게 추천한다.

TIP

칠레에서 우유니 투어하기

대부분의 여행자는 페루, 볼리비아, 칠레 순서로 남미를 돌지만, 아르헨티나 또는 브라질에서 시작해 반대 방향으로 이동하는 여행자도 있다. 이럴 경우에는 칠레 산페드로에서 우유니 투어를 출발한다. 산페드로의 모든 여행사는 우유니 투어를 팔기 때문에 쉽게 예약할 수 있으며, 가격은 우유니 출발보다 1인당 60~80달러 정도 비싸다. 숙소, 식사, 차량, 가이드 등 포함 사항은 우유니에서 출발과 같지만, 루트가 정반대이다. 따라서 1~2일 차에 우유니 사막의 호수와 고원을 보고 3일차에 소금 사막을 보게 된다. 볼거리는 차이가 없지만 고산 적응 기간이 없이 바로 해발 4,000m대까지 올라가기 때문에 투어 1일 차에 극심한 고산 증세를 느끼게 된다. 따라서 두통약 등 고산 증세를 대비한 약을 반드시 준비해야 한다.

볼리비아
투누파 화산 (5,431m)
Volcan Tunupa
인카와시 섬
Isla Incawasi
소금 호텔
Hotel de Sal
콜차니 마을
Colchani
우유니 마을
Uyuni
추비카
Chuvica
(1일 차 숙소)
오야게 화산
전망대
카냐파 호수
Laguna Cañapa
투피사
Tupiza
오야게 화산 (5,868m)
Volcan Ollague
에디온다 호수
Laguna Hedionda
치아르코타 호수
Laguna Chiarkota
비야손
Villazon
아르볼 데 삐에드라
Arbol de Piedra
온다 호수
Laguna Honda
콜로라다 호수 (4,270m)
Laguna Colorada
2일 차 숙소
칠레
노천 온천
Aguas Termales
아르헨티나
베르데 호수
Laguna Verde
리칸카부르 화산 (5,960m)
Volcan Licancabur
블랑카 호수
Laguna Blanca
볼리비아 · 칠레 국경 사무소
1일 차
2일 차
3일 차
철도
국경

소금 사막

투어 일정

1일 차

우유니 마을 → 기차 무덤 → 콜차니 마을 → 소금 사막(인카와시섬_건기) → 소금 호텔 → 숙소

우유니 마을 투어는 오전 10시경에 시작되기 때문에 버스를 타고 왔다면 투어사에서 소개해 주는 숙소에서 화장실과 샤워실(약 10볼)을 이용하도록 하자. 또한 필요한 물품이 있다면 살 수 있는 시간이 있으니 우유니 마을에서 구매하자.

↓

기차 무덤 투어는 우선 우유니 마을 옆에 있는 '기차 무덤(Cementario del Tren, 세멘타리오 델 트렌)'을 방문하는데, 폐차된 기차가 철로를 따라 늘어서 있다. 기차 위에 올라가거나 철로에서 기념사진을 찍을 수 있는데 폐차된 기차에는 날카로운 부분이 많기 때문에 조심해야 한다.

↓

콜차니 마을 소금을 캐는 마을인 '콜차니(Colchani)'로 이동해 소금으로 만든 다양한 기념품을 구경한다. 기념품을 살 수 있는 곳은 콜차니 마을이 마지막이며, 이후 한동안 화장실이 없기 때문에 마을에 있는 유료 화장실을 이용하자.

⬇

소금 사막 콜차니 마을 바로 옆에서 소금 사막이 있다. 건기에는 새하얀 소금 사막을 달려 사막 한가운데에 있는 언덕인 '인카와시섬(Isla Incawasi, 이슬라 인카와시)'에 갈 수 있다. 이곳은 1년에 1cm만 자란다는 선인장인 깍두(Cactu) 수천 그루가 서 있는 장관과 함께 언덕 정상에 올라가 온 사방이 새하얀 환상적인 풍경을 볼 수 있다(입장료 30볼). 반대로 우기에는 사막이 세상에서 가장 큰 거울이 되어 하늘 아래 모든 것을 반사해 환상적인 풍경을 만든다.

콜차니 마을

TIP

우유니 사막에서 화장실 이용하기

남성 여행자도 마찬가지지만, 특히 여성 여행자들이 투어 중 화장실 이용에 대해 걱정을 많이 한다. 4~5년 전까지는 사막에 화장실이 거의 없어서 어쩔 수 없이 자연을 화장실로 이용했다. 하지만 최근에는 지프가 멈추는 곳마다 유료 화장실(이용료 5볼)이 생겨서 큰 어려움이 없다. 단, 콜차니 마을을 지나 소금 사막으로 들어가면 한동안 화장실이 없기 때문에 콜차니에서 미리 화장실을 이용하는 것이 좋다.

소금 사막

소금 호텔

소금 호텔 우기가 되어 사막에 물이 많이 차면 인카와시섬은 방문하기 힘들어 소금 사막 안에 있는 소금 호텔(Hotel de Sal)과 물이 찬 지역에서 주로 시간을 보낸다. 소금 호텔 안에는 유료 화장실(5볼)이 있고 주변과 내부에 소금으로 만든 조형물이 있다. 소금 호텔 지역은 다른 지역보다 조금 높아서 우기에도 물이 차지 않는다. 소금 호텔 안에서 식사를 하면 햇빛을 피할 수 있기 때문에 이곳에서 점심을 먹는 투어사들도 있는데, 날씨가 나쁘지 않다면 밖에서 식사하는 것이 더 기억에 남을 것이다. 특히 우기에 물이 고인 소금 사막에서 간이 의자에 앉아 식사를 하는 것은 정말 환상적인 경험이다. 단, 사막에 쓰레기가 남지 않도록 주의하자.

숙소 1일차 숙박은 소금 사막 남쪽에 있는 '추비카(Chuvica)' 마을이나 콜차니 마을에서 한다. 소금 사막 남쪽에 몇 개 숙소가 있는 것이 전부인 추비카에서 자는 것이 다소 복잡한 콜차니 마을에서 자는 것보다 훨씬 사막의 분위기를 잘 느낄 수 있다.만약 밤하늘에 구름과 달이 없다면 소금 사막 안으로 들어가서 세상 그 어떤 곳보다 찬란하게 빛나는 은하수를 볼 수 있다. 하지만 우기에는 밤에 구름이 낀 날이 많아서 은하수를 볼 가능성이 낮다.

방은 일반적으로 2~3인 실이며 벽과 식탁 등 내부가 암염으로 만들어져 있다. 1일 차 숙소는 라파스와 비슷한 고도인 해발 3,600m 정도에 있기 때문에, 따뜻한 시즌(11~4월)에 방문한다면 밤 기온이 영하까지 떨어지지 않아서 별로 춥지 않다.

인카와시섬

TIP

라고(Lago)와 라구나(Laguna)는 무엇이 다를까?

남미에서는 큰 호수는 라고(Lago), 작은 호수는 라구나(Laguna)라고 부른다. 그래서 티티카카 호수는 라고 티티카카(Lago Titicaca)이고 페루 와라스의 69 호수처럼 작은 호수는 라구나 69(Laguna 69)라고 부르는 것이다.
우유니의 호수들 중 '에디온다 호수'와 '콜로라다 호수'는 우리나라 사람들이 보기엔 상당히 큰 호수이지만, 현지인 기준으로는 작은 호수이기 때문에 라구나라고 부른다. 남미 국가들은 워낙 땅이 크기 때문에 크기를 나누는 기준이 우리나라와는 많이 다르다는 것을 우유니의 호수에서 느낄 수 있을 것이다. 참고로 스페인어를 사용하는 모든 남미 국가에서 공통적으로 라고와 라구나를 구분하는 것은 아니다. 페루, 볼리비아는 두 가지를 명확하게 구분하는 편이지만, 칠레와 아르헨티나의 많은 지역에서는 크기에 상관없이 모든 호수를 '라고'로 부른다.

TIP

우유니의 야생 동물들

투어 2일 차 코스에선 척박한 우유니 사막에서 살아가는 많은 야생동물을 볼 수 있다. 호수에 서식하는 플라밍고(Flamingo), 노루처럼 보이지만 야마, 알파카처럼 낙타과인 비꾸냐(Vicuña), 토끼처럼 생겼지만 설치류로 다람쥐처럼 줄무늬가 있는 비스까차(Vizcacha), 사막여우(Zorro) 등이 있다.

플라밍고

비스까차

비꾸냐

사막여우

2일 차

오야게 화산 전망대 → 카냐파, 에디온다, 온다 호수 → 아르볼 데 삐에드라 → 콜로라다 호수 → 숙소

오야게 화산 전망대 투어 2일 차는 소금 사막을 벗어나 우유니의 고원을 달리는 코스로, 투어사에 따라 코스가 조금씩 다르다. 비포장도로를 따라 계속 달리기만 하는 아침 코스는 조금 지루하지만, 1일 차에 추비카에서 잤다면 오야게 화산 전망대(Mirador Volcan Ollague)에서 해발 5,868m의 화산을 볼 수 있고, 산 후안(San Juan) 마을의 가게에서 생수, 과자 등 간단한 물품을 살 수 있다.
1일 차에 콜차니 마을에서 잤다면 루트가 달라서 특이한 바위들이 있는 바예 델라 로카(Valle de la Roca)와 산 크리스토발(San Cristobal) 마을을 지나게 된다.

카냐파, 에디온다, 온다 호수 점심 시간 정도부터 멋진 우유니의 호수를 연달아 만나게 된다. 짙은 남색의 카냐파 호수(Laguna Cañapa)를 지나서 옅은 초록색의 에디온다 호수(Laguna Hedihonda)에 도착하면 엄청난 수의 플라밍고를 만날 수 있다. 또한 하늘과 화산 그리고 플라밍고들이 모두 호수에 반영되는 환상적인 풍경을 볼 수 있다. 마지막으로 온다 호수(Laguna Honda)는 작지만 호수 옆 언덕 위에서 호수와 화산이 함께 보이는 시원한 풍경을 볼 수 있다. 호수들은 해발 4,000~4,150m 사이에 있기 때문에 고산 증세가 있을 수 있다.

카냐파 호수

온다 호수

에디온다 호수

콜로라다 호수

⬇

아르볼 데 삐에드라 온다 호수를 지나면 끝없이 펼쳐진 우유니의 고원을 달린다. 고도가 점점 높아지기 때문에 지프가 멈추면 무리하지 말고 천천히 움직이는 것이 좋다. 광활한 알티플라노 속에서 서식하는 비꾸냐, 비스까차, 사막여우 등 다양한 야생 동물을 만날 수 있다. 오후 늦은 시간이 되면 사막 위에 기이한 형태의 거대한 바위들이 늘어선 지역에 도착하는데, 이곳에선 돌 나무(Arbol de Piedra, 아르볼 데 삐에드라)라고 불리는 특이한 형태의 바위를 볼 수 있다.

아르볼 데 삐에드라

⬇

콜로라다 호수 2일차의 마지막 포인트이자 하이라이트는 붉은색과 흰색이 어우러진 콜로라다 호수(Laguna Colorada)다. 길이가 10km 가까이 되는 큰 호수에 무수한 플라밍고들이 서식하고 있다. 해발 4,300m나 되는 곳이고 바람이 상당히 강하게 불기 때문에, 따뜻한 외투를 입고 구경해야 한다. 콜로라다 호수와 2일 차 숙소는 안디나 에두아르도 아바로아 보호 구역(Reserva Andina Eduardo Avaroa) 안에 있기 때문에 입장료 150볼을 별도로 지불해야 한다.

⬇

숙소 2일 차 숙소는 콜로라다 호수 옆에 있다. 고도가 높아 대부분의 사람이 고산 증세를 느끼게 되고 잠을 이루기 쉽지 않다. 하지만 겨울철(6~9월)이 아니라면 아주 춥지는 않기 때문에 추위를 너무 걱정할 필요는 없는데, 겨울에는 상상을 초월할 정도로 아주 춥다. 10~11월도 꽤 추운 편이다. 방은 보통 침대가 4~6개 있는 도미토리이고 시설이 아주 열악하다. 샤워 시설이 없기 때문에 얼굴과 손발만 씻을 수 있다. 대부분의 여행자가 밤에 고산 증세로 인한 두통을 느끼기 때문에, 취침 전에 두통약을 복용하는 것이 좋다.

3일 차

솔 데 마냐나 → 노천 온천 → 베르데 호수 → 볼리비아 · 칠레 국경 사무소

솔 데 마냐나 새벽 5시쯤 출발한 지프는 1시간 가까이 오르막을 달려 해발 4,850m에 있는 솔 데 마냐나(Sol de mañana)에 도착하는데 아직까지도 화산 활동이 활발한 곳이다. 짙은 유황 냄새 속에서 뿜어져 나오는 증기와 거품을 내며 끓어 오르는 진흙을 볼 수 있다.

데마냐나

↓

노천 온천 동이 터오는 하늘을 배경으로 지프를 타고 내리막을 한참 달리면 김이 피어오르는 노천 온천(Aguas Termales)이 여행자를 반긴다. 도로 오른쪽 건물의 뒤에 있는 화장실에서 티켓을 산 후, 온천 옆 탈의실에서 옷을 갈아입고 온천에 들어가는 순간 천국이 따로 없다. 수온은 38~39도 정도로 충분히 따뜻하고 온천수가 계속 흘러 들어와 물도 상당히 깨끗하다. 10~20분쯤 온천에 들어가 있으면 더 이상 추위가 느껴지지 않을 정도로 몸이 따뜻해진다. 특별한 경우가 아니라면 온천에 들어갈 것을 권한다.

↓

노천 온천

베르데 호수

베르데 호수 칠레 국경으로 가는 길 중간에 베르데 호수(Laguna Verde)가 있다. 하지만 초록색 호수라는 이름과 달리 초록색이 아주 희미하게 보인다. 왜냐하면 이 호수는 시간에 따라 색깔이 변해서 오후가 되어야 진한 초록색이 되기 때문이다. 따라서 칠레 산페드로(San Pedro)에서 우유니 투어를 시작한다면 오후에 도착하기 때문에 초록색인 호수를 볼 수 있고, 우유니에서 출발한다면 아침 일찍 도착하기 때문에 초록색을 보기 힘들다.

볼리비아·칠레 국경 사무소 베르데 호수를 지나 40분쯤 달리면 마침내 볼리비아, 칠레 국경에 도착한다. 국경 사무소가 해발 4,500m의 고산에 있기 때문에 여전히 고산 증세가 느껴지지만, 국경을 통과해서 산페드로로 내려가는 순간 더 이상 추위도 고산 증세도 없다.

볼리비아, 칠레 국경

우유니의 호수들은 왜 다양한 색깔이 있을까?

TIP

우유니 호수들의 다양한 색은 호수 속에 들어있는 미네랄 성분과 조류(藻類)에 의해 발현되는 것이다. 미네랄은 풍부한데 물은 적기 때문에 각종 조류가 증식해 다양한 색이 나타나는 것이다. 예를 들어 콜로라다 호수의 붉은 색은 바다의 적조처럼 붉은 색의 조류가 많기 때문이다. 이런 물 속에선 물고기가 살 수 없는데 플라밍고들은 조류를 먹기 때문에 대량으로 서식한다. 모든 호수에서 조금씩 볼 수 있는 흰색은 보락스(Borax), 즉 붕사이다. 소금일 것이라고 생각하는 사람이 많은데 소금과는 전혀 다른 물질이다.

칠레
Chile

- 산티아고 Santiago
- 산 페드로 San Pedro
- 푸콘 Pucon
- 발디비아 Valdivia
- 푸에르토 바라스 Puerto Varas
- 푸에르토 몬트 Puerto Montt
- 푸에르토 나탈레스 Puerto Natales
  (토레스 델 파이네 Torres del Paine)
- 이스터섬 Easter Island

국토의 길이가 4,300km에 달하는 칠레는 세계에서 가장 긴 나라로 유명하지만 아타카마 사막, 토레스 델 파이네, 이스터섬 같은 몇몇 여행지를 제외하고는 의외로 우리나라 여행자들에게 잘 알려져 있지 않다. 하지만 필자는 칠레가 남미에서, 나아가 세계적으로도 훌륭한 여행지라고 말하고 싶다. 긴 국토를 따라 사막, 화산, 호수, 빙하 등의 다양한 자연환경이 있고, 싸고 질 좋은 먹거리가 풍부하다. 연어, 게, 홍합 등 다양한 해산물과 체리, 블루베리, 포도 등 과일이 싸고 맛있다. 해물, 과일뿐만 아니라 고기도 맛있기 때문에 식당에 가면 세계적으로 유명한 칠레 와인과 함께 맛있는 요리를 즐길 수 있다. 그리고 주머니가 가벼운 배낭여행자라도 시장에서 싸고 싱싱한 식자재를 사서 직접 요리해 먹을 수 있다 또한, 남미에서 가장 잘 사는 나라답게 버스, 항공, 도로 등 사회 시스템이 잘 관리되고 있고, 다른 남미 국가들에 비해 치안이 안전한 편이다. 무엇보다 어디를 가나 여유와 웃음이 넘치는 얼굴로 외국인을 맞아주는 칠레 사람들의 친절을 느낄 수 있다.

칠레
기본 정보

수도 산티아고(Santiago)
인구 2,008만명(2024년 기준)
면적 76만km^2(남한의 약 7.6 배)
언어 스페인어
1인당 GDP 16,709달러(2024년 기준)
통화 페소(Peso)
1USD = 910~930페소,
1페소 = 약 1.6원 (2026년 초 기준)
전압 220V, 50Hz(콘센트 형태가 완전히 다르기 때문에 멀티 어댑터 필수)
시차 한국보다 12시간 느림(수도 기준)
긴급 전화 경찰 133 , 화재 132, 구급 131

칠레의 공휴일

1월 1일	신년
4월중	부활절 주간
5월 1일	노동절
5월 21일	해군의 날
6월 중	성베드로와 성바울 사도 대축일
7월 16일	성모 마리아 기념일
8월 15일	성모 승천일
9월 18일	독립 기념일
9월 19일	국군의 날
10월 12일	미대륙 발견 기념일
10월 중	개신교의 날
11월 1일	망자의 날
12월 8일	성모 잉태일
12월 25일	성탄절

기후

워낙 긴 나라이다 보니 지역에 따라 기후 차이가 분명하다.

• 북부 지역

산 페드로, 칼라마 등의 북부 지역은 완전한 사막 기후로 1년 내내 덥고 건조해서 연중 언제 방문해도 별 차이가 없다. 특히 산 페드로가 있는 아타카마 사막은 세상에서 가장 건조한 지역으로 유명하다. 최근에 기상 이변으로 아타카마 사막에 갑작스런 폭우가 내리는 일도 있지만, 아주 드물게 일어난다.

• 중부 지역

산티아고가 자리한 중부 지역은 여름에는 덥지만, 겨울이라고 할 수 있는 6~8월에도 우리나라의 봄 수준의 온화한 기후다. 하지만 겨울에는 비가 많이 내리기 때문에 여행을 피하는 것이 좋다. 가장 여행하기 좋은 시즌은 체리와 블루베리 같은 과일이 제철인 11~3월 사이이다.

• 중남부 지역

남미 최고의 휴양 지역으로 유명한 푸콘, 발디비아, 푸에르토 바라스 등의 중남부 지역은 안데스산맥과 태평양 사이에 있어서 기온 변화가 크지 않다. 또한 무성한 산림이 있고 큰 호수까지 많아서, 여름에는 별로 덥지 않고 겨울에도 춥지 않아서 1년 내내 쾌적하다. 다만 기온이 5~15도 정도까지 떨어지는 5~9월 사이에는 중부 지역처럼 비가 자주 온다. 따라서 이 시기는 피하는 것이 좋다. 겨울을 제외하고는 항상 여행하기 좋은 곳이지만, 꽃이 만발하는 12~2월이 가장 여행하기 좋다.

• 남부 파타고니아 지역

푼타 아레나스, 푸에르토 나탈레스가 있는 파타고니아 남부 지역은 1년 내내 한랭한 날씨이다. 그래서 여름에도 해가 지면 서늘하고 겨울에는 영하로 떨어진다. 하지만 겨울 최저 기온이 영하 3~8도 수준으로 우리나라 겨울처럼 춥지는 않다. 겨울 시즌(6~9월)에는 파타고니아를 찾는 여행자가 크게 줄면서 항공, 버스 등 교통편 운행 횟수가 줄기 때문에 여행하기 쉽지 않다. 특히 비바람이 많은 지역으로 유명한데, 여행하기 날씨가 가장 좋은 시즌은 12~4월이다.

역사

• 독립과 영토 확장

1540년에 잉카 제국을 정복한 프란시스코 피사로(Francsico Pizarro)의 부하였던 페드로 데 발디비아(Pedro de Valdivia)가 산티아고를 건설하고 초대 총독으로 부임하면서 스페인 식민지 역사가 시작되었다. 오랜 식민 지배 후 1817년 아르헨티나 출신의 남미 독립 전쟁 영웅 호세 데 산 마르틴(Jose de San Martin) 장군과 칠레 출신의 베르나르도 오이긴스(Bernardo O'Higgins)의 활약에 의해 칠레는 독립하게 되었다. 19세기에 들어 중남부와 파타고니아 지역에 살던 원주민인 마푸체(Mapucche)족을 탄압하면서 남부 지역으로 영토를 확장하였고, 아르헨티나와 조약을 통해 파타고니아 땅을 분할하면서 남미의 땅끝에 있는 마젤란 해협의 영유권을 확보하였다. 또한, 1879년부터 일어난 페루, 볼리비아와의 '남미 태평양 전쟁(Gerra del Pacifico)'에서 승리하여 지하자원이 풍부한 북부 지역을 확보하면서 국토가 크게 확장되었다.

• 살바도르 아옌데와 피노체트

잦은 쿠데타와 정치적 불안을 겪던 칠레 현대사에서 가장 극적인 사건은 1970년 남미 최초로 선거에 의해 사회주의 계열의 '살바도르 아옌데(Salvador Allende)' 대통령이 선출되면서 일어났다. 아옌데 대통령이 부를 독점하던 다국적 기업과 자본가에게 부를 회수해 빈민에게 분배하는 정책을 시행하기 시작하자, 냉전 체제 하에서 자신의 앞마당 격인 남미에서 좌파 정권이 탄생하는 것을 용납할 수 없었던 미국은 아옌데를 제거하기 위해 온갖 방법을 동원하였다. 하지만 국민의 탄탄한 지지를 바탕으로 아옌데가 흔들리지 않자 마침내 CIA의 지원 아래에 1973년 '아우구스토 피노체트(Augusto Pinochet)'가 쿠데타를 일으킨다. 아옌데 대통령은 쿠데타에 굴복하지 않고 대통령 관저에서 국민에게 마지막 라디오 방송을 한 후 직접 총을 들고 싸웠으며 최후에는 자결하였다. 사살되었다는 설도 있지만 최근 연구 결과로는 자살이 더 유력하다고 한다.

• 피노체트의 독재와 몰락

쿠데타에 성공한 피노체트는 16년간 독재자로 군림하면서 무려 3,197명을 살해하였고 무수한 사람들이 고문과 가혹 행위를 당했다. 하지만 우리나라처럼 칠레 국민들도 1980년대에 거세게 민주화를 요구하였다. 피노체트는 민주화 시위대에 대해 실탄을 사용하는 등 유혈 진압을 하였고 이 과정에서 수백 명이 사망하였다. 결국 거센 국민적 요구에 1989년 대통령 선거를 실시하면서 군부 독재가 끝이 나고, 피노체트는 권좌에서 물러나 영국으로 망명하였다. 오랜 기간 동안 집권한 피노체트 일당이 여전히 강한 권력을 유지했기 때문에 피노체트를 처벌할 수 없었다.
하지만 그가 살해한 사람 중에 유럽 국적자도 있었기

때문에 1998년 영국에서 체포되었다. 2000년 칠레로 송환되어 살인, 납치, 고문, 공금 횡령 등 수백 건의 범죄 혐의에 재판 절차에 돌입하였으며, 그의 아내와 자녀도 탈세 등 범죄 혐의로 일부는 구속되었다. 피노체트는 지병을 구실로 계속해서 재판을 회피하였고, 2006년 사망하면서 사법적인 단죄가 완성되지는 못했다. 현재 칠레에는 그가 경제 발전을 시켰고 공산주의를 탄압했다고 해서 좋게 평가하는 사람이 일부 있지만, 인권 탄압과 고문, 살인이 이어지던 그의 집권기를 칠레 현대사에서 가장 어두운 역사로 평가하는 사람이 대부분이다. 참고로 그의 딸인 '루시아 피노체트(Lucia Pinochet)'는 일부 친 피노체트 세력의 지지를 바탕으로 정치에 진출하고자 했으나, 탈세 등의 범죄 혐의에 대해 유죄 판결을 받으면서 큰 세력을 형성하는 데 실패했다. 아마 앞으로도 피노체트의 자녀들이 칠레에서 큰 정치적 권력을 가지는 일은 없을 것이다. 여러 가지 면에서 피노체트의 집권과 몰락은 우리나라의 현재와 과거를 되돌아보게 한다.

경제

칠레는 남미 다른 국가와 마찬가지로 지하자원에 크게 의존하고 있다. 특히 구리의 경우 전 세계 생산량의 1/3을 차지하고 있을 정도이며, 그외에도 철광석 등 다양한 지하자원과 함께 농축산물, 수산물 수출도 활발하다. 1차 산업 외에도 항공, 교통, 유통 등 여러 산업이 크게 성장해 남미를 장악하고 있는데, 대표적인 예가 칠레의 대표 항공사 라탐(LATAM)이 남미 전체를 장악한 것이다. 2000년대 세계적인 경제 위기 속에서도 꾸준히 높은 성장률을 유지하여 남미에서 가장 부유한 나라가 되었고, 2010년 남미 국가 중 최초로 OECD에 가입하였다. 최근 원자재 가격의 하락으로 경제 성장률이 낮아지고 빈부격차가 악화되면서, 국민적 불만이 폭발해 다소 혼란을 겪고있다. 하지만 남미 국가들 중에는 치안이 안정적이고 사회 기반 시스템이 잘 관리되고 있어서 여행자들은 별 어려움없이 여행할 수 있다.

환전

어디를 가나 ATM을 이용할 수 있지만, 칠레 현지 은행에서 부과하는 수수료가 1회 인출당 5~6달러 수준으로 상당히 비싸다. 따라서 달러를 가져와서 환전하는 것이 낫다. 환전율은 산티아고가 가장 좋으며 산 페드로도 괜찮은 편이다. 산티아고 남쪽의 관광지들은 환전율이 안 좋다.

신용 카드 / ATM

신용 카드 사용이 활성화되어 있어서 로컬 식당이나 구멍가게 수준이 아니라면 쉽게 이용할 수 있다. 하지만 불필요한 해외 결제 수수료를 물지 않으려면 소액 결제는 현금으로 하는 것이 좋다. 신용 카드 사용 시 카드 복제 같은 문제는 거의 발생하지 않는다.

대한민국 대사관

주소 Embajada de la República de Corea : Alcántara 74, Las Condes, Santiago, Chile
전화 +56-2-2228-4214
대사관 긴급 연락처 +56-9-7430-4546, +56-9-9222-3707
E-Mail chile@mofa.go.kr

칠레 입국 시 반입 금지 품목

농축산업이 국가의 주요 산업 중 하나인 칠레는 외부 병충해 유입을 방지하기 위해 입국자의 모든 짐에 대해 철저한 조사를 한다. 사실 어느 국가나 육류, 야채 등 신선 식품의 반입을 원칙적으로 금지하고 있지만 허술하게 관리하는 곳이 많은데, 칠레는 아주 치밀하게 통제한다. 예전에는 적발이 되더라도 물품을 버리면 별문제 없이 넘어갔지만, 2018년 말부터 거액의 벌금을 내야 한다.

• 반입 금지 품목

- 고기, 햄, 소시지, 치즈, 우유, 계란 등 축산 가공품 (샌드위치에 들어 있는 햄과 치즈도 반입 불가)
- 야채, 과일, 꿀 등 신선 채소류(삶은 감자와 계란도 반입 불가)
- 기타 나무, 생화, 꽃으로 만든 차, 견과류 등

※ 고추장, 라면, 간장, 통조림류 등 공장에서 가공과 살균 과정을 거친 물품은 반입이 가능하며, 김과 누룽지처럼 우리나라 여행자들이 잘 가지고 다니는 물품은 아직 반입 금지된 적이 없다.

• 벌금

국경에서 반입 금지 물품 적발 시 벌금은 최소 14만 5천 페소(약 24만 원)이며, 적발 품목이 많으면 금액이 올라간다. 벌금은 적발된 국경 사무소에서 현금이나 신용 카드로 내야만 한다. 실제로 2019년 봄, 필자의 일행 중 한 명이 호텔에서 조식으로 나온 과일 하나를 가방에 넣고 깜박했다가 거액의 벌금을 냈었다. 짐 속에 과일, 야채 등 먹거리가 혹시라도 있지 않은지, 칠레 입국 전에 반드시 체크하자. 칠레 국경에 도착하면 큰 가방이건 작은 가방이건 상관없이 모든 짐을 검사받아야 한다. 일반적으로 아타카마 사막에 있는 산 페드로의 국경은 검사가 조금 느슨한 데 반해, 산티아고, 푸콘 등 중남부 지역의 국경은 철저하게 검사한다. 여행을 하다 보면 애매한 물품이 있을 수도 있는데, 아주 중요한 물품이 아니라면 버릴 것을 권한다. 반입 불가인지 몰랐다고 해도 벌금은 내야 하기 때문이다. 코로나 이후에는 여행자들에게 벌금을 잘 부과하지 않는 추세이지만, 벌금을 내라고 하면 낼 수밖에 없으니 각별히 주의하는 것이 좋다.

·TIP·

칠레의 서머 타임

칠레는 서머 타임을 사용하기 때문에 시간 변화에 주의해야 한다. 보통 11월에서 3월까지 서머 타임이 적용되어 1시간 빨라진다. 서머 타임이 적용되면 볼리비아보다 1시간이 빠르고 아르헨티나와 시간이 같으며, 적용되지 않을 때는 볼리비아와 시간이 같고 아르헨티나보다 1시간이 느리다. 문제는 파타고니아 지역이다. 최남단 파타고니아, 즉 푸에르토 나탈레스와 푼타 아레나스는 서머 타임이 적용되지 않고, 칠레의 다른 지역보다 시간대가 1시간 빠르다. 즉, 파타고니아는 1년 내내 볼리비아보다 1시간이 빠르고 아르헨티나와 시간이 같은 것이다. 게다가 해마다 서머 타임 시작과 종료일이 조금씩 다르므로, 칠레에 도착하면 시간을 잘 체크해야 한다.

칠레
대표 먹거리

칠레는 1년 내내 강수량이 풍부하고 온화한 기후인 지역이 많으며 엄청난 길이의 해안선을 끼고 있기 때문에, 과일과 야채, 고기, 해산물 등 거의 모든 먹거리가 질이 좋고 저렴하다. 워낙 재료 자체가 좋기 때문에 고기는 소금 외에 별다른 양념 없이 숯불에 굽고, 해산물도 별다른 추가 재료 없이 팬에 굽거나 삶거나 튀겨서 먹는다. 자극적인 맛을 즐기는 사람이라면 담백한 칠레 요리가 입에 안 맞을 수 있지만, 질 좋은 재료 본연의 맛을 좋아하는 사람이라면 해산물과 고기 모두를 풍성하게 즐길 수 있다.

까수엘라 Cazuela

우리나라의 갈비탕과 비슷한 음식으로 소고기를 옥수수, 감자, 호박 등 각종 야채와 함께 푹 끓인 것이다. 저렴한 음식인데 큼지막한 고기가 들어 있어 먹고 나면 든든하다. 예전에는 저렴한 소꼬리로 만들었는데 요즘에는 갈비나 사태가 들어간다. '까수엘라(Cazuela)' 또는 '까수엘라 데 바꾸노(Cazuela de Vacuno)'는 소고기가 들어간 것이며, '까수엘라 데 아베(Cazuela de Ave)'는 닭고기를 넣은 것이다. 단, 저렴한 서민 음식이기 때문에 깔끔한 고급 식당에서는 잘 팔지 않는다.

연어 & 메를루사 & 꼰그리오 Salmon & Merluza & Congrio

칠레 해안에는 남극에서부터 올라온 훔볼트(Humboldt) 한류가 흐르기 때문에 한류성 어류가 주로 잡힌다. 식당에서 가장 많이 파는 생선은 연어와 대구 비슷한 메를루사 그리고 장어과 생선인 꼰그리오다. 연어는 워낙 커서 우리나라에서 먹던 연어 스테이크와는 비교할 수 없는 크기가 나온다. 연어는 기름기가 많기 때문에 튀기지 않고 팬에 구운 '살몬 알 라 쁠란차(Salmon a la Plancha)'가 일반적이며, 메를루사와 꼰그리오는 튀김옷을 입혀서 튀겨서 '프리또(Frito)'로 먹는다. 메를루사는 대구처럼 담백하고, 꼰그리오는 장어 특유의 향과 쫄깃함이 있다. 최근에 전 세계적으로 연어의 가격이 크게 오르면서 연어가 조금 비싸졌다. 일부 식당은 생선 위에 해물 마르가리타 소스, 새우 버터 갈릭 소스를 올린 메뉴도 판다. 로컬 식당에 가면 더 저렴한 생선인 '시에라(Sierra)'도 파는데, 고등어와 비슷하다.

빠일라 마리나 Paila Marina

칠레의 대표적인 해물 요리로 칠레식 조개탕이다. 살만 발라낸 홍합, 백합 등 조갯살을 뚝배기에 가득 넣어서 별 양념 없이 끓인 것이다. 가게에 따라 생선 살, 소시지 또는 베이컨 등이 추가로 들어간다. 조개는 해감을 잘 하지 않아서 뚝배기 바닥에 모래가 조금씩 있다. 따뜻한 국물이 생각나는 날 먹으면 그만인데, 손님이 많은 식당에 가서 먹는 것이 좋다. 조개류는 상하기 쉬운데 사람이 적은 식당에 가면 재료가 오래된 것이라 냄새가 나기 때문이다.

빠리야 Parrilla

빠리야는 원래 '숯불에 구운'이라는 뜻으로 아르헨티나와 칠레의 식당에서 흔하게 볼 수 있는 메뉴인데, 우리식으로 표현하자면 모듬 숯불구이다. 아르헨티나는 주로 소고기와 양고기, 남미식 소시지인 초리소(Chorizo), 우리나라의 피순대와 비슷한 모르씨야(Morcilla)가 나오고, 칠레는 양고기 대신에 돼지고기와 닭고기가 함께 나오는 식당이 많다. 보통 2인분이라고 적혀 있는데, 우리나라 기준으로는 3~4명이 배부르게 먹을 수 있다. 칠레의 식당 메뉴판에 보면 숯불에 구운 모든 음식은 빠리야(Parrilla)라고 분류된 곳에 적혀 있다. 즉, 메뉴판의 빠리야 부분에 모듬 숯불구이인 '빠리야'도 있고 다른 숯불구이 메뉴도 있다. 참고로 아르헨티나는 보통 숯불에 구운 메뉴를 아사도(Asado)라고 표기한다.

TIP

칠레 식당의 사이드 메뉴, 아그레가도(Agregado)

칠레의 식당에서 고기나 생선 메뉴를 주문하면 사이드 메뉴가 포함된 경우가 많다. 감자튀김(Papa Frita, 빠빠 프리따), 삶은 감자(Papa Cocida, 빠빠 꼬시다), 쌀밥(Arroz, 아로스)과 으깬 감자(Pure,뿌레)가 일반적이다. 특히 우유와 크림이 들어간 뿌레는 칠레와 아르헨티나에서 흔하게 먹는 사이드 메뉴인데 부드럽고 고소하다. 식당 메뉴판에 사이드 메뉴는 아그레가도라고 표기되어 있다. 예를 들어 살몬 꼰 아그레가도(Salmon con Agregado)라고 적혀 있다면 사이드 메뉴가 포함된 연어이다. 고급 식당은 사이드 메뉴가 포함되어 있지 않고 따로 주문해야 하는 곳이 많다.

스테이크

편의상 스테이크라고 표현했지만, 일반적으로 칠레와 아르헨티나의 식당에는 비프 스테이크(Beef Steak)라는 메뉴는 없다. 물론 영어로 번역한 메뉴판에는 편의상 스테이크라는 표현이 적혀 있지만, 원래 이 지역의 모든 스테이크는 부위별 이름이 적혀 있다.

• 소고기 부위

질이 좋은 부위는 '등심(Ojo de Bife, 오호 데 비페)', '안심(Lomo, 로모)', '채끝살(Bife de Chorizo, 비페 데 초리소)'이다. 사실 제대로 된 식당에서는 이 세 부위 정도만 스테이크로 팔며, 아르헨티나의 식당도 마찬가지이다. 보통 1인분이 300~400g으로 우리나라에서 먹을 수 있는 스테이크의 두 배 정도이며, 별도로 500g(Medio Kilo)짜리 스테이크를 파는 식당도 많다.

• 고기 굽기 정도

스테이크를 주문하면 고기 굽는 정도를 물어보는데, '레어(칠레: rojo, 로호 / 아르헨티나: Jugoso, 후고소)', '미디움(A Punto, 아 뿐또)', '웰던(Cocido, 꼬시도)' 중에 고르면 된다. 칠레, 아르헨티나는 우리나라의 레스토랑보다는 고기를 조금 더 익히는 편이라, 미디엄을 요청하면 거의 웰던 수준으로 나오는 경우가 많다. 따라서 먼저 레어로 주문한 뒤에, 고기가 너무 안 익었으면 더 익혀 달라고 하는 편이 낫다.

• 식당 선택

칠레와 아르헨티나의 고기 요리는 별다른 조리 없이 생고기를 숯불에 구운 것이 전부이기 때문에 고기의 품질이 맛을 좌우한다. 당연한 것이지만, 비싼 식당은 좋은 고기를 쓰고 싼 식당은 싼 고기를 쓴다. 따라서 싼 가격만 찾하면 질이 나쁜 고기만 먹게 된다. 비싼 식당도 우리나라 스테이크와 비교하면 훨씬 싸기 때문에, 가격이 어느 정도 있는 식당을 선택하자.

출레따 Chuleta

칠레는 돼지고기가 맛있는 것으로 유명하다. 그 중 가장 인기 있는 메뉴는 뼈가 붙은 등심 스테이크인 '출레따'다. 양념없이 소금만 뿌려서 숯불에 구워져 나오는데 양이 많아 먹으면 속이 든든하다. 일반적으로 사이드 메뉴가 포함되어 있다.

참고로 생선이나 고기 메뉴 중에 '××× 알로 뽀브레(a lo Pobre)'라고 있는데, 메인 메뉴와 함께 계란 프라이, 볶은 양파, 감자튀김 등의 사이드 메뉴가 푸짐하게 나온다. 든든하게 먹고 싶을 때 선택하면 된다.

추뻬 Chupe

해물로 만든 칠레 전통 스튜인데 먹어 보면 죽에 가깝다. 해물, 우유, 마늘, 양파 등을 넣고 푹 끓인 후 치즈를 올린다. 부드러워 소화가 잘 되고 양이 많지 않아 연배가 있는 분들이 선호한다. 재료만 보면 느끼할 것 같지만 맛을 보면 담백하다. '추뻬 데 마리스꼬(Chupe de Marisco)'는 조개, 오징어가 들어간 것이고, '추뻬 데 하이바(Chupe de Jaiba)'는 게의 집게발 살이 들어간 것이다. 다소 비싸긴 하지만 게살이 듬뿍 들어간 '추뻬 데 하이바'를 추천한다.

꾸란또 Curanto

꾸란또는 칠레 중남부에 있는 칠로에(Chiloe)섬의 전통 요리로, 홍합을 비롯한 다양한 해물, 닭고기, 돼지고기, 감자 등을 푹 찐 음식이다. 전통 방식은 땅을 파서 뜨겁게 달군 돌을 깔고 나뭇잎으로 감싼 재료를 넣어서 1시간 정도 찌는 것이다. 전통 방식으로 요리한 꾸란또는 원조인 칠로에섬에 가지 않는 이상 맛보기 힘들고 대부분 솥에서 삶는다. 푸에르토 몬트에 있는 앙헬모 시장(Mercado Agelmo) 가면 꾸란또를 파는 식당이 많다.

엠빠나다 Empanada

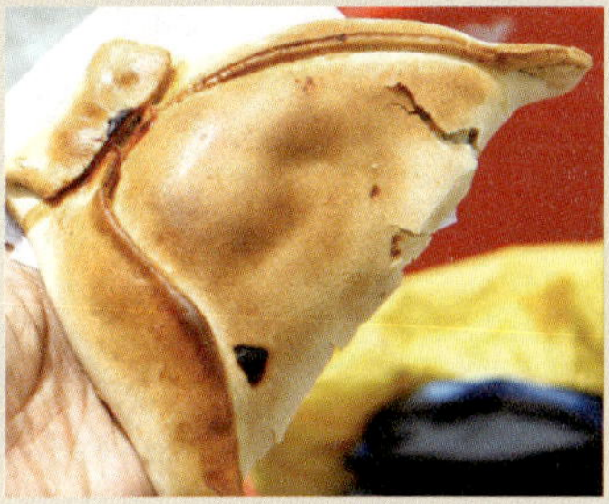

남미식 만두로 남미 지역 어디서나 맛볼 수 있다. 콜롬비아, 에콰도르, 페루 등의 북쪽 지역은 주로 튀겨서 만들고, 칠레와 아르헨티나는 오븐에 굽기 때문에 담백하다.특히 칠레의 엠빠나다는 다른 나라보다 훨씬 큰 것으로 유명한데, 속에는 보통 소고기나 닭고기와 함께 감자, 올리브 같은 야채가 들어간다. 해산물을 파는 식당에 가면 해산물이 들어간 엠빠나다가 있는데, 고기가 들어간 것과 달리 튀겨서 만든다. 특히 전복 비슷한 것이 들어가는 엠빠나데 데 로꼬(Empanada de Loco)가 맛있는데 파는 식당이 많지는 않다.

과일 Fruta

칠레는 날씨가 온화하고 토양이 기름지기 때문에 과일이 풍부한 곳으로 유명하다. 특히 체리, 천도복숭아, 블루베리, 청포도 같은 과일이 맛있는데, 체리는 11~2월, 블루베리는 12~3월이 제철이다. 우리나라에선 상당히 비싼 체리와 블루베리를 1kg에 몇천 원 정도면 살 수 있기 때문에, 과일이 풍성한 계절인 12~3월 사이에 칠레에 가면 매일 과일을 실컷 즐길 수 있다.

와인 Vino

칠레의 와인은 세계적으로 유명하다. 레드 와인은 '비노 띤또(Vino Tinto)'라고 하는데, 칠레는 까베르네 소비뇽, 까르메네르, 메를로를 주로 사용한다. 화이트 와인은 '비노 블랑꼬(Vino Blanco)'라 하고 샤르도네, 소비뇽 블랑을 주로 사용한다. 상대적으로 맛이 강한 품종을 사용하는 아르헨티나 와인에 비해 부드러운 맛의 품종이라 와인을 즐기지 않는 사람도 부담 없이 마실 수 있다.

TIP

칠레의 팁 문화

칠레는 일반적으로 팁이 없지만, 고급 식당에서는 대부분 10% 정도의 팁을 계산서에 적는다. 일반 식당은 원래는 팁이 없는 곳이 대부분이었는데, 요즘에는 계산서에 팁을 요구하는 식당이 점점 늘어나고 있다. 즉, 팁을 본인이 알아서 낼 필요는 없고 계산서에 팁이 적혀 나오면 내면 된다. 로컬 시장에 있는 식당은 대부분 팁을 요구하지 않는다.

산티아고

Santiago

설산이 일렬로 늘어선 안데스산맥 아래 자리한 산티아고는 남미에서 가장 발전하고 있는 나라인 칠레의 수도답게 잘 정돈되어 있고 활력이 넘친다. 아르헨티나의 부에노스 아이레스처럼 거창한 건물이 늘어서 있진 않지만, 중심가에는 바쁘게 오가는 사람이 가득하고 거리도 깨끗하며 잘 관리되고 있는 깔끔한 상점들이 있다. 서울과 별다를 바를 느끼지 못할 정도라 페루의 리마, 볼리비아의 라파스 같은 곳과 비교해 보면 엄청난 차이를 느낄 수 있다. 산티아고는 우리나라 여행자들에 과소평가되고 있는 여행지 중 하나이지만 사실 아주 다양한 볼거리가 있는 곳이다. 베야비스타는 지역 전체가 개성 있는 벽화가 그려져 있고, 중심가 바로 옆에는 로컬 시장이 모여 있어서 저렴하고 맛있는 먹거리를 즐길 수 있다. 도심을 조금만 벗어나면 세계적으로 유명한 칠레의 와이너리와 거대한 포도밭이 펼쳐지고, 가까운 해안 도시인 발파라이소와 비냐 델 마르에 가면 아름다운 거리와 광활한 태평양을 만날 수 있다.

국제선 항공

산티아고의 아르투로 메리노 베니테스 국제 공항(Aeropuerto Internacional Arturo Merino Benitez)은 센트로(Centro)에서 북서쪽으로 20km 정도 떨어져 있다. 한국에서 출발할 경우 중동이나 유럽보다 미국을 경유하는 항공편을 이용하는 것이 약간 더 빠르며, 비행시간은 보통 26~32시간(환승 시간 포함)이 걸린다. 만약 미국에서 머물다 산티아고로 이동한다면 일반적으로 10~12시간이 소요된다. 페루 리마, 아르헨티나 부에노스아이레스 등의 남미 다른 국가의 수도와 연결되는 항공편은 많은데 저렴한 저가 항공도 있다. 수도의 공항치고는 크기가 작지만 탑승 수속은 남미 다른 나라보다 빠르다. 따라서 국내선을 이용할 때 페루 리마 공항처럼 출발 2시간 전까지 갈 필요는 없고, 1시간~1시간 30분 전까지 가면 된다.

국내선 항공

칠레는 국토가 남북으로 길기 때문에 항공편의 노선이 단순하다. 또한 저가 항공이 발달해서 요금이 저렴한 편이라, 빨리 예매하면 시외버스보다 저렴한 경우가 많다. 정규 항공사는 라탐(LATAM), 저가 항공은 스카이(SKY)와 제트 스마트(JET SMART)가 있다. 저가 항공도 기내 시설과 서비스는 라탐 항공과 별 차이가 없기 때문에 굳이 라탐을 이용할 필요는 없다. 물론 음료, 식사 등 기내 서비스는 유료인데, 정규 항공사인 라탐의 국내선도 물 한잔 외에는 아무것도 주지 않는다. 파타고니아의 푼타 아레나스, 푸에르토 나탈레스행 항공권은 여름 성수기(12월 중순~2월)에는 아주 구하기 힘들다. 한 달 넘게 좌석이 없는 경우도 있기 때문에, 성수기에 온다면 최소 1~2개월 전에 예약하는 것이 좋다.

홈페이지 라탐 www.latam.com, 스카이 www.skyairline.com, 제트 스마트 www.jetsmart.com

■ 공항에서 시내 이동하기

공항은 센트로에서 20km쯤 떨어져 있으며 공항버스, 택시, 콜렉티보로 이동이 가능하다.

공항버스

대통령 관저인 팔라시오 델 라 모네다(Palacio de la Moneda) 조금 전에 있는 로스 에로에스(Los Heroes) 역까지 운행한다. 1시간가량 소요되며 중심가에선 지하철역을 따라 운행하기 때문에 지하철로 환승하기 좋다.

요금 편도 2,200페소, 왕복 3,500페소

택시 & 콜렉티보

택시는 센트로까지 24,000~30,000페소 정도이며(고속도로 통행료 포함) 공항의 택시 부스에서 목적지를 이야기하고 택시를 탑승하면 된다. 트란스 빕(Trans Vip) 등 여러 차량 회사가 합승 콜렉티보(7인승) 서비스를 제공하는데, 8,000~9,000페소 가격에 숙소 앞까지 데려다준다. 수화물을 찾고 나오면 택시와 밴 회사 부스가 늘어서 있으며 현금, 카드 모두 쓸 수 있다.

시간 센트로까지 30~40분 소요

시외버스

산티아고에는 여러 개의 시외버스 터미널이 있어서 목적지와 버스 회사에 따라 터미널이 다르다. 터미널들이 가까워서 다른 터미널에 갔더라도 이동이 힘들지 않지만, 어느 터미널에서 버스가 출발하는지 숙소 직원이나 인터넷을 통해 확인하는 것이 좋다. '멘도사(Mendoza)' 등의 아르헨티나행은 국경이 야간에 폐쇄되기 때문에 야간버스가 없다. 코로나 이후로 칠레 전체의 버스 가격이 크게 올랐다.

버스 좌석 등급

일반 좌석 세미 까마(Semi Cama), 우등 좌석 까마(Cama) 외에 일부 버스 회사는 장거리 노선에 좌석이 180도로 펼쳐지는 좌석도 운영하고 있다. 버스 회사마다 명칭이 조금씩 다른데 보통 프리미엄 까마(Premium Cama)라고 부른다. 가격은 우등 좌석인 까마의 1.5~2배 수준으로 비싸지만 아주 편하다.

알라메다 터미널 Terminal Alameda

알라메다 터미널에서는 칠레에서 가장 큰 대형 버스 회사인 투르 버스(Tur Bus)와 풀만 버스(Pullman Bus)가 주로 출발한다.

위치 지하철 1호선 우니베르시닷 데 산티아고(Universidad de Santiago) 역과 연결되어 있음 **홈페이지** 투르 버스 www.turbus.cl, 풀만 버스 www.pullmanbus.com

수르 터미널 Terminal de Buses Sur

산티아고 남쪽 지역으로 가는 버스와 아르헨티나와 페루행 국제 버스가 주로 출발한다. 알라메다 터미널과 함께 여행자들이 가장 많이 이용하는 터미널이다.

위치 알라메다 터미널 옆

산 보르하 & 로스 에로에스 터미널
Terminal San Borja & Terminal Los Heroes

산 보르하 터미널과 센트로에서 가장 가까운 로스 에로에스 터미널에서는 주로 북쪽으로 가는 버스가 출발하는데, 남쪽과 아르헨티나로 가는 버스도 일부 출발한다.

위치 **산 보르하 터미널** 지하철 1호선 에스따시온 센뜨랄(Estacion Central) 역과 연결 / **로스 에로에스 터미널** 지하철 로스 에로에스(Los Heroes) 역 인근

예상 소요 시간 및 운임

지역	소요 시간	요금
칼라마, 산 페드로	22~24시간	43,000~60,000페소
라 세레나	6~7시간	10,000~16,000페소
푸콘	10~11시간	22,000~40,000페소
발디비아	12~13시간	17,000~25,000페소
푸에르토 바라스, 푸에르토 몬트	14~15시간	23,000~30,000페소
멘도사(아르헨티나)	7~8시간	40,000~44,000페소

시내 교통

산티아고는 대중교통이 아주 잘 발달되어 있는데 버스와 지하철 이용을 위해서는 교통카드인 빕(BIP) 카드를 구매해야 한다. 카드값은 1,550페소로 지하철역에서 사는 것이 가장 편리하며 버스에서는 판매하지 않는다. 카드 구매 후 원하는 금액만큼(최소 750페소) 충전이 가능하며 버스와 지하철 환승도 가능하다.

버스

버스 요금은 지하철과 비슷하며 일부 버스는 새벽에도 운행한다. 지하철이 워낙 잘 발달했기 때문에 공항버스 외에는 여행자들이 잘 이용하지 않는다.

택시

우리나라와 동일하게 기본요금 + 미터이다. 가격은 우리나라보다는 조금 싼 수준이다.

지하철

특이하게 탑승 시간에 따라 요금이 달라서, 새벽과 심야는 싸고, 출퇴근 시간은 비싸다. 여행자들이 가는 거의 모든 주요 여행지에는 지하철이 연결되어 있어서 아주 편리하다.

시간 06:00~23:00 **요금** 편도 640~800페소

산티아고 여행 시 추천 지역

항상 거리에 사람이 가득한 센트로 지역은 차량이 들어올 수 없는 넓은 보행자 전용 거리가 많아서 여유 있게 걷기 좋다. 대통령 관저에서 북쪽으로 몇 블록만 올라가면 대성당이 있는 아르마스 광장이 있고, 아르마스 광장에서 북쪽으로 이어진 푸엔테 거리(Paseo Puente)에는 백화점과 쇼핑센터가 밀집되어 있다. 푸엔테 거리를 따라 몇 블록 더 올라가면 중앙 시장(Mercado Central)을 비롯해 로컬 시장이 쭉 이어져 있어서 저렴한 먹거리도 손쉽게 즐길 수 있다. 시장 밀집 지역 동쪽으로는 벽화로 유명한 베야비스타(Bellavista) 지역이 있는데, 벽화와 함께 아기자기한 식당과 카페, 기념품 가게가 많다.

산티아고의 치안

산티아고는 남미 대도시 중 가장 치안 상태가 좋은 곳이라 밤늦은 시간에 인적이 드문 지역을 돌아다니지 않는 이상 강도를 당할 가능성은 낮다. 하지만 급속한 경제 발전과 함께 아이티 등 중남미의 가난한 나라에서 흑인들이 많이 몰려들면서 상황이 조금 달라졌다. 중심가에서 강도를 만나는 일은 드물지만, 소매치기 사건이 급증한 것이다. 따라서 복잡한 대중교통을 이용하거나 사람이 많은 센트로 지역을 돌아볼 때 가방과 휴대폰 등 소지품 관리에 주의해야 한다. 특히 건널목에서 신호를 기다릴 때 가방을 열고 물건을 훔치는 경우가 많기 때문에 각별히 조심해야 한다. 코로나 이후 시장들이 몰려 있는 지역에서 대낮에도 강도 사건이 일어나고 있으므로 아주 조심해야 한다. 가장 많이 도난당하는 것은 핸드폰으로, 절대 손에 들고 다녀서는 안된다.

칠레의 특산물 로사 모스께따(Rosa Mosqueta)

우리나라 사람들은 남미에 오면 최소 1~2개월씩 여행을 하기 때문에 선물이나 기념품을 사기 쉽지 않다. 페루, 볼리비아에서 옷, 인형 같은 것을 사면 부피와 무게가 부담스러워 여행 내내 들고 다니기 쉽지 않기 때문이다. 주변 사람들에게 뭔가 선물하고 싶은데 들고 다니기 편한 것이 필요하다면, 칠레의 특산물인 로사 모스께따를 추천한다. 장미 열매를 짜서 만든 오일인데 영어로는 로즈힙(Rosehip) 오일이다. 장미 오일로 착각하는 사람들이 많은데, 장미 오일은 만들기가 아주 힘들고 비싸서 향수 원료 같은 것으로 쓰인다.

■ 효능

모스께따는 열매를 짠 것이기 때문에 장미 향은 나지 않으며 피부를 재생하는 효과가 있다. 피부에 작은 상처가 있거나 건조해서 갈라지거나 할 때, 밤에 자기 전에 모스께따를 바르면 다음 날 아침 정말 거짓말같이 말짱해진다. 실제로 칠레 사람들은 민간 약품으로 쓰기 때문에 약국에서도 파는데, 여성들에게 들은 바로는 화장품과 모스께따를 섞어서 밤에 바르고 자면 피부에 아주 좋다고 한다.

■ 가격과 판매처

우리나라 인터넷에서 몇만 원 하는 15ml 제품을 1만 원 이내 가격에 살 수 있기 때문에, 선물로 사기에 좋아서 인기가 많다. 우리나라 사람들이 워낙 많이 사가다 보니 산티아고의 한인 슈퍼에 가면 대량으로 살 수 있다. 모스께따를 함유한 화장품들도 있는데 백화점, 쇼핑센터 같은 곳에 있는 전문 매장에 가야만 살 수 있다. 약국 '파르마시아(Farmacia)'에서도 살 수 있는데 보통 재고가 약국당 몇 개 정도밖에 없다. 15ml 낱개 포장된 제품보다 세 개가 들어 있는 세트 제품의 1개당 가격이 더 저렴하다.

산티아고 시내
Algarrobo
Olivos
Juarez Larga
Dominica
Av. Recoleta
Buenos Aires
Picarte
Barnechea
Victoriano
Coronel de la Quintana
Adolfo Ibáñez
Escanilla
Clínica Dávila
라 베가 시장
Mercado La Vega
Gral de La Lastra
La Paz
ZADETIENDA
Patronato
Nva Rengifo
Sta Filomena
Av. Sta. María
라 베가 치카 시장
Mercado La Vega Chica
티르소 데 몰리나 시장
Mercado Tirso de Molina
한인 상점 · 식
Dardignac
Puente Cal y Canto
Bellavista
Daro
Gral Mackenna
엠포리오 수니노
Emporio Zunino
메르카도 센트랄(중앙 시장)
Mercado Central
Av. Sta. María
San Pablo
Esmeralda
Cardenal José María Caro
Rosas
베야스 아르테스 국립 미술관
Palacio de Bellas Artes
Teatinos
Paseo Puente
José Miguel de La Barra
Av. Manuel Rodríguez Nte.
Av. Manuel Rodríguez
Bellas Artes
Monjitas
중앙 우체국
Correos Chile
Monjitas
대성당(카테드랄)
Cathedral Metropolitana de Santiago
Plaza de Armas
아르마스 광장
Plaza de Armas
Merced
원더랜드 카페
Wonderland Café
Santa Ana
플라사 데 아르마스 호스텔
Plaza de Armas Hostel
인피니티 아파트먼트
Infinity Apartments
프레콜롬비노 박물관
Museo Chileno de Arte Precolombino
Huérfanos
호텔 판아메리카노
Hotel Panamericano
Huérfanos
Sta. Lucía
산타 이사벨(대형 마트)
Santa Isabel
Agustinas
산타 루시아 언덕
Cerro Santa Lucía
Universid
Cató
헌법 광장
Plaza de Constitucion
도미노
Dominó
우니막(대형 마트)
Unimarc
Moneda
대통령 관저
Palacio de la Moneda
Diagonal Paraguay
Santa Lucía
Av Libertador Bernardo O'Higgins
로스 에로에스 터미널
Terminal Los Heroes
Marcoleta
Universidad de Chile
호텔 노바 파크
Hotel Nova Park
La Moneda
호텔 플라사 산프란시스코
Hotel Plaza San Francisco
센트로
Padre Alonso de Ovalle
Los Héroes
Calle San Ignacio de Loyola
Central Music
Av. Sta. Rosa
Tarapacá
Guitarras Mesko
200m
Eleuterio Ramírez
Sta Isabel

산 크리스토발 언덕
Cerro San Cristobal
Av. El Cerro
Av. Sta. María
Aquí Está Coco
El Ancla Providencia
Insert Coin Bar – Providencia
Andrés Bello
Av. Carlos Reed
Manuel Montt
멜 메손 네루디아노
Meson Nerudiano
Felipe Didier
Zaatar Santiago
Fausto Discotheque
Hotel Ibis Santiago Providencia
Av. Nueva Providencia
PC Factory
Dominica
라 차스코나
La Chascona
베야비스타 지역
Pío Nono
Antonia López de Bello
Nueva Dardignac
El Árbol Restaurant
Av. Sta. María
Salvador
엉클 플래처
Uncle Fletch
Bellavista
크로스바
Krossbar
Eliodoro Yañez
Electroventas - Eliodoro Yáñez
파티오 베야비스타
Patio Bellavista
바리카 94
Barrica 94
아히 호스텔
Aji Hostel
Andrés Bello
Instituto Nacional de Geriatría
Av. Providencia
Valenzuela Castillo
Instituto de Neurocirugía
Historical Archive of Chilean Judaism
Av. Salvador
세드 88
Baquedano
Hospital del Salvador

산티아고
볼리비아 영사관
Consulado de Bolivia
코스타네라 센터
Costanera Center
산티아고 국제 공항(약 10km)
Aeropuerto Internacional Arturo Merino Benitez
Av. Independencia
La Paz
Av. Perú
산 크리스토발 언덕
Cerro San Cristobal
Tobalaba
Carlos Antúnez
Av. Los Leones
Mapocho
기억과 인권 박물관
Museo de la Memoria y los Derechos Humanos
아르마스 광장
Plaza de Armas
호스탈 프로비덴시아
Hostal Providencia
로스 에로에스 터미널
Terminal Los Heroes
산티아고 시내
Hospital de Carabineros
알라메다 터미널
Terminal Alameda
산 보르하 터미널
Terminal de Buses San Borja
Vicuña Mackenna
José Domingo Cañas
Av. Manuel Antonio Matta
수르 버스 터미널
Terminal de Buses Sur
콘차 이 토로 와이너리(약 18km)
Bodega Concha y Toro
Av. Grecia
2km

아르마스 광장
Plaza de Armas

산티아고의 거대한 중앙 광장으로 큰 야자수와 나무들 사이에 벤치가 있어서 시원한 그늘에서 사람을 구경하기 좋다. 산티아고를 처음 건설한 스페인 정복자 페드로 데 발디비아(Pedro de Valdivia)의 기마상이 광장 한쪽에 있으며 그 외에도 다양한 조형물이 있다. 항상 광장에서 거리 공연이 열리고 오가는 사람들로 활력이 넘친다.

이동 지하철 5호선 플라사 데 아르마스(Plaza de Armas) 역에서 하차

대성당(카테드랄)
Catedral Metropolitana de Santiago

아르마스 광장 서쪽 면에는 18세기에 신고전주의 양식으로 건설된 거대한 대성당이 있다. 최초의 성당은 16세기 스페인 정복 직후에 건설되었으나 잦은 지진으로 파괴되었고, 현재의 성당은 1748년에 공사를 시작해 1800년에 완공되었다. 성당 내부는 남미의 성당 중에서 화려한 편인데, 특히 천장의 벽화와 제단에 있는 은으로 만든 커다란 촛대가 눈길을 끈다.

시간 월~토 09:00~19:00, 일 09:00~12:00 **요금** 무료
홈페이지 iglesiadesantiago.cl

대통령 관저
Palacio de la Moneda

칠레의 대통령 관저는 1805년에 건설된 신고전주의 양식의 건물로, '팔라시오 델 라 모네다'라고 불린다. 이름에 동전(또는 돈)이라는 뜻의 '모네다(Moneda)'라는 단어가 있는 이유는, 조폐 공사가 쓰던 건물을 1846년부터 대통령 관저로 사용했기 때문이다. 칠레 현대사의 비극이 일어난 장소로, 살바도르 아옌데 대통령이 최후까지 쿠데타 세력에 맞서다 사망한 곳이다. 일반인도 방문이 가능한데 홈페이지에서 사전 예약을 해야 하기 때문에 일정을 맞추기 쉽지 않다. 지하에는 전시 공간인 모네다 문화 센터(Centro Cultural Palacio de Moneda)가 있는데, 인상적인 전시물은 없지만 내부 공간의 디자인이 멋있다.

이동 지하철 1호선 라 모네다(La Moneda) 역에서 하차 **시간** 대통령 관저 방문은 홈페이지에서 예약해야 함 / 모네다 문화 센터 09:30~19:30 **홈페이지** www.gob.cl

헌법 광장
Plaza de Constitucion

콘스티투시온(Constitucion)은 헌법이라는 뜻으로, 우리말로 풀이하면 헌법 광장이다. 커다란 칠레 국기가 반원형으로 배치되어 있어서 산티아고 방문 기념사진을 찍기 좋다. 광장 가장자리를 따라 칠레의 역사적 인물의 조각상이 배치되어 있는데, 동쪽 끝에 뿔테 안경을 낀 살바도르 아옌데(Salvador Allende) 대통령의 조각상이 있다. 광장에선 이틀에 한 번 오전 10시에 근위병 교대식이 열리는데, 쇠창살 너머에서 교대식이 열리는 페루 리마와 달리 광장에서 열리기 때문에 구경하기 좋다.

산티아고의 시장
Los Mercados de Santiago

산티아고는 센트로 근처에 시장들이 모여 있는 구역이 있어서 현지인의 생생한 삶을 구경하고, 저렴한 먹거리를 즐기기 아주 좋다. 꼭 시장에 가지 않아도 시장들이 있는 지역의 거리에는 저렴한 야채, 과일과 함께 생과일 주스, 칠레식 세비체 등 로컬 음식을 파는 노점상이 많다. 코로나 이후 시장과 인근 지역에서 강도 사건이 자주 일어나기 때문에 현지에 익숙하지 않다면 가급적 시장 구역은 들르지 않는 것이 좋다.

메르카도 센트랄(중앙 시장)
Mercado Central

해산물 시장으로 유명하다. 해산물을 사는 것은 괜찮지만, 시장 안의 식당들이 관광객용 식당으로 변해서 비싸고 맛없다.

주소 Ismael Valdes Vergara 900 **위치** 아르마스 광장에서 푸엔테 거리를 따라 북쪽으로 세 블록

라 베가 시장
Mercado La Vega

산티아고 중심가에서 가장 큰 시장이다. 물론 크다고 해서 서울의 도매 시장처럼 크지는 않다. 고기, 해물, 과일, 야채 등을 판매하기 때문에 질 좋고 저렴한 식자재를 살 수 있다.

주소 Rengifo 393 **위치** 라 베가 치카 시장에서 한 블록 안으로 들어가면 있음

티르소 데 몰리나 시장
Mercado Tirso de Molina

1층은 과일, 야채, 고기, 꽃 등을 팔고 2층에는 저렴한 로컬 식당들이 있다. 라 베가 시장까지 가기 귀찮은 사람은 이곳에서 과일과 야채를 사면 된다.

주소 Av. Sta. María 409 **위치** 중앙 시장 북쪽에 있는 조그만 마포초 강을 건너면 오른쪽에 있음

라 베가 치카 시장
Mercado La Vega Chica

고기나 해물을 파는 가게도 있지만, 이곳은 칠레의 로컬 음식을 싸고 푸짐하게 즐기기 가장 좋다. 시장 안은 항상 현지인이 많아 활기가 넘치고, 가게마다 음식을 진열해 놓기 때문에 말이 안 통해도 쉽게 메뉴를 선택할 수 있다. 식당은 보통 오후 5~6시면 문을 닫기 때문에 점심쯤 방문하는 것이 가장 좋다. 필자는 산티아고에서 로컬 음식을 먹고 싶을 때는 항상 이 시장을 간다.

주소 Artesanos 721 **위치** 티르소 데 몰리나 시장 건너편에 위치

프레콜롬비노 박물관
Museo Chileno de Arte Precolombino

스페인 정복 이전의 유물을 전시한 박물관으로 아르마스 광장 바로 옆에 있다. 특이한 모양과 색깔의 토기가 인상적이며, 그 외에도 직물 등 다양한 종류의 유물이 전시되어 있다. 멕시코 시티의 인류학 박물관처럼 꼭 둘러봐야 할 정도의 수준은 아니지만, 꽤 흥미로운 박물관이다. 하지만 볼거리에 비해 입장료가 비싸다는 것이 단점이다.

주소 Bandera 361 **위치** 아르마스 광장에서 남서쪽으로 도보 2분 **시간** 화~일 10:00~18:00 / 월요일 휴무 **요금** 12,000페소(국제학생증 5,000페소) / 매월 첫째 주 일요일 무료 **홈페이지** precolombino.cl

베야스 아르테스 국립 미술관
Palacio de Bellas Artes

마포초(Mapocho) 강가를 따라 만들어진 공원 속에 있는 국립 미술관으로, 공원을 산책하면서 방문하기 좋은 곳이다. 건물 앞에는 콜롬비아 출신의 세계적 화가인 페르난도 보테로(Fernando Botero)의 뚱뚱한 말 조각상이 서 있다. 규모에 비해 전시물이 부실하지만, 입장료는 무료다.

주소 José Miguel de La Barra 650 **위치** 지하철 5호선 베야스 아르테스(Bellas Artes) 역에서 하차 **시간** 화~일 10:00~18:45 / 월요일 휴무 **요금** 무료 **홈페이지** mnba.gob.cl

베야비스타
Bellavista

센트로 북쪽에 있는 작은 마포초(Mapocho)강을 건너서 동쪽으로 조금 걸어가면 갈 수 있다. 베야비스타 지역의 건물 벽에는 멋진 벽화가 그려져 있는데, 건물이나 가게의 특성에 따라 그림의 테마가 바뀌는 점이 이색적이다. 벽화가 그려진 지역이 워낙 넓고 그림마다 개성이 뚜렷해서 이 지역의 벽화들만 구경해도 한나절이 금방 지나간다. 또한 서울의 홍대나 연남동처럼 산티아고의 젊은이들에게 인기 있는 지역이라, 멋진 인테리어의 카페와 식당, 클럽이 많이 있다. 필자가 산티아고 여행에서 가장 추천하는 지역으로, 한식당과 한인 슈퍼도 이 일대에 있다.

파티오 베야비스타
Patio Bellavista

베야비스타 지역에 있는 고급 쇼핑몰로 근사한 인테리어의 식당과 독특한 상품을 파는 가게가 많다. 특히 모스께따(장미 열매 오일)은 물론 달팽이(Caracol, 까라꼴), 포도(Uva, 우바) 등의 칠레 특산물을 이용해서 만든 화장품을 파는 가게가 인기있다. 베야비스타 지역의 벽화를 구경하다가 좀 쉬고 싶을 때 들르면 된다.

주소 Constitucion 53 **위치** 지하철 1·5호선 바케다노(Baquedano) 역에서 북쪽으로 도보 약 5분 **시간** 11:00~02:00 **홈페이지** patiobellavista.cl

산타 루시아 언덕
Cerro Santa Lucia

아르마스 광장 남동쪽에 있는 작은 언덕으로 꽃과 나무, 연못과 분수로 예쁘게 꾸며져 있고, 산책로를 따라 언덕 정상까지 올라가면 산티아고의 전경을 볼 수 있다. 입장료가 없으며 언덕 주변 잔디밭에 누워서 쉬기도 좋다. 가볍고 편하게 들를 수 있는 곳이다.

위치 지하철 1호선 산타 루시아(Santa Lucia) 역에서 하차

산 크리스토발 언덕
Cerro San Cristobal

센트로 북동쪽에 있는 높이 880m의 언덕으로 베야비스타 지역과 연결되어 있으며, 서울로 따지면 남산이라고 보면 된다. 서서 타는 일종의 케이블카인 '푸니쿨라(Funicular)'를 타고 올라갈 수 있으며 정상에는 성당과 전망대가 있다. 날씨 맑은 날에는 일렬로 늘어선 안데스의 설산과 멋진 석양을 볼 수 있는데 산티아고가 워낙 큰 도시라 공기가 안 좋은 날이 많다. 걸어서 올라가면 1시간 가량 걸리는데 중간에 으슥한 곳이 있어서 가끔 강도 사건이 발생한다. 따라서 가급적 푸니쿨라를 이용할 것을 권한다. 푸니쿨라 이용 시 '쿰브레(Cumbre)' 역에서 하차하면 언덕 정상에 갈 수 있다.

위치 지하철 1 · 5호선 바케다노(Baquedano) 역에서 북쪽으로 도보 약 10분 **요금 푸니쿨라** 주중 왕복 2,250페소, 편도 1,600페소 / 주말 2,900페소, 2,050페소 **시간 푸니쿨라** 10~4월 10:00~19:45, 5~9월 10:00~18:45

기억과 인권 박물관
Museo de la Memoria y los Derechos Humanos

무세오 델 라 메모리아 이 로스 데레초스 우마노스(Museo de la Memoria y los Derechos Humanos)라는 긴 이름을 가진 이 박물관은 칠레의 군사 정권 당시 희생당한 수많은 희생자를 기억(Memoria)해 다시는 인권(los Derechos Humanos)이 침해당하는 일이 발생하지 않기를 기원하며 만들어진 곳이다. 직사각형으로 설계된 거대한 건물 안에 들어가면 희생자의 사진과 유품이 전시되어 있다. 특히 거대한 벽을 가득 채운 무수한 희생자들의 사진은 같은 아픔을 겪은 우리나라 사람들에게 많은 것을 느끼게 해 준다. 볼거리보다는 의미라는 면에서 방문해 볼 만한 곳이다.

주소 Matucana 501 **위치** 지하철 5호선 퀸타 노르말(Quinta Normal) 역에서 하차 **시간** 화~토 10:00~18:00 / 월요일 휴무 **요금** 무료 **홈페이지** museodelamemoria.cl

코스타네라 센터
Costanera Center

2010년 완공된 남미에서 가장 높은 빌딩으로 높이는 300m이며, 호주와 아프리카를 포함한 남반구에서 두 번째로 높은 건물이다. 근사하게 꾸며진 고급 쇼핑센터가 있는데 특별한 볼거리가 있는 것은 아니라서 일부러 갈 필요까지는 없다. 볼리비아 영사관이 인근에 있어서 만약 볼리비아 비자를 산티아고에서 받는다면 가는 길에 들르면 된다.

주소 Andrés Bello 2425 **위치** 지하철 1호선 토발라바(Tobalaba) 역에서 도보 5분 **홈페이지** costaneracenter.cl

라 차스코나
La Chascona

칠레의 위대한 민중 시인이자 독재 정권에 끝까지 저항한 정치가이며, 1970년 노벨문학상을 수상한 '파블로 네루다(Pablo Neruda)'가 세 번째 부인 '마틸데 우루티아(Matilde Urrutia)'와 함께 살았던 집으로, 현재는 파블로 네루다 박물관으로 운영되고 있다. 파란색과 흰색으로 칠해진 건물 안으로 들어서면 아름다운 정원이 있고 건물 내부에는 네루다가 생전에 모은 수집품 등 그와 관련된 물건들이 전시되어 있다. 참고로 파블로 네루다 박물관은 세 개가 있는데, '발파라이소(Valparaiso)'에 '라 세바스티아나(La Sebastiana)'가 있고 '이슬라 네그라(Isla Negra)'에도 하나 있다. 건물 내부의 촬영은 금지되어 있다.

주소 Fernando Márquez de La Plata 192 **위치** 지하철 1 · 5호선 바케다노(Baquedano) 역에서 북쪽으로 도보 약 10분 **시간** 화~토 10:00~18:00(1~2월 10:00~19:00) / 월요일 휴무 **요금** 9,500페소(학생 3,500페소)

발파라이소
Valparaiso

바닷가 언덕 위에 있는 아름다운 벽화 거리가 유명한 발파라이소는 유네스코 세계 문화유산으로 지정되어 있으며, 산티아고에서 버스를 타고 2시간 정도면 갈 수 있다. 산티아고에서 며칠간 머문다면 하루 시간을 내서 다녀올 수 있으며, 가까운 바닷가 휴양 도시인 비냐 델 마르(Viña del mar)와 함께 돌아볼 수도 있다.

위치 ❶ 지하철 우니베르시닷 데 산티아고(Universidad de Santiago) 역에서 내리면 있는 알라메다 터미널(Terminal Alameda)에서 발파라이소행 버스 탑승 ❷ 지하철 파하리토스(Pajaritos) 역에서 내리면 있는 파하리토스 터미널(Terminal Pajaritos)에서 발파라이소행 버스 탑승 **시간** 1시간 30분~2시간 소요 / 주말이나 연휴에 간다면 미리 버스표를 사는 것이 좋으며, 차가 많이 막혀서 3시간 이상 걸릴 수도 있음 **요금** 편도 2,500~5,000페소

소토마요르 광장
Plaza Sotomayor

버스 터미널에서 해안선을 따라 20분쯤 걸으면 많은 배들이 정박해 있는 프랏 부두(Muelle Prat) 가 있고, 부두 옆에는 소토마요르 광장(Plaza Sotomayor)이 있다. 광장 중앙에는 이키케 영웅 기념비(Monumento a Los Heroes de Iquique)가 있는데, 1879년 페루와 볼리비아의 남미 태평양 전쟁(Gerra del Pacifico) 중 벌어졌던 이키케 해전(Combate Naval de Iquique)의 전사자를 추모하는 기념비이다. 광장의 서쪽에는 큰 하늘색 건물이 있는데 해군 사령부(Comandancia Naval)다.

© Jean-Pierre Bouquet

카르도날 시장
Mercado El Cardonal

발파라이소 버스 터미널(Terminal Rodoviario Valparaiso)에 도착하면 가장 먼저 마주치는 곳이다. 버스 터미널에서 바다 쪽으로 한 블록만 내려오면 있다. 규모가 작아서 별 볼거리는 없지만 과일과 길거리 음식이 많기 때문에, 버스를 타고 오면서 출출해진 배를 채우기 좋다.

TIP

발파라이소 둘러보기

발파라이소 시내는 크지 않기 때문에 도보로 둘러볼 수 있다. 단, 파블로 네루다 박물관인 라 세바스티아나(La Sebastiana)는 조금 먼데, 걷기 힘들다면 합승 택시(1인당 약 1,000페소)를 이용하자. 산티아고 중심가에 비하면 치안이 다소 불안한 지역이라 인적이 드문 길은 출입을 삼가고, 밤늦게 돌아다니는 것도 피해야 한다.

콘셉시온 언덕
Cerro Concepcion

콘셉시온 언덕은 산티아고의 베야비스타 지역처럼 벽화로 유명하다. 언덕을 둘러싼 건물 전체에 다양한 벽화가 그려져 있으며, 중간중간 예쁜 카페가 많기 때문에 쉬면서 커피 한잔을 즐길 수 있다. 언덕은 걸어서 올라갈 수도 있고 아센소르(Ascensor)를 타고 올라갈 수도 있다.

위치 소토마요르 광장 뒤쪽 **요금** 아센소르 편도 300페소

베야비스타 언덕
Cerro Bellavista

콘셉시온 언덕처럼 화려하지는 않지만 베야비스타 언덕에서도 다양한 벽화를 볼 수 있다. 언덕은 걸어서 올라갈 수도 있고 19세기 말부터 20세기 초 사이에 만들어진 덜컹거리는 아센소르를 타고 올라갈 수 있다. 아센소르(Ascensor)는 엘리베이터라는 뜻인데, 산 크리스토발 언덕의 푸니쿨라처럼 케이블카에 가깝다. 자주 운행하지 않아서 오래 기다려야 한다면 걸어서 올라가는 것이 낫다.

위치 발파라이소 버스 터미널 인근 **요금** 편도 300페소

라 세바스티아나
La Sebastiana

베야비스타 언덕 뒤쪽으로 30분 정도 걸어서 올라가면, 산티아고의 라 차스코나(La Chascona)처럼 파블로 네루다가 살았던 집인 라 세바스티아나에 갈 수 있다. 라 차스코나보다 규모가 큰데 역시 파블로 네루다 박물관으로 운영되고 있다. 내부에는 파블로 네루다 관련 물품과 자료가 전시되어 있으며 가이드 투어를 통해 돌아볼 수 있다. 내부는 사진 촬영은 금지되어 있는데 내부에서 바깥으로 보이는 발파라이소의 전경은 촬영할 수 있다.

주소 Ferrari 692 **위치** 합승 택시를 이용하여 5~10분 소요(약 1,000페소) **시간** 화~토 10:00~18:00(1/2월 10:00~19:00) / 월요일 휴무 **요금** 성인 9,500페소, 학생 3,500페소

비냐 델 마르
Viña del mar

비냐 델 마르는 태평양을 마주 보고 있는 휴양 도시로 해변을 따라 큰 건물이 늘어서 있어서 부산의 해운대와 비슷한 느낌이다. 넓은 플라야 엘 솔(Playa el Sol) 해변과 해변 인근에 있는 퀸타 베르가라 공원(Parque Quinta Vergara) 외에는 특별한 볼거리가 없기 때문에 크게 기대하지 않는 것이 좋다. 산티아고에서 버스를 타고 비냐 델 마르를 올 경우 버스 터미널 근처에 있는 퀸타 베르가라 공원을 둘러본 후 해변으로 가면 된다.

위치 ❶ 지하철 1호선 우니베르시닷 데 산티아고(Universidad de Santiago) 역에서 내리면 있는 알라메다 터미널(Terminal Alameda)에서 비냐 델 마르행 버스 탑승 ❷ 지하철 1호선 파하리토스(Pajaritos) 역에서 내리면 있는 파하리토스 터미널(Terminal Pajaritos)에서 비냐 델 마르행 버스 탑승 **시간** 1시간 30분~2시간 소요 **요금** 편도 2,500~4,000페소
※ 발파라이소에서는 통근 열차인 메트로(Metro)나 시내버스를 타고 갈 수 있음(요금 600~800페소, 약 15분 소요)

콘차 이 토로 Concha y Toro

칠레에서 가장 큰 와이너리인 콘차 이 토로는 와이너리 투어로 다녀올 수도 있지만, 대부분의 여행자들은 지하철로 다녀오는 것을 선택한다. 와이너리에 도착하여 매표소에 가서 가이드 투어를 신청하면 되는데, 농장과 와인 저장고 등 내부를 둘러본 후 와인을 시음한다. 투어는 현장 매표소에서 신청하거나 홈페이지에서 사전 예약할 수 있다.

위치 지하철 4호선 라스 메르세데스(Las Mercedes) 역에서 하차 후, 콘차 이 토로 포니엔테(Concha y Toro Poniente) 출구로 나가서 81 · 80 · 73번 버스를 타고 '콘차 이 토로'에서 하차 / 센트로에서 와이너리까지는 지하철과 버스로 약 1시간 30분 소요 **요금** 35,000~50,000페소 / 기타 다양한 투어가 있기 때문에 홈페이지 참조 **홈페이지** www.conchaytoro.com

추천 **식당**

칠레의 전통 음식을 먹고 싶다면 라 베가 치카 시장 같은 로컬 시장에서 먹는 것이 저렴하면서 푸짐하다. 요즘 일식 롤(Roll)이 유행이라 일식당이 많고, 센트로 가까이 있는 한인촌에 가면 맛있는 한식도 먹을 수 있다. 물론 산티아고에도 근사한 레스토랑이 많지만, 필자의 경험상 산티아고는 로컬 시장이나 한식당이 더 인상적이다. 인테리어가 예쁘고 분위기 있는 식당과 바는 베야비스타 지역에 많이 있다.

원더랜드 카페
Wonderland Café

산타루시아 언덕 옆에 있는 카페로, 벽과 천장에 온갖 화초가 가득하다. 커피 등 각종 음료와 함께 햄버거, 샐러드 등 메뉴를 판매하는데, 음식보다는 아름다운 인테리어가 멋진 곳이다.

주소 Rosal 361 **시간** 09:00~22:00

바리카 94
Barrica 94

파티오 베야비스타 쇼핑몰 내의 음식점이다. 인테리어가 세련되고 모던하다. 특히 조명이 켜지는 밤에 가면 멋진 외관을 볼 수 있다. 가격도 크게 비싸지 않아서 멋진 분위기에서 한 끼를 먹고 싶을 때 선택하면 좋다. 다양한 주류를 판매하는 것도 장점이다.

주소 Constitucion 53 **위치** 파티오 베야비스타 쇼핑몰 내 **시간** 12:00~02:00 **홈페이지** barrica94.cl

엉클 플레처
Uncle Fletch

베야비스타 지역의 유명한 수제 버거집이다. 내부는 미국식 펍 분위기이며 크기가 큰 수제 버거는 조금 비싸지만 맛을 보면 돈이 아깝지 않다. 큼직한 어니언링과 샐러드도 판매한다. 각국의 병맥주도 파는데 우리나라보다 비싼 편이다.

주소 Dardignac 192 **시간** 월~토 12:30~24:00, 일 13:00~16:00 **홈페이지** uncle-fletch.com

엘 메손 네루디아노
El Meson Nerudiano

라 차스코나(네루다 박물관) 인근에 있는 고급 해산물 요리 전문점으로 좋은 품질의 재료를 이용해 해물 요리를 만든다. 특히 조개류 요리와 칠레식 세비체가 유명하다. 물론 고기를 이용한 요리도 있다.

주소 Dominica 35 **시간** 월~토 12:30~16:00, 19:00~00:30, 일 19:00~00:30 **홈페이지** elmesonnerudiano.cl

바리카 94

엠포리오 수니노

크로스바
Krossbar

베야비스타 지역에 있는 아주 세련된 분위기의 식당 겸 바이다. 수제 버거와 피자가 유명하고, 다양한 종류의 수제 맥주도 판매한다.

주소 Dardignac 127 **시간** 월~토 12:30~01:00, 일 12:00~21:00

도미노
Domino

칠레식 샌드위치와 핫도그를 파는 패스트푸드점이다. 핫도그와 샌드위치 맛이 뛰어난 것은 아니지만, 중심가의 다른 식당들과 비교하면 저렴한 편이다.

주소 Ahumada 146 **시간** 월~금 08:00~21:30, 토 11:00~16:30 / 일요일 휴무

엠포리오 수니노
Emporio Zunino

산티아고 중심가에서 가장 맛있는 엠빠나다를 파는 곳이다. 중앙 시장의 남서쪽 모퉁이에 있는데 늘 현지인이 줄을 서서 엠빠나다를 기다리고 있다. 금방 오븐에서 꺼내 따듯하고 육즙이 가득한 엠빠나다는 정말 최고다. 메뉴 중 삐노(Pino)는 소고기가 들어간 엠빠나다이고, 께소(Queso)는 치즈 파이에 가깝다. 엠빠나다 자체가 입에 안 맞을 수도 있겠지만, 이곳보다 맛있는 엠빠나다를 찾는 것은 쉽지 않은 일이다.

주소 Puente 801 **위치** 중앙 시장의 남서쪽 모퉁이 **시간** 월~금 09:30~20:00, 토 09:30~15:00 / 일요일 휴무 **홈페이지** empanadaszunino.cl

TIP

산티아고의 한식당

산티아고의 한인촌은 라 베가 시장 등 시장 밀집 지역과 베야비스타 사이에 있다. 센트로에서 도보로 약 15~20분 걸리는데 최근 시장 인근의 치안이 안 좋기 때문에 걸어서 찾아간다면 아주 조심해야 한다. 안전을 위해서 시장들이 몰려 있는 마포초강 북쪽이 아니라, 베야비스타 미술관이 있는 강 남쪽 길을 걷다가 강을 건너 한인촌으로 가는 것이 낫다. 부에노스 아이레스에 비해 비싸고 양이 적은 편이지만, 칠레의 물가가 더 비싸기 때문에 어쩔 수 없다. 주로 안토니아 로페스 데 베요(Antonia Lopez de Bello) 거리에 몰려 있는데, 인근에 한인 슈퍼들도 있다.

주소 **K-나라**(돼지갈비, 삼겹살 등 무한리필) Antonia López de Bello 178, **두리 스시**(일식) Agustinas 984, **오이소**(치킨, 한식) Eusebio Lillo 311, **다리원**(중식) Antonia Lopez de Bello 173

추천 숙소

산티아고 중심가는 페루, 볼리비아에 비하면 호스텔 도미토리가 꽤 비싼 편인데, 에어비앤비의 아파트 또는 아파트 호텔(Apart Hotel)은 크게 비싸지 않고 시설도 상당히 좋다. 따라서 일행이 있다면 에어비앤비나 아파트형 호텔을 이용하는 것을 추천한다. 아파트형 호텔에 비해 일반 호텔은 비싸며, 실제로 센트로에는 일반 호텔보다 아파트 호텔이 더 많다. 센트로보다는 베야비스타 지역이 조용하고 깔끔하지만 숙소 가격은 더 비싸다. 저렴한 호스텔은 대학들이 모여 있는 센트로 서쪽 지역에 많다.

호텔 플라사 산프란시스코

Hotel Plaza San Francisco

모네다 대통령 관저에서 가까운 5성급 호텔로 산티아고 시내의 고급 호텔 중에서 위치가 좋고, 대로변에 있어서 지하철, 버스 등 대중교통을 이용하기 좋다. 인근의 호텔보다 방이 넓고 수영장 등 부대시설이 좋다. 힐튼, 메리어트 같은 최고급 호텔보다 시설은 못 하지만, 상대적으로 가격이 저렴하다.

주소 Bernardo O'Higgins 816 **가격** 더블 · 트윈 150~200달러 **홈페이지** plazasanfrancisco.cl

플라사 데 아르마스 호스텔

Plaza de Armas Hostel

아르마스 광장에 있는 호스텔로 위치가 더 이상 좋을 수가 없다. 시설은 특징 없이 단순하지만 도미토리 방이 나름 넓다. 위치가 워낙 좋아서 사소한 단점은 눈감아 줄 수 있다.

주소 Compaia 960 **위치** 아르마스 광장 옆 **가격** 도미토리 15,000~25,000페소, 더블 · 트윈 32,000~40,000페소, 아파트 44,000~60,000페소 **홈페이지** plazadearmashostel.com

호스탈 프로비덴시아

Hostal Providencia

만화가 그려진 벽과 파스텔 톤으로 칠해진 정원이 인상적인 호스텔이다. 가격 대비 시설이 아주 깔끔하지만 중심가에서 조금 떨어진 것이 단점이다.

주소 Ernesto Prado Tagle 85 **가격** 도미토리 16,000~20,000페소, 더블 · 트윈 30,000~50,000페소 **홈페이지** www.hostalprovidencia.com

아히 호스텔

Aji Hostel

진한 원색과 파스텔 색이 조화를 이룬 외벽과 내부 인테리어가 인상적인 호스텔이다. 아르마스 광장에서 살짝 떨어져 있긴 하지만, 대신 베야비스타 지역과 가깝고 도보로 충분히 센트로를 돌아볼 수 있다. 깔끔한 인테리어와 벽화가 그려진 내부가 예쁘다.

주소 Triana 863 **가격** 도미토리 15,000~25,000페소, 더블 · 트윈 35,000~45,000페소 **홈페지이지** www.ajihostel.cl

호스탈 메르세드 88

Hostal Merced 88

산타 루시아 언덕 동쪽에 있는 호스텔로 바로 옆에 마포초강과 강변 공원이 있고, 다리를 건너면 베야비스타 지역이 있다. 새로 오픈한 곳이라 시설이 깨끗하고, 공간이 넓으며 옥상에 공용 공간이 있다. 모던한 느낌의 벽화로 꾸며진 실내도 인상적이다.

주소 Merced 88 **가격** 도미토리 20,000~25,000페소, 더블 · 트윈 45,000~60,000페소 **홈페이지** merced88.cl

포레스탈 호스텔

Forestal Hostal

산타루시아 언덕 동쪽의 조용한 주택가에 위치한 곳으로, 파스텔 색과 그래피티를 이용한 인테리어가 편안한 느낌을 준다. 시설은 기본적이지만 깔끔하게 관리되고 있다.

주소 Coronel Santiago Bueras 122 **가격** 도미토리 17,000~25,000페소, 더블 · 트윈 30,000~45,000페소 **홈페이지** www.hostalforestal.com

인피니티 아파트먼트

Infinity Apartments

산타 루시아 언덕 옆에 있는 아파트 호텔로 아파트별로 방이 3개씩 있다. 따라서 일행이 여러 명 있다면 호스텔 도미토리 비용에 돈을 조금 더 보태서 이곳을 이용하는 것을 고려해 보자.

주소 Moneda 611 **가격** 2인 이용 75~85달러, 4인 110~125달러, 5인 130~145달러

호텔 노바 파크

Hotel Nova Park

산타 루시아 언덕 남쪽에 있는 3성급 호텔로 모던한 외관과 내부 인테리어가 인상적이다. 오픈한지 얼마 안 된 곳이라 시설이 깨끗하다. 하지만 방이 작은 편이고 조식이 부실하다. 이비스(Ibis) 호텔 같은 중저가 호텔보다 약간 나은 수준이다.

주소 Antonio Rios 59 **가격** 더블 · 트윈 70~80달러 **홈페이지** novapark-santiago.com

호텔 판아메리카노

Hotel Panamericano

대형 호텔 체인인 판아메리카노 호텔에서 운영하는 3성급 호텔로 헌법 광장과 대통령 관저에서 한 블록만 떨어져 있기 때문에, 센트로에 있는 호텔 중에서 위치가 가장 좋다. 방이 넓고 침구류도 깨끗하다. 근처에 식당, 편의점, 환전소 등 편의 시설이 많다.

주소 Teatinos 320 **가격** 더블 · 트윈 90~120달러 **홈페이지** hotelpanamericano.cl

호텔 판아메리카노

산 페드로

San Pedro

산 페드로는 세상에서 가장 건조한 사막인 아타카마 사막 가운데 있는 아주 조그만 마을이지만, 1년 내내 전 세계에서 모여든 여행자들로 늘 북적거린다. 우유니 투어를 끝내고 칠레 국경을 넘어 내리막길을 한참을 달려 산 페드로에 도착하면, 고산 증세는 어느새 사라지고 구름 한 점 없는 하늘에선 뜨거운 햇살이 내리쬔다. 우유니 사막에 비해 상대적으로 저평가를 받고 있지만, 아타카마 사막도 세상에서 가장 멋진 사막 중 하나이다. 환상적인 풍경의 달의 계곡과 아름다운 소금 호수들, 1년 내내 언제나 볼 수 있는 밤하늘의 은하수는 이곳을 잊지 못하게 만들어 준다. 많은 여행자들이 남미에서 가장 가난한 볼리비아에서 가장 부유한 칠레의 관광지로 왔기 때문에, 갑자기 비싸진 물가에 당황한다. 하지만, 사막의 분위기가 물씬 풍기는 식당에서 페루, 볼리비아와 차원이 다른 질 좋은 고기와 와인을 즐기면 그런 생각은 금세 사라진다. 물가에 대한 부담은 내려놓고 느긋하게 여행을 즐겨 보자.

국내선 항공

산 페드로에는 공항이 없고 차로 1시간 10분 걸리는 칼라마(Calama)에 공항이 있다. 산티아고에서 오는 버스는 24시간이나 걸리는데 비행기는 1시간 40분이면 갈 수 있고, 빨리 예매하면 항공권이 버스보다 저렴한 경우가 많다. 버스표를 사기 전에 반드시 비행기 요금이 얼마인지 검색해 보자.

칼라마 공항에서 산 페드로까지 셔틀버스(12,000~15,000페소 / 1시간 10분 소요)를 타고 이동할 수 있다. 반대로 공항으로 가고 싶다면 여행사나 숙소에서 칼라마 공항까지 바로 가는 셔틀버스를 예약(요금과 시간 동일)할 수 있다.

시외버스

투르 버스(Tur Bus)와 풀만 버스(Pullman Bus)는 라 세레나(La Serena)와 산티아고를 오가는 버스를 매일 운행하며, 부세스 프론테라 델 노르테(Buses Frontera del Norte)는 북쪽의 아리카(Arica), 이키케(Iquique)를 오가는 버스를 운행한다. 대부분의 버스가 가까운 칼라마(Calama)를 거쳐 간다.

아르헨티나 북부의 후후이(Jujuy)와 살타(Salta)를 오가는 버스 회사는 풀만 버스(수, 금, 일 출발), 안데스마르(Andesmar / 매일 출발)가 있다. 하지만 코로나 이후로 버스 스케줄이 상황에 따라 계속 변하고 있기 때문에, 각 버스 회사 홈페이지를 참고해서 일정을 짜도록 하자.

산티아고와 살타를 오가는 버스는 자주 매진되기 때문에 도착 즉시 버스표를 구매해야 한다. 칼라마행 버스는 칼라마의 버스 터미널에 도착하는데 그곳에서 칼라마 공항까지 이동이 쉽지 않다. 따라서, 여행사나 숙소에서 칼라마 공항행 셔틀버스를 예약하는 편이 낫다.

홈페이지 **투르 버스** www.turbus.cl **풀만 버스** www.pullmanbus.cl **안데스마르** www.andesmar.com

예상 소요 시간 및 운임

지역	소요 시간	요금
칼라마(버스 터미널)	1시간 30분	7,000페소
라 세레나	16~17시간	38,000~50,000페소
산티아고	23~24시간	43,000~60,000페소
살타	12~13시간	60,000페소

※ 후후이는 살타 도착 약 2시간 전에 정차한다.

산 페드로
Hostal Jama
호스탈 카타리
Hostal Katar
라스 델리시아스 데 카르멘
Las Delicias de Carmen
Tocopilla
산 페드로 시청
Municipalidad de San Pedro
Licancabur
프란추테리아
Franchuteria
산 페드로 성당
Iglesia San Pedro
Gustavo Le Paige
우체국
Correos
아르마스 광장
Plaza de Armas
Ignacio Carrera Pinto
Av Pedro de Valdivia
치우치
Tchiuchi
엘라데리아 바바루
Heladería Babalú
28 de Agosto
카라콜레스 거리 Calle Caracoles
피제리아 엘 차루아
Pizzería El Charrúa
Pasaje Los Olivos
호스탈 루랄
Hostal Rural
Toconao
호텔 디에고 데 알마그로
Hotel Diego de Almagro
Calama
환전소
밀집 지역
Tumisa
Domingo Atienza
Geiser
Tulor
호스탈 아이니
Hostal Ayni
Palpana
버스 터미널
Terminal de Buses
Awasi Atacama
Pachamama
솔 아타카마 호스텔
Sol Atacama Hoste
100m

아르마스 광장
Plaza de Armas

산 페드로의 거리에서 거의 유일하게 커다란 나무가 늘어선 조그만 광장이다. 작지만 소박한 아름다움이 있는 산 페드로 성당(Iglesia de San Pedro)과 산 페드로 시청(Municipalidad de San Pedro)이 광장에 접해 있고, 광장에서 벼룩시장도 자주 열린다. 나무 그늘에 앉아 뜨거운 산 페드로의 햇살을 피해 시원한 음료 한잔을 즐기기 좋은 곳이지만, 안타깝게도 인근 카페의 커피는 별로다.

카라콜레스 거리
Calle Caracoles

작아도 너무 작은 마을의 유일한 중심가로 식당, 카페, 여행사, 슈퍼 등 여행자가 필요한 모든 것이 있다. 모든 건물이 단층이고 건축 자재와 간판 재료까지 통일되어 있기 때문에 독특한 산 페드로만의 분위기를 느낄 수 있다.

산 페드로 지역의 Tour

아타카마 사막에는 우유니 사막처럼 다양한 볼거리가 있다. 하지만 우유니 사막에서 2박 3일 투어를 했던 사람이라면 상당수 투어가 우유니에서 경험했던 것이기 때문에, 달의 계곡과 라구나 세하르 투어를 주로 한다. 워낙 작은 동네이고 중심가에 많은 여행사가 있어서 투어를 쉽게 예약할 수 있다. 환전소는 토코나오(Toconao) 거리에 모여 있는데 남은 볼리비아 돈도 환전할 수 있다. 추가로 볼리비아 우유니 투어 파트에서 적은 것처럼 산 페드로에서도 우유니 투어(p.180 참조)가 출발한다.

달의 계곡 투어 Valle de la Luna Tur

달의 계곡(Valle de la Luna, 바예 델 라 루나) 투어는 차를 타고 아타카마 사막을 돌아다니면서 사막 구석구석의 풍경을 구경하는 것이다. 뜨거운 사막의 모래 언덕을 시작으로 석영이 종유석처럼 땅에서 솟아오른 언덕, 달 표면 같은 특이한 지형이 발아래로 보이는 전망대, 세 개의 바위가 사람처럼 서 있는 트레스 마리아(Tres Maria) 등을 거쳐 높은 모래 언덕에 올라가 사막의 석양을 보는 것으로 끝난다. 차량과 가이드가 포함된 투어는 최근에 비용이 많이 올랐는데도 부담이 없는 가격이다. 가성비가 좋은 투어라, 산 페드로에서 하루밖에 안 머무는 사람이라면 무조건 달의 계곡 투어를 추천한다. 중간중간 햇살이 강한 사막을 걷기 때문에, 충분한 생수, 선블록, 선글라스와 모자가 필요하다. 또한 해가 질 시간이 되면 쌀쌀하기 때문에 재킷이나 겉옷도 필요하다. 자전거를 빌려서 직접 사막으로 가는 여행자도 있는데, 바람이 강해 모래가 엄청나게 날리고, 오르막도 많아서 심하게 고생한다.

시간 출발 16:00~16:30, 도착 20:00~20:30 **요금** 30,000~35,000페소 / 입장료 10,800 페소 별도

라구나 세하르 투어 Laguna Cejar Tur

아타카마 사막에 있는 세 개의 호수를 돌아보는 투어다. 요르단의 사해(Dead Sea)처럼 염도가 높아 몸이 둥둥 뜨는 '세하르 호수(Laguna Cejar)'와 사람의 눈처럼 두 개의 둥근 호수 가 붙어 있는 '오호스 델 살라르(Ojos del Salar)' 그리고 넓은 소금밭 위에 발목 깊이 정도로 물이 고인 '테벤키체 호수(Laguna Tebenquiche)'에서 석양을 본다. 2016년에 복잡한 현지 사정으로 사설 업체가 운영하기 시작하면서 입장료가 크게 올랐다. 게다가 테벤키체 호수에 들어가지 못하게 되면서 매력이 크게 줄었다. 투어 중 마실 생수와 수영복, 수건, 석양을 볼 때 걸칠 겉옷을 준비해야 하며, 세하르 호수 옆에 탈의실과 샤워실이 있다.

시간 출발 16:00~16:30, 도착 20:00 ~20:30 **요금** 약 35,000페소(입장료 15,000페소 별도)

별 투어 Star Tour(Astronomico Tur)

아타카마 사막은 워낙 건조해서 구름이 거의 없고 대기가 안정적이며, 해발 2,400m의 고지대이기 때문에 별을 보기 좋다. 그래서 천체망원경으로 별을 보는 '아스트로미코 투르(Astronomico Tur)'가 있는데, 우리나라 여행자들은 보통 '별 투어(Star Tour)'라고 부른다. 늦은 밤에 투어가 시작되기에 다른 투어가 끝난 후 저녁을 먹고 투어를 갈 수 있다. 꼭 따뜻한 옷을 가져가자.

시간 출발 22:00~23:00 / 약 3시간 소요 **요금** 약 30,000~35,000페소

추천 식당

사막 가운데 있는 작은 관광지이다 보니 식당 가격은 칠레의 다른 지역보다 약간 비싸다. 하지만 칠레의 식당들이 다 그렇듯이 가격이 비싸면 재료의 질이 좋다. 뜨거운 사막 한가운데이기 때문에 해물 요리는 피하는 것이 낫다. 괜찮은 식당은 중심가인 '카라콜레스(Calacoles)' 거리와 그 주변에 몰려 있다.

라스 델리시아스 데 카르멘
Las Delicias de Carmen

넉넉한 인상의 카르멘 아주머니가 운영하는 식당으로 가격은 비싼 편이지만 양이 푸짐하고 고기가 맛있다. 샐러드와 사이드 메뉴가 포함된 모듬 숯불구이(Parrilla, 빠리야)는 서너 사람이 배부르게 먹을 수 있을 정도다. 점심에는 다소 저렴한 세트 메뉴를 판매한다. 다른 식당과 달리 신용 카드를 받지 않는다. 맛집까지는 아니지만 무난한 식당이다.

주소 Calama 370 **시간** 08:00~23:00 **홈페이지** lasdeliciasdecarmen.cl

피제리아 엘 차루아
Pizzeria El Charrua

화덕에 구운 얇은 이탈리아식 피자와 샐러드, 파스타를 파는데 피자가 유명하다. 피자는 큰 사이즈(Familiar) 기준으로 10,000~13,000페소 정도로 우리나라 피자와 비교하면 저렴하다.

주소 Tocopilla 442 **시간** 11:00~24:00 **홈페이지** pizzeriaelcharrua.cl

프란추테리아
Franchuteria

산 페드로에서는 제대로 된 빵과 커피, 샌드위치를 맛보기 힘든데, 이곳에서 한꺼번에 만날 수 있다. 넓은 정원에 테이블이 있어서 한가롭고 여유로운 시간을 보낼 수 있다. 제대로 구운 바게트가 상당히 맛있고 가격도 산 페드로 기준으로 비싸지 않다. 우유니 투어를 끝낸 후 이곳에서 빵과 커피를 먹으면 천국 같을 것이다.

주소 Gustavo le Paige 527 **시간** 07:00~20:30

치우치
Tchiuchi

메뉴는 장작에 구운 닭인 '뽀요 아사도(Pollo Asado)'와 감자튀김 '빠빠 프리따(Papa Frita)'뿐인데, 닭이 큰데도 살이 정말 부드럽다. 두 명이 한 끼 식사로 먹기 충분한 닭 '반 마리(Midad)'가 5,000페소 정도로 산 페드로의 다른 식당에 비하면 아주 저렴하다.

주소 Tocanao 424 **시간** 12:00~16:00, 17:00~21:00

엘라데이라 바바루
Heladeria Babalu

칠레 아이스크림은 재료 본연의 맛이 살아있는 것이 특징이다. 이곳은 코카(Coca) 잎, 차냐르(Chañar), 알가로보(Algarrobo), 퀴노아(Quinua, 끼누아) 등 안데스 지역의 특산물을 이용한 특별한 아이스크림을 맛볼 수 있다. 남미 여행에서 만나는 아이스크림 가게 중에 가장 흥미로운 곳인데, 가격은 다소 비싸다.

주소 Calacoles 140 **시간** 09:00~22:00

추천 **숙소**

1년 내내 여행자가 몰리지만, 마을이 워낙 작고 모든 건물은 1층만 지을 수 있어서 늘 숙소 부족에 시달리고 있다. 때문에 호텔과 호스텔 모두 다른 지역보다 비싸고 시설도 좋지 않다. 괜찮은 숙소에서 자고 싶다면 미리 예약을 하자. 숙소 부족을 해소하기 위해 최근에는 마을에서 1~2km 정도 떨어진 북쪽 지역을 개발해 새로 숙소를 짓고 있지만, 그 지역의 숙소도 가격이 싸지는 않다. 물이 아주 귀한 지역이라 대부분의 숙소에서 손빨래를 엄격하게 금지한다.

호스탈 루랄
Hostal Rural

중심가인 카라콜레스 거리와 가까워서 위치가 좋고 화려한 색채의 그림과 장식물로 꾸며진 공용 공간이 예쁘다. 방은 좁고 시설은 별로인데 어디까지나 싼 가격 때문에 가는 곳이다.

주소 Calama 257 **가격** 도미토리 14,000~16,000페소, 더블 · 트윈 50,000~60,000페소

호스탈 아이니
Hostal Ayni

중심가에서 도보로 6~7분 정도 떨어져 있어 주변이 조용하고, 중심가에 가까운 호스텔에 비해 공간 여유가 있다. 시설이 잘 관리되고 있기 때문에 조용하고 깨끗한 호스텔을 원한다면 괜찮은 선택이다. 물론 가격은 싸지 않다.

주소 Ignacio Carrera Pinto 627 **가격** 더블 · 트윈 38,000~55,000페소 **홈페이지** hostalayni.cl

솔 아타카마 호스텔
Sol Atacama Hostel

중심가에서 조금 떨어져 버스터미널 인근에 있지만, 가격이 저렴하다. 시설은 기본적인 것들만 갖춰진 수준이지만, 산 페드로에서 이 가격에 이 정도 시설은 어쩔 수 없다.

주소 Ignacio Carrera Pinto 664 **가격** 도미토리 14,000~18,000페소, 더블 · 트윈 40,000~45,000페소

호스탈 카타리
Hostal Katari

중심가에서 가까우면서 공간이 비교적 여유 있고 깔끔하다. 방의 시설과 침구류도 동급 숙소들에 비하면 괜찮다. 단, 도미토리가 없고 개인 룸만 있다.

주소 Toconao 449 **가격** 더블 · 트윈 50,000~58,000페소

호텔 디에고 데 알마그로
Hotel Diego de Almagro

칠레의 대형 호텔 체인인 디에고 데 알마그로의 호텔로 산 페드로에 있는 숙소 중 가장 크다. 중심가 바로 옆에 있으면서도 내부가 아주 넓어서 수영장, 식당, 정원 등 공용 공간이 넓다. 다만 방의 시설은 가격에 비해 다소 아쉽다.

주소 Toconao 460 **가격** 더블 · 트윈 120~180달러 **홈페이지** dahoteles.com

호텔 디에고 데 알마그로

푸콘

Pucon

산티아고에서 700km쯤 남쪽으로 내려가면 아라우카니아(Araucania), 로스 리오스(Los Rios), 로스 라고스(Los Lagos)주가 순서대로 있다. 이 지역들은 수많은 호수와 눈 덮인 활화산 사이에 깨끗한 숲과 강, 바다가 있고, 일년 내내 온화한 기후라 늘 푸른 숲과 들판을 볼 수 있다. 또한 토양이 기름지고 날씨가 좋다 보니 질 좋은 농축산물이 일 년 내내 생산된다. 아름다운 자연환경과 온화한 날씨, 거기에 질 좋은 먹거리까지 있어 휴양지로서는 천혜의 조건을 갖추고 있다. 푸콘은 아라우카니아주를 대표하는 휴양지로 폭이 23km인 비야리카 호수(Lago Villarrica) 동쪽 끝에 있다. 모든 건물이 나무로 만들어져 있고, 거리에는 항상 꽃과 나무가 가득하다. 또한 마을 뒤에는 눈 덮인 활화산인 비야리카 화산(Volcan Villarrica, 해발 2,847m)이 병풍처럼 서 있다. 거리엔 독특하고 예쁜 수공예품을 파는 가게들과 근사한 레스토랑, 카페가 즐비해 어디서나 질 좋고 맛있는 칠레의 먹거리를 맛볼 수 있다.

• 푸콘 드나들기 •

국내선 항공

푸콘에는 공항이 없기 때문에 산티아고에서 비행기로 온다면 테무코(Temuco)행 비행기를 타야 한다. 산티아고-테무코는 비행기로 약 1시간 10분이 소요된다. 테무코 공항에 도착하면 대합실에 푸콘의 숙소까지 픽업해 주는 셔틀버스가 있다.

요금 셔틀버스 22,000페소 **시간** 테무코 공항-푸콘 약 1시간 30분 소요

시외버스

푸콘은 중앙 버스 터미널이 없고 버스 회사별로 터미널이 따로 있다. 산티아고 같은 장거리 구간을 오가는 버스 회사는 투르 버스(Tur Bus), 풀만 버스(Pullman Bus), 안데스마르(Andesmar)다. 오소르노, 발디비아, 푸에르토 바라스 등 비교적 가까운 지역을 오가는 버스는 작 버스(JAC Bus)를 이용하는 것이 편리하다. 풀만 버스 터미널 맞은편에는 우에르케우에 국립 공원, 온천 등의 푸콘 인근 지역으로 가는 로컬 버스 정류장이 있다. 아르헨티나의 산 마르틴(San Martin)으로 가는 버스는 이히야이마(IGILLAIMA / 풀만 버스 터미널 이용)에서 운행하며, 바릴로체 가는 버스는 직행이 없어서 오소르노 또는 아르헨티나 산 마르틴에서 갈아타야 한다. 성수기(12월 말~2월)에 온다면 산티아고, 산 마르틴행 버스 티켓은 도착 즉시 사야 한다.

예상 소요 시간 및 운임

지역	소요 시간	요금
산티아고	10~11시간	22,000~40,000페소
발디비아	3시간~3시간 30분	8,400~9,200페소
오소르노 (Osorno)	3시간 30분~4시간	15,000~18,000페소
푸에르토 바라스	4시간 30분~5시간	18,000~20,000페소
푸에르토 몬트	5시간~5시간 30분	18,000~20,000페소
산 마르틴 (아르헨티나)	4~5시간	28,000~33,000페소

투르 버스 주소 Blanco Encalada 2245 / 홈페이지 www.turbus.cl
풀만 버스 주소 Palguin 452 / 홈페이지 www.pullmanbus.cl
안데스마르 주소 Colo Colo 612 / 홈페이지 www.andesmar.com
작 버스 주소 Palguin 675 / 홈페이지 www.jac.cl
이히야이마 버스 주소 Palguin 452 / 홈페이지 www.igillaima.cl / 버스표는 풀만 버스터미널에서 판매

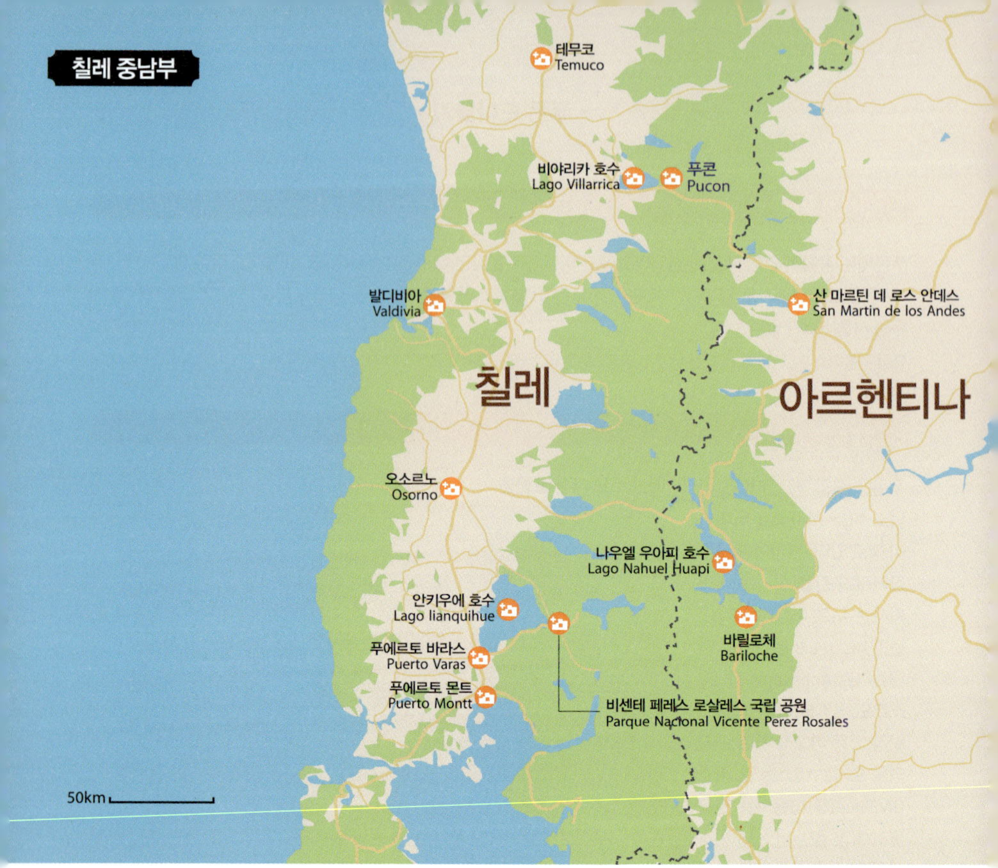
칠레 중남부
테무코
Temuco
비야리카 호수
Lago Villarrica
푸콘
Pucon
발디비아
Valdivia
산 마르틴 데 로스 안데스
San Martin de los Andes
칠레
아르헨티나
오소르노
Osorno
나우엘 우아피 호수
Lago Nahuel Huapi
안키우에 호수
Lago lianquihue
푸에르토 바라스
Puerto Varas
바릴로체
Bariloche
푸에르토 몬트
Puerto Montt
비센테 페레스 로살레스 국립 공원
Parque Nacional Vicente Perez Rosales
50km

푸콘
카부르과 호수
Lago Caburgua
우에르케우에 국립 공원
National Parque de Huerquehue
비야리카 호수
Lago Villarrica
푸콘 시내
비야리카 화산
Volcan Villarrica
지오메트리카 온천
Termas Geometricas
5km

푸콘 시내
Pasaje Lara
Del Pillán
Callejón Flores
Casa en Pucon
Casa Pucón
Hostal Maitahue
Panaderia el maestro
Av. Los Castanos
호스텔 라이스 Hostel Raiz
Pje. Las Rosas
투르 버스 터미널 Terminal tur bus
Av. Bernardo O'Higgins
Cacique Pocollanca
Callejón Flores
Jonathan andres duran
Enrique Novoa
안데스마르 버스 터미널 Bus Terminal Andesmar
마키 호텔 Maki Hotel
Colo Colo
Pasaje Colo Colo
casa mario pucon
Hostal French Andes 1
NAT DISEÑO
알데아 로스 알라모스 Aldea los Álamos
우니막(대형 마트) Unimarc
호스탈 라 누에스 Hostal La Nuez
엘팃(대형 마트) Eltit
호텔 비엔토스 델 수르 Hotel Vientos del Sur
나 쿠메 스시 Na Kume Sushi
풀만 버스 터미널 Bus Terminal Pullman
JAC 버스 터미널 Bus Terminal Jac
Av. Padre Sebastian Engler
Colo Colo
호스탈 올라 푸콘 Hostal Hola Pucon
Geronimo de Alderete
Gral. Urrutia
Av. Bernardo O'Higgins
라 코바 피자리아 La Cova Pizzeria
Palguin
로컬 버스 터미널 Terminal Bus Locales
Restauran "tia idalba"
Gecko Hostel
산타 클라라 수도원 Monasterio Santa Clara
엘 크리스토 전망대 Mirador El Cristo
Pedro de Valdivia
카페 베를린 Café Berlin
Miguel Ansorena
라이세스 Raices
엘팃(대형 마트) Eltit
Brasil
Fresia
샌드위치 우노 Sandwich Uno
Lincoyán
아르마스 광장 Plaza de Armas
셀리나 플라사 푸콘 Selina Plaza Pucon
라 메가 빠리야 La Maga Parrilla
바스 빠라 칠레 Vas Para Chile
카페 델 라 피 Cafe de La P
Caupolicán
Colombia
비야리카 호숫가 Playa Villarrica
Calle Clemente Holzapfel
Caupolicán
Roberto Geiss
푸콘 부두 Marina Puerto
N
E
S
W
200m

남미 최고의 휴양지 푸콘

푸콘을 둘러싸고 있는 깨끗한 비야리카 호수는 화산 활동에 의해 만들어졌기 때문에, 모래사장에는 검은 화산 모래가 깔려 있다. 햇살에 데워진 모래를 몸에 덮어서 찜질을 즐기다 시원한 호숫물에 들어가면 상쾌하다. 비야리카 화산이 보이는 부둣가에 가면 화산과 숲과 호수, 요트가 어우러진 멋진 풍경을 볼 수 있으며, 날씨가 좋다면 석양 붉게 물드는 환상적인 화산과 호수의 풍경을 볼 수 있다.

푸콘은 아름다운 풍경과 마을뿐만 아니라 다양한 액티비티를 즐길 수 있는 곳으로 유명하다. 눈 덮인 화산을 걸어서 올라가는 비야리카 화산 트레킹(Volcan Villarrica Trekking)과 래프팅(Rafting)이 가장 유명하지만, 그 외에도 캐녀닝(Canyoning), 승마(Cabalgata), 캐노피(Canopy), 패러글라이딩(Paragliding) 등의 많은 액티비티를 저렴한 가격에 즐길 수 있다. 또한, 활화산이 바로 옆에 있기 때문에 자연 온천이 많아서 낮에는 액티비티를 즐기고 저녁에는 온천에서 몸을 회복할 수 있다.

푸콘의 성수기

푸콘은 유명한 휴양지이다 보니 성수기와 비수기의 가격 차이가 심하다. 성수기는 칠레 사람이 휴가를 가는 12월 말부터 2월 말까지인데, 이 때는 엄청난 인파가 푸콘으로 몰려든다. 따라서 성수기에 방문한다면 반드시 숙소를 미리 예약해야 하고, 다음 목적지로 가는 버스표도 도착 즉시 확보해야 한다.

푸콘의 대표 먹을거리

바다에서 조금 먼 안데스산맥에 가까운 지역이다 보니 전체적으로 해물보다는 고기 요리가 더 나은 편이다. 아르헨티나의 바릴로체(Bariloche)처럼 독일, 스위스계 이민자들이 많이 정착한 지역이라, 수제 맥주인 쎄르베사 아르떼사날(Cerveza Artesanal)을 파는 곳도 많다. 또, 독일식 케이크인 쿠첸(Kuchen)도 푸콘을 대표하는 먹거리 중 하나다. 우리나라의 휴양지를 가면 도시의 식당보다 가격은 비싸면서 맛이 떨어지는 경우가 많은데, 칠레와 아르헨티나는 휴양지들의 먹거리가 오히려 전체적으로 맛있다.

아르마스 광장
Plaza de Armas

푸콘의 아르마스 광장은 도시 중앙이 아니라 비야리카 호수 가까운 곳에 있다. 큰 나무와 무성한 꽃, 푸른 잔디가 깔려 있어서 광장보다는 공원 같다. 광장 가운데에는 이 지역의 원주민인 '마푸체(Mapuche)' 인디언의 나무 조각상과 커다란 칠레 국기가 서 있다. 특히 아침에 가면 많은 새들의 지저귀는 소리를 들을 수 있다. 시원한 나무 그늘 속 벤치에 앉아서 쉬기 좋은 광장이다.

비야리카 호숫가
Playa Villarrica

아르마스 광장 옆으로 가면 검은 화산 모래가 깔린 넓은 호숫가를 만날 수 있다. 따사로운 햇살에 따뜻해진 화산 모래를 덮어 찜질을 즐긴 후 시원하고 깨끗한 호숫물에 들어가면 온몸이 상쾌해진다. 호숫가에서 2인용 카약이나 보트를 빌려서 직접 노를 저어서 근처를 돌아볼 수도 있는데 가격(30분에 약 3,000페소)이 저렴하다. 비수기에 간다면 조용하게 산책과 일광욕을 즐기기 좋은 곳인데, 성수기(12월 말~2월)에는 사람이 많다.

푸콘 부두
Marina Puerto de Pucon

화산 모래가 깔린 호숫가에서 몇 분만 걸어가면 작은 푸콘 부두가 있다. 날씨가 좋은 날에는 비야리카 화산과 호수를 함께 볼 수 있는 곳인데, 꽃나무가 늘어선 예쁜 산책로를 조성해 놓아서 산책하기 좋다. 특히 석양이 질 때 붉게 타오르는 듯한 화산과 호수를 볼 수 있으며, 부두 앞으로 해가 지기 때문에 노을이 아주 아름답다. 부두에서는 비야리카 호수를 돌아보는 투어 보트가 출발한다(5,000~6,000페소).

알데아 로스 알라모스
Aldea Los Alamos

푸콘의 중심 거리인 오이긴스 거리(Avenida Bernardo O' Higgins)와 함께 푸콘에서 유일하게 넓은 도로인 콜로 콜로(Colo Colo) 거리를 건너면 드문드문 큰 나무가 서 있는 넓고 푸른 초원이 있다. 초원 가운데에는 엄청나게 큰 밤나무가 있고 그 옆에는 나무로 만든 몇 개의 작은 건물에 카페와 수공예품을 판매하는 가게들이 있다. 다양한 수공예품을 구경하는 것도 재미있지만, 푸른 초원의 나무 그늘에 앉아 차 한잔을 하는 여유를 즐길 수 있는 곳이다.

산타 클라라 수도원
Monasterio Santa Clara

비야리카 화산 쪽(남쪽)의 언덕에는 꽃이 가득한 공동묘지와 함께 작은 예수상이 있다. 그 옆에는 산타 클라라 수도원이 있는데, 도로에서 숲속으로 10분쯤 걸어 올라가면 작고 소박한 건물이 나온다. 하얀 수도원 건물과 그 앞에 서 있는 하얀 성모상이 아름답고, 아래로 푸콘 마을의 전경이 시원하게 펼쳐진다.

푸콘 지역의

Tour

마을의 메인 도로인 '오이긴스 거리(Avenida Bernardo O'Higgins)'에는 수많은 여행사가 있다. 투어는 패러글라이딩처럼 특이한 것이 아니라면 거의 모든 여행사에서 취급하며 가격도 차이가 없다. 이에 반해 온천은 여행사당 몇 개씩만 취급하기 때문에, 꼭 가고 싶은 온천이 있다면 판매하는 여행사를 찾아야 한다. 일부 온천은 투어를 통하지 않고 로컬 버스를 타고 다녀올 수도 있는데, 하루에 몇 번밖에 운행하지 않기 때문에 숙소에 요청해 버스 시간표를 확인해야 한다. 성수기에는 투어 가격이 다소 비싸진다.

래프팅 Rafting

난도가 높은 비야리카 화산 트레킹에 비해 래프팅은 남녀노소 누구나 쉽고 재미있게 즐길 수 있는 가장 대중적인 푸콘의 액티비티다. 기존에 래프팅을 해본 적이 없어도 누구나 어렵지 않게 할 수 있고, 아름다운 숲과 계곡의 풍경을 볼 수 있으며 가격까지 저렴하다. 모든 장비가 포함되어 있어서 수건과 갈아입을 옷만 있으면 된다. 물에 젖으면 춥지 않느냐고 걱정하는 사람도 있는데, 방수가 되는 전신 슈트를 입고 노를 젓기 위해 계속 움직이기 때문에 전혀 춥지 않다. 필자의 경험으론 오히려 비가 오거나 흐린 날에 하는 것이 덥지 않아서 더 좋다.

요금 바호 20,000~25,000페소, 알토 30,000~35,000페소

■ 래프팅 코스

난도가 낮은 코스인 바호(Bajo)와 조금 높은 알토(Alto)가 있는데, 알토도 아주 높은 난도가 아니라서 누구나 즐길 수 있다. 바호는 급류가 적어서 조금 심심하기 때문에 알토를 추천한다. 이동 시간 포함해서 투어는 4시간 정도 걸리며 보통 오전과 오후 한 번씩 출발한다. 따라서 오전에 래프팅을 하고 오후나 저녁에 온천을 다녀오면 아주 알찬 하루를 보낼 수 있다.

비야리카 화산 트레킹 Volcan Villarrica Trekking

눈 덮인 비야리카 화산의 정상까지 등반하는 비야리카 트레킹은 푸콘에서 가장 유명하고 힘든 액티비티이다. 무거운 설산 장비를 짊어지고 해발 2,847m의 화산 정상까지 걸어서 올라가는 것이기 때문에, 가벼운 트레킹이 절대 아니며 평소에 운동을 하지 않는 사람이라면 하기 힘들 정도로 상당히 힘든 코스이다. 투어 비용에는 가이드, 차량, 국립 공원 입장료, 등산 장비가 포함되어 있고, 리프트와 점심은 불포함이다. 점심, 간식, 생수, 선글라스, 선블럭과 따뜻한 옷을 반드시 준비해야 한다. 상당히 힘든 코스라 충분한 간식을 준비하는 것이 좋다.

요금 100,000~120,000페소 / 리프트 비용 10,000페소는 별도

■ 투어 일정과 시간

투어는 보통 06:00시에 출발하며 1시간 정도 차를 타고 이동해 화산을 올라가는 리프트(해발 약 1,500m)에 도착한다. 리프트 비용은 별도로 현장에서 지불해야 한다. 리프트를 타지 않고 1시간 정도 걸어서 올라갈 수도 있는데, 후반부 코스가 힘들기 때문에 타는 것이 낫다. 보통 2,200~2,400m 정도부터 눈이 쌓인 지역이 시작되며 올라갈수록 경사가 급해진다. 정상에 도착하면 유황이 깔리고 연기가 나오는 분화구를 볼 수 있으며, 정말 운이 좋다면 용암도 볼 수 있다. 하산할 때는 눈이 덮인 구간 중 일부는 썰매를 타고 내려온다. 푸콘에는 오후 6시쯤 돌아온다.

TIP

주의 사항

날씨가 안 좋거나 화산 활동이 심해져서 투어가 취소되는 경우가 많으며, 등산 중에 날씨가 나빠져서 중간에 돌아오는 일도 흔하다. 멋진 풍경과 활화산의 분화구를 볼 수 있지만, 변수가 많은 투어이므로 본인의 체력과 일기 예보를 고려해서 신청해야 한다. 푸콘에 3~4일 이상 여유 있게 머물면서 가급적 날씨가 좋은 날을 골라서 투어를 하는 것이 좋다. 2022년 말부터 비야리카의 화산 활동이 활발해지면서 취소되는 날이 많고, 올라가더라도 화산의 중간 정도까지만 올라갈 수 있다. 투어 신청 전 여행사에서 상황을 잘 물어본 후 결정해야 한다.

지오메트리카 Geometrica

푸콘 주변에는 수십 개에 달하는 자연 온천이 있는데, 마을 내에는 없고 차로 몇십 분에서 몇 시간이 걸리는 지역의 숲속에 있다. 그중에서 가장 유명한 온천이 지오메트리카인데 스페인어 발음 그대로 '히오메트리카'라고 부르는 여행사도 있다. 지오메트리카는 산 사이 계곡의 지형을 그대로 이용해서 만든 독특한 온천이다. 양옆으로 나무가 울창한 계곡 바닥을 따라 붉은 나무 길이 만들어져 있는데 아래로는 차갑고 깨끗한 계곡물이 흐르고 옆에는 뜨거운 온천이 있다. 중간중간 샌드위치, 샐러드, 수프 등의 간단한 먹거리를 파는 식당이 있고 계곡 끝에 도착하면 시원한 폭포가 쏟아진다. 말 그대로 자연에서 온천을 즐길 수 있고, 한국인이 좋아하는 뜨거운 온천물도 즐길 수 있기에, 푸콘에 있는 그 어떤 온천보다 만족도가 높은 곳이다. 수건이 제공되기 때문에 수영복 외에 특별한 준비물은 필요 없다. 단, 차로 2시간 정도 걸리기 때문에 투어를 통하지 않고 가기는 쉽지 않고, 성수기(12월 말~2월)에는 차가 많이 막혀서 가는 데만 3시간 이상 걸릴 수도 있다.

TIP

온천 선택 시 확인 사항

지오메트리카 외에 다른 온천을 가게 된다면 반드시 40도 가까운 '뜨거운' 온천수가 있는지 확인해야 한다. 일반적으로 우리나라 기준으로 미지근한 곳이 많다.

요금 60,000~65,000페소(차량, 입장료 포함)

우에르케우에 국립 공원 트레킹 Parque Nacional Huerquehue Trekking

래프팅, 승마 같은 액티비티를 즐기지 않고, 비야리카 등반도 너무 힘들 것 같다면, 가장 좋은 대안은 푸콘에서 차로 1시간 조금 넘게 걸리는 '우에르케우에 국립 공원(National Parque de Huerquehue)'에서 일일 트레킹을 하는 것이다. 엄청난 풍경을 볼 수 있는 곳은 아니지만, 저렴한 비용으로 적당한 코스의 등산을 즐길 수 있기 때문에 현지인과 외국인 모두 즐겨 찾는다.

위치 풀만 버스(Pullman Bus) 터미널 맞은편에 있는 로컬 버스 터미널에서 로컬 버스(편도 4,000페소)를 타거나 택시(편도 25,000~30,000페소)를 타고 이동

※ 로컬 버스는 하루에 몇 편 없기 때문에 일행이 있다면 택시를 타고 가서 돌아올 때 버스를 타자. 입구에 있는 국립 공원 사무소에서 트레킹 코스와 푸콘으로 돌아오는 버스 시간을 확인할 수 있다.

※ 2022년부터 입장권은 인터넷(www.pasesparques.cl)에서 사전 구매해야 한다(10,400페소).

■ 트레킹 코스

국립 공원 사무소를 지나서 들어가면 바로 옆에 시리도록 맑은 틴킬리코 호수(Lago Tinquilico)가 있다. 호수와 무성한 숲을 따라 만들어진 산책로를 따라 한 시간쯤 평지 구간을 지나면 오르막 구간이 시작된다. 등산로 중간중간 틴킬리코 호수와 비야리카 화산을 함께 볼 수 있는 전망대가 있으며, 1시간 반 정도 오르막을 오르면 베르데(Verde), 치코(Chico), 토로(Toro)라는 세 개의 작고 맑은 호수를 만날 수 있다. 세 개의 호수를 돌아본 후 다시 출발한 곳으로 돌아오면 트레킹이 종료되며 보통 4~6시간쯤 걸린다.

추천 **식당**

먹고 마시고 즐기기 위해 찾는 휴양지답게 푸콘에는 샌드위치, 핫도그를 파는 저렴한 식당부터 빠리야를 파는 고급 레스토랑까지 다양하게 메뉴를 선택할 수 있다. 사실 푸콘에서는 맛없는 식당을 찾는 것이 맛있는 식당을 찾는 것보다 더 어렵게 느껴진다. 다만, 5월~11월 비수기에는 많은 식당들이 문을 닫거나 주말이나 연휴에만 문을 연다.

라 메가 빠리야
La Mega Parrilla

푸콘에는 숯불구이인 빠리야(Parrilla)를 파는 레스토랑이 정말 많아 선택이 쉽지 않다. '라 메가'는 푸콘의 빠리야 식당 중에서 상당히 고기 질이 좋은 편이다. 물론 고기 질이 좋은 식당이니 가격이 비싸다.

주소 Geronimo de Alderete 276 **시간** 12:30~24:00
홈페이지 lamagapucon.cl

산드위치 우노
Sandwich Uno

칠레식 샌드위치를 파는 식당으로 가성비가 푸콘에서 가장 좋은 식당 중 하나이다. 세트(샌드위치, 감자튀김, 음료수) 메뉴 가격이 다소 비싸게 느껴질 수도 있는데, 양이 많아서 남자 두 명이 배불리 먹을 수 있을 정도다. 필자는 이곳에 갈 때마다 늘 절반은 포장해달라고 한다.

주소 Fresia 540 **시간** 11:00~23:00

바스 빠라 칠레
Vas Para Chile

수국이 가득 핀 아름다운 정원이 유명한 식당으로 푸콘에서 중간 정도 가격대이다. 비싼 소고기 부위는 팔지 않기 때문에, 출레따(Chuleta) 같은 메뉴를 먹기 좋다.

주소 Miguel Ansorena 212 **시간** 09:00~21:00

카페 베를린
Cafe Berlin

푸콘에서 가장 유명한 카페 중 하나로, 인테리어가 아주 밝고 깔끔하다. 다른 카페에 비해 저렴한 편인데도 커피가 상당히 괜찮고, 케이크과 샌드위치도 다양하게 판다. 푸콘에서 커피를 마시고 싶다면 방문해 보자.

주소 Miguel Ansorena 160 **시간** 09:00~24:00 **홈페이지** cafeberlin.cl

카페 베를린

라이세스
Raices

자동차 앞부분을 지붕에 올려놓은 듯한 독특한 간판이 눈길을 끄는 식당으로 수제 버거, 피자, 해물 요리 등과 함께 맛있는 수제 맥주를 맛볼 수 있다. 항상 사람이 북적거리며 시끌벅적하고 캐주얼한 분위기로 유명한 곳이다.

주소 Fresia 315 **시간** 12:00~01:30

라 코바 피제리아
La Cova Pizzeria

화덕에 구운 제대로 된 피자를 싼 가격에 즐길 수 있는 피자 테이크아웃 전문점이다. 아주 다양한 종류의 피자가 있고, 1인용(Individual) 피자는 4~6천페소 정도면 먹을 수 있다.

주소 Brazil 555 **시간** 수~토 13:00~24:00, 일~화 17:00~24:00

카페 델 라 피
Cafe de La P

푸콘에서 가장 다양한 케이크를 판매하는 카페로 항상 사람이 많다. 특히 푸콘 인근에서 생산되는 블루베리와 산딸기를 이용한 치즈 케이크가 일품이다. 다만 케이크 가격이 밥값 수준으로 비싸다. 커피도 다른 카페에 비해서는 조금 비싼 편이다.

주소 Lincoyán 395 **시간** 09:00~23:00 **홈페이지** delap.cl

나 쿠메 스시
Na Kume Sushi

새우, 맛살, 닭고기 등이 들어간 캘리포니아 롤을 저렴하게 포장 판매하는 식당이다. 맛이 괜찮으면서 다른 식당들보다 상당히 저렴하다. 추천 메뉴는 새우(Camaron)과 양파(Cebolla)가 들어간 롤을 튀긴(Frito) 것이다. 밥이 그리운 사람에게 추천한다.

주소 Uruguay y Arauco **시간** 월~금 14:00~21:15, 토·일 휴무

추천 **숙소**

푸콘은 가족 단위 휴양객이 많은 곳이라 호텔보다는 호스텔과 펜션(Cabaña, 까바냐)가 많다. 숙소들은 성수기(12월 말~2월)와 비수기의 가격 차이가 크며, 성수기에는 숙소를 미리 예약하지 않으면 방을 구하기 아주 힘들다. 대부분의 숙소가 나무로 지어졌기 때문에 방음이 잘 되지 않는다.

호스탈 라 누에스
Hostal La Nuez

검게 칠한 나무로 만든 아담한 외관과 작지만 아름다운 정원이 멋진 호스텔이다. 도미토리에 있긴 싫고 호텔보다는 저렴한 곳을 원한다면 선택하기 좋은 곳이다. 방이 푸콘의 숙소치고는 넓은 편이다.

주소 Colo Colo 361 **가격** 더블·트윈 55~70달러, 트리플 75~90달러

호스텔 라이스
Hostel Raiz

마을 중심가에서 살짝 외곽에 있지만 불편할 정도로 멀지는 않다. 외곽에 있기 때문에 공간에 여유가 있어서 방이 넓고, 거실과 부엌, 침대 등 시설이 좋은 편이다. 대형 마트와 투르(Tur) 버스 터미널은 가깝다. 비수기에는 아주 저렴해진다.

주소 Blanco Encalada 32 **가격** 도미토리 13,000~20,000페소, 더블·트윈 33,000~40,000페소

호텔 비엔토스 델 수르
Hotel Vientos del Sur

깔끔한 3성급 호텔로 푸콘에 있는 호텔들 중에는 제법 규모가 있는 편이다. 나무로 지은 건물이 단정하면서 예쁘고 내부도 아주 깔끔하게 만들어져 있다. 방이 넓진 않지만 세심하게 시설을 배치했다. 비수기에는 꽤 저렴해진다.

주소 Brasil 640 **가격** 더블 · 트윈 60~100달러

마키 호텔
Maki Hotel

최근에 문을 연 호텔로 나무로 지었는데도 내부 공간에 여유가 많고 모던하며, 식물과 채광창, 나무 등을 잘 활용한 인테리어가 인상적이다. 방도 푸콘의 호텔 중에선 넓고 시설이 좋은 편이다. 욕실과 발코니 등 내부 시설이 좋기 때문에 가족보다는 커플이 머물기 좋은 호텔인데, 가격은 비싼 편이다.

주소 Uruguay 640 **가격** 더블 · 트윈 130~200달러 **홈페이지** makihotel.cl

셀리나 플라사 푸콘
Selina Plaza Pucon

남미의 대형 호스텔 체인인 셀리나에서 새롭게 만든 곳으로, 호스텔답지 않게 넓은 실내와 호텔 수준의 인테리어를 자랑한다. 게다가 넓은 정원과 수영장, GX 룸 등 시설을 보면 여기가 호스텔인지 호텔인지 헷갈릴 정도다. 호스텔치고 비싼 편이지만 일반 호스텔과는 레벨이 다르다.

주소 Pedro de Valdivia 191 **가격** 도미토리 15,000~25,000페소, 더블 · 트윈 45,000~75,000페소 **홈페이지** www.selina.com

호스탈 올라 푸콘
Hostal Hola Pucon

제법 규모가 큰 호스텔로 원목으로 장식한 내부가 예쁘고 침구류가 훌륭하다. 주변 지역이 조용하고 넓은 정원이 있어서 조용하게 지내기 좋다. 조식도 호스텔치고는 상당히 괜찮은 편이다. 다만 도미토리가 없다.

주소 Arauco 43 **가격** 더블 · 트윈 45,000~60,000페소, 트리플 60,000~70,000페소 **홈페이지** holapucon.cl

럭키즈 호스텔
Lucky's Hostel

마을 중심가에서 살짝 벗어난 위치에 있는 호스텔로 상당히 규모가 크다. 넓은 정원이 아름답고 건물 내부도 넓다. 가격이 다소 비싼 편이지만, 시설은 흠잡을 곳이 없다. 주변이 조용하고 한적하다.

주소 Colo Colo 111 **가격** 도미토리 16,000~22,000페소, 더블 · 트윈 55,000~65,000페소

발디비아

Valdivia

발디비아의 중심부는 발디비아강(Rio Valdivia)과 카예카예강(Rio Calle Calle)이 양쪽으로 둘러싸고 있는 삼각주처럼 생겼다. 강가를 따라 넓고 아름다운 산책로와 공원이 만들어져 있어서 햇살이 반짝이는 강가를 걷기만 해도 좋다. 그리고 조그만 보트를 빌려서 노를 저으며 강을 유람할 수 있고, 부두에서 투어 보트를 타고 강을 돌아다니며 풍경을 구경할 수도 있다. 무엇보다 발디비아에서 가장 유명한 볼거리는 강가에 천막이 모여 만들어진 조그만 어시장이다. 시장 바로 옆에 야생의 바다사자들이 시장 상인들이 버리는 생선 찌꺼기를 먹기 위기 위해 몰려와 있기 때문이다. 덕분에 여행자들은 야생의 바다사자들을 바로 눈앞에서 생생하게 볼 수 있다. 시간 여유가 있는 여행자라면 화려하지는 않지만 소박한 발디비아의 강가를 산책하고, 어시장에서 신선한 해물을 사와서 요리해 먹으면서, 하루 이틀 여유를 즐길 수 있을 것이다.

• 발디비아 드나들기 •

시외버스

작 버스(JAC Bus) 같은 많은 로컬 버스가 푸콘, 오소르노, 푸에르토 바라스, 푸에르토 몬트 등의 같이 비교적 가까운 지역을 자주 운행한다. 아르헨티나의 바릴로체를 오가는 버스는 안데스마르(Andesmar)와 크루스 델 수르(Cruz del Sur)에서 매일 운행한다. 버스 터미널은 강가에 있으며 시내에서 도보 또는 택시로 갈 수 있다.

예상 소요 시간 및 운임

지역	소요 시간	요금
산티아고	12~13시간	17,000~25,000페소
푸콘	3시간~3시간 30분	8,400~9,200페소
오소르노	1시간 30분~2시간	5,000~8,000페소
푸에르토 바라스	2시간 30분~3시간	9,000~13,000페소
푸에르토 몬트	3시간~3시간 30분	10,000~14,000페소

발디비아 어시장
Mercado Fluvial de Valdivia

강가에 천막 지붕만 세워져 있는 발디비아 어시장의 정식 명칭은 메르카도 플루비알(Mercado Fluvial)이다. 물론 정식 명칭으로 부르는 여행자는 없고 그냥 모두 어시장(Fish Market)이라고 한다. 메를루사, 연어, 홍합, 대합, 게, 성게 등의 다양하고 신선한 해산물은 물론, 인근 지역에서 생산된 과일과 야채도 판다. 특히 발디비아 인근에는 블루베리 농장이 많기 때문에 제철(12~3월)에 오면 아주 신선한 블루베리를 맛볼 수 있다. 오전 8시부터 문을 여는데 질이 좋은 해산물을 사려면 점심 시간까지는 가는 것이 좋다. 생선 가게가 철수한 뒤에는 수공예품이나 기념품을 파는 가게가 문을 여는데 살만한 것은 별로 없다. 어시장 자체보다는 상인들이 던져주는 생선 찌꺼기를 먹기 위해 몰려든 수십 마리의 바다사자들이 볼거리이다.

발디비아 부두 & 보트 투어
Puerto de Valdivia & Boat Tour

어시장 바로 옆에는 작은 부두가 있는데, 강을 따라 운항하는 보트 투어가 수시로 출발한다. 보트는 발디비아 인근의 복잡한 강줄기를 유람하는데, 시원한 강바람을 맞으며 강을 따라 펼쳐지는 숲과 도시의 풍경을 볼 수 있다. 코스는 여러 가지가 있는데 40~50분 동안 보트를 타는 짧은 투어가 가장 일반적이다(5,000~7,000페소). 부두에 가면 사진을 들고 호객하는 사람이 많으며 부두 매표소에서도 티켓을 판다. 가격이 저렴하고 짧은 투어이기 때문에 큰 기대는 하지 말고 부담 없이 즐기면 된다.

추천 식당

발디비아는 푸콘처럼 아주 유명한 관광지가 아니라서 괜찮은 식당이 많지 않은 편이다. 식당에서 사 먹는 것도 좋지만, 어시장에서 신선한 해물을 사서 직접 요리해 먹는 것을 추천한다.

발디비아 시립 시장

Mercado Municipal de Valdivia

© Franco Basso Beltrand

어시장 바로 옆에는 해산물 식당이 많은데, 대부분 관광객용 식당이라 가격은 비싸고 맛은 별로다. 식당이 많은 건물의 왼쪽을 보면 큰 건물이 하나 있는데 그곳이 시립 시장이다. 기념품 가게, 옷 가게를 지나 3층에 올라가면 로컬 식당이 여러 개 있는데, 이곳에서 싸고 푸짐한 칠레 해물 요리를 즐길 수 있다.

주소 Avenida Arturo Prat **시간** 08:00~19:00

고안

Gohan

5성급 호텔인 '호텔 드림스 페드로 데 발디비아(Hotel Dreams Pedro)' 1층에 있는 일식당이다. 이곳 역시 남미 일식당이라 회나 스시보다는 롤(Roll)이 주메뉴이다. 5성급 호텔 식당이어도 양이 모자라지 않고 충분하다. 가격도 외부 식당과 별 차이가 없다. 재료의 질이 좋고 내부 분위기와 강이 보이는 전망이 멋있다. 특히 '쌀이 없는 롤(Roll sin Arroz)'은 해산물, 야채, 치즈로만 가득 차서 아주 훌륭하다.

주소 Carampangue 190 **시간** 월~토 12:30~24:00 / 일요일 휴무 **홈페이지** www.gohan.cl

피카마데로스

Picamaderos

해산물을 활용한 이탈리안 요리로 유명한 곳이다. 샐러드, 파스타, 스테이크와 함께 칠레 스타일의 해산물 요리도 있다. 가격은 살짝 비싸지만 근사하게 저녁을 먹고 싶다면 추천한다.

주소 Esmeralda 686 **시간** 화~토 12:30~15:30, 19:30~23:30 / 일~월요일 휴무

빠리야 데 토르

Parrilla de Thor

카예카예강을 바라보고 있는 고기 요리 전문점으로 소고기, 양고기, 돼지고기 등 다양한 종류의 스테이크와 빠리야(모듬 숯불구이)를 판매한다. 맛이 특별히 뛰어난 곳은 아니지만, 강이 보이는 전망이 멋있다.

주소 Arturo Prat 653 **시간** 12:00~16:00, 20:00~24:00

다스 하우스 1959

Das Haus 1959

발디비아는 대학이 많은 교육 도시이기 때문에 수제 맥주를 파는 바가 상당히 많다. 이곳은 다양한 수제 맥주와 함께 햄버거, 피자 등 간단한 먹거리를 판다. 강가에 위치한 맥주 가게가 전망은 더 좋지만, 맛을 생각한다면 이곳을 선택하는 것이 낫다.

주소 O'Higgins 394 **시간** 월~토 08:00~22:00 / 일요일 휴무

추천 숙소

발디비아는 유명한 관광지는 아니다 보니 숙소가 많지 않은 편이다. 호텔은 강가에 있는 대형 호텔 몇 개를 제외하면 규모가 작고, 호스텔도 다른 지역에 비하면 규모가 작은 편이다.

아이레스 부에노스 호스텔

Aires Buenos Hostel

부에노스아이레스를 잘못 적은 것처럼 보이지만 아이레스 부에노스 호스텔이 맞다. 부에노스아이레스의 카미니토(Caminito) 거리처럼 2층에 인형 장식이 있고, 내부는 작지만 아기자기하게 꾸며져 있다. 역시 작지만 나무와 테이블이 있는 정원도 있다. 도미토리가 오히려 더블·트윈보다 공간 여유가 있다.

주소 Garca Reyes 550 **가격** 도미토리 20,000~25,000페소, 더블·트윈 40,000~50,000페소 **홈페이지** airesbuenos.cl

카파이 호스텔

Kapai Hostel

강가에 있는 호스텔로 규모는 작지만 오픈한지 얼마 안 된 곳이라 시설이 깨끗하다. 외부에 나가면 바로 앞에 강이 있다. 하지만 도미토리가 상당히 작다.

주소 Arturo Prat 737 **가격** 도미토리 18,000~30,000페소

호스탈 엔트레 리오스

Hostal Entre Rios

발디비아에 있는 호스텔 중 시설이 좋은 편이다. 원목으로 만든 건물과 아담한 정원이 예쁘다. 방과 침구류는 호스텔보다는 호텔에 가까울 정도로 좋다. 단, 도미토리는 없다. 호스텔보다는 저렴한 호텔이라고 생각하면 될 것이다.

주소 Carlos Anwandter 337 **가격** 싱글 40,000~50,000페소, 더블·트윈 45,000~60,000페소

호스탈 안카투

Hostal Ankatu

버스 터미널에서 가까운 호스텔로 샛노란 색으로 칠해진 목조 건물이 인상적이다. 외관과 다르게 내부는 상당히 모던하고 깔끔하다. 특히 화장실은 호텔급으로 좋다. 단, 도미토리는 없다. 호스텔보다는 호스텔형 호텔에 가깝다.

주소 Arauco 944 **가격** 더블·트윈 40,000~70,000페소

호텔 디에고 데 알마그로

Hotel Diego de Almagro Valdivia

강가에 있는 3성급 호텔로 특별한 단점이 없는 무난한 비지니스 호텔이다. 방과 침대가 상당히 넓고 관리도 아주 깨끗하게 잘 되고 있어서 모든 시설이 새것 같다. 3성급 호텔치고는 수준급이다.

주소 Arturo Prat 433 **가격** 더블·트윈 90~120달러 **홈페이지** dahotelesvaldivia.com

호텔 드림즈 페드로 데 발디비아

Hotel Dreams Pedro de Valdivia

발디비아에 있는 유일한 5성급 호텔로 어시장 바로 옆 강가에 있다. 또한 길만 건너면 마트도 있기 때문에 위치와 시설 모두 좋다. 범선의 돛대 형태로 디자인한 독특한 흰색 건물이 멋있고 내부는 5성급 호텔이니 더 말할 필요가 없다. 가격은 다른 지역의 5성급 호텔보다는 싼 편이다.

주소 Carampangue 190 **가격** 더블·트윈 180~250달러 **홈페이지** www.mundodreams.com

푸에르토 바라스

Puerto Varas

발디비아가 있는 로스 리오스(Los Rios)주 남쪽에는 호수가 많은 로스 라고스(Los Lagos)주가 있다. 로스 라고스를 대표하는 여행지인 푸에르토 바라스는 가로수로 장미가 있어서 '장미의 도시'라는 별칭으로도 불리며, 칠레에서 가장 아름다운 휴양 도시로 유명하다. 크기가 35km인 둥근 모양의 얀키우에 호수(Lago Llanquihue) 남단에 있는 푸에르토 바라스에 도착하면, 호수 뒤에 펼쳐진 눈 덮인 오스르노 화산(Volcan Osorno, 해발 2,562m)과 칼부코 화산(Volcan Calbuco, 해발 2,003m)이 눈에 들어온다. 칠레 최고의 고급 휴양지이기 때문에 호수를 따라 멋진 호텔들이 늘어서 있고, 다소 비싸지만 질 좋은 음식을 파는 식당과 수공예품 가게가 많이 있다. 아름다운 호숫가를 산책하고, 화산과 호수가 보이는 근사한 식당과 카페에서 먹거리를 즐기고, 호수와 폭포와 숲과 산이 있는 자연을 돌아보면, 왜 푸에르토 바라스가 남미 최고의 휴양지 중 하나로 꼽히는지를 알게 될 것이다.

• 푸에르토 바라스 드나들기 •

국내선 항공

푸에르토 바라스는 푸에르토 몬트 공항에서 가깝다. 산티아고와 푼타 아레나스, 푸에르토 나탈레스에서 푸에르토 몬트행 국내선이 운항한다. 푼타 아레나스와 푸에르토 나탈레스행 항공권은 성수기(12월 중순~2월)에는 좌석이 몇 주씩 없는 경우가 흔하다. 항공권이 없으면 푸에르토 몬트에서 출발하는 버스를 타야 하는데 30시간이 넘게 걸린다. 따라서 파타고니아행 항공권은 최대한 빨리 사야 한다. 푸에르토 바라스에서 푸에르토 몬트 공항으로 가는 공항버스는 없다. 공항까지 싸게 가려면 시내버스로 푸에르토 몬트 버스 터미널까지 간 후(1,600페소. 20~25분 소요) 공항버스를 탈 수도 있다(3,000페소. 30분 소요). 물론 가장 편리한 방법은 택시이다(25,000페소. 30분 소요).

시외버스

버스 회사별로 터미널이 다르다. 투르 버스와 풀만 버스에서 산티아고를 오가는 버스가 운행하며, 크루스 델 수르와 안데스마르에서 아르헨티나 바릴로체로 간다. 푸콘, 바릴로체 등 인근 지역을 운행하는 작 버스(JAC Bus)는 투르 버스 터미널에서 출발한다.

주소 투르 버스(Del Salvador 1093), 풀만 버스(Portales 18), 크루스 델 수르(García Moreno 358), 안데스마르(San Francisco 119)

예상 소요 시간 및 운임

지역	소요 시간	요금
산티아고	12~13시간	23,000~30,000페소
푸콘	5시간 30분~6시간	18,000~20,000페소
오소르노	1시간~1시간 30분	3,000~5,000페소
발디비아	2시간 30분~3시간	9,000~13,000페소
바릴로체(아르헨티나)	7~8시간	35,000~45,000페소

사그라도 코라손 성당
Iglesia del Sagrado Corazon

푸에르토 바라스에서 가장 유명한 건물로 나무로 만들어진 작은 성당이다. 1918년에 완공된 곳으로, 사그라도 코라손(Sagrado Corazo)은 성스러운 심장이라는 뜻이다. 1992년 국가 기념물(Monumento Nacional de Chile)로 지정되었으며, 내부는 아주 아담하고 소박하며 붉은색으로 칠해진 세 개의 첨탑이 인상적이다. 바다 건너 남쪽에 있는 칠로에섬(Isla Chiloe)을 비롯해 로스 라고스 지역에는 이렇게 나무로 지은 성당이 많다.

파블로 피에로 박물관
Museo Pablo Fierro

2002년에 문을 연 조그만 개인 박물관이다. 박물관이라고 해서 거창한 것은 아니고, 작고 예쁜 나무집에 '파블로 피에로'라는 사람이 자신이 작업한 그림, 사진과 함께 수집품을 전시해 놓았다. 시내에서 호수를 즐기며 천천히 걸어가면 갈 수 있고 건물이 예쁘고 아기자기한 전시물이 많으며, 무엇보다 무료이기 때문에 방문할 가치가 충분하다. 단, 점심 시간에는 문을 닫으며, 관람 후 약간의 기부금을 내는 것이 좋다.

주소 Vicente Pérez Rosales **위치** 시내 중심가에서 10분 정도 호수를 따라 남동쪽으로 걸어가면 있음 **시간** 일~금 10:30~19:30 / 토요일 휴무 **홈페이지** pablofierro.cl

그루타 로우르데스
Gruta Lourdes

사그라도 코라손 성당이 있는 언덕 아래에 보면 아담하고 예쁜 정원이 있는데, 안쪽에는 작고 하얀 마리아상이 있다. 마리아상 주변은 항상 수많은 꽃과 여러 가지 메세지가 적힌 기원문들이 빽빽하게 놓여 있다. 거대하거나 화려한 볼거리는 아니지만 칠레 사람들의 작은 소망들이 모여 있는 것을 느낄 수 있다.

위치 파세오 푸에르토 바라스(Paseo Puerto Varas) 쇼핑몰 뒤

비센테 페레스 로살레스 국립 공원
Parque Nacional Vicente Perez Rosales

얀키우에 호수 남동쪽 호숫가에 있는 국립 공원으로 오소르노 화산과 칼부코 화산을 가까이에서 볼 수 있는 아름다운 곳이다. 나무가 무성한 계곡을 따라 걸으며 맑은 강과 폭포, 숲을 즐길 수 있다. 특히 유명한 것은 수정처럼 맑은 계곡물이다. 물이 맑아 봐야 얼마나 맑겠냐고 생각할 수 있겠지만, 상상 이상으로 맑고 새파란 물을 볼 수 있다. 푸에르토 바라스 시내와는 완전히 다른 느낌의 자연을 만날 수 있으며, 길이 평탄하고 잘 정비되어 있어서 쉽게 둘러볼 수 있다. 매표소에서 표를 사고 들어가면 폭포를 볼 수 있는 페트로우에 폭포(Salto del Petrohue) 루트와 계곡을 볼 수 있는 로스 에나모라도스(Los Enamorados) 루트로 갈라진다. 하지만 공원이 크지 않아서 4~5시간 정도면 두 곳 모두 둘러볼 수 있다. 투어로도 갈 수 있지만, 로컬 버스를 타고 쉽게 다녀올 수 있다.

위치 로컬 버스(2,500페소)로 1시간 소요 **요금** 입장료 7,800페소(www.pasesparques.cl에서 입장권 사전 구매 필요)

추천 식당

푸에르토 바라스는 고급 휴양지라 전체적으로 음식값이 다른 관광지보다 비싸다. 하지만 가격이 비싼 만큼 좋은 재료를 쓰기 때문에 음식의 질과 맛이 좋다. 특히 바다에 가깝다 보니 해산물 요리는 칠레를 통틀어 최고 수준이다.

라스 부에나스 브라사스

Las Buenas Brasas

식당으로 들어가는 입구가 정원으로 꾸며져 있어서 들어갈 때부터 색다르다. 생선, 조개, 킹크랩 등의 다양하고 신선한 해산물 요리와 스테이크를 팔며, 식사 전에 남미에서 상상하기 힘든 서비스 메뉴가 나오기도 한다. 들어가는 길부터 분위기가 예쁘기 때문에 특히 커플에게 추천해 주고 싶다.

주소 San Pedro 543 **위치** 아르마스 광장 뒤쪽의 언덕 아래 **시간** 12:00~23:00 **홈페이지** www.lbb.cl

엘 메손

El Meson

고급 휴양지인 푸에르토 바라스에서는 보기 드문 로컬 식당으로 까수엘라, 메를루사 같은 칠레 로컬 음식을 맛볼 수 있다. 특히 까수엘라의 소고기가 환상적으로 부드럽다. 관광지라서 다른 지역의 로컬 식당보다는 비싼 편이지만 퀄리티가 좋다.

주소 Gramado 514 **시간** 월~토 11:00~15:30 / 일요일 휴무

카페 마웬

Cafe Mawen

아르마스 광장 바로 옆 호숫가에 있는 카페로 흰색과 붉은색으로 칠해진 나무 건물이 예쁘다. 커피, 케이크, 샌드위치, 샐러드 등의 간단한 먹거리를 판매한다, 호숫가 옆이라는 위치와 예쁜 건물이다 보니 여행자라면 한 번쯤 방문을 생각하게 되는 곳이다. 커피와 케이크 맛이 괜찮다.

주소 Santa Rosa 218 **시간** 08:00~20:00

푸두

Pudu

아르마스 광장에서 가까운 아이스크림 가게로 나무를 물고기 비늘처럼 붙이는 전통 양식을 이용한 파스텔 톤의 벽과 인테리어가 예쁘다. 각종 아이스크림, 케익과 음료를 파는데 칠레 여느 아이스크림 가게처럼 가격이 싸지는 않다.

주소 Santa Rosa 318 **시간** 09:00~20:00

돈데 엘 고르디또

Donde El Gordito

해산물 요리가 유명한 작은 식당으로 내부는 주인인 고르디또 아저씨가 모은(2024년 초에 돌아가심) 온갖 잡동사니가 가득해서 정신이 없다. 필자가 가 본 칠레의 수많은 해산물 식당들 중 재료의 질이 가장 훌륭한 곳이다. 특히 연어, 메를루사 등 생선의 크기와 신선도가 놀랍다. 추천 메뉴는 큼직한 연어 위에 해산물이 들어간 크림 소스를 올린 살몬 마르가리타(Salmon Margarita), 칠레식 조개탕 빠일라 마리나(Paila Marina), 게 집게 살이 듬뿍 들어간 추뻬 데 하이바(Chupe de Jaiva)다.

주소 San Bernardo 560 **시간** 12:00~16:00, 18:00~22:00

메사 트로페라

Mesa Tropera

아르마스 광장에서 호숫가를 따라 왼쪽으로 조금 걸어가면 선착장처럼 튀어 나온 나무 건물에 있는 곳이다. 신선한 해물로 피자, 샐러드, 파스타 등의 이탈리아 요리를 만드는데, 맛도 맛이지만 호수 위에 있는 식당이라 전망이 아주 멋있다. 디저트도 맛있다.

주소 Santa Rosa 161 **시간** 10:00~02:00 / 일요일 휴무

추천 숙소

푸에르토 바라스에는 예쁘고 아기자기하게 꾸며놓은 숙소가 많다. 물론 숙박비를 아끼기 위해 푸에르토 몬트에서 자고 버스를 타고 구경 올 수도 있겠지만, 푸에르토 바라스의 좋은 숙소에서 머무는 것을 추천한다. 호숫가에 있는 호텔은 모두 4, 5성급이며 시설과 전망이 좋다. 단, 성수기(12월 말~2월)에는 가격이 크게 오른다. 호스텔과 저가 호텔은 나무로 만든 건물을 사용하기 때문에 방음이 잘 안 된다.

호스텔 마르고우야

Hostel Margouya

이 지역의 여느 호스텔처럼 나무로 지은 작은집이다. 방이 꽤 넓고, 잔디가 깔린 넓은 정원이 있어서 편안하게 휴식을 취하기 좋다. 중심가 한가운데에 있어서 대형 마트 등 편의시설이 가깝다.

주소 Purisima 681 **가격** 도미토리 16,000~20,000페소, 더블 · 트윈 35,000~45,000페소 **홈페이지** mapatagonia.cl

호스텔 콤파스 델 수르

Hostel Compass del Sur

조용한 주택가에 있으며 화장실, 주방 등 내부 시설이 일반 호스텔보다 상당히 나은 편이다. 방도 큰 편이고 정원이 있어서 쉬기 좋다. 언덕에 있는 것이 단점이지만 중심가로 금방 갈 수 있으며 조용해서 좋다.

주소 Klenner 467 **가격** 도미토리 16,000~20,000페소, 더블 · 트윈 40,000~60,000페소 **홈페이지** compassdelsur.cl

호텔 푸에르타 델 라고

Hotel Puerta del Lago

성당 뒤쪽 언덕의 주택가에 있는 작은 3성급 호텔로 내부가 아주 깨끗하고 작은 공간을 구석구석을 잘 꾸며 놓았다. 큰 호텔보다 작고 아담한 호텔을 원한다면 좋은 선택이 될 것이다. 일행이 있다면 호스텔 비용에서 조금만 더 보태면 이용할 수 있다.

주소 Purísima 944 **가격** 더블 · 트윈 50~70달러

호텔 베야비스타

Hotel Bellavista

1908년에 처음 문을 연 4성급 호텔로 아르마스 광장에서 조금 떨어진 호숫가에 있다. 물론 100년 전 건물은 아니고 새로 지은 건물인데, 인테리어 곳곳에서 역사를 느낄 수 있다. 모든 방에서 호수와 오소르노 화산이 보이며 침구류와 소파 등 인테리어 소품의 퀄리티가 좋다. 호수 바로 앞에 있는 호텔이라 성수기와 비수기의 가격 차이가 아주 크다.

주소 Vicente Perez Rosales 60 **가격** 더블 · 트윈 90~180달러 **홈페이지** hotelbellavista.cl

호텔 카바냐 델 라고

Hotel Cabaña del Lago

푸에르토에서 가장 큰 4성급 호텔로 서쪽 언덕의 기슭을 따라 길게 지어져 있다. 역시 모든 방에서 호수와 칼부코 화산이 보이는데, 높은 층을 배정받으면 전망이 아주 훌륭하다. 부대시설이 좋아서 큰 실내 수영장, 자쿠지 등이 있다. 6층과 7층에 식당과 카페가 있는데 저녁에 가면 칼부코 화산에 비치는 붉은 석양과 푸에르토 바라스 시가지의 야경을 보면서 식사를 할 수 있고 가격도 별로 비싸지 않다.

주소 Klenner 195 **가격** 더블 · 트윈 120~190달러 **홈페이지** www.hotelcabanadellago.cl

푸에르토 몬트

Puerto Montt

푸에르토 몬트는 태평양을 마주 보고 있는 작은 항구 도시이다. 관광지가 아니라서 조그만 수산 시장인 앙헬모 시장(Mercado Angelmo) 외에 특별한 볼거리가 없다. 그런데도 이곳을 많은 여행자가 찾아오는 이유는 파타고니아로 내려가는 버스와 비행기가 출발하는 교통의 중심지이기 때문이다. 푼타 아레나스(Punta Arenas)까지 가는 국내선과 버스가 있고, 페리를 타고 바다 건너 칠로에섬(Isla Chiloe)으로 갈 수도 있다. 교통의 중심지라는 것과 관광지가 아니라서 물가가 싸다는 것 외에는 별 장점이 없는 작은 항구 도시이기 때문에, 하루를 머물게 된다면 푸에르토 몬트보다는 푸에르토 바라스에서 머무는 것을 추천한다. 푸에르토 바라스는 이곳에서 약 20km 정도 떨어져 있다.

• 푸에르토 몬트 드나들기 •

국내선 항공

산티아고와 푼타 아레나스, 푸에르토 나탈레스에서 푸에르토 몬트행 국내선이 운항한다. 파타고니아행 항공권은 성수기(12월 중순~2월)에는 최대한 빨리 사야 한다. 공항버스가 푸에르토 몬트 버스 터미널까지 운행하며 (3,000페소. 30분 소요), 택시(23,000페소. 25분 소요)를 이용할 수도 있다.

시외버스

버스 터미널에서 푸에르토 바라스행 시내버스(1,600페소. 15분 소요), 공항버스, 시외버스가 모두 출발한다. 산티아고와 바릴로체를 오가는 버스는 푸에르토 바라스와 동일한 버스 회사에서 운행한다(푸에르토 바라스 시외버스 p.255 참조). 바다 건너 칠로에(Chiloe)섬으로 가는 버스도 출발한다. 배에 버스를 싣고 바다를 건넌 후에, 그 버스가 그대로 섬 안에서 달린다. 케일렌, ETM, 크루스 델 수르에서 운행한다.

예상 소요 시간 및 운임

지역	소요 시간	요금
산티아고	14~15시간	23,000~30,000페소
발디비아	3시간~3시간 30분	10,000~14,000페소
오소르노	1시간 30분~2시간	3,500~5,000페소
푸콘	6시간~6시간 30분	18,000~20,000페소
앙쿠드(칠로에섬)	1시간 30분~2시간	6,000~8,000페소
카스트로(칠로에섬)	3시간~3시간 30분	8,500~12,000페소
바릴로체(아르헨티나)	6시간 30분~7시간 30분	35,000~45,000페소

앙헬모 시장
Mercado Angelmo

바닷가에 있는 작은 수산물 시장이다. 노량진 수산 시장 같은 규모를 기대해서는 안 되며, 발디비아의 어시장보다 조금 큰 정도이다. 가격은 산티아고, 발디비아에 비해 꽤 저렴하며, 시장 2층에 올라가면 꾸란또(Curanto) 같은 해산물 요리를 파는 식당이 많이 있다. 시내에서 걸어갈 수도 있지만, 택시를 타고 가는 것이 편하다. 큰 기대를 하고 가면 안 되는 곳이다.

위치 버스 터미널에서 합승 택시(1인당 약 1,000페소)로 약 10분 소요 / 도보로는 30~40분 정도 소요

추천 **식당**

푸에르토 몬트는 유명한 관광지가 아니다 보니 괜찮은 식당은 적지만 대신 가격은 저렴한 편이다. 괜찮은 식당은 렌히포(Rengifo) 거리 인근에 모여있다.

나나 바아몬데
Nana Bahamonde

푸에르토 몬트에서 해산물 요리가 가장 뛰어난 식당이다. 양념을 거의 쓰지 않은 해산물 요리를 많이 판매하는데 특히 굴, 홍합 같은 조개류 요리가 유명하다.

주소 Rengifo 917 **시간** 화~토12:00~15:30, 20:00~23:30, 일 12:00~15:30 / 월요일 휴무

라 네그라 피제리아
La Negra Pizzeria

푸에르토 몬트에서 피자가 가장 맛있는 것으로 유명한 곳이다. 치즈와 토핑을 아주 푸짐하게 올려서 화덕에 구운 피자를 저렴한 가격에 즐길 수 있다. 숙소로 배달도 가능하다.

주소 Los Cerezos 1322 **시간** 월~목 18:00~23:00, 금~토 13:00~24:00, 일 16:00~21:00

다 알레산드로
Da Alessandro

피자, 파스타는 물론 칠레식 해물 요리도 판매한다. 직접 만든 면과 해산물이 들어간 파스타가 괜찮은데, 많은 메뉴를 팔다 보니 전문 식당보다는 맛이 떨어진다.

주소 Rengifo 815 **시간** 월~금 12:30~16:00, 19:00~23:00, 토~일 12:30~24:00 **홈페이지** daalessandro.cl

추천 **숙소**

푸에르토 몬트에서 예쁜 숙소는 찾기 힘들며 도미토리가 있는 호스텔도 거의 없다. 저렴한 숙소는 대부분 오스페다헤(Hospedaje)라고 부르는 민박집이며 버스 터미널 위쪽 언덕에 있다. 중심가에는 호텔이 있는데 푸에르토 바라스에 비하면 상당히 저렴하다. 성수기에도 가격이 별로 오르지 않는다.

까사 페를라
Casa Perla

항구 뒤쪽 언덕길에 있는데 이 동네의 전통 양식으로 만들어진 목조 건물이 아담하다. 이 동네 저가형 숙소들이 다들 그렇듯이 내부는 시골 집처럼 소박하지만 깨끗하게 관리되고 있고, 잔디가 깔린 아담한 정원에서 쉴 수도 있다.

주소 Trigal 312 **가격** 도미토리 15,000~18,000페소, 더블 · 트윈 30,000~40,000페소

오스페다헤 파세오 리나레스
Hospedaje Paseo Linares

민박집치고는 상당히 규모가 크며 새 건물이라 깨끗하다. 시설은 괜찮은 편인데 버스 터미널에서 조금 많이 걸어야 한다.

주소 Linares 291 **가격** 더블 · 트윈 30,000~38,000페소

호텔 프레지던트 슈츠
Hotel Presidente Suites

4성급 호텔로 푸에르토 몬트 중심가에서 가장 좋은 호텔 중 하나이다. 방이 상당히 넓고 수영장 등 부대시설도 충실한 편이며 바다와도 가깝다.

주소 Diego Portales 664 **가격** 더블 · 트윈 100~120달러

푸에르토 나탈레스

Puerto Natales

푸에르토 나탈레스는 남미 최고의 풍경 중 하나인 '토레스 델 파이네(Torres del Paine)'를 보기 위한 거점 도시이다. 1년 내내 강한 바닷바람이 불고 나무로 만든 낮은 집이 늘어선 조그만 항구 도시인 푸에르토 나탈레스는 여행자가 몰려들면서 점점 관광 도시로 바뀌고 있다. 제법 큰 호텔이 생기고 있고 근사한 레스토랑과 카페도 많이 생겼다. 하지만 여전히 푸에르토 나탈레스는 파타고니아에 있는 작은 항구 도시의 분위기를 느낄 수 있고, 그 점이 이곳의 가장 큰 매력이다. 온몸을 흔드는 파타고니아의 강한 바람 속에서 바닷가를 거닐며 바다 너머 쓸쓸한 설산 위로 지는 석양을 바라보면, 긴 여행 끝에 세상의 끝까지 왔다는 것을 실감하게 될 것이다.

국내선 항공

라탐(LATAM)과 스카이(SKY) 항공에서 산티아고/푸에르토 몬트 ↔ 푸에르토 나탈레스행 비행기를 운항한다. 운항 스케줄은 시즌에 따라 다르며 항공편이 없는 날도 있다. 푸에르토 나탈레스로 직접 오는 이 구간의 항공권을 구하면 상당히 편하지만, 운항편이 얼마 안 되기 때문에 구하기 쉽지 않다. 이 항공편을 못 구한 여행자들은 푼타 아레나스 공항으로 도착하는데, 산티아고와 푸에르토 몬트에서 출발한다. 산티아고에서 출발할 경우 대부분의 비행기가 푸에르토 몬트 공항에 잠시 내렸다가 푸에르토 나탈레스나 푼타 아레나스로 간다. 성수기(12~2월)에는 파타고니아행 항공권을 구하기 힘들기 때문에 최대한 빨리 예약하는 것이 좋다.

시외버스

여행사, 숙소, 버스 터미널에서 동일한 가격으로 버스표를 살 수 있는데, 필요한 버스표를 숙소에서 한꺼번에 사는 것이 편리하다. 성수기에는 도착하자마자 필요한 버스표를 모두 사야 한다. 특히 우수아이아행 버스는 성수기에 좌석 구하기가 정말 힘들다. 만약 숙소를 예약했다면 숙소 측에 미리 이메일을 보내 원하는 일정의 버스표 확보를 요청할 수도 있다.

푼타 아레나스 & 토레스 델 파이네

푼타 아레나스 공항은 푼타 아레나스(8,000페소 / 3시간 소요)행 버스가 중간에 들르는데, 버스 수르(Bus Sur), 페르난데스(Fernandez) 등 여러 회사가 운행한다. 공항까지는 2시간 30분이 걸린다. 토레스 델 파이네행 버스는 성수기에는 아침과 점심(일반적으로 07:00와 12:00)에 출발하며 상당히 많은 회사가 운행한다(왕복 28,000~30,000페소 / 2시간 30분 소요). 비수기(4~11월)에는 보통 오전에만 운행한다.

엘 칼라파테 & 우수아이아

아르헨티나 엘 칼라파테(El Calafate)행 버스는 부스 수르(Bus Sur), 사아흐(Zaahj) 등 여러 회사가 운행한다. 보통 아침 일찍 출발하는데 성수기에는 오후 출발도 있다(34,000~44,000페소 / 6시간 소요). 우수아이아(Ushuaia)행 버스는 보통 푼타 아레나스까지 가서 갈아타거나, 푼타 아레나스로 가는 도로 중간에 내려서 우수아이아행 버스를 탄다(60,000~65,000페소 / 12~14시간 소요).

아르마스 광장
Plaza de Armas

푸에르토 나탈레스의 아르마스 광장은 다른 도시에 비하면 작지만, 아기자기하게 꾸며져 있다. 잔디와 나무 사이로 방사형으로 길이 만들어져 있고 한쪽에는 녹슨 증기기관차 모형이 있다. 광장 한쪽에는 나무로 지은 흰색의 대성당(Catedral, 카테드랄)이 서 있는데 아담한 크기이지만 푸에르토 나탈레스 시내에서 이 정도면 꽤 큰 건물이다. 아르마스 광장 인근 지역의 거리에 있는 쓰레기통은 서로 다른 만화 캐릭터 모양을 하고 있어서 하나씩 찾아보는 재미가 있다.

TIP

파타고니아(Patagonia)의 날씨

파타고니아는 사전적 의미로 남미의 남위 40도 이하의 지역을 말한다. 따라서 푸에르토 바라스와 바릴로체도 파타고니아에 속하지만, 바릴로체 같은 북부 파타고니아와 남부 파타고니아(푸에르토 나탈레스, 엘 칼라파테)의 기후와 환경이 다르기 때문에 보통 파타고니아라고 하면 남부 파타고니아를 의미한다. 파타고니아는 빙하와 바람으로 상징된다. 1년 내내 한랭한 기후와 자주 내리는 비, 강한 바람으로 인해 한여름에도 거대한 빙하를 볼 수 있고, 강한 바람을 타고 떠다니는 하늘의 구름과 함께 날씨도 수시로 변한다. 최근 몇 년 사이에 전 세계적인 기상 이변이 점점 심해지면서 여름철에는 덥고 바람이 불지 않는 날이 많아지고 있다.

푸에르토 나탈레스 부두
Puerto de Puerto Natales

도시의 서쪽 끝에는 태평양을 마주 보고 있는 부두가 있다. 푸에르토 나탈레스는 만을 따라 깊숙이 들어온 지역에 만들어진 도시라, 바다 건너편에는 눈 덮인 설산이 늘어서 있다. 강한 바람을 맞으며 부두를 산책하다 보면 나무로 만든 기둥만 남아 있는 오래된 선착장이 있는데 파타고니아의 쓸쓸한 분위기와 아주 잘 어울린다. 바닷가를 따라 잘 포장된 산책로가 만들어져 있고 중간중간 멋진 조형물도 있기 때문에, 푸에르토 나탈레스에 간다면 부두를 꼭 한 번 걸어 보자. 특히 휘어진 기둥에 팔을 펼친 사람이 매달린 형태의 '바람의 조형물(Escultura al Viento, 에스쿨투라 알 비엔토)'이 멋있다. 부두 앞으로 해가 지기 때문에 날씨가 나쁘지 않다면 아름다운 파타고니아의 석양을 볼 수 있다. 해가 질 때 꼭 부두에 나가 볼 것을 권한다.

예수상 십자가와 전망대
Cruz de Jesus y Mirador

푸에르토 나탈레스 버스 터미널 앞에 있는 넓은 산티아고 부에라스(Santiago Bueras) 도로 중간에는 잔디와 벤치가 있는 공원이 조성되어 있다. 공원 중앙에는 전동 드릴을 든 광부 모양으로 만든 광부 기념비, 모누멘토 알 미네로(Monumento al Minero)가 있다. 기념비에서 도로를 따라 조금만 시내 쪽으로 걸어가면 쇠파이프로 만든 특이한 형태의 예수상 십자가(Cruz de Jesus)가 서 있다. 어디서도 보기 힘든 특이한 형태의 십자가도 멋있지만, 이곳은 푸에르토 나탈레스 전체를 내려다볼 수 있는 멋진 전망대(Mirador)다. 날씨가 좋은 날에 이곳을 방문하면 파란 하늘과 어우러진 십자가와 함께 시원하게 펼쳐진 푸에르토 나탈레스의 전경을 볼 수 있다. 여행자들이 거의 모르는 곳이지만, 푸에르토 나탈레스 부두와 함께 필자가 가장 추천하는 곳이다

푸에르토 나탈레스 지역의
Tour

토레스 델 파이네 Torres del Paine

온 몸을 뒤흔드는 강한 바람, 티끌 하나 없이 깨끗한 하늘과 구름, 투명하게 맑은 하늘색 빙하 호수, 크리스털처럼 빛나는 빙하, 수직으로 치솟은 해발 약 3,000m의 거대한 바위산을 한 번에 만날 수 있다. 파타고니아를 대표하는 토레스 델 파이네는 우유니와 함께 남미 최고의 풍경을 만날 수 있는 곳이다.

토레스 델 파이네의 매력을 가장 잘 느낄 수 있는 방법은 3박 4일이 걸리는 'W 트레킹'이다. 하지만 최근 자연 보호를 위해 트레킹을 제한하기 시작하면서, 사전에 잘 준비해야만 트레킹을 할 수 있다.

W 트레킹은 완주할 경우 70km가 넘기 때문에 트레킹에 익숙하지 않거나 체력이 강하지 않다면 도전하기 쉽지 않다. 등산하는 것은 아니지만, 강한 바람이 부는 구간이 많고 수시로 비와 진눈깨비가 내리는 악조건 속에서 3박 4일간 산길을 걷는다는 것이 쉬운 일이 아니기 때문이다. 그래서 요즘에는 손쉬운 일일 투어를 통해 토레스 델 파이네를 구경하는 여행자가 점점 많아지고 있다.

사전 체크! 토레스 델 파이네 입장권 구매하기

TIP

2022년부터 토레스 델 파이네 입장권 구매 방법이 완전히 변경되었다. 예전에는 국립 공원 입구의 매표소에서 칠레 페소로 구매했지만, 이제는 방문 전에 인터넷으로 구매한 후 티켓을 출력하거나 캡처해서 가져가야 한다.

입장권 구매 방법

칠레 국립 공원 입장권 판매 홈페이지(www.pasesparques.cl)에 들어가서 파이네에 들어갈 날짜와 나오는 날짜, 국적, 생일, 전화번호, 이메일, 여권 번호, 비상 연락처(전화 & 이메일), 방문 목적, 여행사 투어 참가 여부 등 각종 정보를 입력해야만 구매가 가능하다.

체류 일정에 따라 달라지는 가격

예전에는 당일투어를 하건 W 트레킹을 하건 입장권 가격이 같았지만, 이제는 파이네에 1~3일만 있을 경우 32,400 페소, 4일 이상 체류할 경우에는 46,200 페소로 가격이 달라졌다. 모든 정보 입력 후 신용 카드로 결제해야 한다.

구매 시점

파이네 방문 하루 전에도 구매가 가능하지만 구매 홈페이지에 문제가 생기는 등 변수가 발생할 수 있기 때문에, 가능하다면 3~4일 전에는 구매를 하는 것이 좋다. 나탈레스에 도착한 후 W 트레킹을 할지 당일 투어를 할지 결정한다면, 결정 후 즉시 입장권을 구매해야 한다.

■ 토레스 델 파이네 일일 투어 Torres del Paine Day Tour

투어 버스를 타고 토레스 델 파이네의 남쪽 지역을 돌면서 호수, 빙하 등의 여러 포인트를 방문하게 된다. 파이네 남쪽 지역에는 노르덴스크홀드 호수(Lago Nordenskjold), 페오에 호수(Lago Pehoe) 등 여러 개의 빙하 호수가 있다. W 트레킹은 파이네와 빙하 호수 사이를 걷는 것인데 반해, 일일 투어는 빙하 호수 건너편에서 파이네를 바라보는 것이라 풍경이 완전히 다르다. 특히 국립 공원 밖에 있는 짙푸른 색의 토로 호수(Lago Toro), 노르덴스크홀드 호수와 페오에 호수 사이에 있는 그란데 폭포(Salto Grande) 등 W 트레킹 중에는 볼 수 없는 곳을 방문할 수 있다. 그래서 시간 여유가 충분하다면 W 트레킹과 일일 투어를 모두 하는 것도 좋은 선택이다.

투어 비용과 준비물

푸에르토 나탈레스의 여행사나 숙소에서 쉽게 예약할 수 있으며, 투어 비용은 38,000~42,000페소 정도다. 투어에는 차량과 가이드가 포함되어 있으며, 투어 예약 후 입장권을 홈페이지(www.aspticket.cl)에서 미리 구매해야 한다.

보통 오전 8시에 출발해 오후 6시쯤 돌아오는데, 점심은 미리 준비해서 가져가도 되고, 국립 공원 안에 있는 식당에서 사 먹을 수도 있다. 점심을 준비해서 간다면 쓰레기를 토레스 델 파이네에 남기지 않도록 특별히 주의하자. 날씨가 갑자기 나빠질 때도 많기 때문에 따뜻한 옷과 우비를 준비하는 것이 좋다. 일반적으로 비가 올 때는 바람이 강하게 불기 때문에, 우산보다는 우비를 가져가는 것이 낫다.

페오에 호수

토로 호수

그란데 폭포

도보 구간

투어 중 걷는 구간이 두 번 있는데 그란데 폭포와 그레이 빙하 전망대(Mirador Glaciar Grey)이다. 그란데 폭포를 갈 때는 차에서 내려 왕복 30분 정도 걷게 된다. 이때 그란데 폭포에서 오른쪽으로 조금만 걸으면 하늘색 노르덴스크홀드 호수와 파이네를 함께 볼 수 있는 환상적인 뷰 포인트가 있으니 절대 놓치지 말자. 그레이 빙하 전망대를 다녀올 때는 먼저 숲을 통과한 후 빙하 앞에 있는 그레이 호수(Lago Grey)를 따라 왕복 1시간 정도 걷게 된다. 자갈길을 따라 걷지만, 평지를 걷는 것이기 때문에 별 어려움은 없다. 호수 끝에 가면 호수에 떠 있는 유빙과 저 멀리 보이는 그레이 빙하를 볼 수 있는 곳이 있다.

TIP

토레스 델 파이네에서는 불조심!

2011년 12월, 토레스 델 파이네에서 최악의 참사가 발생했다. 이스라엘 여행자가 화장실에서 사용한 휴지를 야외에서 태우는 중(유대인의 풍습)에 불씨가 날려 대형 산불이 발생한 것이다. 바람이 워낙 강한 지역이고 비가 상대적으로 적게 내리는 여름 시즌에 발생하는 바람에, 산불은 2개월 넘게 토레스 델 파이네를 불태웠고 다음 해 3월 초가 되어서야 겨우 진화가 되었다. 이 산불로 5천만 평이 넘는 숲이 불에 탔고 국립 공원은 오랫동안 폐쇄되었다. 칠레 정부가 복구를 위해 많은 노력을 하고 있지만, 워낙 기후가 험해서 나무가 잘 자라지 않는 지역이다 보니 자연 복원은 아주 더디게 진행되고 있다. 화재를 일으킨 여행자에 대해 강력한 처벌을 요구하는 목소리가 높았으나, 당시 칠레 법으로는 벌금부과 밖에 할 수 없었다. 이 사건 이후 화기 사용에 대한 규제와 법이 크게 강화되어, 산장의 지정된 장소 외에선 절대 불을 사용할 수가 없다. 또한 담배뿐만 아니라 전자 담배도 국립 공원 전체에서 엄격하게 금지다. 담배를 피우거나 지정되지 않은 장소에서 화기를 사용하다 적발되면 엄청난 벌금(최소 50만 페소)이 부과되며, 만약 산불이 발생하면 불에 탄 면적에 따라 징역형까지 처해지는 것으로 법이 강화되었다. 따라서 지정된 장소 외에는 절대 취사를 해서는 안 되며, 국립 공원 내에선 절대 금연해야 한다. 아름다운 토레스 델 파이네를 보호하기 위해 불은 조심하고 또 조심하자.

■ W 트레킹

남미 최고의 풍경을 자랑하는 파이네의 매력을 100% 즐기기 위해서는, 파이네를 두 발로 직접 걷는 W 트레킹이 최고다. 모든 구간을 다 걷는다면 보통 3박 4일이 걸리며, 일부 구간을 건너뛰고 2박 3일로 진행할 수도 있다. 몇 년 전까지만 해도 W 트레킹은 산장을 미리 예약하지 않고 푸에르토 나탈레스에서 텐트 등의 캠핑 물품을 빌려 가기만 하면 할 수 있었다. 하지만 여행자 급증으로 자연 훼손에 대한 우려가 커지면서 2017년부터 산장을 미리 예약해야만 트레킹을 할 수 있게 규정이 크게 강화되었다. 문제는 성수기에는 토레스 델 파이네 안에 있는 산장을 예약하기가 정말 힘들다는 것이다. 그래서 미리 잘 준비하지 않으면 성수기에 트레킹을 하기 쉽지 않다. 국립 공원 입장 시 산장 예약 여부를 검사하기 때문에 예약 확인서를 반드시 지참해야 한다. 입장권은 미리 인터넷으로 구매해야 한다.

날씨와 최적의 트레킹 시즌

가장 트레킹하기 좋은 시즌은 따뜻하고 비가 적으며 낮이 긴 12~3월이다. 5~8월에는 모든 산장이 문을 닫고 낮이 짧으며 눈이 많이 내리기 때문에 트레킹이 힘들다. 9~10월에도 눈과 비가 많아서 트레킹이 쉽지 않다. 그리고 워낙 한랭한 지역이라 상대적으로 따뜻한 12~3월에 가더라도 밤에는 꽤 춥기 때문에, 침낭, 패딩 등의 보온용품을 잘 준비해야 한다.

TIP

W 트레킹 코스는 서쪽에서 동쪽으로

W 트레킹 코스는 서쪽에서 동쪽으로 가는 것이 기본이다. 즉, 1일 차에 그레이 빙하 전망대를 보고, 마지막 날에 라스 토레스 전망대를 본다. 반대 방향으로 할 수도 있지만, 이 방향으로 해야 대부분의 구간에서 바람을 등지고 걸을 수 있어서 트레킹이 훨씬 편하다. 토레스 델 파이네의 바람은 제대로 맞으면 건장한 성인 남자도 쓰러질 정도로 강력해서 바람의 방향이 중요하다.

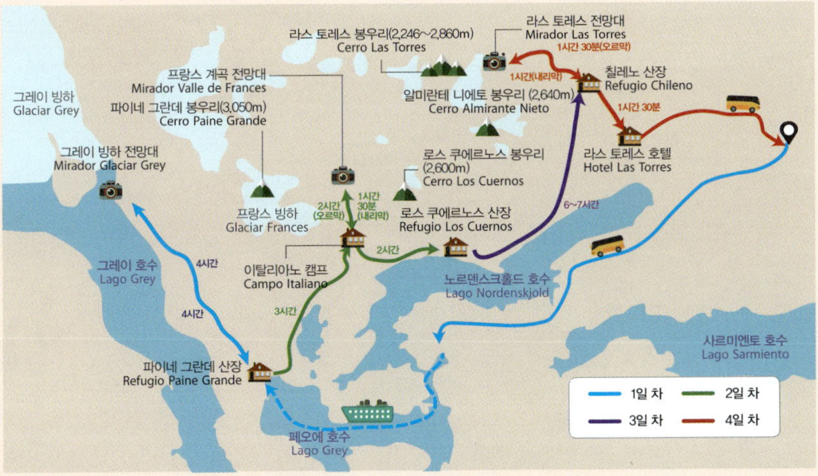

산장 예약

W 트레킹을 꼭 하고 싶다면 반드시 산장을 예약해야 한다. 산장에 따라 운영하는 회사가 다른데 파이네 그란데(Paine Grande)와 그레이(Grey) 산장은 베르티세 파타고니아(Vertice Patagonia), 그 외 산장은 라스 토레스(Las Torres) 홈페이지에서 예약할 수 있다. 일반적으로 9~4월까지 산장이 운영되지만, 일부 산장은 10월이 되어야 문을 연다. 따라서, 비수기인 5~10월 사이에 트레킹을 한다면 어떤 산장이 문을 여는지 홈페이지에서 확인한 후 트레킹 루트를 계획하자. 만약 원하는 날짜에 자리가 없다면 자주 사이트에 들어가서 취소되는 자리가 있는지 확인해야 한다.

홈페이지 베르티세 파타고니아 www.vertice.travel, 라스 토레스 www.lastorres.com

가격

산장마다 가격이 다른데 2022년부터 라스 토레스에서 운영하는 산장들의 가격이 크게 올랐다. 이에 따라 파이네 그란데와 다른 산장들의 가격이 2배 이상 차이가 난다. 파이네 그란데는 텐트 사이트(텐트는 본인이 준비) 14달러, 텐트 대여 46달러이며, 그 외 산장은 텐트 사이트 1인 70~90달러(2인 80~100달러), 텐트 대여 60~65달러이다. 산장(도미토리)는 파이네 그란데 65달러, 그 외 산장 185~207달러이다. 이미 설치된 텐트를 이용할 경우(파이네 그란데 외 산장) 190~200달러(2인 이용 시 210~220달러)이다. 식사는 한 끼에 30~65달러이고 세 끼가 모두 포함된 풀 보드(Full Board) 선택 시 100~130달러(점심은 런치 박스로 제공)다. 도미토리를 예약하더라도 침낭, 베개, 수건은 제공되지 않으며, 필요하면 추가 비용을 내야 한다(침낭과 베개 약 40달러). 숙박비는 인터넷 예약과 동시에 지불하며 숙박 30일 전까지는 무료 취소가 가능하다. 공용 화장실, 더운 물 샤워와 불을 피울 수 있는 주방이 제공된다.

트레킹 준비물

푸에르토 나탈레스에서 트레킹을 위한 모든 물품을 쉽게 빌릴 수 있다. 호스텔을 이용할 경우 숙소에서 빌리는 것이 가장 편하며, 호텔을 이용한다면 시내 중심가에 많이 있는 캠핑용품 대여점을 이용하면 된다. 텐트, 침낭, 버너, 코펠 등의 캠핑 장비와 등산복, 등산화 같은 물품도 빌릴 수 있다. 가격은 하루에 텐트가 6,000~9,000페소, 매트 & 침낭 5,000~7,000페소, 버너 & 코펠 4,000~6,000페소 정도다.

12~3월 성수기에는 산장은 물론이고 텐트 사이트도 구하기 힘들기 때문에, 최소 6개월 전에는 미리 예약을 해야 한다. 텐트가 아니라 산장에서 숙박을 하면 3박 4일 트레킹에 숙박비만 1인당 450~500달러가 들어간다. 더 이상 저렴하게 W 트레킹을 하기 힘들게 된 것이다. 비가 자주 오고 물이 고인 곳이 많기 때문에 신발은 반드시 방수되는 재질로 준비해야 하며, 방수와 방풍이 되는 등산용 바지와 재킷이 있으면 더 편하다.

식사 준비

대부분의 여행자는 비싼 산장의 식사를 이용하지 않고 식자재를 준비해 가서 만들어 먹는다. 하지만 중간중간 배낭을 메고 걷는 구간이 꽤 있기 때문에 최대한 무게를 줄이는 것이 좋다. 무거운 야채나 고기보다는 가루로 된 국이나 수프, 쌀이나 파스타 같은 식자재가 가볍다. 필자는 라면과 카레처럼 간단하게 조리할 수 있는 메뉴와 쌀을 준비하는 것이 가장 편했다. 단, 1일 차에 파이네 그란데(Paine Grande) 산장에서 숙박한다면 첫 날은 짐을 가지고 걷지 않기 때문에, 푸짐한 먹거리를 준비해도 된다.

아침은 보통 국이나 수프 같은 것으로 간단히 먹으며, 트레킹 중에는 불을 이용할 수 없기 때문에 점심은 빵, 말린 과일, 견과류, 쿠키, 초코바 같은 것을 준비하자. 산장에서 일부 간식을 팔지만, 상당히 비싸기 때문에 모든 간식은 푸에르토 나탈레스에서 준비하는 것이 좋다. 야생동물이 별로 없는 토레스 델 파이네의 물은 깨끗해서 그냥 마실 수 있기 때문에, 생수를 준비할 필요는 없다. 플라스틱 생수병 같은 물병 하나만 가져가면 된다.

산장 예약을 못 했다면?

TIP

성수기(12~3월)에는 몇 달 전에 산장 예약이 마감되어 예약이 힘들다. 미리 예약할 수 없었다면 대안이 있는데, 푸에르토 나탈레스 도착 후 산장을 운영하는 '베르티세 파타고니아'나 '라스 토레스'의 사무실에 가서 산장을 한 곳이라도 예약하면 일단은 국립 공원 입장이 가능하다. 그리고 나머지 예약을 못 한 곳은 산장에 도착한 후 자리가 나면 이용하면 된다. 이렇게 산장을 이용할 경우에는 도미토리 자리가 생길 가능성이 낮기 때문에 반드시 텐트를 가져가자.

단, 파이네를 한 바퀴 도는 써킷 트레킹(Circuit Trekking)을 할 경우에는 모든 숙소를 미리 예약하지 않으면 트레킹이 허용되지 않는다. 일부 여행자들은 산장 예약하지 않고 몰래 트레킹을 하는 경우가 있었는데, 이제는 본인이 가져온 텐트를 설치하기 힘들기 때문에 편법을 쓰기 힘들다.

주소 베르티세 파타고니아 사무실(Bulnes 100 & 1202), 라스 토레스 사무실(Bulnes 83) / 산장 운영 사무실은 일요일과 공휴일에는 문을 닫음

트레킹 일정

1일 차

푸에르토 나탈레스 → 토레스 델 파이네 국립공원 입구(매표소) → 푸데토 선착장 → 파이네 그란데 산장 → 그레이빙하 전망대 → 파이네 그란데 산장

일정 중 제일 쉬운 코스이다. 푸에르토 나탈레스를 출발한 버스가 국립 공원 입구에 도착(약 2시간 30분 소요)하면 사전에 인터넷에서 구매한 입장권을 체크받은 후 선착장인 푸데토(Pudeto)에서 내린다. 선착장에서 페리(27,000페소 / 약 20분 소요)를 타면 페오에 호수(Lago Pehoe)를 건너 파이네 그란데(Paine Grande) 산장으로 갈 수 있다. 파이네 그란데 산장은 W 트레킹 코스에 있는 산장 중 가장 크고 시설이 좋다. 산장에서 체크인 후 짐을 놔두고 그레이 빙하 전망대(Mirador Glaciar Grey)를 다녀온다. 그레이 빙하 전망대까지는 왕복 7~8시간이 걸리지만, 길이 평탄해 별로 힘들지 않다.

푸데토 선착장

페오에 호수

파이네 그란데 산장

그레이 빙하 전망대

로스 쿠에르노스 봉우리와 노르덴스크홀드 호수

2일 차

파이네 그란데 산장 → 이탈리아노 캠프 → 프랑스 계곡 전망대 → 로스 쿠에르노스 산장 또는 이탈리아노 캠프

가장 힘들지만 가장 멋진 풍경을 볼 수 있는 날이 2일차 일정이다. 파이네 그란데 산장에서 배낭을 매고 무료 캠핑장인 이탈리아노(Italiano) 캠프까지 간다(3시간 소요). 이 구간 중간에 계곡을 타고 아주 강한 바람이 불어오기 때문에 넘어지지 않도록 조심해야 한다.

이탈리아노 캠프에 도착하면 짐을 벗어두고(산에서 아무도 가져가지 않음) 프랑스 계곡 전망대(Mirador Valle Frances)까지 다녀올 수 있다(왕복 3시간 30분~4시간). 이 구간은 경사가 심하고 바람이 아주 강해서 W 트레킹 중 가장 힘든 코스이지만, 전망대의 바위 위에 올라서면 토레스 델 파이네의 봉우리들이 삼면에 펼쳐지는 환상적인 풍경을 볼 수 있다.

전망대를 다녀온 후 이탈리아노 캠프에서 자거나, 2시간 정도 걸어가면 있는 로스 쿠에르노스(Los Cuernos) 또는 프란세스(Frances) 산장에서 잘 수 있다. 단, 이탈리아노 캠프는 무료이기 때문에 화장실 외에는 그 어떤 시설도 없다. 로스 쿠에르노스와 프란세스 산장은 바로 앞에 노르덴스크홀드 호수가 있고 뒤에는 로스 쿠에르노스 봉우리가 있기 때문에, 가장 풍경이 멋진 산장이다. 체력이나 시간이 부족하다면 전망대를 포기해야 하는데, 그럴 경우 루트가 상당히 쉬워진다.

이탈리아노 캠프 이동 코스

프랑스 계곡 전망대

로스 쿠에르노스 산장

3일 차

로스 쿠에르노스 산장 또는 이탈리아노 캠프
→ 칠레노 산장

걷는 시간은 비교적 짧지만, 배낭을 메고 완만한 오르막을 계속 걸어야 하는 3일 차 일정이다. 중간에 갈림길이 하나 있는데 칠레노(Chileno) 산장으로 가려면 오르막길로 가야 한다(도보 6~8시간). 만약 호수를 따라가면 라스 토레스 호텔(Hotel Las Torres)로 가게 되므로 표지판을 잘 확인해야 한다. 깍아지른 계곡 속에 자리 잡은 칠레노 산장에 도착하면 일정이 끝난다. 칠레노 산장에 자리가 없을 경우 오르막을 올라가지 않고 호수를 따라 계속 걸어가서 라스 토레스 호텔 인근에 있는 센트랄 이 노르테(Central y Norte) 산장을 이용할 수도 있다.

칠레노 산장

트레킹 루트

라스 토레스 전망대

4일 차

칠레노 산장 → 라스 토레스 전망대 → 칠레노 산장 → 라스 토레스 호텔 → 국립 공원 입구 → 푸에르토 나탈레스

힘든 날은 아니지만 뾰족한 세 개의 봉우리를 볼 수 있는 라스 토레스 전망대(Mirador Las Torres)로 올라가는 마지막 언덕이 아주 가파르다. 1시간 가까이 급경사를 올라가야 하기 때문에 간식을 충분히 가져가는 것이 좋다. 전망대를 다녀온 후 칠레노 산장에서 짐을 찾아서 라스 토레스 호텔로 내려온다. 호텔 근처에서 '서비스 버스(Service Bus)'라고 부르는 국립 공원 입구까지 가는 승합차(4,500페소, 15분 소요)를 탈 수 있다. 국립 공원 입구에 내리면 푸에르토 나탈레스로 돌아가는 버스를 탈 수 있는데, 푸에르토 나탈레스에서 버스표를 살 때 돌아가는 버스 스케줄을 반드시 확인하자. 체력에 자신이 없거나 시간이 부족하다면 시간이 많이 걸리는 그레이 빙하 전망대와 오르막이 험한 프랑스 계곡 전망대를 뺄 수도 있다. 빙하 호수들과 쿠에르노스 봉우리 사이를 걷는 2일·3일 차 코스가 W트레킹 중 가장 아름답기 때문이다. 간혹 이 중간 코스를 빼고 1일·4일 차 코스만 걷는 사람들이 있는데 정말 바보 같은 선택이다.

추천 식당

파타고니아의 목장에선 주로 양을 키우기 때문에 질이 좋은 양고기를 맛볼 수 있다. 아르헨티나도 마찬가지이지만, 파타고니아의 양고기는 특유의 냄새가 거의 안 난다. 그래서 양고기에 대해 거부감이 있던 사람도 맛있게 양고기를 즐길 수 있다. 해물은 냉동 상태로 유통되기 때문에 일반적으로 고기 요리가 나은 편이다.

라 피카다 데 카를리토스

라 피카다 데 카를리토스
La Picada de Carlitos

나탈레스에서 식당 딱 한 곳만 추천하라고 하면 필자는 이곳을 선택한다. 예전에는 다른 식당에 비해 상당히 비싼 편이었지만, 지난 10년간 가격이 크게 안 올라서 가성비가 괜찮은 식당이 되었다. 출레따 등 고기 요리가 괜찮으며 양도 푸짐하다.

주소 Blanco Encalada 432 **시간** 12:00~23:00

마사이
Masay

커다란 샌드위치로 유명한 식당으로 가격이 저렴하다. 샌드위치는 어떤 재료를 넣는가에 따라 다양하게 선택할 수 있는데, 아보카도(Palta, 빨따)와 고기가 들어가고 치즈(Queso, 께소)가 흘러내리는 샌드위치를 추천한다.

주소 Manuel Bulnes 407 **시간** 수~월 11:00~23:00 / 화요일 휴무

나폴리 피제리아
Napoli Pizzeria

화덕에 요리한 얇은 이탈리아식 피자가 유명한 식당으로 파스타도 판매한다. 피자가 나탈레스의 다른 식당들에 비해 저렴한 편이고 맛도 좋아서 필자가 즐겨 찾는 곳이다.

주소 Arturo Prat 92 **시간** 월 · 수~토 12:00~15:00, 19:00~24:00, 일 18:00~24:00 / 화요일 휴무

메시따 그란데
Mesita Grande

아르마스 광장 바로 옆에 있는 피자 전문점이다. 피자 메뉴가 상당히 많은데, 과나코, 연어 등 독특한 재료를 넣은 피자들도 인상적이지만, 가게 이름처럼 커다란 테이블에 손님들이 함께 앉는 것이 특이하다. 샐러드, 파스타와 다양한 후식도 판매한다.

주소 Arturo Prat 196 **시간** 월~토 13:00~22:00, 일 13:00~20:00

올라스테
Holaste

원목을 이용한 따뜻한 인테리어가 편안한 카페로 제대로 만든 핸드드립 커피를 저렴한 가격에 즐길 수 있다. 원두의 질, 커피의 맛 모두 나탈레스에서 가장 훌륭하며, 한국의 웬만한 핸드드립 전문점보다 나은 수준이다. 커피를 좋아한다면 반드시 들러 보자.

주소 Carlos Bories 385 **시간** 월~금 08:30~18:00, 토·일 08:30~16:00

폴로 수르 꼬미다 치나
Polo Sur Comida China

2024년 초에 오픈한 중국 식당이다. 중국 남방식 조리법이라 마라의 맛이 강하지는 않지만, 제대로 볶아서 불맛이 나는 고기 요리와 시원한 콩나물 국물 맛이 일품인 소빠 데 까르네(Sopa de Carne) 등 모든 음식들이 만족스러운 맛을 낸다. 뜨끈한 국물과 밥이 그립다면 잎차를 우려낸 중국 차와 함께 음식을 즐겨 보자.

주소 Manuel Bulnes 997 **시간** 월~토 11:30~23:00 / 일 12:00~22:00

초콜라테리아 파타고니아 둘세
Chocolateria Patagonia Dulce

케이크, 수제 초콜릿 등의 다양한 디저트로 유명한 카페이다. 커피와 핫초코가 맛이 괜찮고, 샌드위치와 수프도 있다. 원목색을 그대로 살린 건물과 인테리어도 깔끔하다. 쌀쌀한 날씨에 따뜻하고 달콤한 것이 먹고 싶을 때 찾으면 좋다.

주소 Barros Arana 233 **시간** 화~일 13:00~19:30 / 월요일 휴무

메시따 그란데

추천 숙소

대부분의 숙소가 목조 건물이라 방이 좁고 엘리베이터가 없으며 방음이 안 된다. 푸에르토 나탈레스는 호텔보다 호스텔이 많았는데, 최근 단체 관광객이 늘면서 호텔이 급속히 늘어나고 있다. 하지만 일부를 제외한 대부분의 호텔은 호스텔과 큰 차이가 없다. 성수기에는 엄청난 수의 여행자들이 몰려들기 때문에 평가가 좋은 숙소는 미리 예약해야 한다. 전체적으로 성수기와 비수기의 가격 차이가 크다.

코너 호스텔
Corner Hostel

원목으로 덮인 외벽과 그림이 인상적인 호스텔이다. 시설은 기본적이지만 상당히 깨끗하게 관리되고 있고, 정원에는 배 모양으로 만들어진 단독 아파트가 있다.

주소 Miraflores 798 **가격** 도미토리 15,000~20,000페소, 더블 · 트윈 40,000~55,000페소

호스텔 라스트 호프
Hostel Last Hope

역시 최근에 문을 연 호스텔로 방과 화장실은 평범하지만 식당 같은 공용 공간이 넓으면서 나무, 양가죽 등 자연 재료를 활용한 인테리어가 멋있다. 시간 여유가 있다면 호스텔의 마스코트 강아지 알멘드라(Almendra)와 함께 즐거운 시간을 보낼 수 있다.

주소 Arturo Prat 499 **가격** 도미토리 18,000~22,000페소, 더블 · 트윈 40,000~50,000페소

호스탈 릴리 파타고니코
Hostal Lili Patagonico

우리나라 배낭여행자가 많이 찾는 곳으로, 호스텔 치고는 상당히 규모가 크다. 시설은 평균적이지만 건물이 크다 보니 공간 여유가 있다. 하지만 아기자기한 호스텔을 원한다면 피하는 것이 좋다.

주소 Arturo Prat 479 **가격** 도미토리 17,000~21,000페소, 더블 · 트윈 40,000~45,000페소 **홈페이지** lilipatagonicos.com

호스텔 라스트 호프

야간 하우스
Yagan House

푸에르토 나탈레스의 호스텔 중 가장 평가가 좋은 편이다. 화가인 여주인이 직접 디자인한 내부 시설과 인테리어가 독특하고, 침구류와 화장실은 웬만한 이 동네 호텔보다 낫다. 방은 몇 개 없는데 워낙 인기가 좋다 보니 성수기에는 방을 구하는 것이 힘들다. 내부가 예쁘기 때문에 커플이 머물기 좋은 숙소이다. 호스텔치고 비싸지만 돈값을 충분히 한다.

주소 O'Higgins 584 **가격** 도미토리 22,000~27,000페소, 싱글 35,000~40,000페소, 더블 · 트윈 45,000~55,000페소 **홈페이지** yaganhouse.cl

호텔 아예프
Hotel Hallef

몇 년 전에 문을 연 3성급 호텔로 목조 건물 외부에 채광창을 길게 만들어 톡톡한 느낌을 준다. 방은 크지 않지만 상당히 깨끗하다. 엘리베이터는 없다.

주소 Eleuterio Ramírez 604 **가격** 더블 · 트윈 90~100달러, 트리플 110~120달러 **홈페이지** hallef.cl

호텔 코스타 아우스트랄리스
Hotel Costa Australis

바닷가에 있는 4성급 호텔로 근처에 있는 인디고 호텔(Indigo Hotel)과 더불어 푸에르토 나탈레스에서 가장 큰 호텔이다. 내부는 나무와 양털 등 파타고니아의 자연 소재를 활용해 고급스럽게 꾸며져 있고 방과 화장실이 넓다. 특히 바다가 보이는 방에서는 바다로 지는 석양을 볼 수 있다. 하지만 성수기에는 상당히 비싸면서 예약이 힘들다. 비수기에 여행 비용에 여유가 있는 사람이라면 머물만하다.

주소 Pedro Montt 262 **가격** 더블 · 트윈 150~300달러 **홈페이지** hotelcostaustralis.com

이스터섬

Easter Island

스페인어로 파스쿠아섬(Isla de Pascua)이라고 불리는 이스터섬은 칠레 산티아고에서 비행기로 5시간이나 걸리는 조그만 외딴 섬이다. 남태평양의 아름다운 바다와 드넓은 초원과 함께 이스터섬을 유명하게 만든 것은 모아이(Moai) 석상이다. 길이가 10km를 조금 넘는 섬 안에 거대한 석상 수백 개가 있다. 초점 없는 눈과 굳게 다문 입술로 수백 년 동안 먼바다를 바라보고 있는 모아이 석상은 왠지 모를 신비로움과 몽환적인 느낌을 준다. 이스터섬은 1년 내내 온화한 날씨지만 비가 자주 오는 편이다. 바다 한가운데 있는 섬이다 보니 밤하늘에 구름이 없다면 멋진 별을 즐길 수 있다. 섬을 왕복하는 데만 이틀이 걸리기 때문에 일반적으로 4~5일 정도의 일정으로 방문한다. 단 6~9월은 우기여서 비가 자주 내리기 때문에 이 시기를 피해서 방문하는 것이 좋다.

• 이스터섬 드나들기 •

항공

라탐 항공이 유일하게 리마↔이스터섬, 산티아고↔이스터섬을 운항한다. 가격은 여름 성수기와 비수기의 차이가 크며 왕복 300~800달러 정도다.

공항에서 앙가 로아 마을로 이동

공항에서 앙가 로아(Hanga Roa) 마을은 걸어서 15분 정도밖에 안 걸린다. 사실 대부분의 여행자가 숙소를 미리 예약하고 이스터섬으로 오기 때문에 일반적으로 숙소에서 픽업을 나온다.

이스터섬 내 이동

자전거, 스쿠터, ATV, 렌터카 등 다양한 교통수단을 빌릴 수 있으며, 앙가 로아 마을에서 쉽게 빌릴 수 있다. 자전거는 하루에 15,000~20,000페소, 스쿠터는 35,000~45,000페소, 렌터카는 저렴한 차가 60,000~80,000페소 수준이다. 일일 투어를 한다면 투어 비용이 1인당 50,000~80,000페소 정도로 상당히 비싸기 때문에, 대부분의 여행자들이 교통수단을 빌려서 섬을 여행한다.

라파누이 국립 공원
Parque Nacional Rapa Nui

이스터섬 전체가 국립 공원이기 때문에 입장권을 반드시 사야 한다. 입장권은 공항이나 오롱고(Orongo) 분화구 등의 매표소가 있는 곳에서 살 수 있다(54,000페소 또는 80달러). 입장권의 유효 기간은 10일인데 라노 라라쿠(Rano Raraku)와 오롱고 분화구는 한 번만 입장할 수 있다.

오롱고
Orongo

섬의 남서쪽에 있는 오롱고에서는 매년 마을의 전사들이 바다에 있는 인근 섬으로 헤엄쳐 건너가 새의 알을 누가 먼저 가져오는지 겨루는 행사가 벌어졌다고 한다. 오롱고의 해안에는 새의 형상을 본뜬 모형 1,500여 개가 새겨져 있는데 의례에 관련된 유적으로 생각되고 있다. 여행자들에게는 이런 역사적 의미보다는 태평양이 보이는 멋진 분화구의 풍경으로 유명한 곳이다.

아우 통가리키
Ahu Tongariki

섬의 남동쪽에 있는 아우 통가리키에는 섬에서 가장 많은 15개의 모아이 석상이 모여 있다. 폭이 약 100m에 달하는 대형 제단 아우(Ahu)도 인상적이다. 일출이 멋진 곳으로 유명하다.

라노 라라쿠
Rano Raraku

아우 통가리키의 서쪽에는 모아이를 만들던 라노 라라쿠(Rano Raraku)가 있다. 만들어지다가 중단된 모아이도 있고 운반 도중 버려진 것들도 있는데 약 400개의 모아이가 있다. 가장 큰 모아이인 엘 히간테(El gigante)는 길이가 21.6m, 무게가 180t에 달한다.

아나케나 해변
Playa Anakena

섬의 북쪽에 있는 해변으로 야자수와 함께 모자를 쓴 모아이가 있다. 이스터는 대양 한가운데 있어서 전체적으로 파도가 강한데, 육지 안쪽으로 들어온 지형이라 물놀이를 즐기기 좋다. 해변 근처에 캠핑장도 있다.

추천 식당

운송비가 비쌀 수 밖에 없는 곳이라 음식값이 비싸다. 비용을 줄이고 싶다면 미리 식자재를 사서 가져가는 것이 좋다. 산티아고와 이스터섬을 오가는 비행기는 국내선이라 식자재 반입이 자유롭다. 단, 페루 리마에서 출발할 경우 국제선을 타는 것이기 때문에, 고기, 야채 등의 신선 식품은 반입이 불가능하다.

클럽 샌드위치
Club Sandwich

이름 그대로 샌드위치가 메인인데 칠레식 샌드위치라 크기가 크고 내용물이 풍성하다. 간단한 칠레식 핫도그, 엠빠나다도 팔고 감자 칩과 고구마 칩도 맛있다. 육지의 식당과 큰 가격 차이가 안 나기 때문에 이스터섬에서 가성비가 가장 좋은 식당 중 하나다.

주소 Hanga Roa 시간 12:00~24:00

테 모아이 선셋
Te Moai Sunset

바닷가에 위치한 근사한 외관의 식당으로, 이름 그대로 식당에서 선셋을 볼 수 있다. 해산물이 주메뉴이며 가격은 다소 비싸지만, 이스터섬이라는 특성과 멋진 전망을 고려하면 그렇게 비싸다고 할 순 없다.

주소 Miru 시간 월~토 12:30~17:00, 18:30~23:00, 일요일 휴무

엠빠나다스 티아 베르타
Empanadas Tia Berta

엄청나게 큰 튀긴 엠빠나다로 유명한 집이다. 칠레 엠빠나다가 다른 나라보다 원래 큰지만 이 식당은 지나칠 정도로 크다. 생선과 고기 요리도 파는데, 가격이 싸진 않지만 푸짐하다.

주소 Atamu Tekena 시간 월~토 10:00~22:00 / 일요일 휴무

타타쿠 바베
Tataku Vave

바닷가에 자리한 해산물 전문 식당으로, 식당 주변에 넓은 초원이 있어서 분위기가 한가롭다. 세비체, 생선구이 등의 다양한 해산물 요리와 함께 석양을 즐길 수 있다. 위치가 위치인만큼 가격대가 높지만, 그렇다고 크게 부담스러운 정도는 아니다.

주소 Caleta Hanga Piko 시간 월~토 12:00~22:30 / 일요일 휴무

마코나
Makona

해산물 요리 전문 식당으로 해산물의 질이 좋다. 빠일라 마리나, 세비체, 참치구이 등 칠레식 해산물 요리가 있다. 바닷가 바로 앞에 있는 식당보다는 조금 저렴하고 푸짐한 편이다.

주소 Atamu Tekena 시간 월~토 12:30~17:00, 18:00 ~23:30 / 일요일 휴무

넵튠 아일랜드 레스토랑
Neptune Island Restaurant

사이판이나 괌 같은 곳에 있는 관광객 식당처럼 원주민 복장을 한 댄서가 공연을 한다. 해산물과 고기 요리를 파는데 맛은 나쁘지 않은 정도다. 관광객용 공연 같은 것을 좋아한다면 가 볼 만하다.

주소 Policarpo 시간 12:00~23:00

추천 숙소

육지에서 워낙 멀고 외딴 곳이다 보니 숙소는 전체적으로 비싸면서 시설은 떨어지는 편이다. 날씨가 온화하기 때문에 저렴한 캠핑을 선택하는 사람들이 많은데, 비가 자주 오기 때문에 날씨 운이 나쁘면 캠핑이 불편할 수 있다.

호스탈 라 카사 델 코리
Hostal La Casa del Kori

시설은 평범하지만 이스터섬의 호스텔 중에 상당히 관리가 잘되고 있어서 깨끗하다. 침구류가 깨끗하고 주방이 넓고 조리 시설이 좋다. 머물기 무난한 곳이다.

주소 Simon Paoa **가격** 도미토리 22,000~28,000페소, 더블 · 트윈 60,000~70,000페소

호스탈 비에로토
Hostal Vieroto

바다 바로 옆에 있고 넓은 풀밭과 야자수가 있어서 운치가 있다. 방이 넓지도 시설이 좋지도 않지만, 자연 그대로의 분위기를 느낄 수 있다는 것 하나로 높은 점수를 줄 수 있다.

주소 Policarpo Toro **가격** 더블 · 트윈 45,000~55,000페소

캠핑 티파니에 모아나
Camping Tipanie Moana

방이 아주 작고 시설도 정말 기본적인 것만 있지만, 깨끗하게 관리되고 있다. 이스터섬에선 절대 볼 수 없는 싼 가격이 가장 큰 장점이다. 이 가격에 좋은 시설은 절대 기대하지 말자. 주머니가 가벼운 여행자들이 선택하는 곳이다.

주소 Tu'u Koihu **가격** 도미토리 13,000~14,000페소, 텐트 16,000~18,000페소, 더블 · 트윈 26,000~40,000페소

호스탈 토히카
Hostal Tojika

바다 바로 앞에 있는 숙소로 전망이 아주 시원하고 나무, 꽃 등의 자연 재료로 장식한 인테리어와 화려한 색감의 침구류도 훌륭하다. 워낙 인기가 좋아서 성수기에는 방을 구하기 힘든 곳인데, 시설에 비해 가격이 다소 비싸다.

주소 Apina **가격** 도미토리 26,000~30,000페소, 더블 · 트윈 68,000~100,000페소

카바냐스 모레라바
Cabañas Morerava

넓은 초원 위에 기하학적인 형태의 아주 독특한 원목 건물이 늘어서 있는 숙소이다. 내부가 넓거나 시설이 좋지는 않지만, 독특한 외관만으로도 한 번쯤은 머물러보고 싶게 만든다. 각이 지고 기울어진 건물 외관 때문에 공간 활용이 좋지는 않지만 상당히 깔끔하게 관리되고 있다.

주소 Vai Kia Kia **가격** 2인 120~130달러, 3인 150~170달러, 4~6인 190~250달러

호텔 푸쿠 바이
Hotel Puku Vai

공항에서 가까운 호텔로 넓은 정원과 수영장이 인상적이다. 시설은 육지의 호텔에 비교할 수 없는 수준이지만, 이스터섬에서는 상당히 좋은 편이다. 물론 이스터섬의 호텔이니 가격은 비싸다.

주소 Hotu Matua **가격** 더블 · 트윈 200~240달러

아르헨티나
Argentina

- 부에노스 아이레스 Buenos Aires
- 바릴로체 Bariloche
- 칼라파테 Calafate
- 엘 찰텐 El Chalten
- 우수아이아 Ushuaia
- 푸에르토 이과수 Puerto Iguazu
- 멘도사 Mendoza
- 살타 Salta

남미에서 브라질에 이어 두 번째로 큰 국가인 아르헨티나에서는 다양한 스타일의 매력적인 여행지들을 만날 수 있다. 북서부는 칠레 북부처럼 사막 기후이며 북동부에는 이과수로 대표되는 울창한 열대 우림이 있다. 중부는 거대한 팜파스 평야에서 밀, 콩, 축산물 등이 풍부하게 생산되며, 이를 유럽 등지로 수출하기 위해 부에노스 아이레스 같은 항구 도시가 대서양 연안 지역에 개발되었다. 안데스 산맥을 따라 와인의 산지인 멘도사, 아름다운 호수와 설산 그리고 푸른 숲이 어우러진 바릴로체를 만날 수 있고, 최남단에는 대자연이 그대로 살아 있는 파티고니아가 있다. 이탈리아, 독일, 스위스 등 유럽계 이민자들이 국민의 대다수를 차지하고 있기 때문에 문화적인 면에서 유럽의 영향이 강하게 느껴진다. 먹거리는 다른 나라에 비해 상당히 단순한 편이지만 아르헨티나의 소고기는 저렴하면서 세계 최고 수준의 맛과 질을 자랑한다.

아르헨티나
기본 정보

수도 부에노스 아이레스(Buenos Aires)
인구 4,732만 명(2024년 기준)
면적 277만km^2(남한의 약 28배)
언어 스페인어
1인당 GDP 12,933달러(2024년 기준)
통화 페소(Peso)
1USD = 약 1,400페소
1페소 = 약 1.1원(2026년 초 기준)
전압 220V, 50Hz(콘센트 형태가 우리나라와 완전히 달라 멀티 어댑터 필수)
시차 한국보다 12시간 느림(수도 기준)
긴급 전화 구급 107, 경찰·화재 911

아르헨티나 공휴일

1월 1일	신정
2~3월 중	카니발(매년 다름. 2일간)
3월 24일	진리와 정의에 대한 추모 기념일
4월 2일	말비나스 전쟁 전몰자 추념일
4월 중	부활절(매년 다름)
5월 1일	노동절
5월 25일	혁명 기념일
6월 17일	구에메스 장군 서거일
6월 20일	벨그라노 장군 서거일
7월 9일	독립 기념일
8월 19일	산 마르틴 장군 서거일
10월 14일	다문화 존중의 날(아메리카 대륙 발견일)
11월 18일	주권 회복 기념일
12월 8일	성모 수태일
12월 25일	성탄절

기후

워낙 국토가 크고 칠레에 버금가게 길다 보니 지역에 따라 기후가 극과 극이다.

• 북부

살타(Salta), 후후이(Jujuy) 등의 북서부 지역은 사막 기후로 1년 내내 덥고 건조하다. 이에 반해 같은 북부지만 푸에르토 이과수(Pueto Iguazu)가 있는 북동부 지역은 1년 내내 덥고 습한 열대 우림으로 극과 극의 기후를 가지고 있다.

• 중부

부에노스 아이레스(Buenos Aires)가 있는 대서양 연안은 여름(12~2월)에는 아주 덥고, 겨울(6~8 월)에는 온화하지만 비가 많이 온다. 위도는 비슷하지만, 산과 바다 사이에 있어서 상대적으로 기온 변화가 크지 않은 산티아고와 달리, 한여름에는 기온이 40도 가까이 오르고 습도가 아주 높다.

안데스산맥 아래 위치한 멘도사(Mendoza)는 부에노스 아이레스와 위도와 기온이 비슷해서 여름에는 아주 뜨겁다. 하지만 습도가 낮고 비는 훨씬 적게 오는 편이다.

• 중남부 산악 지역

아르헨티나 최고의 휴양지로 유명한 바릴로체(Bariloche), 산 마르틴(San Martin) 등의 중남부 산악 지역은 여름에는 덥지 않고 온화하며, 겨울에는 춥지만 눈이 많이 내리기 때문에 스키를 타러 오는 인파로 엄청나게 붐빈다.

• 남부 파타고니아

최남단 칼라파테(Calafate), 우수아이아(Ushuaia) 등 남부 파타고니아 지역은 한랭한 기후로 여름에도 해가 지면 서늘하다. 겨울은 영하 3~7도 정도로 아주 춥지는 않지만, 교통편 운행이 크게 줄어들기 때문에 여행하기 불편하다.

역사

• 독립과 혼란

1810년 아르헨티나 출신의 남미 독립 전쟁의 영웅 산 마르틴(San Martin)에 의해 5월 혁명이 일어나면서 독립의 불씨를 댕겼고, 1816년 7월 9일 완전한 독립을 쟁취하였다. 독립 이후 중앙 집권주의자와 지방 분권주의자들이 격렬하게 대립하면서 심각한 내전과 혼란에 휩싸였고, 후안 마누엘 데 로사스(Juan Manuel de Rosas)의 20년이 넘는 독재와 브라질과의 전쟁 등으로 오랜 진통을 겪은 후 1860년대가 되어서야 혼란이 진정되었다.

• 원주민 학살과 영토 확장

원래 아르헨티나의 영토는 지금의 절반에 미치지 못했으나 독립 이후 영토를 확장하면서 과라니(Guarani)족, 마푸체(Mapuche)족 등의 원주민을 대량으로 학살하였다. 원주민을 죽이거나 몰아낸 이후 비백인계의 이민은 거부하고 유럽 등지의 백인 이민자만 받아들여 정복 지역으로 이주시켰다. 이러한 학살과 이민 정책으로 인해 지금도 아르헨티나에는 원주민 비율이 아주 낮아서 정치적으로 영향력을 행사하지 못하고 있으며, 전체 인구의 95% 이상이 백인으로 분류된다.

• 짧았던 황금기

크게 확장된 국토에서 생산되는 농축산물을 제1차 세계 대전이 발발한 유럽에 대량으로 수출하면서 한때 세계에서 가장 부유한 나라로 불리는 황금기를 누렸다. 하지만 황금기는 아주 짧았고 1930년대 세계 경제 대공황이 시작되면서 경제적으로 큰 혼란에 빠졌다. 거기에 군부의 쿠데타도 연이어 발생하면서 또 다시 아르헨티나는 수렁으로 빠져들었다.

• 후안 페론과 에바 페론

1946년 육군 대령으로 쿠데타에 가담했던 후안 페론(Juan Peron)이 집권하면서 노동자와 빈곤층을 위한 무상 복지 등 빈민 구제 정책을 펼쳐서 큰 인기를 얻었다. 여배우 출신으로 파티에서 후안 페론을 만나 결혼한 에바 페론(Eva Peron)은 적극적으로 정치 활동을 하면서 퍼스트레이디 이상의 역할을 했으나, 1952년 자궁암으로 33세에 사망했다. 후안 페론은 페로니즘(Peronism)이라는 단어를 탄생시킬 정도로 적극적인 부의 재분배 정책을 통해 대중의 지지를 얻었으나, 농축산물 등 1차 산업에만 의존하는 아르헨티나의 경제 구조는 그러한 정책을 제대로 뒷받침할 수 없었고, 경제는 점점 나락으로 떨어졌다. 결국 1955년 쿠데타가 발생하면서 후안 페론은 축출되고 다시 정치적 혼란이 시작되었다.

• 더러운 전쟁과 경제적 혼란

1976년 쿠데타로 집권한 호르헤 비델라(Jorge Videla)가 좌익 게릴라 조직인 몬토네로스(Monto-neros)를 제거한다는 명목으로 이른바 '더러운 전쟁(Guerra Susia)'을 일으켰다. 이 암흑기 동안 3만 명이 넘는 사람들이 정치적 이유로 살해되거나 실종되었고, 경제는 계속 추락하기만 하였다. 아르헨티나 군부는 인기를 만회하기 위해 1982년 영국과의 포틀랜드(아르헨티나에서는 포틀랜드를 '말비나스 (Malvina)'라고 부른다) 전쟁을 일으켰으나 패배하였고, 다음 해인 1983년에 군부 독재가 무너지고 민간 정부가 출범하였다. 하지만 민간 정부가 들어선 뒤에도 불안한 정치적, 경제적 상황이 지속되어서, 2000년대 이후 국가 채무에 대한 디폴트를 선언하고 IMF 구제 금융을 받는 상황을 반복하고 있다. 화폐 가치가 폭락하면서 심각한 인플레이션 등 경제적 혼란이 계속되고 있고, 부유한 지주 계층과 가난한 노동자 계층의 빈부 격차가 확대되고 있다.

경제

흔히 아르헨티나 경제가 후안 페론이 시작한 포퓰리즘 정책 때문에 망했다는 말을 많이 한다. 하지만 더 큰 원인은 옥수수, 대두, 축산물 등 1차 산업에만 전적으로 의존하는 취약한 경제 구조하에서 끝없이 이어지는 정치적인 혼란과 잘못된 경제 정책의 악순환이 계속되었기 때문이다. 게다가 70년대 미국의 지원하에 쿠테타로 집권한 군부는 기반 사업을 해외 기업에 헐값으로 매각하고, 국채를 남발하면서 부정 축재만 신경 썼다. 이로 인해 빈민층이 급증하고 경제가 엉망이 되었다. 결정적으로 군부가 인기 하락을 만회하기 위해 벌인 포틀랜드 전쟁으로 인한 경제 제재와 해외 자본 탈출이 큰 악영향을 미쳤다. 즉, 아르헨티나 경제가 70년대 이후 크게 망가진 것은 복지 정책 때문이 아니라, 본래 취약한 경제 구조하에서 계속된 정치 사회적 혼란에다 군부 독재자들의 커다란 실책들이 더해져 이제는 돌이킬 수 없는 경제적 악순환에 이른 것이다.

경제의 악순환이 이어지면서 1990년대 1달러에 1페소 정도이던 환율이, 2024년에는 1달러에 1,000페소를 넘을 정도로 화폐 가치가 폭락했다. 화폐 가치의 폭락은 당연히 엄청난 인플레이션으로 이어졌고, 이로 인해 페소로 월급을 받아 생활하는 노동차층과 많은 달러를 보유한 지주층의 빈부 격차는 지속적으로 확대되고 있다.

여행자들은 일반적으로 깔끔하게 꾸며진 관광지만 돌아보기 때문에 아르헨티나가 여느 잘사는 나라들과 차이가 없는 것처럼 느껴지지만, 실제 일반인의 삶에는 심각한 문제가 지속되고 있다.

환전

• 암달러 시장

다른 나라와 조금 다른 아르헨티나의 환전 상황에 대해 설명하기 위해서는 최근 10여 년간의 경제 상황을 자세하게 이야기할 필요가 있다. 2000년대 후반 아르헨티나의 화폐 가치가 급격히 추락하면서 많은 사람이 가치가 연일 떨어지는 페소를 달러로 바꾸고 싶어 했다. 이에 따라 달러 유출이 심해지면서 외환 보유액이 바닥나기 시작했고, 정부는 일반인이 달러를 사는 것을 막아 버렸다. 그 결과 공식 환율보다 환율을 더 쳐주는 이른바 암달러 시장이 형성되었다. 거리에서 깜비오(Cambio)를 외치는 사람들에게 환전하면, 공식 환전소보다 30~60% 정도 높은 환율로 받을 수 있었다. 즉, 외국인은 달러를 가져와서 암달러상에게 환전하면 아르헨티나 사람들보다 훨씬 싸게 모든 것을 살 수 있었다. 이때가 여행자들에게 아르헨티나 여행의 제1의 황금기였다.

• 암달러의 끝, 하지만 또 생겨난 암달러

2016년 봄, 새로 집권한 마크리(Macri) 정부가 공식 환율을 시장 환율로 풀어 버리면서 암달러 시장이 사라졌다. 여전히 '깜비오'를 외치는 사설 환전상이 거리에 많이 있었지만, 공식 환전소와 큰 차이가 없었다. 하지만 2019년 말에 출범한 아르헨티나 정부가 일반인의 달러 매입을 제한하면서, 다시 암달러 시장이 생겼다. 사설 환전상(깜비오)을 따라가면 고액권(100달러)에 대해서는 훨씬 높은 환율을 쳐 준다. 모든 여행자가 사설 환전상을 통해 환전하기 때문에, '암달러'라는 말에 겁을 낼 필요는 없다. 하지만 지나치게 좋은 환율을 부르는 환전상은 조심해야 한다. 높은 환율로 여행자를 유인한 뒤 위조지폐를 줄 가능성이 있기 때문이다. 암달러는 시장의 수요에 따라 환율이 수시로 변한다.

• 암달러의 시대 또 끝나는가?

2023년 말 정권이 바뀌면서 또 크게 변하고 있다. 공식 환율을 암달러에 가깝게 올리면서 모든 물가가 폭등하고 암달러의 장점이 사라졌다. 공식 환율을 올리면서 달러 기준으로도 물가가 2배 이상 급등하였고, 여행 비용이 이전보다 2배 이상 필요하다. 여기에 더해 2024년 말부터 입장료와 투어비가 또다시 엄청나게 올라서, 아르헨티나 여행이 상당히 비싸졌다.

신용 카드 / ATM

ATM으로 한 번에 뽑을 수 있는 금액이 우리나라 돈으로 채 20만 원도 안 되는 데 반해, 현지은행에서 부과하는 수수료 등 각종 수수료가 1회당 1만원 가까이 된다. 신용 카드를 쓰면 암달러보다 약간 낮은 환율이 적용되지만, ATM보다는 유리하다. 따라서 현금이 부족하면 신용 카드를 사용할 수도 있다.

대한민국 대사관

주소 Av. del Libertador 2395, Buenos Aires
전화 (54-11) 4802-8865 / 8062
긴급 연락처 (54-911) 4141-1450
이메일 argentina@mofa.go.kr

TIP

아르헨티나의 물가 폭등

아르헨티나의 경제 상황이 워낙 불안해서 화폐 가치가 매년 폭락하고 있다. 예를 들어 2016년 초에는 1달러가 12~14페소였는데, 2019년 상반기에는 40~44페소 정도였다. 게다가 2024년 말에는 약 1,000페소(암달러 약 1,050~1,100페소)까지 화폐 가치가 떨어졌다. 이에 따라 매년 물가가 크게 오르고 있는데, 1년에 한 번씩 오르는 것이 아니라 몇 달 단위로 20~60% 정도씩이나 오른다. 이런 사정으로 아르헨티나는 여행 전 2~3개월 내의 최신 가격 정보를 참고해야만 정확한 가격을 확인할 수 있는데, 그 사이에 물가가 올랐다면 그 정보도 틀릴 수 있다. 필자는 2025년 말의 물가를 참고하여, 확인 가능한 최신 가격 정보를 도서에 반영했다. 하지만 몇 달만 지나면 물가가 크게 오르기 때문에, 현지 가격을 100% 정확하게 반영할 수 없다는 것을 양해해 주기 바란다.

아르헨티나 대표 먹거리

아르헨티나는 전 세계에서 소가 가장 많은 나라로 '사람보다 소가 많다'라고 말할 정도다. 소를 자연 방목해서 풀을 먹여서 키우고 비교적 어린 소를 잡기 때문에, 한우와 달리 지방이 적고 마블링은 보기 힘들다. 지방이 없어 질길 것 같지만 질이 좋은 부위는 너무 부드러워서 마블링이 있어야 소고기가 맛있다는 편견을 없애 준다. 지방이 적어 많이 먹어도 속이 편한 것도 장점이다. 최근에는 경제가 악화되면서 소고기 값이 급등해 돼지고기, 닭고기, 심지어 예전에는 아르헨티나 사람들이 거의 먹지 않던 생선의 소비도 조금씩 증가하고 있다. 파타고니아 지역은 칠레와 마찬가지로 양고기가 맛있다. 칠레와 아르헨티나는 이웃해 있지만 필자의 경험으로는 아르헨티나의 소고기와 양고기가 칠레보다 훨씬 맛있다.

아사도 Asado

아르헨티나는 고기의 나라답게 거의 모든 식당이 숯불에 구운 고기를 파는데, 숯불에 구운 고기를 통칭해서 '아사도'라고 부른다. 소고기 부위의 명칭은 칠레와 같아서 로모(Lomo)는 안심, 오호 데 비페(Ojo de Bife)는 등심, 비페 데 초리소(Bife de Chorizo)는 채끝살이다. 일반적으로 가격이 저렴한 식당은 질 나쁜 고기를, 비싼 식당은 질 좋은 고기를 쓴다. 저렴한 식당은 갈빗살인 바시오(Vacio) 같은 싼 부위를 판매한다. 괜찮은 식당에 가더라도 우리나라 스테이크 두 배 크기의 고기를 크게 비싸지 않은 가격에 먹을 수 있다. 또한 바릴로체, 칼라파테 등의 파타고니아 지역은 양고기인 꼬르데로(Cordero)가 특유의 양 냄새가 전혀 나지 않고 맛있다. 양고기는 부위별로 팔지 않기 때문에 특정한 부위가 먹고 싶다면 주문할 때 요청하는 것이 좋다. 최근에는 메뉴 중에 돼지고기 목살 '본디올라(Bondiola)'가 있는 식당도 많다.

빠리샤 Parrilla

빠리샤는 '모듬 숯불구이'를 가리키는데, 아르헨티나는 소고기와 함께 주로 양고기가 나온다. 초리소와 남미식 피순대인 모르씨야(Morcilla)도 보통 함께 나오는데, 칠레처럼 돼지고기가 포함된 식당은 드물다. 참고로 아르헨티나는 'lla'를 '야'가 아니라 '샤'라고 발음하기 때문에, '빠리야'가 아니라 '빠리샤'라고 발음한다. 물론 '빠리야'라고 해도 다들 알아듣는다.

초리빤 Choripan

숯불에 구운 남미식 소시지인 초리소(Chorizo)를 양파, 양상추 등 야채와 함께 빵(Pan) 사이에 끼운 아르헨티나식 핫도그로, 가장 저렴한 식사 메뉴 중 하나다. 세계 최고 품질의 아르헨티나 소고기로 만든 아르헨티나의 초리소는 다른 나라의 소시지와는 차원이 다르다. 단, 초리소도 품질에 따라 가격 차이가 많이 나기 때문에, 역시 너무 싼 것은 피하는 것이 좋다. 너무 싼 초리소는 맛도 떨어지고, 비계만 잔뜩 들어가서 먹고 나면 속이 거북하다. 괜찮은 식당들은 별도로 만든 수제 초리소를 쓴다. 제대로 만든 좋은 초리소는 싸구려 초리소와는 맛의 차원이 다르니 돈을 아끼지 말고 좋은 것을 먹어 보자.

밀라네사 Milanesa

얇은 소고기나 닭고기에 반죽을 입혀 튀긴 것으로 겉보기엔 우리나라 옛날 돈가스와 비슷하다. 하지만 일반적으로 튀김 옷이 눅눅하고 우리나라처럼 맛있는 소스가 나오지는 않기 때문에, 저렴하지만 만족도는 높지 않다. 만약 먹는다면 밀라네사에 토마토소스와 치즈를 올린 밀라네사 나뽈리따나(Milaneza Napolitana)를 추천한다.

엠빠나다 Empanada

엠빠나다는 남미식 만두로 아르헨티나는 주로 소고기나 닭고기를 속 재료로 쓴다. 일반적으로 밀가루로 피를 만들어 오븐에 굽기 때문에 담백하다. 크기는 우리나라 만두와 비슷하다.

피자 Pizza

남미에서 특히 아르헨티나의 피자가 유명하다. 소의 나라답게 치즈의 품질이 좋아서 피자도 맛있다. 단, 햄이 들어간 피자는 보통 짜기 때문에 피하는 것이 좋은데, 햄이 피자를 뒤덮을 정도로 많이 들어가기 때문이다. 풍성한 치즈에 올리브만 올려진 모짜렐라 피자(Pizza Muzzarella)나 야채 피자인 피자 베헤따리아나(Pizza Vegetariana)는 우리 입맛에도 잘 맞는다.

메디아 루나 Media Luna

메디아 루나는 우리말로 반달이라는 뜻으로, 버터가 듬뿍 들어간 반달 모양의 크루와상이다. 아르헨티나 사람들은 아침 식사로 메디아 루나와 커피를 주로 먹기 때문에, 어디를 가든지 많이 볼 수 있으며 호텔 조식에도 꼭 나온다. 버터가 엄청나게 들어간 빵이기 때문에, 맛있다고 너무 많이 먹으면 체중 관리에 문제가 생긴다.

와인 Vino

칠레와 아르헨티나의 와인은 특징이 상당히 다르다. 부드럽고 달콤한 품종을 많이 쓰는 칠레와 달리 아르헨티나는 말벡(Malbec), 시라(Syrah) 등의 강한 맛을 지닌 품종의 와인을 주로 생산한다. 맥주보다 소주를 선호하는 스타일이라면 아르헨티나 와인이 더 입맛에 맞을 수 있다.

TIP

아르헨티나는 모든 것에 팁이 있다!

아르헨티나는 식당, 카페 등의 모든 서비스에 대해 팁을 줘야 한다. 일반적으로 10% 정도인데 계산서에 팁이 적혀 있지 않으면 적당히 팁을 더해 지불해야 한다. 만약 팁이 적혀 있으면 당연히 그만큼만 주면 된다. 택시를 탄 뒤에도 잔돈 중 일부를 기사에게 팁으로 주는 것이 좋다. 심지어 버스 터미널에서 짐을 내리는 사람에게도 약간의 팁을 줘야 한다. 일부 여행자는 짐을 내리는데 왜 팁을 줘야 하냐고 말다툼을 하는 경우도 있는데, 외국인이라서 요구하는 것이 아니라 원래 주는 것이다. 팁은 잊지 말고 주자.

치미추리 Chimichurri

치미추리는 요리는 아니지만 아르헨티나 음식을 논할 때 빼놓을 수 없는 것이다. '소고기의 나라' 아르헨티나에서 고기를 먹을 때마다 나오는 소스이기 때문이다. 우리나라로 따지면 쌈장 같은 것. 만드는 방법은 식당마다 다른데, 일반적으로 올리브오일에 오레가노(Oregano), 파슬리(Parsley) 같은 허브가 들어가고, 식초, 마늘, 고추, 양파 등 다양한 재료를 섞어서 만든다. 우리나라 맛집에 가면 기본 반찬인 김치가 맛있듯이, 아르헨티나에서 고기 요리가 맛있는 식당에 가면 치미추리도 확실히 더 맛있다.

둘세 데 레체 Dulce de Leche

치미추리처럼 요리는 아니지만 아르헨티나 음식을 이야기할 때 빼놓을 수가 없는 것이 '둘세 데 레체'이다. 우유에 설탕, 계피, 바닐라 등 다양한 재료를 섞어서 만드는데, 연유보다 달면서 진한 맛이 난다. 한 마디로 '우유로 만든 잼'이라고 생각하면 된다. 아르헨티나 사람들은 빵을 먹을 때 딸기 잼보다 둘세 데 레체를 더 많이 먹는 편이라, 아르헨티나 어디를 가나 손 쉽게 맛볼 수 있다. 둘세 데 레체가 들어간 아이스크림, 쿠키, 케익 등 다양한 디저트들도 있는데, 일반적으로 둘세 데 레체 쿠키나 케익은 우리나라 사람들 입맛에는 심하게 달다.

마테 차 Mate

한때 다이어트 식품으로 우리나라에도 유행한 마테 차의 본고장은 원래 파라과이였다. 하지만 1864~1870년 벌어진 '삼국 동맹 전쟁'의 결과, 마테 차의 주요 생산지가 아르헨티나 땅이 되었고 마테 차는 아르헨티나를 대표하는 차가 되었다. 마테 차는 독특하게 생긴 잔에 찻잎을 채운 후, 끝에 거름망이 있는 금속 재질의 빨대를 꽂고 뜨거운 물을 부어서 마신다. 차를 다 마시면 다시 물을 부어서 마시다 보니, 뜨거운 물이 담긴 보온병을 가지고 다니는 사람들이 많다. 나뭇잎을 아주 진하게 우린 맛이다. 찻잔은 기념품으로 아주 흔하게 팔고, 가격대가 천차만별이다.

부에노스 아이레스

Buenos Aires

아르헨티나의 수도 부에노스 아이레스는 팜파스 평야에서 생산된 농축산물을 유럽으로 수출하기 위해 대서양과 라플라타강(Rio La Plata)이 만나는 지점에 건설되었다. 넓은 평야에 자리한 도시의 중심가는 유럽의 대도시 못지않게 고풍스러운 양식의 건물이 늘어서 있고, 거리 곳곳에서 탱고 음악이 흐르고 댄서들이 춤을 춘다. 거대한 오벨리스크가 서 있는 세계에서 가장 넓은 도로, 오페라 하우스를 개조한 서점, 형형색색의 건물이 늘어선 거리 등 수많은 볼거리가 있다. 세계에서 가장 많은 문화 공연이 열리는 도시 중 하나답게 탱고와 뮤지컬부터 전위적인 '푸에르사 브루타(Fuerza Bruta)' 같은 다양한 공연을 저렴한 비용으로 볼 수 있다. 하지만 아르헨티나의 경제가 계속 악화되면서 열악한 재정 상황 때문에 도시를 제대로 관리하지 못하고 있다. 이에 따라 중심가를 벗어나면 부서진 도로가 방치되거나 쓰레기가 쌓여있는 모습을 종종 볼 수 있다.

국제선 항공

부에노스 아이레스는 두 개의 공항이 있다. 국제선은 주로 에세이사(Ezeiza) 공항에서 출발하는데, 도심에서 남쪽으로 35km 정도 떨어져 있다. 정식 명칭은 '미니스트로 피스타리니(Ministro Pistarini)' 공항이지만, 이렇게 부르는 사람은 정말 보기 힘들고 모두 간단하게 '에세이사'라고 부른다. 남미의 공항 중에서는 꽤 규모가 큰 공항으로, 항상 사람이 많기 때문에 항공편 출발 2시간 30분~3시간 전까지는 도착하는 것이 좋다.

■ 에세이사 공항에서 시내로 이동하기

공항버스

마누엘 티엔다 레온(Manuel Tienda Leon) 공항버스가 센트로(중심가) 근처에 있는 마데로 터미널(Terminal Madero)까지 운행한다.

요금 13,000페소 **시간** 약 1시간 소요

시내버스

정말 돈을 아끼고 싶다면 터미널 C(Terminal C) 앞에 있는 버스 정류장에서 센트로(중심가)까지 가는 8번 버스를 이용할 수도 있다. 버스는 자주 오지 않아서 상당히 오래 기다려야 하며 아주 느리다. 공항에서 수베(Sube) 교통 카드를 사야만 탈 수 있다.

요금 수베 교통 카드 880페소(버스비 약 800페소) **시간** 1시간 30분~2시간 소요

택시

일행이 있다면 택시를 타는 것이 편한데, 호객꾼을 상대하지 말고 택시 부스를 이용하자.

요금 35,000~45,000페소 **시간** 약 40분 소요

국내선 항공

국내선과 일부 국제선은 아에로빠르께(Aeroparque) 공항을 이용하는데, 중심가에서 멀지 않다. 정식 명칭은 '호르헤 뉴베리(Jorge Newbery)' 공항이지만, 사람들은 그냥 '아에로빠르께'라고 부른다. 공항은 작은 데 반해 사람이 많고 수속은 느려서 늦게 도착할 경우 어려움을 겪을 수 있다. 국내선을 타더라도 출발 2시간 전에는 도착하자. 공항 내에는 식당과 카페 등의 편의 시설이 잘 갖춰져 있다.

■ 주요 항공편

라탐(LATAM)과 아르헨티나 항공(Aerolinea)이 거의 모든 주요 도시를 운항한다. 저가 항공인 안데스(Andes)는 푸에르토 이과수, 살타, 바릴로체 등의 일부 도시를 운항하며, 아르헨티나에 새롭게 진출한 칠레의 저가 항공사 제트스마트(Jetsmart)가 칼라파테, 우수아이아, 이과수, 바릴로체 등 거의 모든 주요 관광지를 다닌다. 참고로 아르헨티나 항공을 현지에선 '아에로리네아(Aerolinea)'라고 부른다. 저가 항공이 잘 발달되어 있지 않아서 칠레에 비하면 국내선이 전체적으로 비싸다. 성수기(12~2월)에는 파타고니아의 칼라파테, 우수아이아행 항공권은 가능한 한 빨리 구매하는 것이 좋다.

홈페이지 라탐 www.latam.com **아르헨티나 항공** www.aerolineas.com **제트스마트** www.jetsmart.com **안데스** www.andesonline.com

■ 아에로빠르께 공항에서 시내로 이동하기

공항버스 / 시내버스

에세이사 공항과 동일하게 '마누엘 티엔다 레온' 공항버스가 마데로 터미널까지 운행한다. 33 · 45번 등 시내버스를 탈 수도 있는데 역시 수베 교통 카드가 있어야 한다.

공항버스 요금 5,000페소 **시간** 약 20분 소요

33, 45번 시내버스 요금 약 600페소 **시간** 35~50분 소요

레미스Remis

택시 대신 자가용 택시인 레미스를 이용할 수도 있는데 공항 대합실의 부스에서 목적지까지 정액 요금을 미리 지불하고 이용한다. 하지만 차가 공항까지 오는 데 30~40분쯤 걸리는 경우가 많고, 가격이 택시보다 30~40% 정도 비싸다.

택시

중심가에서 가까워서 택시를 이용하는 것이 편한데, 외국인 상대로 바가지를 씌우는 것을 막기 위해 2019년 4월부터 택시를 타는 방법이 변경되었다. 택시 정류장 옆의 공항 대합실 안에는 노란색 단말기가 있다. 단말기에 목적지의 주소를 입력하면 택시 요금이 적힌 용지가 출력되며, 미터기 대신 용지에 표시된 요금을 지불하면 된다. 단말기에 탑승 인원과 짐 수량을 입력해야 하는데, 인원과 짐이 많을수록 요금이 조금씩 올라간다. 일반적으로 요금이 교통 혼잡을 고려하지 않고 좀 적게 표시되는 경향이 있기 때문에, 팁이라고 생각하고 10% 정도 추가로 지불하는 것이 좋다.

요금 중심가까지 8,000~10,000페소 / 유료 도로인 아우또삐스따(Autopista)를 이용(약 800페소/러시아워 약 1,100페소)하면 훨씬 빠르다. 택시 기사가 '아우토피스타?' 하고 물어볼 것이다.

시외버스

센트로(중심가)에서 가까운 '레티로 버스 터미널(Retiro Terminal de Omnibus)'에서 장거리 버스가 출발한다. 아르헨티나는 장거리 버스가 잘 발달되어 있어서 시설이 좋고, 대부분의 야간 버스는 식사와 간식 그리고 약간의 주류도 제공한다. 버스 티켓을 구매할 때는 식사가 제공되는지 반드시 물어보자. 버스 터미널에 있는 버스 회사 부스에 가서 현금으로 결제하면 10~20% 정도 할인해 주는 경우가 많고, 장거리 구간의 경우 우등 좌석(Cama, 까마)과 일반 좌석(Semi Cama, 세미 까마)의 가격 차이가 크다. 하지만 이과수, 바릴로체 등 장거리 구간은 항공편이 더 싼 경우가 많으니, 버스 티켓 구매 전에 항공권 가격도 확인하자. 파라과이의 아순시온, 브라질의 상 파울루·리우 데 자네이루, 칠레의 산티아고 등의 인근 국가로 가는 국제선 버스도 있다.

위치 레티로 버스 터미널 지하철 E라인 레티로(Retiro) 역에서 하차

예상 소요 시간 및 운임

지역	소요 시간	요금
바릴로체	20~22시간	130,000~180,000페소
푸에르토 이과수	18~20시간	110,000~160,000페소
멘도사	15~17시간	70,000~100,000페소
살타	20~22시간	90,000~120,000페소
아순시온(파라과이)	18~20시간	90,000~140,000페소
산티아고(칠레)	20~22시간	100,000~120,000페소
상 파울루(브라질)	34~36시간	170,000~260,000페소
리우 데 자네이루(브라질)	40~42시간	240,000~280,000페소

시내 교통

지하철인 숩떼(Subte)의 노선이 잘 되어 있어서, 많은 여행자가 지하철을 이용해서 도시를 돌아본다. 버스는 24시간 운행하지만, 중심가의 교통 체증이 심하기 때문에, 밤늦은 시간이 아니라면 지하철을 이용하는 것이 낫다. 택시는 미터기로 요금을 매기며 별로 비싸지 않다. 따라서 일행이 있으면 택시를 이용하는 것이 편리하다. 단, 야간에 외출한다면 길에서 택시를 잡는 것보다는 숙소에 택시를 요청하는 것이 안전하다. 콜택시인 레미스는 일반 택시보다 조금 비싸지만 목적지까지 미리 요금을 정해서 운행한다.

수베(Sube) 교통 카드

아르헨티나의 버스, 지하철 같은 대중교통은 현금 탑승이 불가능해서 반드시 수베 교통 카드가 있어야 한다. 지하철역이나 시내 곳곳에 있는 편의점인 키오스코(Kiosco)에서 구매할 수 있고, 필요한 금액만큼 충전해서 사용하며 한 장의 카드로 여러 명이 쓸 수 있다. 부에노스 아이레스뿐만 아니라 바릴로체 등 다른 도시에서도 사용할 수 있다.

가격 880페소

부에노스 아이레스 지하철

부에노스 아이레스의 치안

부에노스 아이레스는 남미의 대도시 중에서 치안이 불안한 편에 속하기 때문에 상당히 조심해야 한다. 사람이 붐비는 플로리다 거리, 카미니토, 산 텔모 일요 시장 같은 곳에는 소매치기가 많아서 카메라, 휴대폰, 가방 등 소지품 관리에 조심해야 한다. 식당이나 카페의 길거리 테이블, 택시에서 휴대폰을 사용 중일 때 오토바이를 타고 휴대폰을 채가는 일이 자주 발생하므로 주의해야 한다. 부에노스 아이레스의 중심가는 라플라타강을 끼고 남북으로 형성되어 있는데, 북쪽의 레콜라테(Recoleta), 푸에르토 마데로(Puerto Madero), 팔레르모(Palermo) 같은 곳은 부유한 지역이라 잘 정비되어 있고 비교적 안전하다. 반면 남쪽 지역의 산 텔모(San Telmo), 보카(Boca)는 낮에도 인적이 드문 거리는 피해야 한다. 야간에 외출할 때는 숙소 직원에게 주변 지역의 치안 상태를 물어보고 외출하는 것이 좋으며, 멀리 간다면 반드시 택시를 이용할 것을 권한다. 가능한 한 인적이 드문 길은 피하고 사람이 많은 큰 도로를 이용하자.

부에노스 아이레스에서 탱고(Tango) 즐기기

탱고는 19세기 말에 시작해서 20세기 초에 이르러 지금의 형태가 되었다. 유럽에서 온 가난한 이민자의 애환이 담긴 탱고는 열정적이면서도 정적이고 우울하면서도 황홀하다. 탱고의 스페인어 발음은 '땅고'이고, 탱고 공연을 하는 곳은 '땅게리아(Tangeria)'라고 한다. 부에노스 아이레스에는 200개 이상의 탱고 공연장이 있는데 숙소, 여행사, 공연 매표소, 플로리다 거리 등의 다양한 곳에서 공연을 예약할 수 있다. 2023년 말부터 가격이 2배 가까이 급등했다.

■ 공연 구성

공연장에 가면 아코디언과 비슷한 반도네온(Bandoneon), 피아노, 바이올린, 베이스로 구성된 밴드의 공연, 가수의 노래, 댄서의 춤, 이렇게 세 가지가 번갈아 가면서 펼쳐지는데, 뮤지컬 형식을 빌려 스토리 위주로 진행되는 공연도 있다. 밴드의 핵심은 반도네온이다. 날카로운 것 같으면서 차분하고, 흥겨우면서도 구슬픈 음색으로 공연 내내 귓가에서 맴돈다.

■ 포함 사항 및 가격

일반적으로 탱고 공연은 약간의 와인과 샐러드 또는 간단한 먹거리를 포함하고 있고, 공연장 레벨에 따라 가격 차이가 크다. 식사, 주류와 음료, 픽업까지 모두 포함된 패키지는 '쎄나 쇼(Cena Show)'라고 한다. 같은 공연장이라고 해도 가격은 상황에 따라 변동이 심하다. 또한 좌석 위치에 따라 가격 차가 크고, 요일이나 프로모션 여부에 따라 가격이 달라질 때가 많다. 그리고 공연 시간이 얼마 안 남았거나 장사가 잘 안되는 공연장에서 덤핑으로 싸게 내놓을 때도 있다. 단, 가격이 싸다면 좌석 위치와 공연장 크기 등을 잘 확인해 보자.

요금 **공연** 30~100달러 **패키지** 80~300달러

■ 공연 시간

아르헨티나 사람들은 저녁을 늦게 먹는다. 그래서 식사가 포함된 공연의 경우에는 보통 20:30 정도가 되어야 식사를 하고, 21:30 정도에 공연을 시작한다. 보통 1시간 30분 정도 공연이 진행되기 때문에 23:00가 되어야 종료된다. 식사가 포함되지 않은 공연도 일반적으로 22:00가 넘어야 끝이 난다. 따라서 픽업 서비스를 선택하지 않았다면 공연이 끝난 후 숙소까지는 반드시 택시로 이동할 것을 권한다. 부에노스 아이레스의 밤은 위험하다.

■ 공연장 매너

사실 식사와 주류가 포함된 곳에서는 대부분 주류가 무제한으로 제공된다. 즐거운 분위기 조성을 위해 술이 제공되지만, 공연을 보러 간 것이지 술을 마시기 위해 간 것이 아님을 염두에 두자. 공연자에 대해 환호를 보내고 박수를 치는 것은 좋지만, 술에 취해 추태를 부리면 다른 사람들이 공연을 관람하는데 큰 실례가 된다. 제공되는 술에 취해 관객석 사이로 지나가는 댄서를 붙잡거나 공연 중에 추태를 부리는 우리나라 여행자가 가끔 있기 때문에, 그런 행동을 절대 하지 않기를 당부한다. 공연장을 간 것이지 술집을 간 것이 아니니 과음을 피하고 공연 매너를 지키도록 하자.

본인 좌석보다 위치가 좋은 좌석이 비어 있으면 마음대로 옮기지 말고 반드시 직원에게 좌석을 바꿔도 되는지 물어본 후 옮기자. 공연 시간이 임박해서 예약자가 더 없을 경우에는 옮길 수 있는 경우도 있다. 공연 중 사진과 비디오 촬영이 가능한데 플래시는 사용하지 말아야 한다. 다른 위치에 가서 사진이나 비디오를 찍을 수도 있지만, 다른 관객의 방해가 되지 않도록 이동하자.

공연이 종료된 후에는 서빙을 해준 직원들을 위해 팁을 자리에 놓아두는 것이 예의이다. 와인과 간단한 먹거리만 제공받았다면 1~2달러 정도를, 식사까지 포함되었다면 2~3달러 정도의 팁을 두는 것이 좋다.

TIP

공연장 선택 시 주의 사항

일반적으로 큰 공연장보다는 작은 공연장이 관람하기 좋다. 탱고의 매력은 눈앞에서 펼쳐지는 댄서의 동작 하나하나와 가수의 미세한 표정까지 보는 것인데, 규모가 큰 공연장에 가면 그 매력이 떨어진다. 또한 너무 저렴한 공연은 피하고 좌석이 공연장 어느 부분에 배치되는지 확인해야 한다. 원래 가격에 비해 지나치게 싸다면 무대에서 멀거나 옆쪽에 있는 좌석일 수 있다. 이런 좌석에서는 공연을 제대로 감상하기 어렵다.

■ 추천 공연장

에스키나 오메로 만시
Esquina Homero Manzi

부에노스 아이레스에서 가장 유명한 탱고 공연장 중 하나로 보통 '오메로 만시'라고 부른다. 크지도 작지도 않은 중급 정도의 규모로 공연의 퀄리티가 훌륭하다. 크게 비싸지 않으면서 공연과 식사의 질이 좋기 때문에, 가성비가 가장 높은 곳 중 하나다. 단, 공연장이 앞뒤로 긴 구조이기 때문에, 뒤쪽에 앉으면 잘 안 보일 수도 있으니 예약 시 가급적 앞쪽 좌석에 배치해 줄 것을 요청하자. 단, 센트로(중심가)에서 먼 것이 단점이다.

주소 San Juan 3601 **요금** 패키지 90~120달러 **홈페이지** www.esquinaho meromanzi.com.ar

피아졸라 땅고
Piazzolla Tango

부에노스 아이레스에서 가장 훌륭한 공연을 하는 공연장 중에 하나다. 오페라 극장을 연상시키는 건물 내부가 다른 공연장과는 차원이 다르고, 식사와 주류도 훌륭하다. 돈을 좀 써서 멋진 곳에서 멋진 공연을 보고 싶다면 이곳을 추천한다. 플로리다 거리에 있기 때문에 픽업 서비스는 필요 없다.

주소 Florida 165 **요금** 공연 50~90달러, 패키지 120~160달러 **홈페이지** www.piazzollatango.com

엘 게란디
El Querandi

비교적 규모가 작은 공연장으로 눈앞에서 펼쳐지는 생생한 공연의 모습을 즐기기 좋다. 공연 퀄리티가 아주 좋다고는 할 수 없지만 가격 대비 무난하다. 따라서 저녁 식사는 빼고 공연만 보고 싶다면 괜찮다. 공연장이 작아서 어디서나 무대가 잘 보이는 편이지만, 무대 옆 좌석은 피해야 한다. 싸게 예약했다면 무대 옆 좌석일 가능성이 높은데, 만약 정면 좌석이 비었다면 매니저에게 좌석 이동이 가능한지 문의해 보자.

주소 Peru 302 **요금** 공연 30~60달러, 패키지 80~140달러 **홈페이지** www.querandi.com.ar

땅고 포르테뇨
Tango Porteño

콜론 극장 바로 옆에 있는 대형 공연장으로 미크로센트로에 있기 때문에 걸어서 갈 수 있다. 공연장이 워낙 크기 때문에 식사가 포함되지 않은 티켓은 20~30달러 정도의 정말 싼 가격에 나올 때도 있는데, 당연히 좌석 위치는 정말 안 좋아서 공연을 제대로 보기 힘들 정도다. 워낙 규모가 크고 사람이 많다 보니 서비스가 안 좋은 편이다. 무조건 싸게 공연을 보고 싶다면 이곳을 선택하면 된다.

주소 Cerrito 570 **홈페이지** www.tangoporteno.com.ar

로호 땅고
Rojo Tango

미크로센트로에서 다리를 건너서 5성급 호텔이 모여 있는 지역에 위치한 고급 공연장이다. 내부 인테리어가 고급스럽고 내부 공간이 여유가 있다. 음식과 주류도 훌륭하지만, 가격이 상당히 비싸다.

주소 Martha Salotti 445 **요금** 패키지 200~300달러 **홈페이지** www.rojotango.com

라 벤타나 땅고
La Ventana Tango

건물 안에 들어서면 마치 탱고 박물관에 온 것처럼 온갖 전시물이 구석구석 가득 차 있다. 작은 공연장 분위기는 마치 펍에 온 것처럼 시끌벅적하고 흥겹다. 공연장이 좁고 긴 형태이기 때문에 가능한 한 앞쪽 좌석을 확보하는 것이 좋다. 센트로(중심가)에서 가깝지만, 가격은 살짝 비싼 편이다.

주소 Balcarce 425 **요금** 공연 60~80달러, 패키지 120~180달러 **홈페이지** www.laventanaweb.com

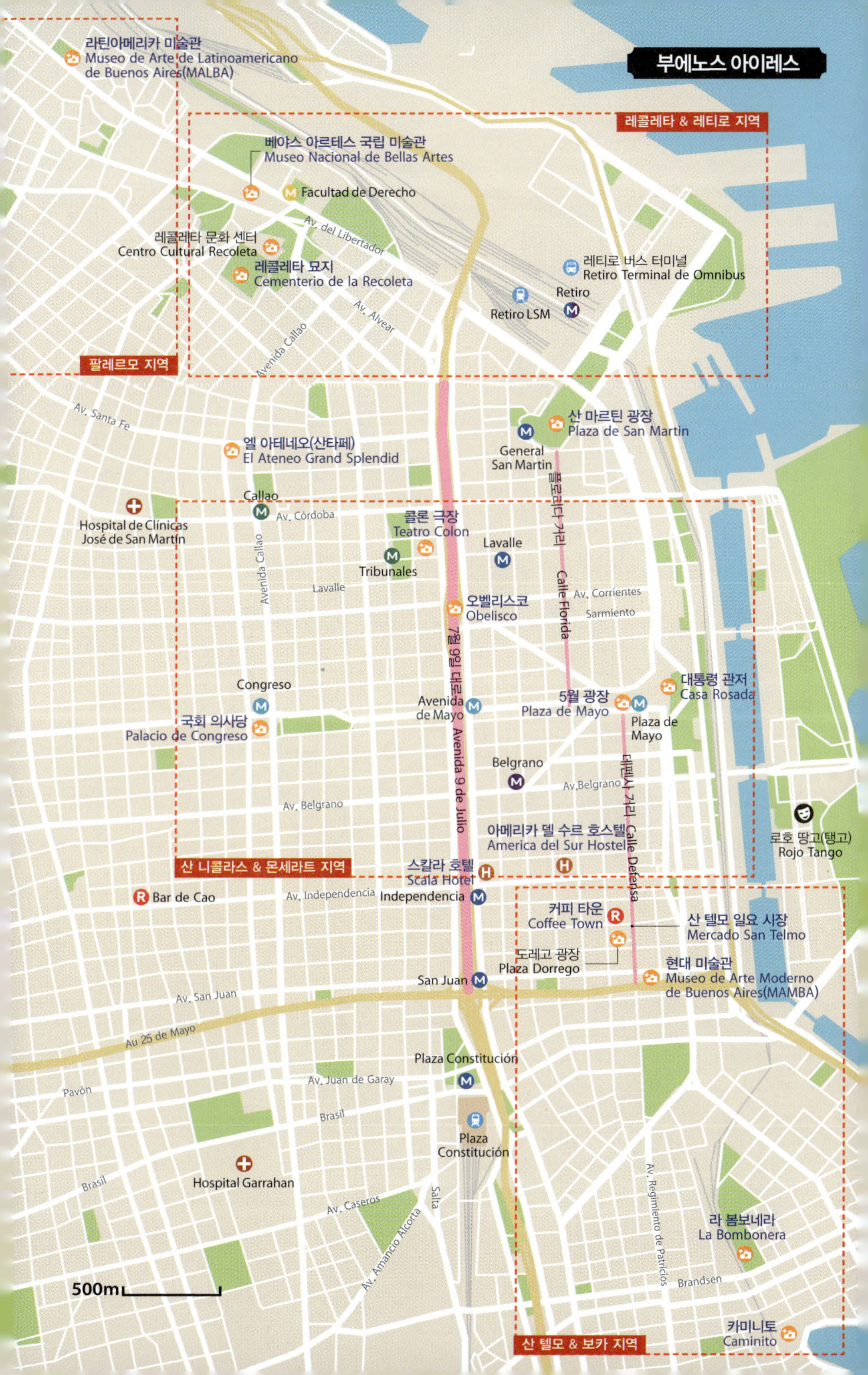

부에노스 아이레스
라틴아메리카 미술관
Museo de Arte de Latinoamericano de Buenos Aires(MALBA)
레콜레타 & 레티로 지역
베야스 아르테스 국립 미술관
Museo Nacional de Bellas Artes
Facultad de Derecho
Av. del Libertador
레콜레타 문화 센터
Centro Cultural Recoleta
레콜레타 묘지
Cementerio de la Recoleta
Av. Alvear
Avenida Callao
레티로 버스 터미널
Retiro Terminal de Omnibus
Retiro
Retiro LSM
팔레르모 지역
Av. Santa Fe
산 마르틴 광장
Plaza de San Martin
General San Martin
엘 아테네오(산타페)
El Ateneo Grand Splendid
플로리다 거리
Callao
Av. Córdoba
Hospital de Clínicas José de San Martín
콜론 극장
Teatro Colon
Lavalle
Tribunales
Avenida Callao
Lavalle
오벨리스코
Obelisco
Calle Florida
Av. Corrientes
Sarmiento
7월 9일 대로
Congreso
국회 의사당
Palacio de Congreso
Avenida de Mayo
5월 광장
Plaza de Mayo
Plaza de Mayo
대통령 관저
Casa Rosada
Avenida 9 de Julio
Belgrano
Av.Belgrano
데펜사 거리
Av. Belgrano
아메리카 델 수르 호스텔
America del Sur Hostel
Calle Defensa
로호 땅고(탱고)
Rojo Tango
산 니콜라스 & 몬세라트 지역
스칼라 호텔
Scala Hotel
Bar de Cao
Av. Independencia
Independencia
커피 타운
Coffee Town
산 텔모 일요 시장
Mercado San Telmo
도레고 광장
Plaza Dorrego
현대 미술관
Museo de Arte Moderno de Buenos Aires(MAMBA)
San Juan
Av. San Juan
Au 25 de Mayo
Plaza Constitución
Pavón
Av. Juan de Garay
Brasil
Plaza Constitución
Hospital Garrahan
Brasil
Av. Caseros
Salta
Av. Amancio Alcorta
Av. Regimiento de Patricios
라 봄보네라
La Bombonera
Brandsen
500m
카미니토
Caminito
산 텔모 & 보카 지역

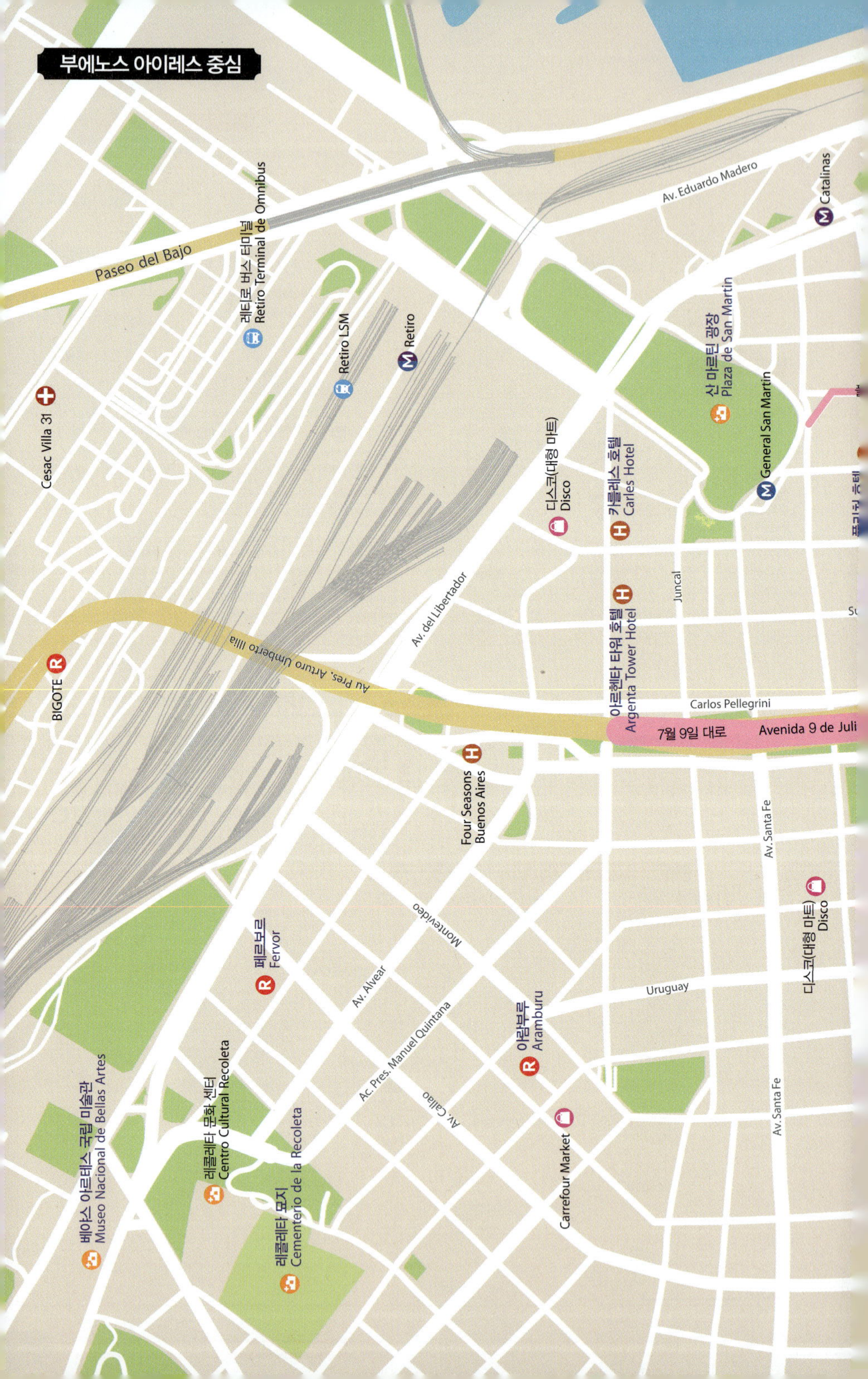
부에노스 아이레스 중심
Paseo del Bajo
레티로 버스 터미널
Retiro Terminal de Omnibus
Retiro LSM
Retiro
Av. Eduardo Madero
Catalinas
산 마르틴 광장
Plaza de San Martin
General San Martin
Cesac Villa 31
디스코(대형 마트)
Disco
카를레스 호텔
Carles Hotel
Juncal
Av. del Libertador
아르헨타 타워 호텔
Argenta Tower Hotel
Au Pres. Arturo Umberto Illia
BIGOTE
Carlos Pellegrini
7월 9일 대로
Avenida 9 de Juli
Four Seasons
Buenos Aires
Av. Santa Fe
디스코(대형 마트)
Disco
Montevideo
페르보르
Fervor
Av. Alvear
Uruguay
아람부루
Aramburu
Ac. Pres. Manuel Quintana
Av. Callao
Carrefour Market
Av. Santa Fe
베야스 아르테스 국립 미술관
Museo Nacional de Bellas Artes
레콜레타 문화 센터
Centro Cultural Recoleta
레콜레타 묘지
Cementerio de la Recoleta

Callao
Av.Córdoba
Viamonte
Calle Florida
v. Leandro N. Alem
Dellepiane Bar
Uruguay
콜론 극장
Teatro Colon
Tribunales
7월 9일 대로
Avenida 9 de Julio
Lavalle
체 후안 호스텔
Che Juan Hostel BA
땅고 포르테뇨(탱고)
Tango Porteño
La Estancia
플로리다 거리
Alem
Av. Corrientes
Locademia Microcentro
Carlos Pellegrini
Correo Central
Uruguay
까르푸(대형 마트)
Carrefour
오벨리스코
Obelisco
Callao
Av. Corrientes
9 de Julio
Diagonal Norte
Sarmiento
피제리아 게린
Pizzeria Guerrin
Avenida Roque Saenz Pena
피아졸라 땅고(탱고)
Piazzolla Tango
Av. La Rábida
까르푸(대형 마트)
Carrefour
운 쿠엔코 치노
Un Cuenco Chino
대성당
Catedral
Catedral
코토(대형 마트)
Coto
밀하우스 호스텔 애비뉴
Milhouse Hostel Avenue
카페 토르토니
Café Tortoni
Peru
대통령 관저
Casa Rosada
Lima
Avenida de Mayo
Piedras
5월 광장
Plaza de Mayo
Av. Rivadavia
디아(대형 마트)
Día
국회 의사당
Palacio de Congreso
국회 의사당 광장
Plaza del Congreso
Saenz Peña
Plaza de Mayo
Bolivar
Adolfo Alsina
호텔 메리트 산 텔모
Hotel Merit San Telmo
HTL 누에베 데 훌리오
HTL 9 de Julio
Moreno
데펜사 거리
엘 게란디(탱고)
El Querandí
500m
라유엘라 호스텔
Rayuela Hostel
Belgrano
Av. Belgrano
Calle Defensa
라 벤타나 땅고(탱고)
La Ventana Tango
Moreno

Barrio San Nicolas & Barrio Monserrat

산 니콜라스 & 몬세라트 지역

세계에서 가장 넓은 7월 9일 대로(Avenida 9 de Julio) 양쪽으로 자리 잡고 있는 산 니콜라스와 몬세라트 지역은 대통령 관저, 국회 의사당, 대성당, 등이 있는 부에노스 아이레스의 심장부이다. 산 니콜라스를 일반적으로 미크로센트로(Microcentro)라고 부른다. 부에노스에 온다면 반드시 둘러봐야 하는 지역인데, 국회 의사당 주변의 골목은 야간에 치안이 안 좋으니 조심해야 한다.

대통령 관저
Casa Rosada

대통령 관저인 '카사 로사다(Casa Rosada)'는 '분홍색 집'이라는 뜻으로, 19세기에 완공된 로코코 양식의 건물이다. 정면에는 큰 발코니가 있는데, 영화 〈에비타(Evita)〉에서 에바 페론(Eva Peron)이 후안 페론의 대통령 당선 후 대중에게 연설하던 곳이다. 관저 뒤쪽에는 독립 이후의 아르헨티나 역사 관련 전시물이 있는 200주년 박물관(Museo del Bicentenario)이 있다.

주소 Balcarce 50 **위치** 지하철 A라인 플라사 데 마요(Plaza de Mayo)역 **시간** **카사 로사다** 주말·공휴일 12:30, 14:30 **200주년 박물관** 수~금 10:00~18:00 **요금** 무료 **홈페이지** www.casarosada.gob.ar(카사 로사다 방문은 사전 예약 필요)

카테드랄

5월 광장
Plaza de Mayo

5월 광장(Plaza de Mayo, 플라사 데 마요)은 부에노스 아이레스의 중앙 광장으로, 1810년 독립 쟁취를 위한 '5월 혁명(La Revolucion de Mayo)'이 시작된 곳이다. 광장의 중앙에는 1811년 5월 혁명 1주년을 기념해 세워진 탑인 '5월 피라미드(Piramide de Mayo)'가 서 있다.
광장의 동쪽에는 대통령 관저인 카사 로사다가 있고 북쪽에는 19세기 중반에 완공된 대성당인 카테드랄(Catedral)이 있는데, 카테드랄 안에는 아르헨티나의 독립 영웅 산 마르틴(San Martin) 장군이 안장되어 있다. 아르헨티나의 많은 역사적 사건이 일어난 곳으로 서울의 시청 앞 광장처럼 정치적인 시위가 자주 열리는 곳이다.

위치 ❶ 지하철 A라인 플라사 데 마요(Plaza de Mayo) 역 ❷ 카사 로사다 앞 **시간 카테드랄** 월~금 07:30~18:30, 토~일 09:00~19:00

7월 9일 대로

오벨리스코

7월 9일 대로 & 오벨리스코
Avenida 9 de Julio & Obelisco

세계에서 가장 넓은 도로라고 불리는 7월 9일 대로(Avenida Nueve de Julio, 아베니다 누에베 데 훌리오)는 폭 140m, 길이 1km의 거대한 도로이다. 부에노스 아이레스의 중심가를 지나고 있기 때문에 누구나 한 번쯤은 지나게 되는 곳이다. 도로 이름에 붙은 7월 9일은 아르헨티나의 독립 기념일이다.
높이 67.5m의 흰색 오벨리스코(Obelisco)는 코리엔테스 대로(Avenida Corrientes)와 7월 9일 대로가 만나는 곳에 있는 레푸블리카 광장(Plaza de Republica)에 서 있다. 부에노스 아이레스 시 건설 400주년을 기념하여 1936년에 콘크리트로 만들었다. 오벨리스코는 부에노스 아이레스를 대표하는 조형물로 각종 기념품에서 쉽게 볼 수 있다.

위치 오벨리스코 지하철 B라인 카를로스 페세그리니(Carlos Pellegrini) 역

국회 의사당
Congreso de la Nación Argentina

1906년에 완공된 국회 의사당은 외관을 보면 알 수 있듯이 미국의 국회 의사당을 모델로 만들었다. 국회 의사당 앞에는 콘그레소 광장(Plaza del Congreso)이 있는데, 분수대와 많은 조형물이 있다.

위치 지하철 A라인 콘그레소(Congreso) 역

플로리다 거리
Calle Florida

부에노스 아이레스의 명동이라고 할 수 있는 플로리다 거리는 항상 여행자와 호객꾼, 거리의 예술가로 활기가 넘친다. 기념품 가게, 백화점, 식당, 카페 등의 온갖 상점이 있지만, 여행자가 이곳을 꼭 찾는 가장 큰 이유는 환전을 위해서다. 공식 환전소도 있지만 사설 환전상이 많은데, 거리 곳곳에 '깜비오'를 외치는 사람들을 따라가면 된다. 환전상마다 가격이 조금씩 다르기 때문에 여러 사람에게 물어보는 것이 좋다. 특히 거리 초입에 있는 환전상은 현지 사정을 잘 모르는 관광객들을 노리고 안 좋은 환율을 부를 때가 많으니 주의해야 한다. 사설 환전소에서 환전 시 500페소 이상 고액권은 위조지폐 여부를 확인하는 것이 좋다. 거리를 걸을 때는 소매치기를 각별히 조심하자.

위치 지하철 B 라인 플로리다(Florida) 역

콜론 극장
Teatro Colón

세계 5대 오페라 극장 중 하나인 곳으로, 이탈리아 고전주의 양식으로 건축되었고 1908년에 완공되었다. 2,478개의 좌석을 포함해 최대 3,000명 가까이 수용할 수 있는 규모로 '콜론(Colon)'은 아메리카 대륙의 발견자인 콜럼버스를 뜻한다. 공연을 보지 않아도 가이드 투어를 통해 내부를 구경할 수 있다. 투어는 약 50분 정도 소요되고, 투어 티켓은 극장 매표소에서 구매할 수 있다.

주소 Cerrito 628 **위치** ❶ 지하철 D라인 트리부날레스(Tribunales) 역 하차 후 도보 5분 ❷ 지하철 B라인 카를로스 페세그리니(Carlos Pellegrini)역에서 하차 후 도보 5분 **요금** 가이드 투어 28,000페소 / 월~금 10:00~16:45, 토·일 및 공휴일 11:00~16:45 **홈페이지** teatrocolon.org.ar

Barrio Recoleta & Barrio Retiro

레콜레타 & 레티로 지역

레콜레타와 레티로 지역은 팔레르모(Palermo)와 함께 부에노스 아이레스의 대표적인 부촌이다. 산 텔모, 보카 같은 가난한 지역과는 건물부터 거리, 호텔, 상점까지 차이가 있다. 깨끗하게 관리된 거리는 고풍스러운 건물이 늘어서 있고, 고급 카페, 식당, 상점이 많다. 다른 지역에 비해 한적하고 조용한 편이며, 치안이 비교적 안전한 지역이라 야간에도 식당을 찾거나 돌아다니는 데 큰 어려움이 없다. 단, 레티로의 버스 터미널과 기차역 주변은 노숙자가 많고 빈민가도 있기 때문에 각별히 조심해야 한다.

산 마르틴 광장
Plaza de San Martin

플로리다 거리 북쪽 끝에 있는 넓은 광장으로 큰 나무들과 넓은 잔디밭이 있어서 항상 많은 사람이 산책을 하거나 휴식을 취하고 있다. 광장 가운데에는 산 마르틴 장군의 청동 기마상이 있고, 광장 주위에는 근사하게 지어진 거대한 관공서 건물이 많다. 특별한 볼거리가 있는 곳은 아니지만 5월 광장에 비해 조용하고 쉬기 좋은 곳이다.

위치 지하철 C라인 헤네랄 산 마르틴(General San Martin) 역

레콜레타 묘지
Cementerio de la Recoleta

레콜레타 묘지(Cementerio de la Recoleta, 세멘테리오 델 라 레콜레타)는 레콜레타 지역에 있는 유명한 묘지로 아르헨티나를 대표하는 유명 인사들이 잠들어 있다. 아르헨티나에서 가장 힘 있고 돈 있는 사람들의 무덤이라 하나하나가 생전에 고인의 업적이나 생애를 표현한 조각으로 장식되어 있다. 그래서 묘지보다는 거대한 조각 공원에 온 것 같다. 묘지를 돌아보다 보면 기념사진을 찍기 위해 보면 길게 줄이 서 있는 곳이 있는데, 바로 '에바 페론(Eva Peron)'의 무덤이다. 에바 페론의 무덤은 입구에 들어선 후 가장 왼쪽에 있는 길에서 다시 안쪽으로 조금 들어가야 한다.

낮에는 사람이 많고 덥기에 아침 일찍 가서 조용한 분위기에서 둘러보는 것이 낫다. 묘지 입구 주변엔 깔끔한 노천카페가 많아서 아침 일찍 둘러본 후 느긋하게 커피를 즐기기 좋다. 부에노스 아이레스에 온다면 반드시 둘러볼 가치가 있는 곳이다. 토요일에는 인근에서 제법 규모가 큰 벼룩시장이 열린다. 2023년 말부터 입장료를 받기 시작했는데, 입장료가 너무 비싸서 갈지 말지 고민하게 만드는 곳이 되었다.

주소 Junin 1760 **위치** 지하철 H라인 라스 에라스(Las Heras) 역에서 도보 5분 **시간** 07:00~18:00 **요금** 21,190페소

베야스 아르테스 국립 미술관
Museo Nacional de Bellas Artes

레콜레타 묘지 근처에 있는 미술관으로 붉은색 건물이 인상적이며, 아르헨티나의 유명 화가와 함께 피카소, 드가, 고갱, 모네 등 세계적인 미술가의 작품이 전시되어 있다. 유럽의 유명 미술관에 비교할 수는 없지만, 무료이기 때문에 시간 여유가 있거나 미술을 좋아한다면 꼭 가 보자.

주소 Avenida del Libertador 1473 **위치** 지하철 H라인 파쿨탓데 데레초(Facultad de Derecho) 역에서 도보 3분 **시간** 화~금 11:00~20:00, 토~일 10:00~20:00 / 월요일 휴관 **요금** 무료

엘 아테네오 그랜드 스플렌디드
El Ateneo Grand Splendid

오페라 하우스를 개조한 서점으로, 관람석, 무대, 천장화 등의 시설이 그대로 남아 있다. VIP 관객석에 앉아 책을 읽을 수 있고, 무대에 있는 카페에서 커피나 식사를 즐길 수도 있다. 레콜레타 묘지에서 멀지 않기 때문에 함께 다녀오면 된다. 단, 엘 아테네오는 분점이 많기 때문에, 택시를 탄다면 아베니다 산타페(Avenida Santa Fe)의 엘 아테네오를 가자고 해야 한다. 정식 명칭은 '엘 아테네오 그랜드 스플렌디드(El Ateneo Grand Splendid)'이다.

주소 Avenida Santa Fe 1860 **위치** 지하철 D라인 카야오(Callao) 역에서 도보 5분 **시간** 월~토 09:00~22:00, 일 12:00~22:00 **요금** 무료

Barrio Palermo
팔레르모 지역

레콜레타에서 북쪽으로 조금 더 올라가면 레콜라타처럼 부유한 동네인 팔레르모 지역이다. 특별한 볼거리가 많은 지역은 아니지만, 나무가 무성한 거리가 잘 꾸며져 있고 한적한 거리를 따라 예쁜 카페와 상점, 근사한 식당이 늘어서 있다. 서울과 비교하면 신사동 가로수길 같은 분위기다. 아기자기한 거리에서 산책하고 노천카페에 앉아 브런치나 커피를 즐기고 싶을 때 찾으면 좋은 지역이다.

위치 ❶ 지하철 D라인 팔레르모(Palermo) 역 하차 ❷ 지하철 D라인 플라사 이탈리아(Plaza Italia) 역 하차

라틴아메리카 미술관
Museo de Arte de Latinoamericano de Buenos Aires

약자로 말바(MALBA)라고 부르는 미술관으로, 페르난도 보테로, 디에고 리베라, 프리다 칼로 등 중남미 대표 미술가의 작품이 있다. 작품의 수가 많지는 않지만, 미술 애호가라면 빼놓을 수 없는 곳이다. 팔레르모 지역에 있지만, 레콜레타의 베야스 아르테스 국립 미술관에서 멀지 않기 때문에 두 미술관을 같이 찾아가면 좋다.

주소 Avenida Figueroa Alcorta 3415 **위치** 베야스 아르테스 국립 미술관에서 북서쪽으로 도보 약 15분 **시간** 수~월 12:00~20:00 / 화요일 휴무 **요금** 9,000페소 **홈페이지** www.malba.org.ar

© Nicolas Waldman

Barrio San Telmo & Barrio Boca

산 텔모 & 보카 지역

미크로센트로의 남쪽에는 탱고의 발상지로 유명한 산 텔모와 보카 지역이 있다. 5월 광장 바로 옆부터 산 텔모가 시작되고, 산 텔모 남쪽이 보카 지역이다. 레콜레타, 팔레르모와 달리 치안이 나쁘며, 대로를 조금만 벗어나도 지저분하고 노숙자가 많기 때문에 주의해야 한다. 따라서 한낮에도 인적이 드문 거리를 들어가면 안 되고 야간에는 아주 조심해야 한다. 특히 보카 지역은 부에노스 아이레스에서 가장 치안이 나쁜 지역 중 하나라, 관광지를 제외한 지역은 가급적 방문을 피하는 것이 좋다.

산 텔모 일요 시장
Mercado San Telmo

부에노스 아이레스 여행을 통틀어서 가장 큰 볼거리는 산 텔모 일요 시장일 것이다. 매주 일요일이면 5월 광장에 연결된 데펜사(Defensa) 거리를 따라, 약 2km에 걸쳐 수공예품을 파는 시장이 열린다. 소가죽으로 만든 지갑, 가방 등 각종 장신구와 그림, 생활용품, 마테차 잔, 의류, 양털 제품 등의 다양한 종류의 수공예품을 저렴하게 살 수 있다. 중간중간 거리 예술가들의 공연이 열리는데, 특히 데펜사 거리 남쪽 끝에 있는 도레고 광장(Plaza Dorrego) 주변에 거리 공연이 집중되어 있다. 도레고 광장 근처엔 골동품을 파는 곳이 많은데, 골동품은 수공예품과 달리 가격이 비싼 편이다. 오전 10시가 지나야 슬슬 가게들이 영업을 시작하기 때문에 일찍부터 갈 필요는 없다. 사람이 워낙 많기에 소매치기를 조심해야 한다.

위치 데펜사 거리를 따라 약 2km 거리 **홈페이지** mercadosantelmo.com.ar

현대 미술관
Museo de Arte Moderno de Buenos Aires

약자로 맘바(MAMBA)라고 부르는 미술관으로 도레고 광장에서 남쪽으로 한 블록 내려가면 있다. 미술관 건물 벽과 지붕에 나무가 있는 외관이 근사한데, 현대 미술에 관심이 있다면 이곳에서 남미 현대 미술 흐름을 볼 수 있다. 현대 미술에 전혀 관심이 없는 사람이라면 굳이 찾아갈 필요는 없을 것이다.

주소 Avenida San Juan 350 **위치** 지하철 C라인 산 후안(San Juan) 역에서 도보 10분 **시간** 수~월 11:00~19:00, 토~일·공휴일 11:00~20:00 / 화요일 휴무 **요금** 16,000페소 / 수요일 무료 **홈페이지** museomoderno.org

카미니토
Caminito

지금은 사용하지 않는 옛 보카(Boca) 항구 옆에 있는 곳으로, 다양한 색깔로 칠한 건물로 유명하다. 과거 부두 노동자들이 페인트를 살 돈이 없어서 배에서 쓰다 남은 페인트를 가져다가 조금씩 칠했기 때문에 지금처럼 됐다는 이야기가 전해지고 있다. 지금은 관광지로 개발되어 기념품 가게와 식당, 카페가 즐비하고, 곳곳에 설치된 다양한 인형, 조형물, 벽화가 예쁘다. 단, 주변 지역의 치안이 안 좋기 때문에 관광객이 다니는 구역을 절대 벗어나면 안 된다. 가게들이 아침 일찍 문을 안 열기 때문에 적어도 오전 10시 이후에 방문하는 것이 좋다.

위치 버스 29, 130, 152번이나 택시를 이용

라 봄보네라
La Bombonera

축구팀 '보카 주니어스(Boca Juniors)'의 경기장으로 49,000석 규모이며, 카미니토에서 북쪽으로 네 블록 정도 떨어져 있다. 주위에 보카 주니어스의 상징인 파란색으로 칠해진 축구용품 가게와 식당이 많으며 메시, 마라도나 등의 아르헨티나 유명 축구 선수의 조형물도 있다. 주변의 인적이 드문 곳에는 들어가지 않도록 조심하자.

주소 Brandsen 805 **위치** 카미니토에서 북쪽으로 도보 약 5분

추천 **식당**

부촌인 레콜레타, 팔레르모 지역에는 고기 질이 좋기로 유명한 비싼 식당이 많다. 고급 식당은 대부분 저녁에만 영업하는데, 밤 8시가 넘어야 문을 여는 곳이 많아서 방문하기 전 오픈 시간을 확인하는 것이 좋다. 저렴한 로컬 식당은 피자, 엠빠나다, 초리빤 같은 메뉴를 주로 팔며 밤늦게까지 영업한다. 최근에는 뷔페 음식을 무게에 따라 계산하는 식당이 많이 생겼다. 주로 중국인이 운영하기 때문에 아시아 스타일의 음식도 있으며 싸고 빠르게 먹을 수 있다.

알 카르본
Al Carbón

산 마르틴 광장과 플로리다 거리에서 가까운 스테이크 전문 식당으로 메뉴는 고기류, 샐러드, 파스타, 디저트가 있다. 미크로센트로에 있는 스테이크 식당치고는 가격이 별로 비싸지 않다. 적당한 가격에 무난한 품질의 고기를 맛볼 수 있는 곳이다.

주소 Reconquista 875, Retiro **시간** 월~토 12:00~16:00, 19:00~24:00 / 일요일 휴무 **홈페이지** alcarbon.com.ar

엘 쿠아르티토
El Cuartito

콜론 극장에서 가까운 로컬 식당으로 피자와 엠빠나다가 맛있다. 무엇보다 철철 흘러내리는 피자의 치즈가 예술이다. 유명세 때문인지 가격은 다른 유사 식당에 비해 조금 비싸다.

주소 Talcahuano 937, San Nicolas **시간** 화~일 12:30~01:00 / 월요일 휴무

카페 토르토니
Café Tortoni

문을 연 지 100년 이상 된 카페로 유명하고 5월 광장에서 가까워서, 부에노스 아이레스를 처음 방문한 여행자들은 누구나 한 번쯤 가보는 곳이다. 커피 등 음료와 디저트, 식사를 팔고 저녁에는 탱고 공연도 한다. 하지만 가격에 비해 음식이 특별히 맛있지 않고, 사람이 많다 보니 서비스가 별로인 편이다.

주소 Avenida de Mayo 825, Moserrat **시간** 08:00~01:00 **홈페이지** cafetortoni.com.ar

부에노스 아이레스의 한식당

부에노스 아이레스의 한인촌은 치안이 나쁜 볼리비아 타운 근처에 있고 센트로(중심가)에서 멀다. 카라보보 대로(Avedina Carabobo)를 중심으로 형성되어 있는 한인촌을 '백구촌'이라 하는데, 지하철 E라인 메다샤 밀라그로사(Medalla Milagrosa) 역에서 내려 걸으면 된다. 야간에는 반드시 택시(Carabobo 1500 인근 하차)로 이동하고 귀중품 노출을 피해야 한다. 밤에 식사를 마치면 주인이 숙소까지 가는 레미스(Remis)를 불러 줄 것이다. 한식 가격은 국내보다 비싸지만, 양이 많고 맛있다. 특히 불고기나 갈비 등은 아르헨티나의 소고기를 이용하기 때문에 맛이 없을 수가 없다. 또한 대부분의 식당이 고기를 무한 리필해 준다(단, 육개장같이 단품을 파는 식당은 제외). 아베니다 아베샤네다(Avenida Avellaneda) 같은 센트로(중심가)에서 가까운 다른 지역에도 한식당이 일부 있는데, 백구촌에 비해서는 양과 맛이 모두 떨어진다.

주소 한국관(불고기, 갈빗살) Saraza 2135, **두꺼비 식당**(육개장 등) Saraza 2054, **백구 삼겹살**(삼겹살) Carabobo 1589, **미조리**(회, 초밥) Carabobo 1515

피제리아 게린
Pizzeria Guerrin

오벨리스코에서 가까운 피자 전문점이다. 역시 치즈가 과할 정도로 많이 들어가고 화덕에 바싹 도우를 굽는 편이다. 맛과 가격 모두 무난하다.

주소 Avenida Corrientes 1368, San Nicolas **시간** 11:00~01:00 **홈페이지** pizzeriaguerrin.com

운 쿠엔코 치노
Un Cuenco Chino

이름은 중국 식당답지 않지만 음식은 제대로 된 중국 맛이 난다. 특히 매콤하고 알싸한 우육면과 마파두부, 고기 요리가 맛있고, 청경채 볶음 등 다양한 중국 요리를 비교적 저렴한 가격에 먹을 수 있으며 양도 푸짐해서 만족스럽다.

주소 Mitre 1189 **시간** 목~화 12:00~14:30, 19:00~22:30 / 수요일 휴무

아람부루
Aramburu

레콜레타 묘지 인근에 최고급 식당으로 남미 최고의 식당 중 하나로 꼽힌다. 분자 요리 기법을 활용한 18 코스 정식을 판다. 가격이 상당히 비싸고(1인당 100 달러 이상) 사전 예약은 필수다.

주소 Vincente Lopez 1661, Recoleta **시간** 화~토 19:30~22:30 / 일~월요일 휴무 **홈페이지** aramburuesto.com.ar

페르보르
Fervor

아람부루의 가격이 부담스럽다면 이곳을 선택해 보자. 레콜레타 묘지에서 가까운 스테이크 전문 식당으로 꽤 비싸지만, 아람부루만큼 가격이 크게 부담스럽지 않다. 고기의 질이 좋고 인테리어가 고급스럽다.

주소 Posadas 1519, Recoleta **시간** 12:00~16:00, 19:30~24:00 **홈페이지** fervorbrasas.com.ar

라 카르니세리아
La Carniceria

팔레르모의 이탈리아 광장(Plaza Italia) 인근에 있는 스테이크 전문점이다. 가격은 비싸지만, 고기의 질이 좋은 곳으로 유명하다. 인기가 워낙 많아서 예약하지 않으면 기다려야 할 때가 많다.

주소 Thames 2317, Palermo **시간** 월~금 20:00~24:00, 토~일 13:00~15:30, 20:00~24:00

더 버거 조인트
The Burger Joint

팔레르모에 있는 수제 버거 전문점이다. 아르헨티나의 질 좋은 소고기로 만들어 버거가 맛있다. 가격이 인근 식당보다 저렴하고 그로테스크한 벽화가 그려진 인테리어가 멋있다.

주소 Jorge Luis Borges 1776, Palermo **시간** 12:00~24:00

커피 타운
Coffee Town

산 텔모 도레고 광장에 가까이 있는 커피 전문점으로 큰 시장 건물 안에 있다. 커피 맛도 맛이지만, 시장 건물의 독특한 인테리어와 활기찬 분위기가 인상적이다. 산 텔모를 구경할 때 잠깐 들러서 시장 구경도 하면서 쉬기 좋은데, 일요일에는 사람이 정말 많다.

주소 Simon Bolivar 976, San Telmo **시간** 08:30~20:30

추천 숙소

위치가 어떤 지역에 있는가에 따라 숙소 가격의 차이가 크다. 저렴한 호스텔과 호텔은 산 텔모와 5월 광장 인근에 많으며, 미크로센트로와 레콜레타 지역에는 조금 더 고급 호텔이 많다. 만약 산 텔모에 숙소를 잡는다면 큰 도로가에 있는 곳이 치안이 좋으니 그쪽으로 알아보는 것이 좋다. 호텔이 다른 도시에 비해 많고 저렴한 편이기 때문에, 일행이 있다면 호스텔보다는 에어비앤비, 3성급 호텔, 아파트형 호텔을 이용하는 것도 좋은 방법이다.

아메리카 델 수르 호스텔

America del Sur Hostel

산 텔모에 있는 호텔급 규모의 아주 큰 호스텔로 시설이 좋은 것으로 유명하다. 도미토리 방도 크고 로커 같은 개인별 시설이 잘 갖춰져 있다. 지하철과 버스 정류장이 가까워서 이동도 편리하다. 인기가 좋은 곳이라 성수기에는 예약이 필수다.

주소 Chacabuco 718 **가격** 도미토리 35,000~45,000페소, 더블·트윈 100,000~150,000페소 **홈페이지** americahostel.com.ar

밀하우스 호스텔 애비뉴

Milhouse Hostel Avenue

국회의사당 인근에 있는 호스텔로 오래된 주택을 개조해서 만들어 고풍스러운 내부 분위기가 멋있다. 방과 가구들이 모던하면서 상당히 깨끗하고 관리가 잘 되고 있으며, 식당 등 공용 공간이 상당히 넓다.

주소 Avenida de Mayo 1245 **가격** 도미토리 35,000~50,000페소, 더블·트윈 120,000~160,000페소

체 후안 호스텔

Che Juan Hostel BA

플로리다 거리에서 가까운 호스텔로 원목을 사용하여 인테리어를 장식한 실내가 상당히 깔끔하고 정갈한 느낌을 준다. 도미토리 침대마다 커튼이 설치되어 있고 방이 넓은 편이다.

주소 Lavalle 477 **가격** 도미토리 30,000~45,000페소, 더블·트윈 90,000~120,000 페소

라유엘라 호스텔

Rayuela Hostel

아메리카 델 수르 호스텔과 5월 광장 중간쯤에 있어서 위치가 좋다. 규모가 작다 보니 공용 공간은 별로 없지만 방은 꽤 넓다.

주소 Belgrano 887 **가격** 도미토리 20,000~30,000페소, 더블·트윈 50,000~70,000페소 **홈페이지** rayuelahostel.com

호텔 메리트 산 텔모

Hotel Merit San Telmo

5월 광장에서 가까운 3성급 호텔로 새로 지은 건물이라 시설이 깨끗하다. 방이 넓고 방음 시설도 다른 호텔에 비하면 낫다. 산 텔모 초입에 있기 때문에 미크로센트로에 가까워 위치가 아주 좋다.

주소 Adolfo Alsina 801 **가격** 더블·트윈 60~90달러 **홈페이지** amerian.com

스칼라 호텔

Scala Hotel

산 텔모 지역에 있는 큰 4성급 호텔로 내부 공간이 넓고 방이 크다. 산 텔모에 있다 보니 다른 지역에 있는 동급 호텔에 비해 저렴하면서도 시설이 좋다. 하지만 미크로센트로와 레콜레타에 있는 호텔에 비해 주변 지역의 치안이 나쁘고 편의 시설이 떨어지며, 유명 관광지까지 거리가 다소 멀다.

주소 Bernardo de Irigoyen 740 **가격** 더블·트윈 80~100달러, 트리플 120~150달러 **홈페이지** scalabuenosaires.com

호텔 메리트 산 텔모

퓰리처 호텔
Pulitzer Hotel

산 마르틴 광장 인근에 있는 4성급 디자인 호텔로, 모던한 인테리어가 인상적인 곳이다. 방이 비교적 넓고, 식당 조식도 괜찮다. 또한 레콜레타, 미크로센트로 지역 모두 걸어서 돌아볼 수 있을 정도로 위치가 좋다. 안전한 지역에 있는 고급 호텔을 원한다면 좋은 선택이다.

주소 Maipu 907 **가격** 더블·트윈 100~140달러 **홈페이지** hotelpulitzer.com.ar

HTL 누에베 데 훌리오
HTL 9 de Julio

7월 9일 대로변에 있는 4성급 아파트형 호텔로 복층으로 된 내부 공간이 넓고 시설이 좋다. 대로변에 있기 때문에 위치와 치안이 좋은 편이며, 식탁과 주방이 있어서 일행과 함께 오붓한 시간을 보낼 수 있다. 비수기에는 가격이 50~60달러까지 떨어지기 때문에 가성비가 좋다.

주소 Adolfo Alsina 1112 **가격** 더블·트윈 아파트 50~90달러, 트리플 아파트 60~110달러 **홈페이지** htlhoteles.com

아르헨타 타워 호텔
Argenta Tower Hotel

산 마르틴 광장 인근에 있는 4성급 아파트 호텔로 주방 이용이 가능하다. 방이 넓고, 레콜레타 인근 지역이라 밤에도 걱정 없이 나갈 수 있을 정도로 치안이 좋다. 인근에 세탁소, 대형 마트, 식당 등의 편의 시설이 많다.

주소 Juncal 868 **가격** 더블·트윈 80~120달러, 트리플 100~150달러 **홈페이지** argenta-tower.com.ar

카를레스 호텔
Carles Hotel

레콜레타 지역에 있는 4성급 호텔로 주변 지역이 깨끗하면서 조용하고 안전하다. 또한 인근에 고급 식당과 대형 마트 등의 편의 시설이 많고, 레콜라타와 미크로센트로 경계 지점에 있기 때문에 주요 관광지로 이동이 용이하다. 방이 넓은 편이고, 인테리어가 차분한 느낌이다. 문제는 부자 동네인 레콜레타에 있는 호텔이라 다른 지역의 동급 호텔보다 상당히 비싸다.

주소 Juncal 798 **가격** 더블·트윈 120~180달러 **홈페이지** carleshotelbuenosaires.com

바릴로체

Bariloche

바릴로체는 푸른 숲과 설산, 호수로 둘러싸인 나우엘 우아피 국립 공원(Parque Nacional Nahuel Huapi)에 자리 잡고 있다. 햇살을 받으면 짙은 푸른색으로 빛나는 호숫물은 크리스털처럼 깨끗하고, 1년 내내 푸른 나무들 사이에는 하얀 고사목들이 서 있어서 숲의 푸름을 더 돋보이게 한다. 설산과 숲, 호수가 복잡하게 얽히고 설킨 풍경은 바릴로체를 '안데스의 푸른 보석'으로 만들어 준다. 바릴로체도 칠레의 푸콘처럼 래프팅, 승마, 낚시 등 다양한 액티비티를 즐길 수 있지만, 캄파나리오 언덕의 카페에 앉아 커피를 마시며 아름다운 풍경을 바라보기만 해도 바릴로체 여행은 충분히 행복하다. 또한 바릴로체는 남미 최고의 수제 초콜릿과 아이스크림을 맛볼 수 있는 곳으로 유명하다. 중심가에는 수제 초콜릿을 파는 가게가 많으며, 과일 등 다양한 재료를 활용한 맛있는 초콜릿과 아이스크림을 맛볼 수 있다.

• 바릴로체 드나들기 •

국내선 항공

매일 부에노스 아이레스와 바릴로체를 오가는 국내선을 라탐, 아르헨티나 항공, 제트스마트, 안데스 항공에서 운항하고 있다. 칼라파테를 오가는 항공편은 아르헨티나 항공에서 운항하는데, 인기 노선이기 때문에 성수기(12~2월)에는 최대한 빨리 예약해야 한다. 우수아이아는 칼라파테를 경유해서 갈 수 있다. 칼라파테와 우수아이아 외에 다른 도시로 가고 싶다면, 부에노스 아이레스를 경유해야 한다.

■ 공항에서 센트로(중심가)로 이동하기

공항은 중심가에서 동쪽으로 16km 떨어져 있으며 택시나 72번 버스로 갈 수 있다. 72번 버스는 공항에서 07:00~22:00까지 1~2시간 간격으로 출발한다. 버스를 이용하려면 반드시 수베 교통 카드가 있어야 한다.

공항 → 중심가 택시 요금 25,000~30,000페소, 20분 소요 **72번 버스**(수베 교통 카드 필수) 요금 약 5,000페소, 35~40분 소요

시외버스

부에노스 아이레스, 산 마르틴, 멘도사 등의 아르헨티나 도시와 함께 칠레 발디비아, 푸에르토 몬트, 푸에르토 바라스로 오가는 버스가 매일 출발한다. 탁사(Taqsa)와 찰텐 트래블(Chalten Travel)이 엘 찰텐과 칼라파테행 버스를 운행한다. 칼라파테행 버스는 성수기에 매진될 때가 많기 때문에 빨리 사야 한다. 버스 터미널은 중심가에서 2km 정도 떨어져 있으며, 택시와 버스로 이동할 수 있다.

예상 소요 시간 및 운임

지역	소요 시간	요금
부에노스 아이레스	20~22시간	130,000~180,000페소
산 마르틴 데 로스 안데스	3시간 30분~4시간	28,000~35,000페소
엘 볼손(El Bolson)	2시간~2시간 30분	10,000~12,000페소
멘도사	19~21시간	80,000~100,000페소
엘 찰텐	23~25시간	250,000~300,000페소
칼라파테	26~28시간	260,000~300,000페소
발디비아(칠레)	7~8시간	50,000~60,000페소
푸에르토 바라스(칠레)	6~7시간	50,000~55,000페소
푸에르토 몬트(칠레)	6~8시간	50,000~55,000페소

버스 터미널 → 중심가 택시 요금 8,000~10,000페소(약 10분 소요) **버스**(수베 교통 카드 필수) 요금 1,500페소(약 15분 소요)

시내버스

바릴로체는 호수와 산을 따라 마을과 여행지가 넓게 펴져 있어서 투어를 하지 않는다면 시내버스를 타고 다니면서 구경해야 한다. 부에노스 아이레스처럼 수베(Sube) 카드가 있어야만 버스를 이용할 수 있다. 충전한 금액이 있다면 하나의 수베 카드로 여러 명이 탑승할 수 있다.

20번 버스 샤오샤오 호텔, 캄파나리오 언덕 운행 **55번 버스** 카테드랄 산 운행

바릴로체
빅토리아섬
Isla Victoria
샤오 샤오 호텔
Hotel Llao Llao
캄파나리오 언덕
Cerro Campanario
시르쿠이토 치코
Circuito Chico
모레노 에스테 호수
Lago Moreno Este
나우엘 우아피 호수
Lago Nahuel Huapi
알마 델 라고
Alma del Lago
공항 방향 (12km)
Aeropuerto
플라야 보니타
Playa Bonita
바릴로체 시내
보니타 레이크 하우스
Bonita Lake House
차밍 럭셔리 롯지
Charming Luxury
Lodge
버스 터미널
Terminal de Omn
2km

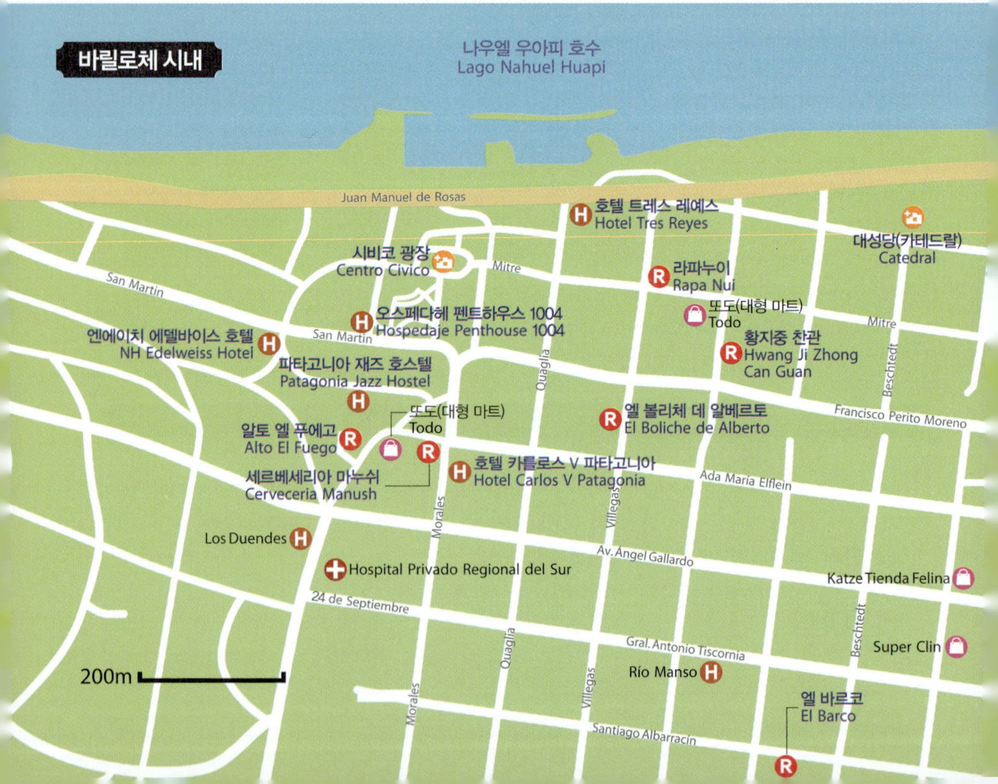
바릴로체 시내
나우엘 우아피 호수
Lago Nahuel Huapi
Juan Manuel de Rosas
호텔 트레스 레예스
Hotel Tres Reyes
대성당(카테드랄)
Catedral
시비코 광장
Centro Civico
Mitre
라파누이
Rapa Nui
San Martin
오스페다헤 펜트하우스 1004
Hospedaje Penthouse 1004
또도(대형 마트)
Todo
엔에이치 에델바이스 호텔
NH Edelweiss Hotel
San Martin
황지중 찬관
Hwang Ji Zhong
Can Guan
Mitre
파타고니아 재즈 호스텔
Patagonia Jazz Hostel
Quaglia
Beschtedt
Francisco Perito Moreno
또도(대형 마트)
Todo
엘 볼리체 데 알베르토
El Boliche de Alberto
알토 엘 푸에고
Alto El Fuego
호텔 카를로스 V 파타고니아
Hotel Carlos V Patagonia
세르베세리아 마누쉬
Cerveceria Manush
Ada Maria Elflein
Morales
Villegas
Los Duendes
Av. Ángel Gallardo
Hospital Privado Regional del Sur
Katze Tienda Felina
24 de Septiembre
Beschtedt
Gral. Antonio Tiscornia
Super Clin
Quaglia
200m
Río Manso
Villegas
Morales
엘 바르코
El Barco
Santiago Albarracín

시비코 광장
Centro Civico

바릴로체의 중심 광장으로, 주위에 시청과 경찰서 등 주요 관공서가 있고, 중앙에는 원주민으로부터 바릴로체 지역을 빼앗고 아르헨티나 대통령도 역임한 훌리오 로카(Julio Roca) 장군의 동상이 있다. 알프스풍으로 지어진 관공서도 인상적이지만, 광장에서 보이는 드넓은 나우엘 우아피 호수와 설산의 풍경은 이곳의 가장 큰 매력이다.

TIP

바릴로체의 기후

해발 900m 정도로 안데스산맥과 호수에 둘러싸여 있기에 여름에도 덥지 않고 온화하다. 특히 봄철인 11~12월에는 호수 주위와 숲에 꽃이 많이 피어서 아름답다. 겨울(6~9월)에는 눈이나 비가 많이 내리고 스키장이 개장하기 때문에 1년 중 가장 붐비고 숙소가 비싸다.

대성당(카테드랄)
Catedral

시비코 광장에서 호수를 따라 오른쪽으로 몇 블록 걸어가면 고딕 양식으로 건축된 대성당이 있다. 다른 도시에 비해 규모는 크지 않지만 파란 하늘과 호수를 배경으로 솟은 높은 첨탑이 멋있다. 성당 앞에는 얇은 금속 선으로 만들어 푸른 하늘과 함께 볼 수 있는 독특한 성모 마리아상이 있다.

주소 Vice Almte. O'Connor 500 **위치** 시비코 광장에서 호수를 따라 동쪽으로 도보 약 5분 **시간** 10:00~13:00, 17:00~21:00 **요금** 무료

플라야 보니타
Playa Bonita

바릴로체는 센트로(중심가)부터 나우엘 우아피 호수를 따라 20km 이상 마을이 형성되어 있다. 그중에 호숫가가 가장 아름다운 곳을 하나 꼽으라고 한다면 센트로에서 7.5km 떨어진 곳에 있는 플라야 보니타다. 플라야 보니타는 호숫가 옆 절벽에 전망대가 있고, 바로 앞에는 작은 섬이 있어서 다른 곳보다 훨씬 아름다운 풍경을 볼 수 있다. 플라야 보니타를 거닐며 한없이 깨끗한 나우엘 우아피 호수를 즐겨 보자.

위치 20번 버스를 타고 플라야 보니타에서 하차, 중심가에서 약 15~20분 소요

샤오 샤오 호텔
Hotel Llao Llao

센트로(중심가)에서 25km 떨어진 곳에 있는 바릴로체에서 가장 좋은 5성급 호텔이다. 로페스산(Cerro Lopez, 해발 2,070m)의 거대한 암벽 아래에 있는 언덕에 있으며, 나우엘 우아피 호수와 조그만 모레노 에스테 호수(Lago Moreno Este)에 둘러싸여 있다. 주변 풍경과 함께 꽃이 가득한 정원이 예쁘고, 호텔 내부는 나무, 사슴뿔 등의 천연 자재를 활용하여 고풍스럽게 꾸며져 있다. 따라서 시간 여유가 있다면 근사한 전망이 보이는 호텔 내 카페에서 커피 한 잔을 즐기는 것을 권한다. 단, 투숙객이 아닌 관광객들이 한꺼번에 내부로 들어가려고 하면 정중하게 출입을 거절당한다.

주소 Avenida Bustillo Km 25 **위치** 20번 버스 종점(센트로 출발 기준 약 2,000페소)에 하차, 약 50분 소요 **홈페이지** llaollao.com

TIP

'llao llao' 발음은 '야오 야오'가 아니라 '샤오 샤오'인가?

스페인어를 공부한 사람이라면 'lla'가 '야'라고 발음되는 것을 알 것이다. 따라서 'llao llao'를 스페인어 표준 발음대로 읽으면 '야오 야오'가 되어야 한다. 하지만 아르헨티나에서는 특이하게 'lla'를 '샤'라고 발음하기 때문에, '샤오 샤오'라고 읽는 것이다. 다른 단어들도 마찬가지라서 '열쇠'를 뜻하는 '야베(llave)'는 '샤베'라고 발음하고, '모듬 숯불구이'인 '빠리야(Parrilla)'는 '빠리샤'라고 한다. 또한 원래 스페인어에서 '당신(영어 you)'은 '뚜(Tu)'라고 하는데, 아르헨티나에서는 '보스(Vos)'라고 한다. 이렇게 아르헨티나의 스페인어는 다른 나라와 다른 점이 많다.

빅토리아섬
Isla Victoria

나우엘 우아피 호수 안에 있는 작은 섬으로 샤오 샤오 호텔 앞에 있는 파뉴엘로 선착장(Puerto Pañuelo)에서 투어용 배를 타고 갈 수 있다. 보통 시내 여행사나 숙소에서 투어를 신청해서 다녀오며, 아라야네스 숲(Bosque de Arrayanes)과 빅토리아섬을 상륙해 한 바퀴 돌면서 구경할 수 있다. 배를 타고 나우엘 우아피 호수를 건널 수 있고 거대한 나무들의 숲을 구경할 수 있지만, 빅토리아 섬 입장료가 비싸다 보니 투어 가격이 꽤 비싸다. 개인적으로 선착장에 가서 배표를 사서 다녀올 수도 있다.

요금 투어 80~90달러

시르쿠이토 치코
Circuito Chico

'시르쿠이토 치코'는 우리말로는 '작은 순환로'라는 뜻으로, 샤오 샤오 호텔 뒤에 있는 모레노 에스테 호수(Lago Moreno Este)를 한 바퀴 도는 길이다. 무성한 숲속을 지나는 구간이 많고 고래 뼈로 정문을 만든 집, 모레노 에스테 호수와 샤오 샤오 호텔이 보이는 전망대 등을 볼 수 있다. 버스가 안 다니는 길이기 때문에 투어를 통하거나 렌터카를 빌려서 갈 수 있다.

요금 투어 약 30~40달러

캄파나리오 언덕
Cerro Campanario

샤오 샤오 호텔, 빅토리아섬, 시르쿠이토 치코 모두 아름다운 곳이지만, 바릴로체 최고의 풍경은 캄파나리오 언덕에서 만날 수 있다. 호수 바로 옆에 있는 해발 1,039m의 언덕을 걸어서(25~30분 소요) 올라가거나 리프트인 아에로시샤(Aerosilla / 왕복 20,000페소)를 타고 올라가면 전망대가 있다. 전망대 옥상에 올라가는 순간, 새하얀 설산과 새파란 호수, 푸른 숲이 360도로 펼쳐진 환상적인 풍경을 볼 수 있다. 전망대에 있는 카페에서 이 환상적인 풍경을 감상하면서 커피나 간단한 먹거리를 즐길 수 있는데, 가격이 비싸지 않고 햄버거, 피자, 케이크 등의 먹거리도 맛있다. 보통 샤오 샤오 호텔과 함께 둘러보는데 먼저 샤오 샤오 호텔에 가서 구경을 하고 캄파나리오 언덕에 가는 것이 낫다.

위치 20번 버스 이용하여 캄파나리오 언덕(센트로에서 약 1,500페소)에서 하차, 약 40분 소요 **시간** 아에로시샤 09:00~17:30 **홈페이지** cerrocampanario.com.ar

추천 **식당**

바릴로체는 음식보다 오히려 초콜릿과 아이스크림이 더 유명한데, 시내 어디를 가나 온통 초콜릿 가게이다. 남부 파타고니아 지역처럼 양고기가 맛있으며, 독일과 스위스의 영향을 많이 받은 지역라 맛있는 수제 맥주도 즐길 수 있다. 초콜릿 가게가 모여 있는 거리인 미트레(Mitre)보다는 언덕 위쪽 거리에 맛있는 식당이 많다.

라파누이
Rapa Nui

바릴로체에서 가장 유명한 수제 초콜릿 가게다. 원래는 조그만 가게였는데 장사가 잘되다 보니 확장을 거듭하여, 지금은 수제 초콜릿과 아이스크림은 물론 카페에 식당까지 있다. 명성대로 초콜릿과 아이스크림 모두 최고의 맛을 자랑한다. 참고로 부에노스 아이레스에도 분점이 여러 개 있는데 산 마르틴 광장 바로 옆에도 하나 있다. 초콜릿 아이스크림 종류가 많다.

주소 Mitre 202 **시간** 08:30~24:00 **홈페이지** chocolatesrapanui.com.ar

알토 엘 푸에고
Alto el Fuego

바릴로체 센트로 지역에서 가장 유명한 스테이크 전문점이다. 물론 부에노스 아이레스의 최고급 식당보다는 못하지만, 최고급 식당을 대비해 가격이 싸기 때문에 동일 선상에서 비교할 순 없다. 미트레 거리에 있는 100% 관광객용 식당보다는 가격이 저렴하다.

주소 20 de Febrero 451 **시간** 월~토 12:00~15:00, 20:00~24:00 / 일요일 휴무 **홈페이지** altoelfuego.com.ar

엘 바르코
El Barco

유럽계 이민자들이 많이 온 곳이라 아르헨티나는 카페가 훌륭하기로 유명하다. 바릴로체에서 가장 커피가 훌륭한 카페를 현지인들에게 물어보면 대부분 여기를 꼽을 것이다. 배(바르코)라는 이름답게 내부는 그물, 나무 같은 것으로 장식되어 있고, 직접 로스팅한 다양한 커피를 맛보고 살 수 있다. 단, 언덕 위에 있어서 오르막을 꽤 걸어야 한다.

주소 Santiago Albarracín 451 **시간** 월~금 08:00~19:30, 토 09:00~13:30 / 일요일 휴무

엘 볼리체 데 알베르토
El Boliche de Alberto

알토 엘 푸에고와 함께 중심가에서 가장 유명한 스테이크 식당으로 보통 '알베르토'라고 부른다. 메뉴와 가격 모두 알토 엘 푸에고와 비슷하다.

주소 Conrado Villegas 347 **시간** 12:00~15:00, 20:00~24:00 **홈페이지** elbolichedealberto.com.ar

세르베세리아 마누쉬
Cerveceria Manush

바릴로체에서 가장 유명한 수제 맥줏집이다. 항상 사람이 바글바글해서 활기가 넘치고 수제 버거, 피자, 스테이크 등 다양한 음식도 판다.

주소 Juan Neumeyer 20 **시간** 수~월 17:30~03:00 / 화요일 휴무 **홈페이지** cervezamanush.com.ar

황지중 찬관
Hwang Ji Zhong Can Guan

바릴로체의 유일한 중국 식당이다. 우리나라 울면과 비슷한 산시엔(San Xian)면, 돼지고기볶음밥과 약간 매콤한 소고기볶음이 훌륭하다. 그리고 식당에 딸린 가게에서 파는 김치도 주문하면 식당에서 먹을 수 있다. 소고기가 지겹다면 찾아가 보자.

주소 Rolando 268 **시간** 12:00~15:00, 19:00~23:00

추천 **숙소**

바릴로체는 유명한 관광지이지만, 센트로(중심가)에 있는 숙소는 좁고 낡은 곳이 많다. 사실 대부분의 좋은 숙소는 센트로 외곽의 호숫가에 있다. 센트로에서 캄파나리오 언덕 방향으로 호숫가를 따라 까바냐(펜션)와 아파트, 호텔이 늘어서 있는데, 외곽에도 대형 마트, 식당, 카페 등 편의 시설이 잘 갖춰져 있다. 호숫가 중 가장 경치가 좋은 곳은 센트로에서 7.5km 떨어진 플라야 보니타 지역이다. 센트로에서 2~10km 사이에 숙소가 많은데, 호수 바로 앞에 있거나 호수 전망이 보이는 숙소가 더 비싸다. 또한 호수 바로 앞 숙소와 호숫가 도로를 건너서 있는 숙소는 가격 차이가 꽤 있는데, 예약할 때에는 숙소 사진과 지도를 잘 체크해 봐야 한다. 성수기인 12~2월, 6~8월에 숙소 가격이 크게 오른다. 코로나 이후 호텔 가격이 전체적으로 크게 올랐다.

오스페다헤 펜트하우스 1004
Hospedaje Penthouse 1004

'오스페다헤 펜트하우스 1004'는 보통 '1004(천사) 호스텔'로 불린다. 바릴로체 여행을 준비하는 여행자라면 한 번쯤은 들어 봤을 1004 호스텔은 센트로(중심가)에 있는 유일한 고층 건물의 1004호에 있다. 시설은 좋지도 나쁘지도 않지만, 주변에 다른 높은 건물이 없다 보니 그 어떤 숙소보다 멋진 풍경을 볼 수 있다. 워낙 인기 있는 곳이라 성수기에는 예약하지 않으면 거의 자리가 없다. 단, 사방의 소음이 다 들려서 밤에 조금 시끄러운 단점이 있다. 호스텔치고는 가격이 상당히 비싸지만, 멋진 전망을 보는 것에 대한 비용이라고 생각하면 아깝지 않다.

주소 San Martin 127 **가격** 도미토리 40,000~50,000페소, 더블·트윈 110,000~140,000페소 **홈페이지** penthouse 1004.com.ar

파타고니아 재즈 호스텔
Patagonia Jazz Hostel

시비코 광장 위쪽의 호스텔이 몰려 있는 언덕에 있다. 이 동네 호스텔들이 다 그렇듯이 방은 좁고 시설도 아주 기본적이지만, 원목 가구와 천, 그림 같은 것으로 장식된 공용 공간이 아담하다.

주소 Juramento 94 **가격** 도미토리 40,000~50,000페소, 더블·트윈 100,000~130,000페소

보니타 레이크 하우스
Bonita Lake House

© Rapha Aretakis

아름다운 플라야 보니타에 머물고 싶은데 돈이 부족하다면 이곳을 선택하자. 시설은 평범하지만, 센트로(중심가)에 있는 호스텔보다 공간은 넓다. 비록 호수 바로 앞에 있지 않고 도로 건너편에 있지만 그 정도는 감수할 만하다.

주소 Avenida Bustillo 7884 **가격** 도미토리 35,000~45,000페소, 더블·트윈 90,000~140,000페소

호텔 엔에이치 에델바이스
Hotel NH Edelweiss

아르헨티나의 대형 호텔 체인인 NH 호텔에서 운영하는 4성급 호텔로, 바릴로체 센트로(중심가)에 있는 호텔 중에는 가장 시설이 좋다. 하지만 방이 좁은 편이고 가격에 비해 시설이 조금 아쉽다.

주소 San Martin 202 **가격** 더블·트윈 160~230달러

호텔 카를로스 V 파타고니아
Hotel Carlos V Patagonia

중심가에 가까운 작은 3성급 호텔로 방이 작은 편이지만 잘 관리되고 있어서 청결하다. 인근에 대형 마트가 있고 버스정류장도 가까워서 위치가 좋다. 바릴로체의 작은 호텔 중에는 꽤 시설이 좋은 편이다.

주소 Morales 420 **가격** 더블·트윈 80~150달러

알마 델 라고
Alma del Lago

센트로에서 도보로 10분 정도 걸리는 호숫가에 있는 5성급 리조트로, 센트로 인근 숙소 중에서 가장 좋은 곳이다. 호수 바로 앞에 있기 때문에 전망이 정말 아름답고, 방과 부대 시설도 아주 훌륭하다. 센트로에서 멀지 않으면서 시설이 아주 좋은 숙소를 원한다면 더 나은 선택은 없을 것이다.

주소 AvenidaBustillo 1150 **가격** 더블·트윈 150~250달러

호텔 트레스 레예스
Hotel Tres Reyes

© Ben Booth

나우엘 우아피 호수 가까이 있는 3성급 호텔로 호수 전망이 멋있다. 호수가 보이는 방은 전망이 좋은 대신 바로 앞에 도로가 있어서 조금 시끄럽다. 방과 내부 시설은 괜찮은 편이지만 조식이 조금 부실하다.

주소 12 de Octubre 135 **가격** 더블·트윈 90~160달러

차밍 럭셔리 롯지
Charming Luxury Lodge

플라야 보니타의 호숫가 언덕 위에 있는 최고급 펜션으로 시설과 전망이 모두 훌륭하다. 스파, 수영장 등 부대시설이 좋고 방마다 큰 욕조가 있다. 휴양지에 왔으니 비싸더라도 근사한 숙소에서 머물러 보고 싶은 커플이나 가족에게 추천한다.

주소 Avenida Bustillo 7500 **가격** 더블·트윈 160~250달러, 투룸 아파트 400~550달러

칼라파테

Calafate

빙하가 녹아서 만들어진 하늘색의 거대한 아르헨티노 호수(Lago Argentino) 옆에 있는 칼라파테는 아르헨티나 남부 파타고니아 여행의 중심지이다. 칠레의 푸에르토 나탈레스가 조용한 시골 마을 같은데 반해, 잘 정비된 거리를 따라 많은 고급 식당과 기념품 가게가 늘어선 칼라파테는 세련된 도시의 분위기를 느낄 수 있다. 하지만 시내 중심가를 조금만 벗어나면 커다란 미루나무(Alamo. 알라모)가 파타고니아의 강한 바람에 흔들리는 기분 좋은 소리를 들을 수 있다. 강한 바람이 부는 한적한 아르헨티노 호숫가를 따라 산책을 하면 저 멀리 늘어선 설산과 호수에 떠있는 유빙이 보인다. 그리고 눈이 시리도록 새파랗게 빛나는 '페리토 모레노 빙하(Glaciar Perito Moreno)'를 칼라파테에서 다녀올 수 있다. 파타고니아의 대자연과 도시의 편리함을 함께 누릴 수 있는 칼라파테는 남미 여행에서 잊지 못할 기억을 선사해 줄 것이다.

• 칼라파테 드나들기 •

국내선 항공

라탐(LATAM), 아르헨티나 항공(Aerolinea), 제트스마트(Jetsmart)에서에서 부에노스 아이레스, 바릴로체, 우수아이아행 직항을 운항한다. 성수기(12~2월)에는 항공료가 크게 비싸지며 최대한 빨리 예약해야 한다. 특히 최근에 우수아이아행 항공편이 많이 줄어서, 항공권을 빨리 구하지 않으면 상당히 비싸진다. 칼라파테 공항은 시내에서 25km 정도 떨어져 있으며, 버스가 없기 때문에 콜렉티보나 택시를 이용해서 시내까지 이동해야 한다.

칼라파테 공항 → 시내 콜렉티보 요금 편도 13,000페소 / 시간 약 20~30분 소요 **택시** 요금 약 40,000페소 / 시간 20~30분 소요

시외버스

비교적 가까운 도시는 엘 찰텐(El Chalten)과 리오 가예고스(Rio Gallegos)이며, 우수아이아, 바릴로체를 오가는 버스도 있다. 하지만 우수아이아는 중간에 칠레 땅을 지나서 국경 통과에 시간이 걸리고, 마젤란 해협을 배를 타고 건너야 하기 때문에 17시간이나 소요된다. 버스 가격도 비싸기 때문에 우수아이아를 오간다면 비행기로 가는 것이 좋다. 칠레의 푸에르토 나탈레스를 오가는 버스도 매일 출발한다.

예상 소요 시간 및 운임

지역	소요 시간	요금
엘 찰텐	3시간	50,000페소
리오 가예고스	4시간	40,000~45,000페소
우수아이아	17~18시간	120,000~140,000페소
바릴로체	26~28시간	260,000~300,000페소
푸에르토 나탈레스 (칠레)	6~7시간	40,000~50,000페소

■ 버스 터미널에서 시내로 이동하기

2018년에 새로운 버스 터미널이 문을 열었다. 기존 터미널이 중심가 바로 옆에 있었던 것에 반해 약간 외곽에 있기 때문에, 터미널 가까이 있는 숙소가 아니라면 택시를 이용해야 한다. 버스 탑승 시 터미널 이용료 3,000페소를 지불해야 한다.

버스 터미널 → 시내 **택시** 요금 약 5,000~7,000페소

칼라파테 시내
니메스 호수
Laguna Nimez
La Chacarita de Nimez
Calle 2
Play Ground El Calafate
Mirábile "pastas más ricas"
Cauquenes de Nimez
Almte G. Brown
Belgrano
돈 피촌
Don Pichon
Monte Aymond
아메리카 델 수르
호스텔 칼라파테
America del Sur
Hostel Calafate
La Esperanza
Los Tehuelches
Perito Moreno
Los Gauchos
돈 루이스
Don Luis
Gdor. Moyano
Nakel Yenu
칼라파테 호스텔
Calafate Hostel
호텔 포사다 로스 알라모스
Hotel Posada Los Alamos
라 칸델라리아
La Candelaria
Gdor. Gregores
린다 비스타 아파트 호텔
Linda Vista Apart Hotel
카우 칼레센
Kau Kaleshen
라 아노니마(대형 마트)
La Anónima
라 소라
La Zorra
Jean Mermoz
돈 루이스
Don Luis
라 레추사
La Lechuza
로스 글라시아레스 국립 공원 사무소
Intendencia Parque Nacional Los Glaciares
세르베세리아 아르테사날 초펜
Cervecería Artesanal Chopen
Julio Argentino Roca
Del Glaciar Hostel
& Suites Libertador
디스트리 수르(슈퍼마켓)
Distrisur
Campaña del Desierto
Av. 17 de Octubre
José Formenti
돈 루이스
Don Luis
Julio Argentino Roca
Av. Juan Domingo Perón
Esplendor by
Wyndham El Calafate
Merillanca
Del Glaciar Pioneros
Los Pioneros
이 케우켄 호스텔
I Keu Ken Hostel
200m

로스 글라시아레스 국립 공원 사무소
Intendencia Parque Nacional Los Glaciares

페리토 모레노 빙하가 있는 국립 공원의 관리 사무소이다. 꽃과 나무가 무성한 예쁜 정원에는 파타고니아의 역사와 관련된 조형물이 있고, 원목으로 만든 독특한 디자인의 전시실에서는 모레노 빙하에 대한 사진과 비디오를 볼 수 있다. 아름다운 주변 지역의 풍경을 담은 비디오를 무료로 볼 수 있으며 중심가에 있기 때문에 모레노 빙하를 가기 전에 가볍게 들르면 된다.

주소 Avenida del Libertador 1302 **시간** 월~금 08:00~16:00 / 토~일 · 공휴일 휴무

니메스 호수
Laguna Nimez

마을 북쪽으로 30분쯤 걸어가면 있는 조그만 보호 구역으로, 산책로가 있고 플라밍고, 까이껜(Caiquen) 등 파타고니아의 다양한 새를 볼 수 있다. 하지만 플라밍고가 우유니보다 훨씬 적기 때문에, 우유니를 거쳐온 사람이라면 입장료까지 내면서 들어갈 필요가 없다. 플라밍고를 한 번도 본 적이 없다면 갈 만하다.

시간 09:30~19:30 **요금** 12,000페소

칼라파테 지역의

Tour

페리토 모레노 빙하 투어 Glaciar Perito Moreno Tour

여행자들이 칼라파테를 방문하는 가장 큰 목적은 페리토 모레노 빙하를 보기 위해서이다. 길이 30km, 폭 5km인 모레노 빙하는 이 일대에서 가장 큰 빙하는 아니지만, 가장 가깝게 접근할 수 있다. 모레노 빙하를 즐기는 방법은 전망대(Mirador), 미니 트레킹(Mini Trekking), 빅 아이스(Big Ice) 세 가지가 있다. 미니 트레킹과 빅 아이스는 '이엘로 이 아벤투라(Hielo y Aventura)'라는 회사가 독점 운영하기 때문에, 칼라파테 어디를 가나 가격이 거의 동일하다. 빙하 지역의 날씨는 수시로 변하는데 여름철(12~2월)에도 트레킹 중 날씨가 나빠지면 정말 춥다. 반드시 따뜻한 옷을 가져가는 것이 좋고, 모자와 장갑, 선글라스, 선크림도 준비해야 한다. 빙하 위에서 걸을 때 쓰는 아이젠은 투어사에서 제공하며, 등산용 스틱을 준비할 필요는 전혀 없다. 전망대에는 식당이 있어서 식사를 꼭 준비하지 않아도 되지만, 식당에서 파는 먹거리가 상당히 부실하기 때문에 보통 준비를 해서 간다. 미니 트레킹이나 빅 아이스를 할 경우 빙하가 녹은 물을 마시면 되기 때문에, 생수는 별도로 준비할 필요 없고 물병만 가져가면 된다. 모든 투어에 국립 공원 입장료(45,000페소)와 식사는 불포함이다.

> **TIP**
> **빙하 투어 가격의 급격한 상승**
> 최근 몇 년간 아르헨티나의 환율이 크게 변하면서 빙하 투어의 가격도 해마다 두 배 이상 오르고 있다. 여기에 있는 가격은 2025년 1월 기준인데 엄청나게 비싸졌다.

홈페이지 미니트레킹 / 빅아이스 투어사 www.hieloyaventura.com

■ 전망대 투어

전망대는 투어 버스를 타고 간단히 다녀올 수 있다. 칼라파테에서 국립 공원까지는 차로 1시간 반이 걸리며, 보통 전망대에서 4시간 정도 자유 시간을 준다. 전망대 아래에 있는 작은 부두에서 투어용 배를 타고 빙하에 가까이 접근할 수도 있다. 전망대는 1년 내내 갈 수 있으며, 숙소나 여행사에서 예약하면 된다.

요금 약 75,000페소 / 투어용 배 64,000페소 별도(약 1시간 소요)

■ 미니 트레킹 Mini Trekking

미니 트레킹은 전망대에서 모레노 빙하를 본 후 배를 타고 호수를 건너 가이드와 함께 빙하 위를 걷는다. 빙하 위에서는 1시간 반 정도 걷는데 천천히 걷고 수시로 쉬기 때문에, 참가자 대부분이 별 어려움 없이 할 수 있다. 만 65세 나이 제한이 있지만 나이를 체크하는 경우가 드물다. 트레킹 끝에 빙하 얼음을 넣은 위스키를 제공하는데, 빙하를 넣은 차가운 위스키의 맛이 각별하다. 6월부터 7월 초까지는 투어가 중단된다.

시간 07:00~12:00(매시간 출발) / 투어는 약 10시간 소요 **요금** 320,000페소(차량 불포함), 384,000페소(차량 포함)
※ 투어 가격은 운영사인 '이엘로 이 아벤투라(Hielo y Aventura)' 홈페이지(www.hieloyaventura.com)에서 확인 가능

■ 사파리 아술 Safari Azul

코로나 이후 미니 트레킹이 하루 2,000명에서 500명 정도로 크게 줄면서 대신 만들어진 투어다. 전망대 구경과 배를 타고 호수를 건너는 것은 미니 트레킹과 동일하지만 빙하 위에는 올라가지 않는다. 빙하 위스키는 제공되며 6월 초에는 투어가 중단된다.

시간 07:00~12:00(매 시간 출발) / 투어는 약 8시간 소요 **요금** 160,000페소(차량 불포함), 224,000페소(차량 포함)

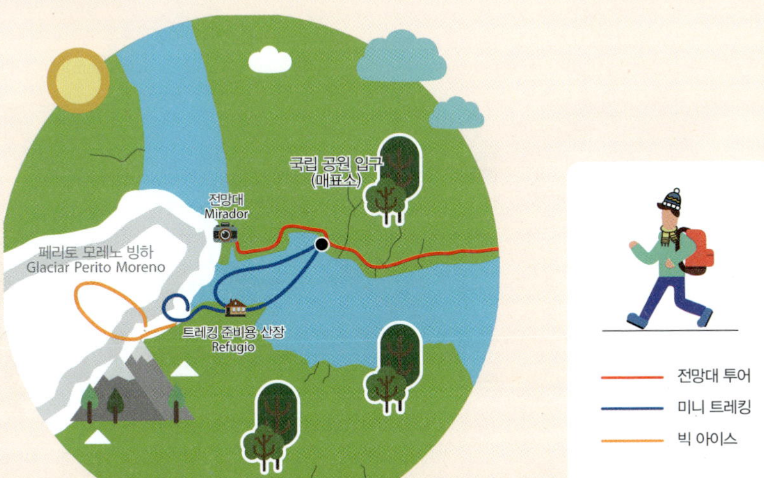

■ 빅 아이스 Big Ice

미니 트레킹은 빙하의 끝을 잠깐 걷기 때문에, 빙하 전체의 모습은 볼 수 없다. 거기에 반해 빅 아이스는 1시간 동안 산길을 걸어서 안쪽으로 들어간 후, 빙하 중심부까지 걸어갔다가 돌아온다. 빙하를 걷는 시간은 약 4시간 정도이며 전체 투어에 걸리는 시간은 12시간 정도다. 하루에 단 한 팀(45명)만 출발하기 때문에 성수기에는 적어도 1~2개월 전에 예약해야 하고, 비수기에도 2~3주 전에는 예약하는 것이 좋다. 또한 긴 시간을 팀 전체가 보조를 맞춰서 걷기 때문에 만 18세 이상, 50세 미만만 신청할 수 있다. 간혹 50세 이상이 나이를 속이고 신청하는 경우도 있는데, 만약 버스에 탑승할 때 투어 회사에서 나이를 확인해서 적발되면 환불 없이 퇴출당한다. 상당히 비싸고 힘든 투어이지만 미니 트레킹과는 비교가 불가능한 환상적인 풍경을 볼 수 있다. 5월부터 9월 중순까지는 투어가 중단된다.

시간 12시간 소요 **요금** 590,000페소(차량 불포함)/ 654,000페소(차량 포함)
※ 투어 가격은 운영사인 '이엘로 이 아벤투라(Hielo y Aventura)' 홈페이지(www.hieloyaventura.com)에서 확인 가능

웁살라 빙하 Glaciar Upsala

웁살라 빙하는 모레노 빙하 북쪽에 있는 로스 글라시아레스 국립 공원 내에서 가장 큰 빙하로 길이가 약 50km, 폭은 10km에 이른다. 모레노 빙하와 달리 트레킹은 할 수 없으며 배를 타고 유빙과 빙하를 보는 크루즈를 탈 수 있다. 배 안에서만 구경하는 것이라 개인 취향에 따라 호불호가 갈린다. 칼라파테에 도착 후 숙소나 여행사에서 쉽게 예약할 수 있다.

요금 약 270,000페소 / 국립 공원 입장료 별도

토레스 델 파이네 일일 투어 Torres del Paine

푸에르토 나탈레스까지 가서 토레스 델 파이네를 다녀올 시간이 없다면, 칼라파테에서 출발하는 토레스 델 파이네 일일 투어를 할 수도 있다. 코스는 푸에르토 나탈레스에서 출발하는 투어와 동일하지만, 국경을 넘어 칠레까지 다녀와야 하기 때문에 시간이 훨씬 더 오래 걸린다. 칠레 국경을 통과하기 때문에 햄, 과일, 삶은 달걀 등 신선 식품을 가져가면 안 된다.

시간 출발 06:00, 도착 22:00 **요금** 약 240,000페소(토레스 델 파이네 입장료 별도)

추천 식당

최남단 파타고니아의 관광지라, 먹거리가 다른 지역에 비하면 30~50% 정도 가격이 비싸다. 하지만 중심가에는 고급 식당이 상당히 많아서 식당을 찾기는 쉽다. 가장 유명한 메뉴는 파타고니아를 대표하는 먹거리인 양고기이다. 최근에 비교적 저렴한 햄버거, 샌드위치를 파는 식당이 늘어나고 있다

돈 루이스
Don Luis

칼라파테에서 가장 유명한 빵집이다. 빵과 케이크, 커피뿐만 아니라 샐러드, 고기 파이 등의 식사가 되는 음식도 포장 판매한다. 저렴하고 간단하게 식사할 수 있고, 투어용 점심을 사기 좋다.

주소 Avenida del Libertador 1536 **시간** 07:30~21:30

돈 피촌
Don Pichon

중심가 옆 언덕에 있는 스테이크 전문점이다. 가격이 중심가의 유명 식당보다는 저렴하고, 전화로 미리 예약을 하면 왕복 픽업 서비스를 제공해 준다. 물론 비싼 식당들보다 고기의 질은 다소 떨어진다.

주소 Puerto Deseado 242 **시간** 19:00~24:00

라 소라
La Zorra

코로나 이후 아르헨티나에 수제 맥주가 유행하면서 생긴 맥주 전문점들 중 하나다. 스테이크 등 먹거리도 괜찮은 편이다. 인근에 새로 생긴 수제 맥주 전문점들이 꽤 있다.

주소 Avenida del Libertador 832 **시간** 12:00~02:00

돈 루이스

라 레추사

라 레추사
La Lechuza

칼라파테의 유명 식당들은 대부분 스테이크(아사도) 식당인 데 반해, 이곳은 피자, 파스타 등 비교적 간단한 메뉴를 판매한다. 스테이크 종류도 있는데 그건 전문점에서 먹는 것이 좋다. 치즈가 철철 흐르는 피자가 예술인데, 같은 가격에 반반 피자를 먹을 수 있다. 같은 가게가 길 건너에도 있다.

주소 Avenida del Libertador 1301 **시간** 12:00~23:30

세르베세리아 아르테사날 초펜
Cerveceria Artesanal Chopen

마코 바로 옆에 있는 수제 맥주 전문점이다. 아담한 분위기가 정겹고 다양한 종류의 수제 맥주 맛이 좋다. 피자, 햄버거, 엠빠나다 등의 먹거리도 판매한다.

주소 Avenida del Libertador 1630 **시간** 17:00~24:00

라 칸델라리아
La Candelaria

코로나 이후 문을 연 식당으로 유럽식의 깔끔한 테이블 세팅과 음식 플레이팅이 인상적이다. 길 건너편에 있는 돈 세사르와 함께 시내에서 가장 가성비가 좋은 식당 중 하나로 특히 등심(Ojo de Bife)를 추천한다.

주소 Avenida del Libertador 1610 **시간** 12:00~24:00

TIP

음식은 식당에서 먹자!

최근 일부 몰지각한 우리나라 관광객이 식당 음식값이 비싸다는 이유로 칼라파테의 호텔에서 찌개를 끓여 먹거나, 심지어 고기를 사서 방에서 구워 먹다가 적발되어 큰 문제가 되었다. 그래서 단체팀이 모두 호텔에서 쫓겨나는 일이 있었고, 아예 한국인 관광객을 거부하는 호텔도 생겨나고 있다. '어글리 코리안'이 되지 않도록 기본 상식은 지키자.

추천 숙소

다른 도시에 비해 시설은 떨어지면서 비싼 편인데, 저렴한 숙소와 비싼 숙소의 시설 차이가 크며, 호스텔은 대부분 시설이 부실하다. 일행이 있다면 호텔 대신 주방이 있는 까바나(펜션)도 고려해 볼 만하다. 성수기와 비수기의 가격 차이가 상당히 큰데, 2023년 말부터 호스텔 가격이 크게 올랐다.

아메리카 델 수르 호스텔 칼라파테
America del Sur Hostel Calafate

대형 호스텔로 방과 공용 공간이 크고 건물 전면이 유리여서 전망이 좋다. 칼라파테의 호스텔 중에 시설이 좋지만, 중심가 옆 언덕에 있어서 좀 걸어야 한다.

주소 Puerto Deseado 153 **가격** 도미토리 50,000~70,000페소, 더블·트윈 150,000~250,000페소 **홈페이지** americahostel.com.ar

포크 호스텔
Folk Hostel

크진 않지만 새로 지은 곳이라 시설이 깨끗하다. 칼라파테의 소형 호스텔이 다 그렇듯이 방과 공용 공간은 좁다. 저가형 호스텔 중에선 괜찮은 선택이다.

주소 Jose Haro 424 **가격** 도미토리 30,000~40,000페소 **홈페이지** folkhostel.com

이 케우켄 호스텔
I Keu Ken Hostel

언덕 위에 있어서 아르헨티노 호수가 보이는 전망이 좋고, 넓은 정원이 있다. 저가 호스텔 중에 시설은 좋지만, 언덕 위에 있어서 꽤 멀고, 호스텔 내부가 좁다.

주소 Pontoriero 175 **가격** 도미토리 30,000~35,000페소, 더블·트윈 70,000~110,000페소

칼라파테 호스텔
Calafate Hostel

중심가에 있는 대형 호스텔로 공용 공간은 넓지만, 방이 좁은 편이다. 위치는 중심가 한가운데에 있기 때문에 그 어떤 호스텔보다 좋다.

주소 Gobernador Moyano 1226 **가격** 도미토리 25,000~35,000페소, 더블·트윈 80,000~110,000페소 **홈페이지** calafatehostels.com

카우 칼레센

Kau Kaleshen

중심가에 있는 2성급 호텔로 시설이 뛰어나진 않지만, 가성비가 좋다. 꽃과 나무가 많은 넓은 정원이 예쁘고 나무와 원목을 활용한 인테리어도 괜찮다. 저렴한 호텔을 원할 때 선택하기 좋은 곳이다.

주소 Gregores 1256 **가격** 더블·트윈 100~150달러, 트리플 130~180달러

린다 비스타 아파트 호텔

Linda Vista Apart Hotel

한국인 가족이 운영하는 3성급 까바냐(펜션)로 원목으로 지은 건물과 꽃이 가득한 정원이 예쁘다. 복층 구조의 내부는 넓어서 일행이 3~4명 정도라면 머물기 좋다. 많은 우리나라 여행자가 모레노 빙하 투어, 교통편을 이곳을 통해 예약하며, 사모님이 직접 만든김밥은 모레노 빙하 투어를 할 때, 점심 식사용으로 인기가 좋다.

주소 Padre de Agostini 71 **가격** 더블·트윈 90~150달러, 4인용 까바냐 160~220달러 **홈페이지** lindavistahotel.com.ar

호텔 포사다 로스 알라모스

Hotel Posada Los Alamos

칼라파테 최고의 호텔로 규모와 시설 면에서 비교 대상이 없다. 호텔이 두 블록에 걸쳐 있으며 실내 수영장, 자쿠지, 피트니스 클럽뿐만 아니라 연습용 골프장도 있다. 로스 알라모스(Los Almos)는 미루나무라는 뜻으로, 큰 미루나무들이 호텔 주변을 둘러싸고 있어서 단풍이 드는 가을에 특히 아름답다. 4성급이지만, 시설은 5성급 호텔 수준이다.

주소 Guatti 1135 **가격** 더블·트윈 200~300달러 **홈페이지** posadalosalamos.com

엘 찰텐

El Chalten

인구가 1천 명도 안 되는 정말 작은 엘 찰텐 마을을 많은 여행자가 찾는 이유는, 세계에서 가장 아름다운 봉우리 중 하나인 피츠로이(Fitz Roy, 해발 3,375m)를 보기 위해서다. 많은 빙하 호수와 함께 다양한 풍경을 볼 수 있는 칠레의 토레스 델 파이네와는 비교할 수 없지만, 칼라파테에서 당일 코스로도 다녀올 수도 있고 트레킹 코스도 비교적 쉽다. 따라서 토레스 델 파이네에 갈 시간이나 체력이 부족한 여행자는 피츠로이 트레킹이 훨씬 더 나은 선택이다. 다만 입장료가 원래 무료였으나, 2024년 말부터 입장료를 받기 시작했고 상당히 비싸다. 엘 찰텐은 10여 년 전까지만 해도 건물이 얼마 없는 썰렁한 마을이었으나, 최근 몇 년간 여행자들이 폭증하면서 식당 등의 편의 시설이 크게 늘어서 머물기에 크게 불편하지 않다. 2일 이상 체류한다면 피츠로이 주변에 있는 다양한 트레킹 코스를 즐길 수 있다.

• 엘 찰텐 드나들기 •

시외버스

찰텐 트래블(Chalten Travel), 탁사(Taqsa), 칼 투르(Cal Tur) 등의 여러 버스 회사가 엘 찰텐과 칼라파테를 오고 간다(50,000페소, 약 3시간 소요). 칼라파테 공항에서 엘 찰텐으로 바로 오는 버스도 있다(50,000페소. 약 2시간 30분 소요). 찰텐 트래블과 탁사는 바릴로체까지 가는 버스도 운행한다(250,000~300,000페소. 약 23~25시간 소요).

엘 찰텐 지역의

Tour

트레킹

트레킹 루트는 크게 피츠로이(Fitz Roy) 루트와 토레 호수(Laguna Torre) 루트가 있다. 대부분의 여행자가 피츠로이 루트를 가지만, 이틀 이상의 시간이 있다면 토레 호수 루트도 다녀올 수 있다. 주의할 점은, 피츠로이는 안에 들어가는 순간 그 어떤 가게도 없다. 산속에 있는 캠핑장 화장실이 유일한 시설이다. 따라서 모든 필요한 먹거리와 물품은 피츠로이에 들어가기 전에 미리 준비해야 한다. 비가 자주 내리고 강한 바람이 불 때가 많기 때문에, 따뜻한 겉옷과 우의, 장갑, 모자를 준비하는 것이 좋다. 만약 캠핑을 할 생각이라면 텐트, 침낭, 코펠, 먹거리 등의 모든 물품을 철저히 준비해야 한다. 캠핑장에서 엘 찰텐 마을의 가게까지는 도보로 1시간 이상 걸리기 때문이다. 2024년 말부터 입장료가 생겼는데, 1일 입장권이 45,000페소, 2일 입장권은 67,500페소로 상당히 비싸다. 만약 이틀간 트레킹하는데 2일 입장권을 미리 사지 않으면, 1일 입장권을 두 번 구매해야 한다.

TIP

참 보기 힘든 피츠로이

해발 3천 미터가 넘는 거대한 봉우리가 우뚝 서 있는 피츠로이는 거의 1년 내내 짙은 구름이 봉우리를 감싸고 있다. 따라서 피츠로이를 찾기 전에 미리 알아야 하는 것은 그 유명한 피츠로이의 봉우리를 볼 가능성이 높지 않다는 점이다. 필자는 피츠로이에 10번 이상 갔었고 일출를 보기 위해 캠핑을 한 적도 있는데, 새파란 하늘과 함께 피츠로이를 본 것은 딱 한 번이었다. 따라서 너무 큰 기대는 하지 않는 것이 좋다. 피츠로이를 볼 가능성이 가장 높은 시즌은 2~4월인데, 이 시즌에도 봉우리를 제대로 볼 가능성은 필자의 경험상 30~40% 정도밖에 안된다. 5월도 가능성이 높은데 눈이 올 때가 많으며, 겨울(6~8월)에는 해가 짧고 눈이 쌓여서 트레킹이 힘들다. 9~10월은 눈이 올 때가 많고 11~12월엔 비가 자주 내린다. 다만 지구 온난화의 영향으로 예년과 달리 비가 잘 안 오고 날씨가 더운 시즌도 있었다. 기뻐할 수 없는 현상이지만, 그런 시즌에는 피츠로이를 볼 가능성이 높다. 필자의 경험상 피츠로이를 볼 가능성은 4~5월이 가장 높다.

피츠로이의 일출

© Peter Boonisar

로스 트레스 호수까지 올라가서 일출을 보기 위해 새벽에 엘 찰튼에서 출발하는 사람도 있다. 하지만 길이 아주 어둡고 날씨가 추운 데다가 새벽에는 보통 바람이 강하게 불어서 아주 힘들고 부상을 당할 위험이 높다. 또한 산에서는 전화가 안 되기 때문에 긴급 상황 발생 시 도움을 요청하기도 힘들다. 따라서 너무 욕심을 내지 말고 가능하면 전망대까지만 가서 일출을 볼 것을 권한다. 만약 로스 트레스 호수까지 간다면 안전에 유의하자. 특히 급경사인 마지막 언덕 구간을 올라갈 때는 정말 조심해야 하며, 날씨가 나쁘다면 중간에 포기하기를 권한다.

■ 피츠로이 루트

엘 찰텐 마을 끝에 있는 트레킹 루트 입구에서 피츠로이 봉우리 바로 밑에 있는 로스 트레스 호수(Laguna de los Tres)까지는 11km거리이다. 처음 1시간 정도 완만한 오르막을 오른 후 비교적 평탄한 길이 이어지는데, 평탄한 길을 30분 정도 걸으면 멀리 피츠로이가 보이는 전망대(Mirador)에 도착한다. 전망대에 도착하기 조금 전에 길이 두 갈래로 갈라지는데, 오른쪽 길로 가면 전망대이고 왼쪽 길로 가면 조그만 카프리 호수(Laguna Capri)가 있다. 날씨가 맑은 날에는 카프리 호수에서도 멀리 피츠로이가 보인다.

전망대를 지난 후 약 2시간 정도 평탄한 길을 더 걸으면 로스 트레스 호수 아래에 있는 언덕에 도착하는데, 날씨가 안 좋을 때는 상당히 강한 바람이 분다. 언덕 아래에서 로스 트레스 호수까지는 아주 경사가 급한 길을 1km나 올라가야 하는데, 이곳을 올라가는 데만 1시간 정도가 걸린다. 바람이 강하게 불거나 비가 내릴 때는 이 마지막 언덕 구간이 상당히 위험하다. 급경사에서 넘어지면 부상을 당할 위험이 있으니 때문에 각별히 조심해야 한다. 왕복할 경우 쉬는 시간을 포함해서 약 8~9시간이 걸린다. 일반적으로 올라갈 때는 전망대 쪽으로 올라가고, 돌아올 때 카프리 호수 쪽을 거쳐서 내려온다.

전망대

■ 토레 호수 루트

엘 찰텐에서 토레 호수까지는 약 11km이며 경사 구간이 거의 없고 길이 평탄해서 약 3~4시간 정도 걸린다. 토레 호수에 도착하면 멀리 토레 빙하(Glaciar Torre)와 토레산(Cerro Torre, 해발 3,102m)이 보이는데, 쉬는 시간 포함 왕복 7~8시간이 걸린다. 피츠로이 루트에 있는 캠핑장인 포인세놋 캠프에서 왼쪽으로 2시간 정도(7km) 걸으면 토레 호수 루트와 연결된다. 루트 중간에는 조그만 호수 두 개가 붙어 있는 '엄마와 딸 호수(Laguna Madre e Hija)'가 있다. 따라서 포인세놋 캠프에서 캠핑했다면, 이 길을 따라 토레 호수 루트까지 갈 수 있다.

TIP

칼라파테에서 일일 트레킹

칼라파테에서 엘 찰텐까지는 버스로 왕복 6시간이 걸리기 때문에, 일반 버스를 타고 하루 일정으로 피츠로이 루트의 로스 트레스 호수까지 다녀오는 것은 거의 불가능하다. 따라서 로스 트레스 호수까지 가고 싶다면 엘 찰텐에서 하루 숙박을 하거나, 칼라파테에서 택시를 빌려서 새벽에 출발해야 한다. 일행이 3~4명 정도 있다면 택시를 빌리는 것이 버스를 타는 것보다 경제적이다.

추천 식당

외지고 조그만 동네이다 보니 식당들은 칼라파테에 비해 전체적으로 비싸고 맛이 떨어지는 편이다. 하지만 별 기대를 하지 않고 먹으면 의외로 괜찮은 곳도 있다. 비수기에는 문을 닫는 식당이 많다.

라 타페라
La Tapera

엘 찰텐에서 꽤 오래된 스테이크 식당으로 평가도 가장 좋은 편이다. 메뉴는 아르헨티나 식당이 늘 그렇듯이 소고기, 양고기, 샐러드인데 파스타가 맛있다는 평가가 많다.

주소 Jose Antonio Rojo 50 **시간** 12:00~15:00, 18:30~23:00

비앤비 버거 조인트
B&B Burger Joint

아르헨티나에서 스테이크 식당보다 훨씬 귀한 수제 버거 전문점이다. 아르헨티나 소고기가 들어간 햄버거는 기본적으로 맛이 없을 수가 없다. 맥주는 흑맥주가 인기가 좋다.

주소 San Martin 351 **시간** 12:00~21:00

세르베세리아 아르테사날 찰텐
Cerveceria Artesanal Chalten

트레킹을 마친 후 시원한 맥주를 한잔하고 싶다면 이곳을 가면 된다. 통나무로 지은 건물 외관과 정원이 예쁘고, 수제 맥주와 함께 피자, 파스타, 소고기 등 다양한 음식도 판다. 날씨만 좋다면 정원의 테이블에 앉아 맥주를 한잔하기 좋다.

주소 San Martin 320 **시간** 12:30~02:00

라 초콜라테리아 호시 아이케
La Chocolateria Josh Aike

엘 찰텐에서 가장 유명한 카페로 통나무집 같은 소박한 외관이 예쁘고, 커피, 케이크와 함께 피자 같은 음식도 판다. 카페 이름에서 느껴지듯이 핫초코와 초콜릿 케이크가 유명하다.

주소 Lago del Desierto 105 **시간** 11:00~19:00

© SheeprUs

추천 **숙소**

최근에 건축한 대형 호스텔이 많아서 숙소 시설은 괜찮다. 중소형 호텔도 늘어나고 있는데 칼라파테보다는 시설 대비 비싸다. 파타고니아의 숙소가 다 그렇듯이 성수기와 비수기의 가격 차이가 상당히 크다. 마을은 작은데 점점 여행자가 많아지다 보니 성수기에는 숙소를 최대한 빨리 예약해야 한다.

호스텔 란초 그란데
Hostel Rancho Grande

찰텐 트래블(Chalten Travel)에서 운영하는 대형 호스텔로 엘 찰텐에 가장 먼저 생긴 숙소 중에 하나다. 피츠로이 입구와 가깝고 24시간 운영하는 호스텔 식당의 음식은 저렴하다. 하지만 늘 사람이 많아서 좀 시끄럽고 주방 등 공용 공간과 방이 좁은 편이다. 칼라파테에서 찰텐 트래블의 버스와 함께 예약하면 첫날 숙박비가 약간 할인된다.

주소 San Martin 724 **가격** 도미토리 50,000~60,000페소, 더블·트윈 200,000~300,000페소

호스텔 피오네로스 델 바예
Hostel Pioneros del Valle

칼 투르(Cal Tur)에서 운영하는 대형 호스텔로 란초 그란데와 쌍벽을 이루는 호스텔인데 시설은 이곳이 더 낫다. 방과 식당, 주방 등 공용 공간이 상당히 넓고 역시 칼라파테에서 칼 투르의 버스와 함께 예약하면 첫날 숙박비가 약간 할인된다. 엘 찰텐에서 가성비가 가장 좋은 숙소 중 하나다.

주소 San Martin 451 **가격** 도미토리 50,000~60,000페소, 더블·트윈 200,000~300,000페소

호스테리아 엘 알라모
Hosteria El Alamo

작은 저가형 호텔로 새로 지은 곳이라 방과 내부 시설이 아주 깔끔하고 버스 터미널에서 가까워서 이동이 쉽다. 호스텔보다 나으면서 저렴한 숙소를 원한다면 괜찮은 선택이다.

주소 San Martin 198 **가격** 더블·트윈 60~100달러

호스테리아 엘 파라이소
Hosteria El Paraiso

엘 찰텐에서는 비교적 큰 호텔로 이 지역 숙소치고는 방이 넓다. 3성급 호텔 수준의 시설이며, 역시 새로 지은 곳이라 깔끔하다.

주소 Cabo Garcia 105 **가격** 더블·트윈 100~160달러

호스테리아 엘 파라이소

우수아이아

Ushuaia

'세상의 끝(Fin del Mundo, 핀 델 문도)'이라는 말이 우수아이아를 가장 잘 설명하는 말이다. 남위 54.8도라는 세계 최남단에 자리한 이 항구 도시는 파타고니아의 도시치고는 상당히 큰 편이다. 높은 푸에간 안데스(Fuegan Andes)산맥의 산자락을 따라 시가지가 형성되어 있고, 도시 앞에는 진화론을 주창한 찰스 다윈(Charles Darwin)이 비글호를 타고 지나갔던 비글 해협(Canal Beagle)이 있다. 혹자는 이 도시가 남미 대륙의 끝에 있다고 생각하곤 하는데, 이곳은 남미 대륙의 끝에서 마젤란 해협을 건너면 있는 티에라 델 푸에고(Tierra del Fuego)섬의 남쪽에 있다. 우수아이아는 우리나라의 해남처럼 땅끝이 아니라, 남미 대륙 남쪽의 섬에 있는 것이다. 날씨가 안 좋은 날이 많고 파타고니아의 다른 도시와 비교하면 볼거리가 적은 편이지만, '세상의 끝'이라는 상징성 때문에 성수기에는 많은 사람들이 이곳으로 몰려든다.

국내선 항공

라탐(LATAM), 아르헨티나 항공(Aerolinea), 제트스마트(Jetsmart)에서 부에노스 아이레스 ↔ 우수아이아 직항을 운항한다. 성수기(12~2월)에는 항공료가 비싸지며 최대한 빨리 예약해야 한다.

■ 공항에서 시내로 이동하기

공항 버스는 없으며 택시를 타는 것이 가장 좋은 방법이다. 미터기로 운행하며 시내까지 7,000~10,000페소 정도 나온다.

시외버스

칼라파테(120,000~140,000페소. 약 17시간 소요)행 버스가 있는데 가급적 비행기를 이용하는 것이 좋다. 칠레 푼타 아레나스행 버스(70,000~100,000페소. 12~13시간 소요)는 '부스 수르(Bus Sur)', '탁사 이 마르가(Taqsa y Marga)', '테크니 아우스트랄(Tecni Austral)'에서 운행한다. 푸에르토 나탈레스로 가고 싶다면 푼타 아레나스에 도착해서 갈아타거나, 푼타 아레나스-푸에르토 나탈레스 간 도로에 내려 지나가는 푸에르토 나탈레스행 버스를 탈 수 있다. 성수기에는 버스표 구하기가 정말 힘들기 때문에 도착하자마자 우수아이아를 떠나는 표를 사는 것이 좋다.

세상의 끝 박물관
Museo del Fin del Mundo

시가지의 동쪽 끝에 있으며 우수아이아의 역사와 이 지역에 살았던 원주민에 대한 자료를 전시하고 있다. 사실 전시물은 별것 없으며 박물관 프런트에서 '세계의 끝 도장'을 찍기 위해 방문하는 사람이 많다. 입구에는 우체통이 있는데 세계의 끝에서 엽서를 보냈다는 기분을 느끼기 위해 이용하는 사람이 많다. 볼거리에 비해 입장료가 비싸다.

주소 Maipu 173 **시간** 월~금 10:00~17:00, 토·공휴일 13:00~17:00 / 일요일 휴무 **요금** 8,000페소

우수아이아 지역의

Tour

비글 해협 투어 Canal Beagle Navegacion

우수아이아를 찾은 사람이 가장 많이 하는 투어로, 배를 타고 비글 해협을 둘러보는 것이다. 바다사자섬과 함께 우리나라 여행자들이 '세상의 끝 등대'라고 부르는 '에클레어 등대(Faro Les Eclaireurs)', 펭귄섬(Isla de las Pinguineras) 등을 볼 수 있으며, 오전 출발과 오후 출발이 있다. 방문지에 따라 투어는 세 가지가 있으며 오전 출발과 오후 출발이 있다. 펭귄은 일반적으로 11월~3월 사이에만 볼 수 있는데, 매년 조금씩 달라지기 때문에 현지에 도착한 후 상황을 확인하는 것이 좋다. 정말 운이 좋다면 투어 중에 고래를 볼 수도 있다. 투어는 숙소, 여행사에서 당일에도 예약할 수 있다. 비가 자주 내리는 지역이기 때문에 비옷과 따뜻한 옷을 준비하는 것이 좋고, 멀미에 민감한 사람은 멀미약을 준비하자. 바람이 강하게 부는 날에는 투어가 취소되며 투어비는 환불된다.

짧은 투어(세상의 끝 등대+바다사자섬) 요금 약 120,000~130,000페소 **시간** 3시간 소요
긴 투어(세상의 끝 등대+바다사자섬+펭귄섬) 요금 약 180,000~190,000페소 **시간** 5시간 소요

티에라 델 푸에고 국립 공원 Parque Nacional Tierra del Fuego

시내에서 서쪽으로 12km 떨어진 바닷가에 있는 조그만 국립 공원이다. 낮은 언덕과 개울, 숲과 호수, 해변이 있어서 아기자기한 맛은 있지만, 토레스 델 파이네, 모레노 빙하 같은 엄청난 볼거리는 기대하면 안 된다. 바닷가에는 '세상의 끝 우체국(Correo del Fin del Mundo)'이라는 작은 우체국이 있고, 국립 공원을 가로지르는 '세상의 끝 기차(Tren Fin del Mundo)'가 운행한다. 시간이 부족하거나 편하게 구경하고 싶으면 택시를 타고 돌아볼 수도 있는데, 보통 택시를 이용하는 시간에 따라 가격을 책정한다(시간당 50,000~60,000페소). 날씨가 좋으면 만족도가 높지만, 날씨가 나쁜 날에는 별로였다는 평가가 많다.

위치 버스(왕복 30,000페소) 약 20분 소요 **시간** 08:00~21:00 **요금** 입장료 30,000페소 / 세상의 끝 기차 69,000~156,000페소(1시간 소요)

추천 **식당**

우수아이아는 킹크랩을 파는 식당이 많다. 킹크랩은 살아 있는 것과 죽은 것의 가격 차이가 크며, 다른 해산물은 파타고니아 식당이 다 그렇듯이 냉동 상태로 유통된 것이다. 관광객이 적은 시즌(4~10월)에는 문을 닫는 식당이 많다. 전세계적으로 해산물 가격이 오르면서 킹크랩이 상당히 비싸졌다.

엘 비에호 마리노

El Viejo Marino

우수아이아에서 가장 유명한 킹크랩 식당으로 항상 줄이 길다. 두 명이 먹기에 약간 모자란 킹크랩 한 마리가 130~140달러 정도 하며, 저녁 식사가 시작되는 7시에는 엄청나게 긴 줄이 있기 때문에 차라리 좀 늦게 가거나 점심 때 가는 것이 낫다. 음료, 팁, 기타 음식 등을 포함하면 대게 맛을 보기 위해서 1인당 100달러 이상 지출해야 한다. 우수아이아에 더 이상 저렴한 대게는 없다.

주소 Maipu 229 **시간** 월~토 11:00~14:30, 19:00~22:30 / 일요일 휴무

타베르나 델 비에호 로보

Taberna del Viejo Lobo

킹크랩과 함께 오징어 튀김, 세비체 등 다양한 해물 요리를 판다. '엘 비에호 마리노(El Viejo Marino)'의 줄이 너무 길다면 언덕을 한 블록 올라가서 이 식당을 가는 것이 낫다.

주소 San Martin 152 **시간** 화~일 12:00~24:00 / 월요일 휴무

밤부

Bamboo

중국인이 운영하는 뷔페식당으로 양고기, 소고기, 해산물, 샐러드, 튀김 등 다양한 종류의 음식이 있다. 특히 아시아 스타일의 음식이 많다. 중국인 단체가 있는 날에는 '소꼬리 곰탕'도 나오기 때문에, 가격 대비 만족스럽다. 하지만 뷔페 음식이 세상 어디가나 그렇듯이 아주 맛있지는 않으며, 아시아 음식을 맛볼 수 있다는 것에 만족하자.

주소 San Martin 98 **시간** 12:00~15:00, 19:30~23:30

라모스 헤네랄레스

Ramos Generales

여행자들 사이에 이른바 '100년 된 카페'로 유명한 곳이다. 해안도로에 접해 있으며 빵과 커피, 수프, 샌드위치, 파스타 등 음식을 파는데, 실제로 가 보면 아주 특별한 점은 없지만, 음식이 비싸지 않고 맛있는 편이다.

주소 Maipu 749 **시간** 09:00~24:00 **홈페이지** ramosgeneralesush.com.ar

라모스 헤네랄레스

추천 숙소

우수아이아의 숙소는 시설은 별로인데 비싸다. 특히 중심가 근처에 있는 호스텔은 시설이 엉망이면서 1인당 가격은 다른 지역의 3성급 호텔급이다. 성수기(12월~2월)에는 엄청난 인파가 몰려들기 때문에, 미리 예약하지 않으면 방 구하기가 정말 힘들고 숙박비가 비싸다. 성수기에 온다면 숙소 때문에 골치가 아픈 곳이다. 코로나 이후 암달러 문제 때문에 호텔 가격이 크게 올랐다.

라 포스타 호스텔

La Posta Hostel

아파트형 방이 있는 숙소로 시설이 상당히 깨끗하고 방이 넓다. 시설로만 따지면 우수아이아에서 가성비가 가장 훌륭한 곳인데, 시내에서 멀리 떨어져 있다. 중심가까지 도보로 30분쯤 걸린다.

주소 Peron Sur 864 **가격** 2~4인용 아파트 70~150달러 **홈페이지** lapostahostel.com.ar

오소비아 호스텔

Oshovia Hostel

새로 지은 곳이라 깨끗하고 내부가 넓다. 나무를 주재료로 이용한 인테리어도 모던하면서 자연스럽다. 라 포스타 호스텔과 함께 호스텔 중에서 시설은 가장 좋지만, 문제는 역시 중심가에서 멀다는 것이다.

주소 Premier Argentino 127 **가격** 도미토리 45,000~50,000페소

라 벨라 아파트

La Vela Apartment

호텔보다는 저렴하면서 시설이 좋은 곳을 원한다면 이곳이 좋다. 중심가에서 한 블록 위 언덕에 있으며 방이 넓고 깨끗하다. 가격이 저렴하지 않지만, 우수아이아의 물가를 생각한다면 괜찮은 곳이다.

주소 Gobernador Deloqui 849 **가격** 더블·트윈 100~150달러

호텔 로스 나랑호스

Hotel Los Naranjos

중심가 끝에 있는 3성급 호텔로 시설이 깨끗하고 방이 비교적 넓은 편이다. 우수아이아는 내부 시설이 낡은 호텔이 많은데 여긴 새것 같은 느낌이 든다. 바다가 보이는 방은 전망은 좋지만 좀 시끄럽다.

주소 San Martin 1446 **가격** 더블·트윈 120~200달러 **홈페이지** losnaranjosushuaia.com

호텔 로스 나랑호스

푸에르토 이과수

Puerto Iguazu

푸에르토 이과수는 열대 우림 속에 있는 작은 도시이지만, 세계에서 가장 큰 폭포 지대인 이과수를 찾는 여행자들 덕분에 항상 활기가 넘친다. 무수한 폭포에서 뿜어나오는 엄청난 양의 수증기 때문에, 이 지역은 1년 내내 무덥고 엄청나게 습하다. 사실 정확하게 말하면 이과수 폭포라는 폭포는 없다. 푸에르토 이과수라는 도시 옆에 이과수 국립 공원(Parque Nacional Iguazu)이 있는데, 국립 공원 내에는 280개가 넘는 폭포가 있다. 그중에서 가장 큰 폭포는 악마의 목구멍(Garganta del Diablo)이라고 불리는 폭포다. 즉, 이과수 지역에 폭포가 있는 것이지 이과수 폭포라는 이름을 가진 폭포가 있는 것은 아니다. 이과수는 아르헨티나 쪽에서 보는 것이 유명하지만, 브라질 쪽에서도 전혀 다른 풍경을 볼 수 있다. 따라서 반드시 아르헨티나와 브라질 이과수를 모두 방문할 것을 권한다.

• 푸에르토 이과수 드나들기 •

항공

라탐(LATAM), 아르헨티나 항공(Aerolinea), 제트스마트(Jetsmart), 안데스(Andes) 등의 여러 항공사가 이과수↔부에노스 아이레스 노선을 수시로 운항한다. 버스보다 비행기가 싼 경우가 많으니 버스표를 사기 전에 반드시 항공권 가격을 확인해 보자. 공항은 20km 정도 떨어져 있어서 시내까지 30분가량 걸리며, 버스(6,000페소)나 택시(약 25,000페소)를 이용할 수 있다. 공항과 이과수 국립 공원은 가까워서 택시(약 25,000페소)로 15분 정도면 갈 수 있고, 공항에서 포스 두 이과수 시내로 택시로 갈 수도 있다(약 65,000페소).

시외버스

브라질의 포스 두 이과수(Foz do Iguazu) 시내버스 터미널(TTU), 포스 두 이과수 공항 및 브라질의 이과수 국립 공원으로 바로 가는 버스가 약 30분 간격으로 출발한다(6,000페소. 1~1.5시간 소요). 포스 두 이과수 공항으로 가는 버스의 경우 공항에서 조금 떨어진 곳에 내리기 때문에, 버스에서 내린 후 공항까지 15분 정도 걸어야 한다.

장거리 노선

부에노스 아이레스(110,000~160,000페소. 18~20시간)

코르도바(130,000~140,000페소. 22~24시간)

■ 버스 터미널에서 시내로 이동하기

터미널은 시내 가운데에 있기 때문에 숙소가 시내에 있다면 도보로 이동 가능하다.

악마의 목구멍 역
Estacion Garganta del Diablo
악마의 목구멍 전망대
Mirador Garganta del Diablo
악마의 목구멍 폭포
Salto Garganta del Diablo
Upper Iguazu River
산마르틴 폭포
Salto San Martin
산마르틴 섬
Isla San Martin
Lower Iguazu River
쉐라톤 호텔
Sheraton Hotel
푸에르토 이과수 시내
Feirinha Puerto Iguazú
오투 호텔
O2 Hotel
라 토스카나 트라토리아
La Toscana Trattoria
투칸 호스텔
Tucan Hostel
Av. Córdoba
El Urú
Te Amare Maitena
Av. Misiones
El Mensu
라 맘마 파스타 앤 살사
La Mamma Pastas and Salsas
포사다 델 앙구
Posada del Angu
플로라 아파트먼트
Flora Apartments
버스 터미널
Terminal de Omnibus
Hostel Park Iguazú
호텔 이베라 카타라타스
Hotel Yvera Cataratas
방갈로 호스텔
Bungalow Hostel
아크바 레스토랑
Aqva Restaurant
Av. Victoria Aguirre
Hipolito Yrigoyen
라 루에다 1975
La Rueda 1975
200m
Supermarket EOS 1

국립 공원 입구
(매표소)
버스
주차장
어퍼 서킷
Upper Circuit
카라타라스 역
Estacion Cataratas
패스트푸드
센데로 베르데
Cendero Verde
aratas Old Hotel
패스트푸드
레스토랑
센트랄 역
Estacion Central
산책로
이과수 보트
투어 루트

이과수 여행 전 준비물

국립 공원 내에 상점이 있지만, 꽤 비싸기 때문에 생수, 간단한 간식을 준비하는 것이 좋다. 보트 투어를 하지 않는다면 꼭 우비를 준비할 필요는 없다. 워낙 더운 지역이라 흩날리는 폭포수를 맞아도 춥지 않고 금방 마르기 때문이다. 선글라스, 선크림을 가져가는 것이 좋고, 매표소 옆에 짐 보관소가 있다.

이과수의 건기와 우기?

가끔 '이과수가 지금은 건기라 물이 적어서 별로 아니에요?'라고 묻는 사람이 있다. 이과수 지역은 연간 강수량이 2,000mm 가까울 정도로 1년 내내 비가 많이 온다. 비가 그나마 적게 오는 6~9월의 강수량도 다른 때와 큰 차이가 없기 때문에 시즌에 따라 강수량이 달라진 것을 전혀 느낄 수가 없다. 즉, 이과수는 건기, 우기 같은 것은 없으니 걱정할 필요 없다. 이과수는 항상 어마어마한 물이 쏟아진다.

코아티(Coati) 주의!!

너구리과의 동물인 코아티는 이과수 국립 공원 어디를 가나 쉽게 마주치게 된다. 사람에게 다가오는 이유는 딱 하나, 음식을 뺏기 위해서다. 야외 테이블에서 먹고 있던 음식을 가져가는 것은 물론, 여러 마리가 우르르 달려들어 가방에 있는 음식물을 뺏는 것도 종종 볼 수 있을 정도다. 가급적 야외에서 음식을 먹지 않는 것이 좋고 코아티와 접촉을 피해야 한다. 코아티는 발톱이 길고 날카로워서 음식을 안 뺏기려고 하다가 크게 부상을 입는 사고가 종종 생긴다. 외모는 귀엽지만, 위험한 동물이다.

이과수 국립 공원
Parque Nacional Iguazu

최근 몇 년 사이에 산 마르틴섬(Isla San Martin), 산 마르틴 섬 앞쪽의 강가로 내려가는 선착장 등 여러 코스가 안전과 자연 보호 등의 이유로 폐쇄되었다. 이에 따라 우리나라 여행자 들이 선호하던 짧은 보트 투어가 없어졌고, 5~6시간 정도면 전체를 돌아볼 수 있다. 택시나 레미스(Remis)를 빌려서 아침 일찍 일정을 시작하면, 하루 만에 아르헨티나와 브라질의 이과수를 모두 볼 수도 있다. 이과수 국립 공원 안에는 크게 '악마의 목구멍(Garganta del Diablo)', '로어 서킷(Lower Circuit)'과 '어퍼 서킷(Upper Circuit)' 코스가 있다.

위치 ❶ 시내버스 터미널에서 버스이용(왕복 12,000페소, 30분 소요) ❷ 자가용 택시인 레미스(Remis)를 이용(왕복 50,000~70,000페소) / 레미스 사무실은 시내에 많으며 가격이 비싸지 않기 때문에, 일행이 있다면 버스보다는 레미스를 이용하는 것을 추천 **시간** 08:00~18:00 **요금** 입장료 45,000페소

TIP

이과수 보트 투어

산 마르틴섬 앞의 선착장이 폐쇄되면서 15분 정도면 할 수 있던 짧은 보트 투어가 없어졌다. 대신 트럭을 타고 숲 속을 달린 후 보트를 타고 강을 한참 올라가는, 2시간짜리 그레이트 어드벤처(Great Adventure)라는 투어를 해야 폭포 밑으로 들어가 볼 수 있다(80,000페소). 시간과 비용 대비 만족도가 높지 않은 투어라서, 무슨 일이 있어도 폭포수를 맞아보고 싶다는 사람이 아니라면 권하지 않는다. 참고로 보트는 악마의 목구멍 폭포가 아니라 두 번째로 큰 산 마르틴 폭포(Salto San Martin) 밑으로 들어가는 것이다. 국립 공원 입구, 모든 기차역 등의 곳곳에 투어 매표소가 있기 때문에 미리 예약할 필요는 없다. 우비를 준비해야 하며, 폭포에 들어갈 때는 투어 회사에서 제공하는 큰 방수팩에 짐을 보관할 수 있다. 투어사 홈페이지에서 가격과 일정을 확인할 수 있다.

홈페이지 www.iguazujungle.com

악마의 목구멍

Garganta del Diablo

이과수에서 가장 큰 폭포인 악마의 목구멍(Garganta del Diablo, 가르간타 델 디아블로)은 기차(무료)를 타고 다녀올 수 있다. 입장권을 체크한 후 10분 정도 걸어가면 정면에 '센트랄 역(Estacion Central)'이 있는데, 이곳에서 기차를 타지 말고 반드시 오른쪽에 있는 '센데로 베르데(Sendero Verde)'를 통해 '카타라타스 역(Estacion Cataratas)'까지 걸어가서 기차를 타자. 센트랄 역에서 출발한 기차는 '악마의 목구멍 역(Estacion Garganta del Diablo)'이 아니라 '카타라타스 역'까지만 가기 때문에, 내려서 또 줄을 서야 하는 불상사가 생긴다. 역에서 번호표를 뽑으면 탑승할 기차 번호가 적혀 있는데, 악마의 목구멍까지 20~25분 정도 걸린다. 만약 줄이 너무 길다면 기찻길을 따라 걸어서 갈 수도 있는데(약 45분 소요), 길이 평탄하고 그늘이 많아서 크게 힘들지 않다. 악마의 목구멍 역에 도착하면 어마어마한 굉음과 함께 가늠할 수 없을 정도로 쏟아지는 폭포수를 전망대에서 볼 수 있다. 강 위에 설치된 다리를 따라 폭포 옆 전망대로 갈 수 있는데, 성수기에는 아주 혼잡해서 전망대 입장을 몇십 분씩 기다려야 할 수도 있다. 폭포를 구경한 후 다시 역으로 돌아와 마찬가지로 번호표를 뽑고 출발했던 카타라타스 역으로 돌아오면 된다. 폭우에 강 위에 설치된 다리가 유실되는 일이 최근 자주 발생하고 있는데, 이러면 악마의 목구멍을 못 가게 된다.

어퍼 서킷

로어 서킷과 어퍼 서킷

Lower Circuit & Upper Circuit

로어 서킷(스페인어 : Circuito Inferior)은 약간 낮은 지역을 한 바퀴 돌면서 몇 개의 폭포를 보게 되는데, '보세티 폭포(Salto Bosetti)' 전망대가 가장 멋진 곳이다. 하지만 산 마르틴섬과 산 마르틴섬 앞에 있는 선착장으로 내려가는 길이 모두 폐쇄되면서, 1.5~2시간 정도면 충분히 돌아볼 수 있다.

어퍼 서킷(스페인어 Circuito Superior)은 폭포 위쪽 길을 걸어가는 것이다. 하지만 폭포의 모습이 잘 보이지 않기 때문에, 다른 코스보다는 크게 인상적이지는 않다. 코스가 짧아서 30~40분 정도면 돌아볼 수 있다. 악마의 목구멍과 로어 서킷을 먼저 돌아본 후, 시간이 부족하다면 '어퍼 서킷'은 돌아보지 않아도 별문제는 없을 것이다.

로어 서킷

추천 **식당**

식당이 전체적으로 아르헨티나의 다른 도시보다 맛이 떨어지는데, 일부 식당은 아르헨티나 소고기가 아니라 저렴한 브라질산 소고기를 사용해서 질기고 맛이 없다. 따라서 질 좋은 고기를 먹고 싶다면 유명하고 가격이 조금 비싼 식당을 가는 것이 좋다.

라 루에다 1975

La Rueda 1975

유명한 스테이크 전문점으로 다소 비싸지만, 고기의 질이 좋다. 내부가 아주 넓고 나무와 꽃을 이용한 인테리어가 멋있다. 이과수에서 소고기를 먹고 싶다면 이곳을 추천한다.

주소 Cordoba 28 **시간** 12:00~24:00

라 맘마 파스타 앤 살사

La Mamma Pastas and Salsas

저렴한 파스타 전문점으로 큼직한 엠빠나다와 빵도 판매한다. 다양한 소스와 면이 있기 때문에 골라 먹는 재미가 있고 양도 푸짐하다.

주소 Bompland 217 **시간** 화~토 09:00~13:30, 18:00~20:30, 일 09:00~14:00

라 토스카나 트라토리아

La Toscana Trattoria

해산물과 고기를 활용한 파스타, 스테이크 등 이탈리아식 음식을 파는데, 줄줄 녹아내리는 라클레트(Raclette) 치즈를 활용한 메뉴도 있다. 좀 비싸지만 제대로 된 이탈리아 음식을 즐길 수 있다.

주소 Cordoba 454 **시간** 월~토 19:00~24:00 / 일요일 휴무

아크바 레스토랑

Aqva Restaurant

스테이크와 함께 아르헨티나에서 보기 드물게 해물요리를 전문적으로 파는 식당이다. 아르헨티나의 해산물 요리를 맛보고 싶다면 가 볼 만한데, 아르헨티나의 해산물 요리는 칠레와 달리 비싸다.

주소 Cordoba y Carlos Thays **시간** 12:00~23:30 **홈페이지** aqvarestaurant.com

추천 **숙소**

1년 내내 덥고 습한 지역이라 곰팡내가 나고 위생 상태가 안 좋은 숙소가 많으며, 전체적으로 시설이 다른 지역에 비해 떨어진다. 새로 지은 숙소들은 조금 비싸긴 하지만 깔끔한 곳이 많기 때문에, 가능하다면 이런 숙소를 이용하는 것이 낫다. 푸에르토 이과수 시내는 모기가 정말 많기 때문에, 전자 모기향 등 모기 대비 용품을 반드시 준비해야 한다.

투칸 호스텔
Tucan Hostel

내부 시설은 푸에르토 이과수의 여느 호스텔들처럼 보잘것없지만 나무가 무성한 넓은 정원과 조그만 수영장이 있다. 저렴한 가격을 생각하면 납득할 만한 시설이다.

주소 Uruguay 338 **가격** 도미토리 22,000~30,000페소, 더블·트윈 50,000~70,000페소

방갈로 호스텔
Bungalow Hostel

이름처럼 넓은 정원에 테이블과 나무 사이에 걸린 해먹들이 있고 나무로 만든 오두막 형태의 건물이 있다. 내부 시설은 역시나 보잘것없지만, 나무로 만든 건물 특유의 편안한 느낌이 나고 넓은 정원에서 쉬기 좋은 곳이다.

주소 1 de Mayo 641 **가격** 도미토리 20,000~25,000페소

플로라 아파트먼트
Flora Apartments

중심가에서 가까운 신축 아파트형 숙소로 방이 넓고 아주 깨끗하며 욕조와 발코니도 있다. 일행이 있고 호스텔보다는 좋은 숙소를 원한다면 딱 좋다.

주소 Bonpland 196 **가격** 2인용 아파트 60~80달러, 4인용 투룸 아파트 70~100달러

오투 호텔
O2 Hotel

버스 터미널에서 가까운 4성급 호텔로 신축이라 시설이 정말 깨끗하다. 방이 넓고 인테리어가 모던하면서 깔끔하며, 강이 보이는 전망이 멋있다. 중심가의 호텔 중에는 가장 나은 곳이다.

주소 Paraguay 546 **가격** 더블·트윈 100~160달러
홈페이지 o2hoteliguazu.com

포사다 델 앙구
Posada del Angu

아주 깔끔한 3성급 호텔로 정원과 건물이 규모는 작지만 아담하고 예쁘다. 내부 공용 시설과 방이 넓진 않지만 아주 깨끗하게 잘 관리되고 있다. 푸에르토 이과수에는 시설이 좋은 호스텔이 없기 때문에, 조금 돈을 더 내고 이런 곳에 머무는 것도 좋은 선택이다.

주소 Fray Mamerto Esquiu 250 **가격** 더블·트윈 70~80달러, 트리플 90~100달러

호텔 이베라 카타라타스
Hotel Yvera Cataratas

푸에르토 이과수의 3성급 호텔 중에서는 꽤 큰 편이며 수영장, 정원 등 부대시설이 좋다. 다른 동급 호텔들에 비해 디자인이 모던한 편이고 방도 넓은 편이다. 버스 터미널에서 다소 먼 것이 단점이다.

주소 Entre Rios 51 **가격** 더블·트윈 80~140달러

멘도사

Mendoza

아르헨티나 최대의 와인 산지인 멘도사는 원래 건조하고 척박한 지역이었지만, 대대적인 관개 공사를 통해 안데스산맥의 눈이 녹아 흐르는 물을 농업에 활용하면서 비옥한 땅으로 변모하게 되었다. 그 명성답게 도시 주변의 평야에는 끝없이 포도나무밭이 가득하다. 1861년 대지진으로 4,000명 이상의 주민이 사망하였고, 그 이후 지진 대피를 위해 도로와 인도를 아주 넓게 만들고 많은 가로수를 심었다. 와이너리 외에는 특별한 볼거리가 없어서 시간 여유가 많은 여행자라면 하루 이틀 정도 쉬었다 가면 된다. 축제가 열릴 때가 아니면 조용한 도시이고, 공원과 녹지 공간이 많아서 산책 하기 좋다. 매년 3월 초에는 와인 축제인 '벤디미아 축제(Fiesta Nacional de la Vendimia)'가 열리는데, 이 시기에는 숙소 가격이 크게 뛰고 예약하기가 몹시 어렵다. 따라서 와인에 대해 큰 관심이 있지 않다면 이 기간은 피하는 것이 좋다.

항공

라탐(LATAM), 아르헨티나 항공(Aerolinea)에서 부에노스 아이레스를 오가는 직항을 운항한다. 다른 아르헨티나 도시들은 부에노스 아이레스를 거쳐서 가야 한다. 라탐과 스카이(SKY / www.skyairline.com) 항공에서 칠레의 산티아고↔멘도사 직항을 운항한다. 공항은 북쪽으로 6km 정도 떨어져 있으며 버스(약 500페소)나 택시(10,000~15,000페소)로 이동이 가능하다. 버스는 다른 도시들처럼 반드시 '수베(Sube) 카드'가 있어야 이용할 수 있다.

시외버스

부에노스 아이레스(70,000~100,000페소, 15~16시간 소요), 코르도바(55,000~70,000페소, 12~13시간 소요), 바릴로체(80,000~100,000페소, 20~21시간)로 가는 버스가 있다. 산티아고행 버스(40,000~60,000페소, 7~8시간 소요)도 있다.

■ 버스 터미널에서 시내로 이동하기

버스 터미널은 도심에 있어서 가까운 숙소는 도보 이동이 가능하고 택시나 버스로도 이동할 수 있다.

인데펜덴시아 광장
Plaza de Independencia

멘도사에서 가장 큰 광장으로, 큰 분수대와 함께 나무가 많아서 공원처럼 느껴지는 곳이다. 목요일에서 일요일까지 오후 늦은 시간부터 수공예품 시장이 열린다.

산 마르틴 공원
Parque General San Martin

아르헨티나의 독립 영웅 '산 마르틴 장군(General San Martin)'의 이름을 딴 공원으로 센트로(중심가)에서 서쪽으로 20~30분 정도 걸어가면 도착한다. 넓이가 130만 평에 달할 정도로 큰 공원으로, 무성한 나무가 늘어선 길을 따라 산책하거나 호수 옆 벤치에 앉아 휴식을 취할 수 있다. 워낙 넓어서 낮에도 마주치는 사람이 적은 곳이기 때문에, 해가 진 뒤에는가지 않는 것이 좋다.

와이너리 투어
Winery(Bodega) Tour

와이너리 투어는 멘도사 인근에 있는 와이너리들에 버스를 타고 개인적으로 찾아가거나 투어를 통해 포도밭, 올리브 농장, 와인 저장고 등을 둘러본 후, 다양한 와인과 올리브유를 맛볼 수 있다. 와이너리 투어는 숙소에서 예약하는 것이 편하며, 대단한 것을 보거나 배우는 것은 아니니 큰 기대는 안 하는 것이 좋다. 자전거를 타고 와이너리를 직접 찾아가서 현장에서 투어를 바로 할 수도 있다.

요금 40,000~80,000페소

추천 **식당**

대부분의 괜찮은 식당은 인데펜덴시아 광장 근처에 모여 있다. 괜찮은 식당들은 대부분 비싼 고급 식당이라, 저렴하고 맛있는 식당 찾기가 쉽지 않다.

라 마르치히아나
La Marchigiana

인데펜덴시아 광장 북쪽에 있는 스테이크, 파스타 전문 식당이다. 특히 면과 소스가 다양한 파스타가 유명하다. 아르헨티나 식당이 대부분 그렇긴 하지만 해산물 요리는 피하는 것이 좋다.

주소 Mendocinas 1550 **시간** 12:00~15:00, 20:00~24:00 **홈페이지** lamarchigianastore.com

푸엔테 이 폰다
Fuente y Fonda

인데펜덴시아 광장 남쪽에 있는 작은 식당으로 라자냐, 밀라네사 등의 아르헨티나 가정식 요리를 판다. 메뉴는 저렴한 식당에서 주로 취급하는 메뉴지만, 가격이 다소 비싼 대신 맛이 좋은 편이다.

주소 Montevideo 675 **시간** 12:00~15:00, 20:00~24:00 **홈페이지** fuenteyfonda.com.ar

프란세스코 바르베라 리스토란테
Francesco Barbera Ristorante

파스타, 리소토, 해산물 샐러드 등 이탈리아 음식을 전문으로 하는 고급 식당이다. 음식 맛이 아주 좋고 플레이팅이 멋있으며, 내부는 넓고 여유 있다. 하지만 가격은 꽤 비싸다.

주소 Repulica de Chile 1268 **시간** 월~토 19:00~24:00 / 일요일 휴무 **홈페이지** francescoristorante.com.ar

보데가 라가르데
Bodega Lagarde

시내 북쪽에 있는 와이너리인 라가르데 보데가 안에 있는 고급 식당으로 스테이크와 이탈리아 음식을 판다. 넓은 와이너리를 바라보며 나무 그늘에서 식사를 할 수 있는 분위기 만점의 식당으로 점심에만 영업한다.

주소 San Martin 1745 **시간** 12:30~15:00 **홈페이지** lagarde.com.ar

추천 **숙소**

멘도사는 여행자들이 많이 오는 유명 관광지가 아니다 보니 숙소가 전체적으로 규모가 작은 편이다. 중심가에는 아파트가 많고 가격이 저렴한 편이기 때문에, 에어비앤비 등을 통해 아파트를 예약하는 것도 괜찮다.

호스텔 라가레스

Hostel Lagares

시설이 뛰어나지는 않지만, 방이 적당히 넓고 적당히 깨끗해 머물기 무난한 호스텔이다. 벽과 침구류가 모두 붉은색을 띠는 것이 특징이다.

주소 Corrientes 213 **가격** 도미토리 20,000~25,000페소, 더블·트윈 60,000~100,0000페소 **홈페이지** hostellagares.com.ar

호스텔 윈드밀

Hostel Windmill

역시 별 특징은 없지만 무난한 호스텔로 인테리어에 보라색을 많이 썼다. 위치는 여기가 인데펜덴시아 광장과 가까워서 조금 더 좋은 데 반해, 방은 '호스텔 라가레스'가 낫다.

주소 Salta 1191 **가격** 도미토리 20,000~25,000페소

타니노 게스트하우스

Tanino Guest House

인데펜덴시아 광장 남서쪽에 있는 게스트하우스로 정원이 넓고 예쁘며 수영장이 있고 주방 이용도 가능하다. 방과 식당 등 공용 공간이 상당히 넓고 아주 깨끗하다.

주소 Vincent Gil 330 **가격** 도미토리 15,000~20,000페소, 더블·트윈 40,000~60,000페소

아브릴 호텔

Abril Hotel

인데펜덴시아 광장 바로 옆에 있어서 위치가 좋으며 멘도사에서 보기 드물게 모던한 스타일의 호텔이다. 방이 넓진 않지만, 상당히 깨끗해서 2성급 호텔 치고는 괜찮은 곳이다.

주소 Patricias Mendocinas 866 **가격** 더블·트윈 60~90달러 **홈페이지** hotel-abril.com

살타

Salta

아르헨티나 북서쪽에 있는 살타는 볼리비아, 칠레, 파라과이 세 나라의 국경과 멀지 않다. 1582년에 처음 건설된 오래된 도시이기 때문에 스페인 식민지풍의 성당들이 도심에 남아 있다. 전체적으로 도시 내부는 평범한 편이며 주변 사막 지역에 볼거리가 많다. 하지만 칠레 아타카마 사막과 볼리비아 우유니 사막이 엄청난 풍경을 자랑하는 것에 반해 큰 장점이 없는 곳이다. 따라서 아타카마와 우유니를 모두 보고 온 여행자라면 다소 실망할 수도 있다. 하지만 살타는 스페인 식민지 시절의 분위기를 느낄 수있는 아르헨티나에서 가장 고풍스러운 도시 중 하나로 꼽힌다. 특히 뜨거운 햇살이 사라지는 저녁이 되면 광장과 거리에는 사람들이 가득해 도시에는 활기가 넘친다.

• 살타 드나들기 •

국내선 항공

라탐(LATAM), 아르헨티나 항공(Aerolinea), 안데스(Andes) 항공이 부에노스 아이레스를 오가는 직항을 운항한다. 다른 아르헨티나 도시들은 부에노스 아이레스를 경유해서 가야 한다. 공항은 남쪽으로 10km 정도 떨어져 있으며 미니버스(1,200페소. 약 25분 소요)나 택시(13,000~18,000페소. 약 20분 소요)로 이동할 수 있다.

시외버스

멘도사(120,000~140,000페소, 18~19시간 소요)와 부에노스 아이레스(90,000~120,000페소, 22~24시간 소요)로 가는 버스가 있는데 부에노스는 비행기를 타는 것이 훨씬 낫다. 푸에르토 이과수까지는 바로 가는 버스가 없고 2~3번 갈아타야만 한다. 버스 회사마다 갈아타는 도시와 소요 시간이 다르기 때문에, 어디서 갈아타는지 버스 회사에 잘 물어봐야 하는데 적어도 24시간 이상이 걸린다. 칠레 산 페드로(90,000페소, 10~11시간 소요)행 버스는 산 페드로에서 살타로 올 때와 달리 구하기 쉽다. 살디에서 산 페드로 방향으로 가는 여행자가 별로 없기 때문이다.

■ 버스 터미널에서 시내로 이동하기

버스 터미널은 센트로(중심가) 동쪽에 있으며 버스나 택시(5,000~8,000페소. 약 15분 소요)로 쉽게 이동할 수 있다.

산 프란시스코 성당
Iglesia de San Francisco

1625년에 처음 건축된 바로크 양식의 성당으로 노란색과 붉은색, 흰색이 어우러진 외관이 인상적이며, 성당 옆에 서 있는 종탑이 아름답다. 현재의 성당은 19세기에 다시 만들어진 건물이다. 규모가 큰 성당은 아니지만 아름다운 외관으로 유명하며, 특히 야간에 조명이 켜지면 상당히 예쁘다.

주소 Cordoba 33 **시간** 08:00~12:00, 17:00~21:00

산 베르나르도 언덕
Cerro San Bernardo

센트로(중심가) 동쪽에 있는 언덕으로 케이블카 '텔레페리코(Teleferico)'를 타고 올라가 살타의 전경을 볼 수 있다. 케이블카 비용이 부담스럽다면 편도만 사서 올라가서 걸어서 내려오면 된다. 단, 걸어서 내려올 때는 주변 풍경이 잘 보이지 않는다.

주소 Lavalle 1568 **시간** 09:00~19:30 **요금** 케이블카 왕복 20,000페소

© Nicolas Solop

살타 지역의
Tour

구름으로 가는 기차 Tren a las Nubes

'뜨렌 아 라스 누베스(Tren a las Nubes)'를 우리말로 번역하면 '구름으로 가는 기차'라는 뜻이다. 높이 4,220m의 세계에서 세 번째로 높은 철도가 있는 것으로 유명하며, 원래는 안데스산맥을 넘어서 칠레로 가는 철로였는데 현재는 관광용으로 운행된다. 해발 4,000m가 넘는 고도까지 올라가기 때문에, 두통약 등 고산 증세에 대한 대비가 필요하고 따뜻한 옷을 가져가는 것이 좋다. 조식은 제공되지만 점심은 따로 준비하거나 사 먹어야 한다. 오전 6시 30분 정도에 기차역에서 버스를 타고 출발해 3시간 정도 달린 후, '산 안토니오(San Antonio)' 마을에서부터 기차를 타기 시작한다. 실제 기차를 타는 시간은 6시간 정도이며, 살타에는 오후 8시경 돌아온다.

요금 150,000~200,000페소 / 비수기에는 약간 할인 **홈페이지** www.trendelasnubes.saltaexcursiones.com

추천 식당

멘도사처럼 싸고 맛있는 식당을 찾기가 쉽지 않다. 날씨가 워낙 덥기 때문에 시내에는 아이스크림 가게가 상당히 많다.

엘 차루아 카세로스
El Charrua Caseros

살타 중심가에서 가장 유명한 스테이크 식당 중 하나로 전형적인 아르헨티나식 소고기, 양고기 요리를 맛볼 수 있다. 산 프란시스코 성당 근처에 있으며 가격이 크게 비싸지 않고 푸짐하다.

주소 Caseros 221 **시간** 11:00~15:00, 19:30~24:00 **홈페이지** parrillaelcharrua.com.ar

아이레스 카세로스
Aires Caseros

역시 산 프란시스코 성당 근처에 있는 식당으로 스테이크 외에 피자, 수제 버거, 엠빠나다 등 비교적 가벼운 먹거리를 많이 판다. 크게 비싸지 않아서 비교적 부담 없이 즐길 수 있는 식당이다.

주소 Buenos Aires 11 **시간** 06:30~24:00 **홈페이지** airescaseros.com.ar

치리모야
Chirimoya

남미와 아시아 요리를 섞은 퓨전 요리를 선보이는 곳으로 김밥 비슷한 음식인 '마끼(Maki)'도 있다. 매일 스테이크 먹는 것이 지겨운 사람이라면 가 볼 만하다.

주소 España 211 **시간** 월~토 10:00~16:00, 19:00~23:00 / 일요일 휴무

추천 숙소

아르헨티나의 다른 도시들에 비하면 가격 대비 시설이 나은 편이다. 또한 건조한 도시이기 때문에 위생 상태가 좋다.

호스텔 트로타문도스
Hostel Trotamundos

오래된 건물을 이용한 호스텔이지만 내부 시설과 넓이는 가격 대비 무난한 수준이다. 호스텔 숙박비가 미친 듯이 뛰고 있는 아르헨티나에서 이 정도면 정말 저렴하다. 즉, 시설이 뛰어난 것은 아니지만 가성비가 좋은 호스텔이다.

주소 General Martin Guemes 1278 **가격** 도미토리 12,000~20,000페소

호스탈 프리사마타
Hostal Prisamata

작은 정원을 인조 잔디와 화분, 담쟁이 덩쿨 등을 이용해서 아주 예쁘게 꾸며 놓은 것이 인상적이다. 내부 인테리어도 상당히 신경을 많이 써서 꾸며 놓았고 시설도 무난한 편이다.

주소 Bartolome Mitre 833 **가격** 도미토리 15,000~25,000페소, 더블·트윈 60,000~80,000페소

호텔 콜로니얼
Hotel Colonial

중심가 한가운데에 있는 호텔로 고풍스러운 건물 외관이 멋있다. 오래된 호텔이라 시설은 낡은 편이지만 방이 넓은 편이고 앤틱한 인테리어가 근사하다.

주소 Zuviria 6 **가격** 싱글 70~100달러, 더블·트윈 80~150달러 **홈페이지** saltahotelcolonial.com.ar

호텔 알메리아
Hotel Almeria

중심가에 있는 4성급 호텔로 4성급답게 넓고 깨끗하고 부대시설도 좋다. 방은 조금 작은 편이지만 전체적으로 시설에 비해서 가격이 저렴하다.

주소 Vicente López 146 **가격** 싱글 80~120달러, 더블·트윈 90~150달러 **홈페이지** hotelalmeria.com.ar

브라질
Brazil

- 포스 두 이과수 Foz do Iguaçu
- 리우 데 자네이루 Rio de Janeiro

남미 전체 면적과 인구의 절반 이상을 차지하는 브라질은 국토의 대부분이 열대 우림이다. 버스를 타고 아무리 달려도 끝나지 않을 것만 같은 거대한 이곳에는 세계에서 가장 큰 아마존강부터 이과수 폭포, 아름다운 해변과 섬, 수백km에 이르는 사구 지대까지 매력적인 여행지가 아주 많다. 하지만 시간과 비용의 제한, 게다가 치안 문제까지 있다 보니 많은 여행자들이 이과수, 리우 데 자네이루 같은 남부 지역의 일부 도시만 둘러보는 것으로 여행을 끝낸다. 브라질 북부에도 '살바도르(Salvador)', '렌소이스(Lençóis)', '포르투 데 가리냐스(Porto de Garinhas)', '나탈(Natal)' 등 아름다운 도시들이 많지만, 여러 가지 여건상 남부 지역의 두 개 도시만 소개하는 것으로 마무리한다. 언젠가는 멋진 북부의 도시들도 소개할 수 있게 되기를 바란다.

브라질
기본 정보

수도 브라질리아(Brasilia)
인구 2억 1,260만 명(2024년 기준)
면적 851만km^2 (남한의 약 85배)
언어 포르투갈어
1인당 GDP 10,820달러(2024년 기준)
통화 헤알(Real)
1 USD = 약 5.2~5.4헤알,
1 헤알 = 약 270원 (2026년 초 기준)
전압 110V, 60Hz
시차 한국보다 11시간 느림(수도 기준)
긴급 전화 화재 193, 경찰 190(일반 범죄 신고), 앰뷸런스 192, 민경 197(범죄 수사), 연방 경찰 194

브라질의 공휴일

1월 1일	신년
2~3월 중	카니발(매년 다름, 3일간)
4월 19일	성금요일
4월 21일	치라덴치스 추모일
5월1일	근로자의 날
6월 20일	성체의 날
9월 7일	독립 기념일
10월12일	성모 마리아의 날
11월 2일	망자의 날
11월 15일	공화국 선포일
12월 25일	성탄절
12월 31일	신년 전야

기후

일부 산악 지대를 제외한 대부분의 지역은 6~8월을 빼고는 1년 내내 무더운 날씨가 계속된다. 습도도 상당히 높아서 밤이 되어도 더위가 가시지 않는다. 특히 여행자들이 가장 많이 찾는 12~3월은 가장 더운 철이다.

역사

• 토르데시야스 조약과 식민지 건설

스페인에 의해 아즈텍, 마야 등 중남미 문명 정복이 활발해지자, 스페인과 함께 대양 항해를 주도했던 포르투갈은 신대륙에 대한 자신들의 권리를 주장했다. 결국 교황 알렉산드르 6세의 중재에 의해 1494년 '토르데시야스 조약(Tratado de Tordesilhas)'이

체결되어, 서경 43도 우측의 영토는 포르투갈이, 좌측의 땅은 스페인이 권리를 가지기로 하였다. 이로 인해 포르투갈은 브라질에 권리를 가질 수 있게 되었고, 16세기부터 브라질에 식민지를 건설하였다.

• 브라질의 독립과 공화정의 시작

1808년 나폴레옹이 포르투갈을 침략하면서 왕실은 브라질로 피신하였다. 나폴레옹의 몰락 이후 '주앙 6세'를 비롯한 왕실은 포르투갈로 복귀하였으나, 1822년 브라질에 남아 있던 큰아들이 독립을 선언하고 초대 황제 '페드루 1세'가 되었다. 하지만 파라과이와 벌어진 '삼국 동맹 전쟁(Guerra de la Triple Alianza. 1864~1870)'에서 왕실은 큰 빚을 지게 되어 어려움을 겪게 되었고, 1888년 노예제 폐지를 선언하면서 기득권층의 반발을 사게 되었다. 결국 1889년 쿠데타에 의해 왕실은 축출되었고 브라질 공화국이 시작되었다.

• 민간 정부의 성립

공화국 설립 이후 커피, 사탕수수의 재배와 산업화를 통해 경제가 크게 발전하였으나, 정치적 불안은 계속되었다. 1964년에 시작된 마지막 군사 정권이 1985년 민간 정부에 권력을 이양하면서 군부 정치는 막을 내렸다.

경제

브라질은 세계에서 열 손가락 안에 드는 석유와 천연가스 매장량을 가지고 있으며, 남미 대륙의 절반이 넘는 드넓은 국토와 세계 5위의 인구를 가지고 있다. 하지만 여전히 석유, 사탕수수, 커피, 철, 오렌지, 콩 등 원자재에 의존하고 있고, 정치적, 사회적 혼란이 오랫동안 지속되고 있다. 무엇보다 인구 대부분을 차지하는 흑인과 부를 독점하고 있는 백인 간의 빈부 격차가 큰 사회적 문제이다. 인구가 많다 보니 경찰이 제대로 통제를 하지 못할 정도로 거대한 빈민촌이 곳곳에 형성되어 있고, 이로 인해 치안은 극도로 좋지 않다. 최근에는 원자재 가격의 폭락으로 인해 마이너스 경제 성장률을 기록하고 있고 화폐인 헤알의 가치가 크게 떨어지고 있다. 2014년 1달러가 2.3헤알이었으나, 2022년에는 5.0~5.4헤알 수준으로 폭락하였다. 경제가 막장 수준인 아르헨티나보다는 상황이 낫지만, 갈수록 나빠지는 추세이다.

환전 및 신용 카드 / ATM

대부분의 여행자가 브라질에 오래 머물지 않기 때문에, 달러를 환전하는 것이 편하다. 현지 은행에 별도 수수료가 없는 ATM도 있지만, 한 번에 뽑을 수 있는 금액이 적다. 치안이 워낙 좋지 않기 때문에 ATM을 이용할 때는 각별히 주의해야 한다. 반드시 사람이 많은 곳에 있는 ATM을 이용하고, 출금 즉시 숙소로 돌아와 돈을 보관해 두는 것이 좋다. 고급 식당이나 쇼핑몰, 마트에서는 신용 카드 이용이 가능하다.

대한민국 대사관

주소 SEN 801, Lote 14 Asa Norte,, Brasilia
전화 +55-61-3321-2500
e-mail emb-br@mofa.go.kr
긴급 연락처 +55-61-99658-2421

브라질
대표 먹거리

아르헨티나보다 전체적으로 소고기의 질이 떨어지는 편이고, 페루 음식처럼 간이 센 음식이 많다. 더운 지역이기 때문에 코코넛, 타피오카 전분을 이용한 음식이 많으며, 간단하게 사 먹을 수 있는 저렴한 먹거리를 거리에서 많이 판다. 소고기는 일반적으로 칠레와 아르헨티나에 비해 상당히 질기고 간이 짜기 때문에, 아르헨티나의 소고기를 맛본 사람이라면 실망할 수 있다.

슈하스꾸 Churrasco

소고기, 닭고기 등 각종 고기를 큰 꼬치에 끼워서 구운 다음, 직원들이 테이블을 돌아다니며 무제한으로 썰어 주는 뷔페다. 방송에도 여러 번 소개되어 유명하지만, 막상 먹어 본 사람들의 평가는 그다지 좋지 않다. 브라질의 소고기는 아르헨티나에 비해 질기고 거기에 더해 간이 짜기 때문이다. 가격도 비싸기 때문에 가격 대비 만족도가 낮은 편이다. 만약 먹고 싶다면 최근 슈하스꾸 식당들이 많이 없어진 '리우 데 자네이루'보다는 '포스 두 이과수'에서 먹는 것을 추천한다. 슈하스꾸 식당에선 고기 외에 샐러드, 과일 등이 있는 뷔페가 함께 제공된다.

뽀르 낄루 Por Kilo

브라질에는 뷔페 음식을 무게를 달아서 파는 식당이 상당히 많다. '뽀르 낄루(Por Kilo)'라고 부르는데, 영어로 'per kilo'이며, 말 그대로 '무게를 달아서'라는 뜻이다. 편리하고 빠르게 다양한 음식을 먹을 수 있지만, 가격에 따라 음식의 종류와 질의 차이가 상당히 크다. 비싼 식당은 슈하스꾸, 훈제 연어, '마끼(Maki)' 같은 메뉴도 제공하곤 한다. 접시에 음식을 담아서 무게를 잰 후 메뉴가 적힌 용지에 가격을 찍어 준다. 당연히 접시 무게는 빼고 무게를 잰다.

타피오카 Tapioca

'유카(Yuca. 영어로는 카사바)'의 전분인 '타피오카(Tapioca)'를 우리나라의 전처럼 구운 후, 연유, 초콜릿, 코코넛, 치즈 등 각종 토핑을 올려서 먹는 것이다. 타피오카는 쫄깃하지만 별 맛은 없기 때문에, 올리는 토핑에 따라 맛이 달라진다. 거리에서 쉽게 볼 수 있으며 싸고 푸짐하다. 특히 연유 또는 누텔라에 코코넛을 뿌린 조합을 추천한다.

꾸스꾸스 Cuscus

타피오카 전분으로 만든 떡으로 코코넛이나 연유를 뿌려서 먹는다. 찹쌀떡보다 더 쫄깃하지만 찐득한 식감이 강하다. 숙소 조식에도 자주 나오고 거리의 좌판에서도 쉽게 볼 수 있는 아주 저렴하고 대중적인 음식이다.

빵 지 께이주 Pão de Quijo

말 그대로 '께이주(Quijo. 치즈)'가 들어간 '빵(Pão)'이다. 우리나라 호두과자 정도 크기의 작은 빵인데 워낙 대중적이라 마트, 빵집, 공항, 버스 터미널 등 어디를 가나 판다. 치즈가 많이 들어가 있어서 짠 편이다.

꼬싱야 Coxinha

밀가루 반죽 안에 고기, 야채 등을 채워서 튀긴 것으로 우리나라 크로켓과 비슷하다. 브라질 거리 어디에나 여러 종류의 꼬싱야, 간단한 음식과 음료를 파는 가게인 '란세리아(Lancheria)'가 많이 있다.

뻬이조아다 Feijoada

검은콩과 함께 돼지의 각종 부위를 삶은 요리이다. 흑인 노예들이 백인들이 먹다 남은 돼지 부산물을 먹기 위해 만든 음식이다. 가격은 저렴하지만 좀 짠 편이며, 삶은 콩을 안 좋아한다면 피하는 것이 좋다.

아사이 Açai

열대 우림 지역에서 자라는 야자나무의 열매 '아사이 베리'로 만든 슬러시이다. 달콤하고 쌉싸름한 맛이 나는데 워낙 더운 지역이라 먹으면 아주 시원하다.

까이삐리냐 Caipirinha

사탕수수로 만든 증류주인 까샤사(Cachaça)에 설탕, 라임을 섞어서 만든 칵테일로, 대부분의 식당과 술집에서 파는 브라질의 국민 칵테일이다. 맛이 상당히 시고 달면서 도수가 꽤 높다. 까이삐리냐 외에도 과일을 섞은 칵테일을 많이 판다. 참고로 칵테일 이름 끝에 '-로사(-rosa)'가 있으면 보드카가 베이스로 들어간 것이다.

포스 두 이과수

Foz do Iguaçu

포스 두 이과수는 브라질의 '이과수 국립 공원(Parque National do Iguaçu)' 옆에 있는 도시이다. 도시 남쪽은 '이과수강(Rio Iguazu)'을 사이에 두고 아르헨티나의 '푸에르토 이과수(Puerto Iguazu)'와 마주 보고 있고, 서쪽에 있는 '파라나강(Rio Parana)'을 건너면 파라과이의 '시우닷 델 에스테(Ciudad del Este)'가 있다. 인구가 30만 가까이 되는 큰 도시라서 대형 호텔과 식당, 바가 많다. 푸에르토 이과수보다는 상태가 좋은 숙소가 많기 때문에 단체팀은 대부분 '포스 두 이과수'에서 숙박을 한다. 도시 자체는 볼거리가 많지 않지만, 아르헨티나 이과수만큼이나 멋진 브라질 이과수가 있어 항상 여행자로 붐빈다.

항공

라탐(LATAM), 아비앙카(Avianca)와 함께 저가 항공사인 골(Gol), 아술(Azul) 등 여러 항공사가 국내선 항공편을 운항하며, 칠레 저가 항공 제트스마트(Jetsmart)는 산티아고-포스 두 이과수를 목·일요일에 운항한다. 브라질 국내선은 출발이 임박하면 항공료가 크게 뛰기 때문에 가능한 한 빨리 구매하는 것이 좋다. 또, 항공권에 수화물이 불포함인 경우가 많아서 따로 결제해야 하는데, 일반적으로 미리 항공사 사이트에서 결제하지 않고 공항에서 하면 상당히 비싸다.

홈페이지 **라탐** www.latam.com, **아비앙카** www.avianca.com, **골** www.voegol.com.br, **아술** www.voeazul.com.br, **제트스마트** www.jetsmart.com

■ 공항에서 시내로 이동하기

공항에서 시내는 120번 버스(5헤알, 약 40분) 또는 택시(약 100~120헤알, 25분 소요)로 이동할 수 있다.

시외버스

'포스 두 이과수'에는 두 개의 버스 터미널이 있기 때문에 주의해야 한다. 중심가 가까이에는 '시내버스 터미널(TTU. Terminal de Tranporte Urbano)'이 있는데, 가까운 도시인 아르헨티나의 '푸에르토 이과수'와 파라과이의 '시우닷 델 에스테'로 가는 버스가 이곳에서 출발한다. 아르헨티나의 '이과수 국립 공원'으로 가고 싶다면 '푸에르토 이과수'의 버스 터미널까지 간 후, 터미널에서 이과수 국립 공원행 버스로 갈아타야 한다. 중심가 북쪽에는 '시외버스 터미널(Terminal Rodoviario Internacional)'이 있는데, 나머지 도시로 가는 버스는 이곳에서 출발한다. '상파울루', '리우 데 자네이루', '쿠리치바' 등 브라질 남부 도시와 함께 아르헨티나 '부에노스 아이레스', 파라과이 '아순시온'으로 가는 버스도 있다.

예상 소요 시간 및 운임

지역	소요 시간	요금
상파울루	17~19시간	230~400헤알
리우 데 자네이루	23~25시간	280~400헤알
쿠리치바	11~12시간	240~280헤알
부에노스 아이레스 (아르헨티나)	18~20시간	800~950헤알
푸에르토 이과수 (아르헨티나)	1시간	10헤알
시우닷 델 에스테 (파라과이)	30분	6헤알
아순시온 (파라과이)	5~6시간	150~200헤알

■ 터미널에서 시내로 이동하기

105번,115번 버스가 시내버스 터미널과 시외버스 터미널 사이를 운행한다. 시내버스 터미널은 중심가 가까이 있기 때문에 버스나 택시로 숙소까지 금방 이동할 수 있다.

시간 20분 소요 **요금** 5헤알

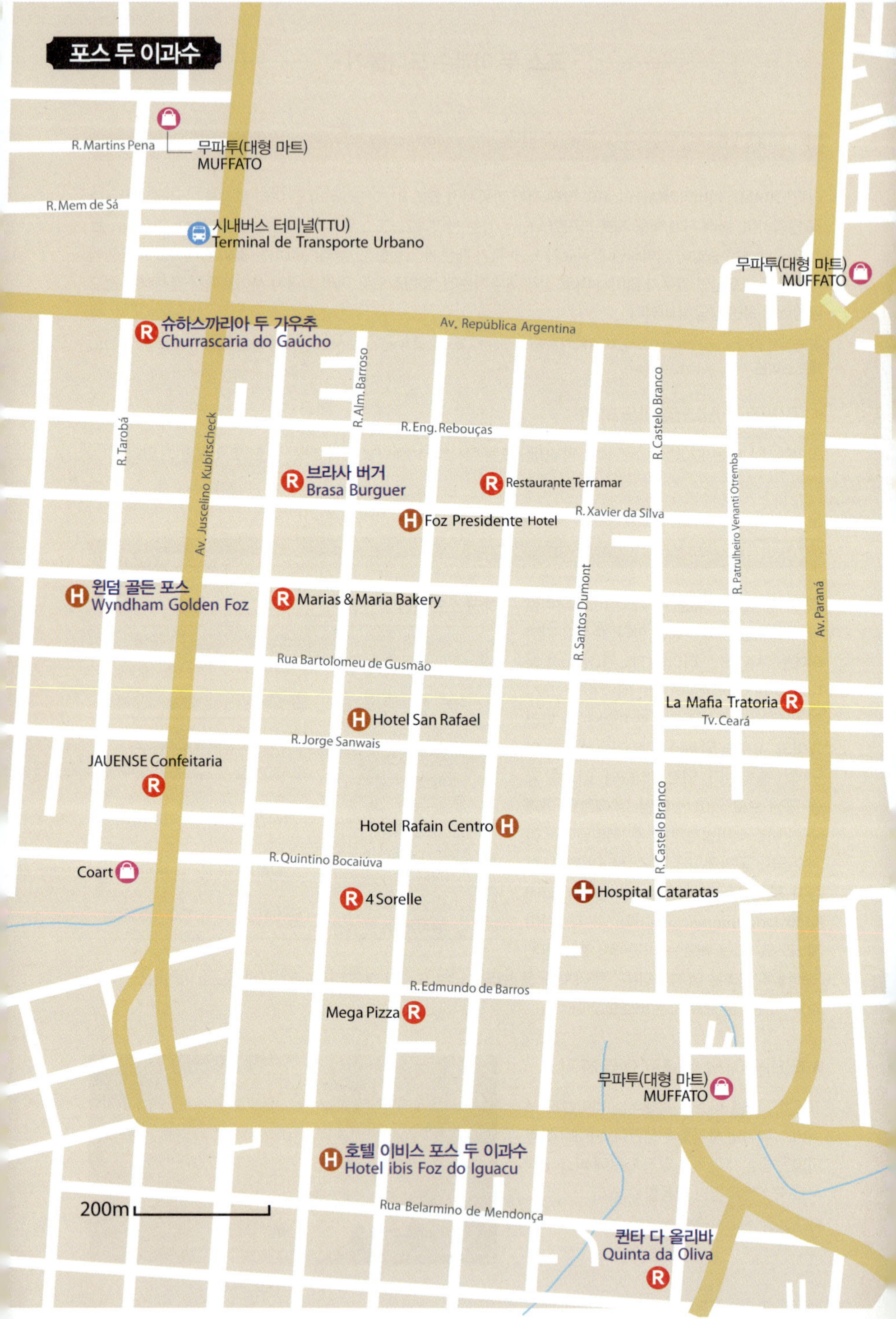
포스 두 이과수
R. Martins Pena
무파투(대형 마트)
MUFFATO
R. Mem de Sá
시내버스 터미널(TTU)
Terminal de Transporte Urbano
무파투(대형 마트)
MUFFATO
슈하스까리아 두 가우추
Churrascaria do Gaúcho
Av. República Argentina
R. Alm. Barroso
R. Castelo Branco
R. Eng. Rebouças
R. Tarobá
Av. Juscelino Kubitscheck
브라사 버거
Brasa Burguer
Restaurante Terramar
Foz Presidente Hotel
R. Xavier da Silva
R. Patrulheiro Venanti Otremba
윈덤 골든 포스
Wyndham Golden Foz
Marias & Maria Bakery
R. Santos Dumont
Av. Paraná
Rua Bartolomeu de Gusmão
La Mafia Tratoria
Tv. Ceará
Hotel San Rafael
R. Jorge Sanwais
JAUENSE Confeitaria
R. Castelo Branco
Hotel Rafain Centro
R. Quintino Bocaiúva
Coart
4 Sorelle
Hospital Cataratas
R. Edmundo de Barros
Mega Pizza
무파투(대형 마트)
MUFFATO
호텔 이비스 포스 두 이과수
Hotel ibis Foz do Iguacu
200m
Rua Belarmino de Mendonça
퀸타 다 올리바
Quinta da Oliva

이과수 국립 공원
Parque National do Iguaçu

'포스 두 이과수'에서 차로 20분쯤 걸리는 브라질의 '이과수 국립 공원'은 아르헨티나의 '이과수 국립 공원'에 비해 훨씬 작아서 2시간 정도면 충분히 둘러볼 수 있다. 크기는 작지만, 브라질 이과수는 아르헨티나 이과수와는 전혀 다른 풍경을 만날 수 있다. 먼저 이과수의 수많은 폭포가 늘어선 곳을 강 건너편에서 바라볼 수 있기 때문에, 전체적인 풍경을 한 눈에 볼 수 있다. 또, 아래까지 내려갈 수 있어 폭포에서 쏟아지는 물을 훨씬 생생하게 느낄 수 있다. 특히 제일 끝에 가면 엄청난 규모의 폭포를 바로 옆에서 볼 수 있다. 브라질 이과수야말로 이과수 여행의 진짜 하이라이트라고 할 수 있으니, 절대 이곳을 놓치지 말기를 바란다.

이과수 국립 공원 이동

포스 두 이과수 시내에서 120번 버스나 택시로 국립 공원 입구까지 갈 수 있다. '포스 두 이과수 공항'은 국립 공원에서 아주 가까워서 택시로 5분이면 갈 수 있는데 120번 버스도 운행한다. '푸에르토 이과수 버스 터미널'에서 브라질 이과수 국립 공원까지 오는 버스도 있으며, '푸에르토 이과수 공항'에서 택시로 바로 올 수도 있다.

시간 **포스 두 이과수** 시내버스 40분, 택시 25분 소요 / **푸에르토 이과수 터미널** 버스 90분 소요 / **푸에르토 이과수 공항** 택시 50분 소요 **요금** **포스 두 이과수** 시내버스 5헤알, 택시 100~120헤알 / **푸에르토 이과수 터미널** 버스 약 6,000페소 / **푸에르토 이과수 공항** 택시 약 65,000페소

이과수 국립 공원 준비물

TIP

아르헨티나 이과수와 달리 걷는 코스가 짧고 나무가 무성해 늘 그늘이 져 있다. 따라서 특별한 준비물은 필요 없으며, 생수와 폭포수에 대비한 우비 정도만 있으면 된다. 우비는 현장에서도 구매할 수 있는데, 우비 없이 시원하게 흩날리는 폭포수를 맞는 사람도 많다.

국립 공원 둘러보기

입장권을 사서 들어가면 공원 안을 순환하는 버스에 탑승할 수 있는데, 비가 오지 않으면 2층에 타는 것이 훨씬 구경하기 좋다. 버스는 국립 공원 내 투어가 시작되는 곳에서 몇 번 멈추는데, 세 번째(Trilha do Poço Preto 정류장) 멈출 때 내리면 된다.

내리자마자 엄청난 물소리와 함께 폭포들이 늘어선 장관이 펼쳐진다. 산책로는 강가의 경사면을 따라 만들어진 것 하나뿐이기 때문에, 천천히 걸으면서 계속 달라지는 풍경을 즐기면 된다. 20~30분 정도 걸으면 강바닥에 도착하는데 강 안으로 들어가는 다리가 설치되어 있으며, 폭포가 사방으로 둘러싸고 있어 폭포수가 엄청나게 흩날린다. 산책로의 끝에는 카페가 있는 건물이 있는데 엄청난 양의 물이 쏟아지는 폭포를 바로 옆에서 볼 수 있다. 폭포 구경을 마친 후 위로 올라가는 엘리베이터를 타거나 걸어서 올라오면 식당과 기념품 가게가 있는 큰 건물이 있으며, 건물 앞에서 버스를 타면 국립 공원 입구로 돌아온다. 산책로의 전체 길이가 2km가 채 안 되기 때문에 전혀 힘들지 않다. 코로나 이후로 입장권은 판매 기기에서 신용 카드로만 결제할 수 있으니 반드시 신용 카드를 지참해야 한다. 한 사람이 여러 장을 살 수도 있다.

시간 09:00~17:00 **요금** 입장료 117헤알

새 공원
Parque das Aves

국립 공원 바로 옆에 있는 조그만 공원으로, 숲을 따라 산책하며 투칸(Tucan), 앵무새 등 다양한 열대새를 볼 수 있다. 일반 동물원과 달리 새장을 아주 크게 만들어 새의 공간을 최대한 보장하였고, 외부에서 구조해 온 새들도 많이 있다. 1시간 정도면 둘러볼 수 있기 때문에 브라질 이과수를 구경한 후 시간 여유가 있다면 가 볼 만하다.

시간 08:30~17:00 **요금** 입장료 90헤알

추천 **식당**

브라질은 어디를 가나 음식이 꽤 비싼 편이다. 고기 뷔페인 '슈하스꾸'가 리우 데 자네이루보다 저렴한 편이지만, 저렴하면서 맛있는 곳을 찾기는 쉽지 않다. 더운 지역이기 때문에 시원하게 맥주 한잔을 할 수 있는 술집이 상당히 많다. 최근 몇 년 사이에 시리아에서 온 난민들이 포스 두 이과수에 많이 정착했고, 시리아식 '샤와르마(Shawarma)'를 아주 저렴하게 판다.

브라사 버거
Brasa Burger

수제 버거 전문점으로 포스 두 이과수에서 가장 저렴하게 식사를 할 수 있는 곳 중 하나다. 피자, 샤와르마도 판매하는데, 아르헨티나 수제 버거 정도의 퀄리티를 기대하면 안 된다.

주소 Brasil 319 **시간** 11:30~24:30

헤스타우란치 바하카웅
Restaurante Barracão

슈하스꾸를 먹을 수도 있고 뷔페 음식을 무게를 달아서 '뽀르 낄루(por kilo)'도 먹을 수 있다. 포스 두 이과수의 '뽀르 낄루' 식당 중에 가장 평가가 좋은 편이다. 점심에만 영업한다.

주소 Anhembi 1010 **시간** 11:30~15:30

퀸타 다 올리바
Quinta da Oliva

얇은 이탈리아식 피자 전문점으로 샐러드와 디저트도 괜찮다. 건물 외부와 내부 모두 아주 넓고 고급스럽게 꾸며져 있는데, 피자 한 판에 40~70헤알 정도로 근사한 인테리어에 비해 가격은 크게 비싸지 않다.

주소 Estanislau Zambrzycki 197 **시간** 18:00~23:30

슈하스까리아 두 가우추
Churrascaria do Gaucho

포스 두 이과수에는 슈하스꾸를 파는 식당인 '슈하스까리아(Churrascaria)'가 많은데 그중에 평가가 비교적 좋은 곳이다. 벽을 유리로 만들어서 분위기가 밝고 슈하스꾸과 함께 제공되는 뷔페도 괜찮은 편이다. 우리나라 사람들 입맛에 슈하스꾸는 좀 짜다.

주소 Republica Argentina 632 **시간** 11:30~23:00

추천 **숙소**

브라질은 숙소에서 제공되는 조식을 '카페 지 마냐(Cafe de Manha)'라고 하는데, 호스텔이건 호텔이건 다양한 빵, 케이크, 조리된 음식 등이 뷔페식으로 아주 푸짐하게 나온다. 따라서 조식 포함 여부에 따라 가격이 많이 달라진다. '포스 두 이과수'의 숙소들은 '리우 데 자네이루'에 비하면 저렴하고 시설이 좋지만, 워낙 덥고 습한 지역이라 저렴한 숙소는 냄새가 나고 지저분한 곳이 많다. 따라서 너무 싼 숙소는 피하는 것이 좋다.

테트리스 컨테이너 호스텔
Tetris Container Hostel

이름 그대로 컨테이너를 테트리스처럼 쌓아서 만든, 독특한 콘셉트의 호스텔이다. 외부와 내부 모두 브라질의 강렬한 원색을 사용해 화려하다. 작은 수영장이 있고 식당, 바 등 공용 공간이 잘 구성되어 있지만, 조금 시끄럽다. 그리고 컨테이너를 그대로 쓰다 보니 방음이 좋지 않다.

주소 Das Cataratas 639 **가격** 도미토리 80~100헤알, 더블·트윈 500헤알

위시 리조트

콘셉트 디자인 호스텔
Concept Design Hostel

역시 이름 그대로 독특한 콘셉트로 내부 시설이 디자인된 호스텔이다. 수영장, 침대, 테이블, 의자 등 모든 시설이 독특한 형태이며, 공간마다 서로 다른 색상을 사용했다. 도미토리도 방이 상당히 넓고 침대도 크기 때문에, 호스텔 중에서는 상당히 좋은 편이다.

주소 Pereira 337 **가격** 도미토리 100~180헤알, 더블·트윈 200~250헤알

이비스 포스 두 이과수
Ibis Foz do Iguaçu

중저가 호텔 체인으로 유명한 '이비스'의 호텔로 내부 시설이 아주 잘 관리되어 깨끗하고 방도 작지 않은 편이다. 두 사람이 '조식 불포함' 조건으로 이용할 경우, 호스텔 도미토리를 이용하는 것과 비슷할 정도로 저렴하다.

주소 Almirante Barroso 866 **가격** 더블·트윈 50~70달러(조식 별도)

윈덤 골든 포스
Wyndham Golden Foz

22층짜리 4성급 호텔로 원래는 아파트형 호텔로 만들었던 곳이라 방이 아주 넓다. 수영장, 피트니스 센터 등 부대시설이 좋고 조식도 아주 잘 나오며, 전체적으로 아주 깨끗하다.

주소 Rui Barbosa 394 **가격** 더블·트윈 80~130달러

위시 리조트
Wish Resort

이과수 국립 공원 가는 길에 있는 5성급 리조트로 큰 부지 위에 18홀 골프장, 대형 수영장, 잔디가 깔린 축구장, 농구장, 키즈 클럽 등 온갖 시설이 갖춰져 있다. 모든 장비를 빌리고 무제한 골프를 치는 비용이 100달러가 채 안 되기 때문에, 남미에서 골프를 치고 싶은 사람이라면 좋은 숙소다. 내부에 레스토랑이 여러 개 있는데 5성급치고 저렴하면서 맛있다.

주소 Das Cataratas 6845 **가격** 더블·트윈 180~350달러

리우 데 자네이루

Rio de Janeiro

거대한 예수상과 리우 데 자네이루 삼바 카니발로 유명한 항구 도시 '리우 데 자네이루'는 항상 전 세계 관광객들로 북적이는 곳이다. 이글이글 타오르는 뜨거운 햇살 아래 '코파카바나(Copacabana)', '이파네마(Ipanema)' 해변은 일광욕을 즐기는 사람들이 가득하다.
관광지로 유명한 거대 도시이지만 코파카바나 인근의 부유한 지역과, 산허리를 따라 허름한 집들이 복잡하게 쌓인 거대한 빈민가 '파벨라(Favela)'가 극적인 대비를 이룬다. 심각한 빈부 격차와 부실한 지방정부의 재정 등 여러 악조건이 겹쳐서 치안이 계속 안 좋은 편이다. 여행자를 대상으로 한 강도와 소매치기 사건이 수시로 일어나기 때문에 항상 조심해야 한다.

항공

리우 데 자네이루에는 두 개의 공항이 있다. 국제선과 대부분의 국내선은 도심에서 북쪽으로 약 20km 떨어진 '갈레옹 공항(Aeroportu Galeão)'에서 출발하며, 일부 국내선은 센트로 지역 옆 바닷가에 있는 '산토스 두몬트 공항(Aeroporto Santos Dumont)'에서 출발한다. 갈레옹 공항은 규모가 상당히 크기 때문에 체크인이 느릴 때가 많다. 또한 리우 데 자네이루 시내는 교통 체증이 심각하기 때문에, 충분한 시간 여유를 가지고 공항으로 가는 것이 좋다. 공항 내부에는 식당, 면세점 등 편의 시설이 잘 갖추어져 있다. 라탐(LATAM), 아비앙카(Avianca)와 함께 저가 항공사인 골(Gol), 아술(Azul) 등 여러 항공사가 국내선 항공편을 운항한다.

홈페이지 라탐 www.latam.com, **아비앙카** www.avianca.com, **골** www.voegol.com.br, **아술** www.voeazul.com.br

■ 갈레옹 공항에서 코파카바나로 이동하기

리우 데 자네이루의 교통 체증은 심각하다. 특히 출퇴근 시간에는 차가 거의 움직이지 않는 수준이다. 보통 코파카바나에서 갈레옹 공항까지 택시로 30~40분이면 갈 수 있지만, 오후 4~8시 사이에는 2시간 가까이 걸릴 때도 있다. 어쩔 수 없이 출퇴근 시간에 출발해야 한다면, 공항까지 2시간 정도 걸릴 수 있다고 가정하고 출발하는 것이 좋다.

공항버스

갈레옹 공항에서 출발한 2018번 공항버스가 대부분의 여행자들이 머무는 코파카바나 지역까지 운행한다. 중간에 시외버스 터미널인 '호도비아리아 노부(Rodoviaria Novo)', '센트로(Centro)' 지역과 함께 '산토스 두몬트 공항'도 들른다. 버스, 지하철 등을 이용하기 위해서는 리오 카드(Riocard)라는 교통 카드를 이용해야 한다(카드 4헤알). 자동판매기에서 쉽게 구매 및 충전할 수 있다.

시간 05:30~23:00 /1시간 30분~2시간 30분 소요 **요금** 25헤알

택시

공항 대합실에 있는 택시 회사 부스에서 택시를 이용할 수 있다. 목적지와 인원, 짐의 유무에 따라 요금이 달라진다. 코파카바나에서 공항까지 택시로 갈 때는 미터기를 켜는 것보다 요금을 정한 후 타는 것이 좋다. 공항 택시를 타고 코파카바나까지 왔다면 택시 안에서 택시 회사 카드를 받을 수 있는데, 그 회사로 전화해서 예약하면 상당히 저렴하게 공항까지 갈 수 있다.

시간 약 40분~1시간 30분 소요 **요금** 공항 → 코파카바나 약 140~160헤알, 코파카바나 → 공항 약 100~120헤알

■ 산토스 두몬트 공항에서 코파카바나로 이동하기

'산토스 두몬트 공항'은 센트로 지역 가까이 있기 때문에 지하철이나 택시로 코파카바나까지 이동할 수 있다. 물론 위에서 언급한 바와 같이 2018번 공항버스를 이용할 수도 있다.

시간 지하철 / 택시 20~25분 소요 **요금 지하철** 7.5헤알, 택시 80~100헤알

시외버스

시외버스 터미널인 '호도비아리아 노부(Rodoviaria Novo)'는 센트로에 있다. '상파울루', '포스 두 이과수', '쿠리치바', '살바도르' 등 브라질 도시로 가는 버스 외에 아르헨티나 '부에노스 아이레스', 파라과이 '아순시온' 등으로 가는 국제선 버스도 출발한다. 센트로 지역과 마찬가지로 버스 터미널 인근은 치안 상태가 아주 안 좋기 때문에 상당히 조심해야 한다. 터미널 주변을 돌아다니지 말고 도착 즉시 숙소로 이동할 것을 권한다. 살바도르, 이과수 등 장거리 구간은 비행기를 이용하는 것이 편하다.

예상 소요 시간 및 운임

지역	소요 시간	요금
상파울루	6~7시간	110~180헤알
포스 두 이과수	23~25시간	280~400헤알
쿠리치바	13~15시간	220~350헤알
살바도르	28~30시간	500~700헤알
부에노스아이레스 (아르헨티나)	41~43시간	900~1,300헤알

■ 버스 터미널에서 코파카바나로 이동하기

시내버스나 택시로 코파카바나까지 갈 수 있다. 새벽이나 야간에 도착한다면 안전을 위해 택시를 이용하는 것을 강력히 추천한다.

시간 시내버스 약 1시간 30분 소요 **택시** 30~60분 소요 **요금 시내버스** 4.3헤알 **택시** 50~70헤알

시내 교통

리우 데 자네이루는 교통 체증이 심하기 때문에 시내버스(4.3헤알)는 가까운 지역을 갈 때만 이용하는 것이 좋다. 코파카바나-센트로 구간처럼 멀리 이동할 때는 지하철(7.5헤알)을 이용하는 것이 편리하다. 지하철은 다른 남미 도시들보다 비싼 편이지만, 상당히 깨끗하고 시설이 좋다.

택시는 미터기로 운행하지만 많이 비싸지 않기 때문에 예수상이 있는 '코르코바두 언덕'이나 '빵 지 아수카르'로 갈 때는 택시를 이용하면 쉽게 이동할 수 있다.

시내 교통
Metrô
Linha 1
Subway line 1
Metrô
Linha 2
Subway line 2
Metrô
Linha 4
Subway line 4
Metrô + Ônibus
Metrô Na Superfície
Subway + Subway Bus
Estação de Integração com a
SuperVia
Interchange with SuperVia Trains
Metrô + Ônibus Expresso
Integraçã
Subway + City Bus
BRT TransCarioca
BRT Bus
BRT TransOeste
BRT Bus
SuperVia
Pavuna
Eng. Rubens Paiva
Acari/Fazenda Botafogo
Coelho Neto
Colégio
Irajá
Vicente de Carvalho
Ônibus BRT
Thomaz Coelho
Engenho da Rainha
Inhaúma
Jacarepaguá
Barra
Fundão
Nova América/
Del Castilho
Maria da Graça
SuperVia
Triagem
Maracanã
SuperVia
São
Cristóvão
SuperVia
Cidade
Nova
Central
SuperVia
Pres. Vargas
Uruguaiana
Carioca
Praça Onze
Estácio
Rodoviária
São Cristóvão / Caju
Uruguai
Saens
Peña
Usina
Muda
Andaraí
Grajaú
São Fco.
Xavier
Méier
Vila Isabel
Afonso
Pena
Cinelândia
Glória
Catete
Largo do Machado
Cosme Velho
Flamengo
Botafogo
Baixo
Gávea
Maraquês de
São Vicente
Hosp. da Lagoa
Humaitá
PUC
Jardim
Botânico
Maria
Angélica
Cobal do
Humaitá
Cardeal Arcoverde
Siqueira Campos
Cantagalo
Gen. Osório
Alto Leblon
Baixo
Leblon
Afrânio de
Melo Franco
Nossa Sra.
da Paz
Antero de
Quental
Afrânio de
Mendonça
Vinícius
de Moraes
Metrô Na Superfície
Ônibus BRT
Ônibus BRT
Jardim
Oceânico
São Conrado
Antero de
Quental
Jardim de Alah
N. Sra.
da Paz

리우 데 자네이루의 불안한 치안

■ 점점 나빠지는 치안

수백만 명의 빈민과 심각한 빈부 격차가 존재하는 리우 데 자네이루는 다른 남미의 대도시들보다 치안상태가 더 나쁜 것으로 유명하다. 특히 2016년 리우 올림픽을 준비하면서 재정 상태가 크게 나빠진 지방 정부가 경찰의 임금을 체불하였고, 경찰이 파업까지 하는 사태가 발생했다. 경찰의 임금을 지불하고 군 병력까지 투입해 올림픽을 치렀지만, 올림픽에 큰 비용을 들인 것에 대해 빈민들의 불만이 아주 컸다. 열악한 지방 정부의 재정과 올림픽을 치른 여파로 올림픽 이후 치안은 점점 나빠지고 있다. 부유하고 관광객이 많은 '코파카바나(Copacabana)', '이파네마(Ipanema)', '레미(Leme)' 등 일부 지역을 제외한 지역은 치안이 몹시 나쁘기 때문에 각별히 조심해야 한다. 특히 센트로 지역은 치안이 나쁜 지역 중 하나이기 때문에, 야간에는 절대 방문하지 말아야 하며 낮에도 상당히 조심해야 한다. 만약 치안이 나쁜 센트로 지역에서 숙박하게 된다면, 숙소에 위험 지역을 문의하고 해가 진 후에는 외출을 삼가는 것이 좋다.

■ 코파카바나/이파네마의 치안 상태

코파카바나와 이파네마 지역은 리우 데 자네이루에서 가장 치안이 좋고 사람이 많기 때문에, 거리에서 강도를 당하는 일은 거의 없지만 역시 주의해야 한다. 코파카바나 지역에서 많이 발생하는 사고는 거리에서 핸드폰이나 목걸이, 카메라를 오토바이를 탄 강도가 채가는 것이다. 특히 노약자나 여성 여행자를 주로 노린다. 따라서 거리에서는 가능한 한 핸드폰 사용을 피하고, 쓰게 된다면 손으로 가리거나 건물 쪽으로 붙어서 쓰는 것이 좋다. 카메라는 반드시 가방이나 케이스에 넣어서 휴대하고, 목걸이 등 고가의 장신구는 절대 사용하지 말아야 한다. 코파카바나 해변은 사람이 아주 많아서 평소에는 위험하지 않다. 하지만 해변 끝으로 가면 인적이 드문 지역이 있는데, 이 근처로는 접근하지 말아야 한다. 특히 밤 10시가 넘으면 해변에 있는 술집들이 문을 닫고 인적이 적어지는데, 이런 시간에는 절대 해변을 돌아다니지 말아야 한다. 밤에 리우 데 자네이루 해변에서 시원하게 맥주를 마신 후, 신이 나서 인적이 드문 해변으로 놀러 나갔다가 강도를 당하는 사람들이 많다.

'리우 데 자네이루'가 아니라 '히우 지 자네이루'다

우리나라의 표준어 표기법은 현지 발음을 상당히 잘 반영하는데, '리우 데 자네이루(Rio de Janeiro)'는 그렇지 못하다. 포르투갈 출신의 세계적인 축구 선수 '호날두'의 철자는 'Ronaldo'이다. 여기서 알 수 있듯이 포르투갈어에서 'R'이 단어 제일 앞에 있으면 'ㅎ' 발음이고, 'o'가 단어 끝에 있으면 'ㅜ' 발음이 된다. 즉, 현지에서 'Rio'는 '리우'가 아니라 '히우'라고 발음한다. 그리고 'de'를 '데'라고 읽는 것은 스페인어식 발음이고, 포르투갈어에서는 '디'라고 발음하는데, 브라질에서는 특이하게 이것을 '지'라고 발음한다. 즉, 'Rio de Janeiro'의 브라질 현지 발음은 '리우 데 자네이루'가 아니라 '히우 지 자네이루'이다. 그래서 브라질 사람들은 이 이름을 줄여서 '히우'라고 부른다. 이런 식으로 브라질 돈도 '레알(Real)'이 아니라 '헤알'이라고 발음한다. '호날두'를 정확한 현지 발음대로 표기하는 것처럼, 언젠가 '리우 데 자네이루'의 표기법도 변경되길 바란다.

삼바 카니발 Samba Carnaval

사순절 직전, 브라질 전역에서는 약 1주일간 카니발(축제)이 열린다. 사실 페루, 볼리비아, 콜롬비아 등 다른 나라에서도 열리지만, 브라질이 인구가 가장 많고 가장 규모가 크다 보니 브라질의 카니발이 유명하다. 브라질의 카니발 중에서도 가장 규모가 큰 것이 '리우 데 자네이루 카니발'이고 두 번째는 북부에 있는 '살바도르 카니발'이다. 1930년대까지는 일반적인 축제와 다른 점이 없었지만, 이후 삼바 학교들이 설립되고 학교별로 퍼레이드를 펼치는 방식으로 발전하면서 규모가 커졌다.

■ 축제 진행 방식과 티켓 구매

삼바 학교들이 퍼레이드를 할 수 있도록 만들어진 '삼바드롬(Sambadrome)'에서 행진이 펼쳐지는데, 약 6만 명을 동시에 수용할 수 있다. 학교별로 50분간 공연을 하고 10분간 휴식하는 방식이며, 새벽까지 공연이 이어진다.

티켓은 온라인으로 예약하는 것이 좋은데, 너무 싼 자리는 공연을 제대로 보기 힘들다. 따라서 200~400헤알 정도의 적당한 가격대의 좌석을 사는 것이 좋다. 현장에서 암표를 살 수도 있지만, 일반적으로 공연이 시작되는 시간에는 비싸고 시간이 늦어야만 싸게 구매할 수 있다. 물론, 삼바드롬 경기장에 들어가지 않더라도 거리에서 펼쳐지는 퍼레이드 행렬을 따라다니면서 춤을 추고 즐길 수도 있다.

시간 밤 9시경부터 새벽까지 **요금** 100~2,000헤알 **홈페이지** www.rio-carnival.net

■ 축제 기간 중 숙박비 폭등과 주의 사항

삼바 축제 기간에는 숙박비가 5배 이상 오르며 1주일 단위로만 예약을 받는 곳이 많다. 그리고 항공권 가격도 폭등하기 때문에, 삼바 축제를 제대로 즐기려면 엄청난 비용 지출을 감수해야 한다. 외곽 지역이나 인근 다른 도시에 숙소를 잡은 후 저녁에 리우 데 자네이루로 와서 아침까지 즐기다가 돌아가는 방법도 있는데, 축제 기간에는 모든 도로가 엄청나게 막히기 때문에 상당히 피곤할 것이다.

또한 거리에서 여성 여행자들의 신체를 만지거나 키스를 하는 등 성추행이 공공연하게 벌어지기 때문에 조심해야 한다. 삼바 축제는 '맥주 축제'라고 부를 수 있을 정도로 모든 사람이 밤새도록 거리에서 맥주를 마시며 춤을 춘다. 그래서 술에 취한 남성들이 아주 많으며, 지나가는 여성들의 신체를 아무렇지도 않게 만지곤 한다. 더 큰 사고로 이어지는 경우는 드물지만, 여성들은 축제 기간에 각별히 조심해야 한다.

■ 연도별 축제 기간

축제 기간은 매년 조금씩 다른데 일반적으로 2월에서 3월 초 사이에 열린다. 2019년은 3월, 2020년은 2월에 축제가 열렸고, 2022년은 2월 예정이었으나 코로나 때문에 연기되어 4월에 열렸다. 2026년은 2월 13일~2월 18일, 2027년은 2월 5일~2월 10일, 2028년은 2월 25일~3월 1일에 열린다.

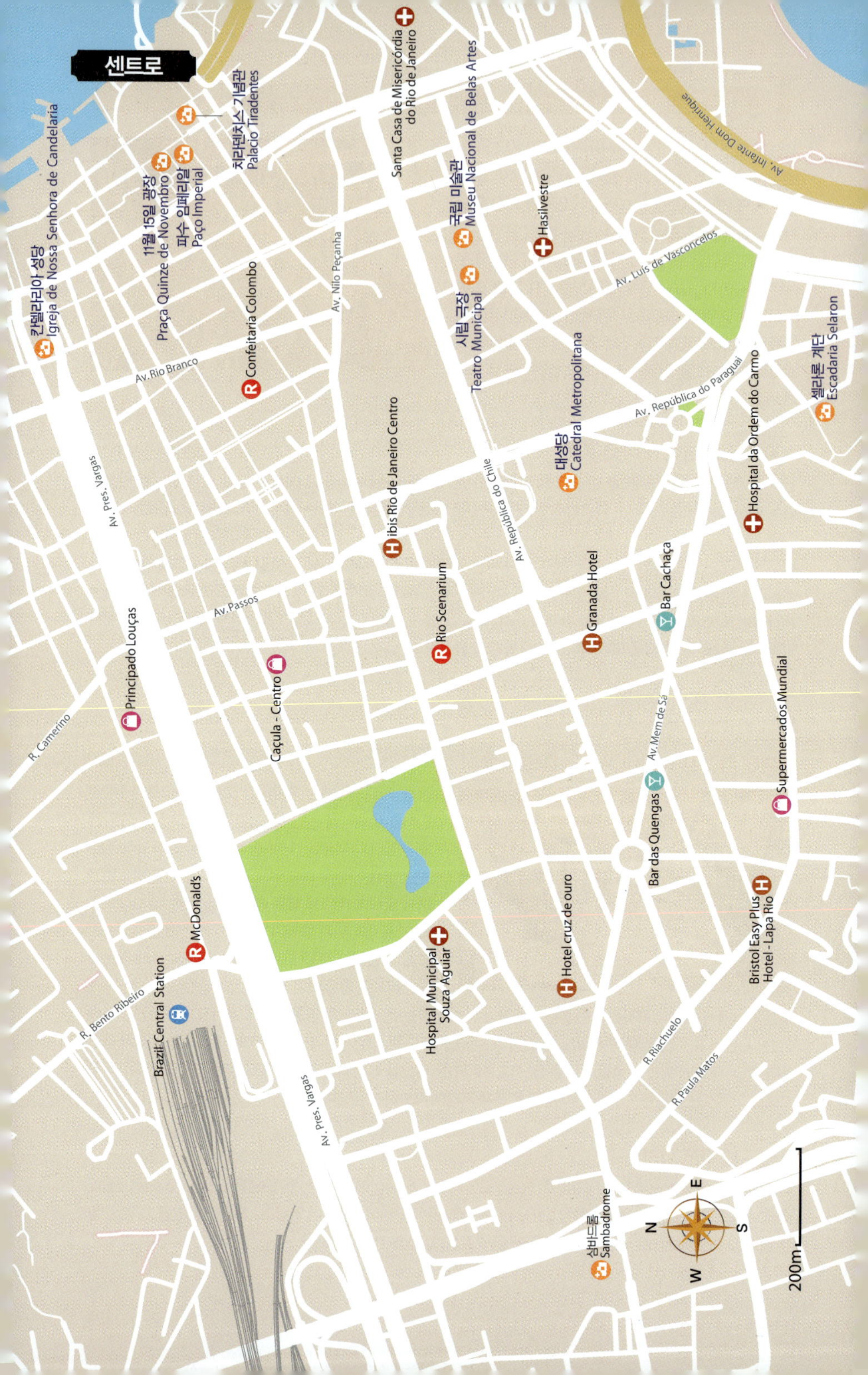

센트로
캔델라리아 성당
Igreja de Nossa Senhora de Candelaria
11월 15일 광장
Praça Quinze de Novembro
파수 임페리알
Paço Imperial
치라덴치스 기념관
Palacio Tiradentes
Confeitaria Colombo
Santa Casa de Misericórdia do Rio de Janeiro
국립 미술관
Museu Nacional de Belas Artes
시립 극장
Teatro Municipal
Hasilvestre
Av. Infante Dom Henrique
Av. Luís de Vasconcelos
Av. Nilo Peçanha
Av. Rio Branco
Av. Pres. Vargas
Av. República do Chile
Av. República do Paraguai
대성당
Catedral Metropolitana
셀라론 계단
Escadaria Selaron
Hospital da Ordem do Carmo
ibis Rio de Janeiro Centro
Rio Scenarium
Granada Hotel
Bar Cachaça
Av. Passos
Caçula - Centro
Principado Louças
R. Camerino
Av. Mem de Sá
Supermercados Mundial
Bar das Quengas
Hotel cruz de ouro
Bristol Easy Plus Hotel - Lapa Rio
Hospital Municipal Souza Aguiar
McDonald's
Brazil Central Station
R. Bento Ribeiro
R. Riachuelo
R. Paula Matos
삼바드롬
Sambadrome
N
E
S
W
200m

코파카바나 해변 인근
아쿠아렐라 두 레미
Aquarela Do Leme
Ladeira Ary Barroso
조나 수르(대형 마트)
Zona Sul
Av. Pasteur
빵 지 아수카르(대형 마트)
Pão de Açúcar
Miam M am
호텔 올린다 리우
Hotel Olinda Rio
아레나 코파카바나 호텔
Arena Copacabana Hotel
CLH 슈츠 코파카바나 도밍고스 페레이라
CLH Suites Copacabana Domingos Ferreira
비스트로 산타 사티스파카우
Bistro Santa Satisfacao
비바
Viva
브라세이루
Braseiro
아데가 페롤라
Adega Pérola
Hortifruti
Boteco Cabidinho
Comuna
R. Alvaro Ramos
R. Gen. Polidoro
R. Mena Barreto
R. Voluntários da Pátria
Lasai Restaurante
São José Hospital
Rua Humaitá
R. Barata Ribeiro
Av. Nossa Sra. de Copacabana
더 베이커스
The Bakers
하루 스시
Haru sushi
R. Constante Ramos
R. Barão de Ipanema
R. Bolivar
밤부 리우 호스텔
Bamboo Rio Hostel
코파카바나 해변
Praia de Copacabana
Av. Atlântica
이비스 포스투 5 코파카바나
Ibis Posto 5 Copacabana
카페 스탈로스
Café Stalos
Adagio Ipanema
Hotel Fasano Rio de Janeiro
Museum of Favela
Av. Epitácio Pessoa
Gula Gula Ipanema
Francês Restaurante
Av. Vieira Souto
Gero Ipanema
Rodrigo de Freitas Lagoon
The Hostel Rio de Janeiro
Av. Borges de Medeiros
식물원
Jardim Botanico
N
E
S
W
500m

코파카바나 해변
Praia de Copacabana

리우 데 자네이루에서 여행자들이 가장 많이 찾는 약 5km 길이의 해변으로, 수많은 호텔, 호스텔, 아파트형 숙소들이 밀집되어 있다. 또한 식당, 바, 환전소, 마트 등 여행자들에게 필요한 것들이 이 지역에 몰려있다. 바로 옆에 있는 '이파네마(Ipanema)' 해변과 함께 리우 데 자네이루에서 가장 안전한 지역 중 하나인데, 코파카바나는 이파네마보다 저렴한 숙소들이 많고 다른 지역으로 이동하기 편하다. 단, 파도가 강하기 때문에 수영은 자제하는 것이 좋다. 넓은 모래사장을 따라 넓은 인도와 술집이 늘어서 있는데, 밤에는 술 취한 사람들을 조심하자.

코르코바두 언덕
Morro do Corcovado

코르코바두는 높이 약 700m의 언덕으로 꼭대기에 '예수상(Cristo Redentor)'이 서 있다. 1931년 완공된 예수상은 기단의 높이가 8m, 예수상의 높이가 30m로 총 38m이다. 1년 내내 여행자가 끊이지 않고, 예수상을 카메라에 담기 위해 바닥에 누워서 사진을 찍는 사람들이 많다. 예수상보다는 언덕 위에서 바라본 리우 데 자네이루 해변 전체의 전경이 아주 멋있다. 하지만 사람이 많고 햇빛을 피할 곳이 거의 없기 때문에 오래 머물기는 쉽지 않다.

코르쿠바두 언덕 찾아가기

코파카바나에서 코르코바두까지는 버스나 택시로 갈 수 있다. 일행이 있다면 택시를 이용하는 것이 훨씬 편하다.

시간 버스 30분 소요 **택시** 15~20분 소요 **요금 버스** 4.3헤알 **택시** 30~40헤알

예수상 올라가기

예수상까지는 언덕 아래 '트램 정류장(Estação do Trem)'에서 트램을 타고 올라갈 수 있는데, 성수기에는 예약하지 않으면 표가 없거나 오래 기다려야 할 때가 많다. 표가 없을 때는 정류장 인근에 있는 승합차를 타고 올라갈 수 있으며, 트램보다 약간 저렴하다. 올라가는 길 중간에 빈민가가 있기 때문에 절대 걸어서 올라가면 안 된다.

시간 08:00~19:00 / **트램** 20분 소요 **승합차** 15분 소요 **요금(입장료 포함) 트램** 134헤알 **승합차** 115~125헤알 **홈페이지(트램)** www.tremdocorcovado.rio

빵 지 아수카르
Pão de Açucar

코파카바나 해변 북쪽 끝에 있는 높이 396m의 언덕으로, '빵 지 아수카르'는 '설탕 빵'이라는 뜻이다. 그래서 영어로는 '슈거로프(Sugarloaf)산'이라고 하고, 여행자들은 흔히 '빵산'이라고 부른다. 케이블카를 타고 올라갈 수 있는데, 성수기에 방문했다면 기다리는 줄이 엄청나기 때문에 홈페이지에서 미리 사 놓는 것이 좋다. 첫 번째 케이블카를 타고 올라가면 식당, 기념품 가게, 카페 등이 있고, 끝까지 가면 뾰족한 언덕 정상으로 올라가는 두 번째 케이블카를 탈 수 있다. 아름다운 리우 데 자네이루의 석양과 야경을 보기에 가장 좋은 곳으로 케이블카를 타는 곳 주변의 해변도 예쁘다. 예수상과 함께 리우 데 자네이루에서 절대 빼놓아서는 안 되는 여행지다. 예수상이 있는 코르코바두 언덕에서 버스(4.3헤알)나 택시(25~30헤알. 15분 소요)로 이동할 수 있다. 만 60세 이상은 여권을 보여 주면 50% 할인을 받을 수 있다.

입장 08:00~20:00 **요금(케이블카)** 195헤알 **홈페이지** www.bondinho.com.br

대성당(카테드랄)
Catedral Metropolitana

1979년에 완공된 대성당 '카테드랄(Catedral)'은 원뿔 형태의 특이한 건축물이다. 벽은 벌집 모양의 독특한 구조로 이루어져 자연 채광과 공기 순환이 되며, 벽을 따라 설치된 거대한 4개의 스테인드글라스는 75m 높이의 천장에 있는 십자가와 만난다. 거대한 내부 공간에는 최대 2만 명까지 수용할 수 있다. 코파카바나에서는 지하철(6.5헤알)로 가는 것이 가장 빠르고 편리하다.

주소 Chile 245 **위치** 지하철 카리오카(Carioca) 역에서 하차 후 도보 5분 **시간** 09:00~17:00

식물원
Jardim Botanico

이파네마 해변 북쪽에 있는 식물원으로 '자르징 보타니쿠(Jardim Botanico)'라는 이름 자체가 포르투갈어로 '식물원'이라는 뜻이다. 5천 종 이상의 식물이 있으며 분수대와 연못, 휴식 공간이 잘 만들어져 있다. 평일에는 조용한데 주말에는 상당히 사람이 많아서 다소 시끄럽다. 근처에 커다란 '호드리고 지 프레이타스(Rodrigo de Freitas) 호수'가 있는데, 호숫가를 따라 산책하기 좋다. 하지만 입장료가 상당히 비싼 편이다.

주소 Rua Jardim Botanico 1008 **시간** 화~일 08:00~18:00, 월 12:00~18:00 **요금** 67헤알

셀라론 계단
Escadaria Selaron

칠레 출신의 브라질 예술가 '호르헤 셀라론(Jorge Selaron)'이 그의 집에서 가까운 약 200여 개의 계단에 세계 각국에서 들여온 수천 개의 타일을 붙여서 완성했다. 1990년부터 작업을 시작했는데, 명성을 얻으며 세계 각국에서 기증된 타일도 사용했다고 한다. 다양한 타일의 글귀나 문양을 보면서 어느 나라에서 온 것인지 추측하는 재미가 있다. 우리나라에서 보낸 타일도 있으니 찾아보도록 하자. 대성당에서 가까워서 도보로 이동해서 함께 구경할 수 있는데, 주변 지역의 치안이 좋지 않기 때문에 인적이 드문 거리에는 들어가지 않도록 주의해야 한다. 계단을 만든 호르헤 셀라론은 2013년 1월 계단에서 사망한 채로 발견되었으며 경찰은 자살로 추정된다고 발표하였다.

주소 Joaquim Silva **위치** 카리오카(Carioca) 역에서 하차 후 도보 10분, 대성당에서 도보 5분

국립 미술관
Museu Nacional de Belas Artes

포르투갈 식민지 시절부터 현재까지의 브라질 출신 유명 미술가들의 작품이 전시되어 있다. 다른 나라 미술가들의 작품들도 일부 전시되어 있는데 작품의 양이 많지는 않다.

주소 Rio Blanco 199 **위치** 지하철 카리오카(Carioca) 역에서 하차 후 도보 3분 **시간** 화~금 10:00~17:00, 토~일 13:00~17:00 / 월요일 휴무 **요금** 8.3헤알

칸델라리아 성당
Igreja de Nossa Senhora de Candelaria

17세기에 폭풍으로 침몰할 뻔한 '칸델라리아(Candelaria)'호의 선장이 살아난 것을 감사하는 의미에서 만들어졌다. 몇 차례 증축과 보수 후 1811년에 완공되었다. 대리석으로 만든 웅장한 내부 벽면과 화려한 천장화가 멋있다.

주소 Rio Blanco 57 **위치** 지하철 우루과이아니(Uruguaiana) 역에서 하차 후 도보 3분 **시간** 월~금 07:30~16:00, 토 08:00~12:00, 일 09:00~13:00 **요금** 무료

시립 극장
Teatro Municipal

1909년에 완공된 시립 극장은 아름다운 외관과 화려한 금색으로 유명하다. 리우 데 자네이루의 건물 중 가장 아름다운 건물로 꼽아도 손색이 없는 정도다. 내부도 외부만큼 멋져서 아름다운 멋진 조각과 스테인드글라스, 벽화로 꾸며져 있다. 현재도 클래식, 오페라 등 각종 공연이 자주 열리며 인근에 국립 미술관, 국립 도서관 등 문화시설들이 모여 있다. 가이드 투어로 내부를 약 50분간 둘러볼 수 있다.

주소 Praça Floriano **위치** 지하철 카리오카(Carioca) 역에서 하차 후 도보 3분 (국립 미술관 맞은편) **시간** 화~금 12:00, 14:30,16:00 토·공휴일11:00,12:00,13:00 / 월·일 휴무 **요금** 20헤알(가이드 투어)

파수 임페리알
Paço Imperial

바로 옆에 있는 웅장한 치라덴치스 기념관에 비해 흰색으로 칠해진 아담한 외관은 별 특징이 없어 보이지만, 식민지 시절 총독부 건물로 사용된 역사적인 곳이다. 현재는 공연장, 전시공간, 식당 등이 있는 문화센터(Centro Cultural)로 쓰이고 있다. 바로 앞에는 왕정 기간에 왕의 대관식이 열렸던 '11월 15일 광장(Praça Quinze de Novembro)'이 있는데, 11월 15일은 1889년 왕정을 몰아내고 공화국을 선포한 날이다.

주소 Praça Quinze de Novembro **위치** 지하철 우루과이아나(Uruguaiana) 역에서 하차 후 도보 10분

치라덴치스 기념관
Palacio Tiradentes

1789년 독립운동을 시작했다가 1792년에 처형된 '치라덴치스(Tiradentes)'의 이름이 붙여진 건물이다. 표준어 표기법을 따르면 건물 이름이 '팔라시우 티라덴테스'이지만, 브라질 현지 발음으로는 '빨라시우 치라덴치스'이다. 포르투갈로부터 독립한 후 리우 데 자네이루가 한때 수도였을 때는 대통령 관저로 쓰였다. 현재는 브라질 독립 등 역사와 관련된 전시물을 볼 수 있다. 위풍당당한 외관과 지붕 모서리에 장식된 거대한 기마상이 인상적이며, 건물 앞에는 성자처럼 묘사된 치라덴치스의 청동상이 서 있다.

주소 Dom Manuel **위치** 지하철 우루과이아나(Uruguaiana) 역에서 하차 후 도보 10분

리우 데 자네이루 지역의
Tour

일야 그랑지 Ilha Grande

리우 데 자네이루에서 서쪽으로 100km쯤 떨어진 섬으로 바다가 아주 깨끗하며, 일일 투어로 다녀올 수 있다. 리우에서 버스를 타고 2시간 정도 달린 후 부두에 도착하면 돛이 달린 투어용 보트를 타고 바다를 건넌다. 2~3개의 해변을 들르면서 수영을 하거나 열대 우림 속의 산책을 즐길 수 있고, 해변에 있는 식당에서 점심을 먹는다. 아주 특별한 볼거리가 있는 투어는 아니지만, 무더운 복잡한 리우 데 자네이루를 떠나 깨끗한 바다와 아름다운 해변에서 푹 쉴 수 있다. 투어는 일반적으로 버스, 보트와 점심 식사를 포함하고 있으며, 숙소나 여행사에서 예약할 수 있다.

요금 300~450헤알

추천 **식당**

리우 데 자네이루는 거대한 대도시이기도 하고 전 세계에서 관광객이 몰리다 보니 식당이 많다. 몇 헤알이면 먹을 수 있는 저렴한 길거리 음식부터 1인당 100헤알 이상의 고급 식당까지 선택의 폭이 아주 넓다. 아래 추천 식당은 모두 코파카바나와 인근 지역의 식당들이다.

카페 스탈로스
Café Stalos

깔끔한 분위기의 캐주얼한 식당으로 피자, 샌드위치, 파스타 등 다양한 메뉴를 판다. 특히 하나만 먹어도 배가 부른 엄청난 크기의 피자가 유명한데, 도우 끝부분에는 크림치즈가 꽉 들어차 있다. 피자 외 다른 메뉴는 비싼 편이다. 특히 새우 피자를 추천한다.

주소 Nossa Senhora de Copacabana 986 **시간** 24시간 영업

브라세이루
Braseiro

비싸지 않은 가격에 닭, 소고기 등 다양한 숯불구이를 먹을 수 있다. 브라질은 소고기가 아르헨티나보다 질이 떨어지기 때문에 닭고기나 돼지고기를 선택하는 것도 괜찮다.

주소 Domingos Ferreira 214 **시간** 11:00~24:00

비스트로 산타 사치스파카웅
Bistro Santa Satisfacao

파스타, 새우 샐러드, 리소토 등 이탈리아 음식 전문점이다. 고급 레스토랑보다는 저렴한 편이며 디저트류도 맛있다. 적당한 가격에 깔끔한 곳에서 먹고 싶다면 선택할 만하다.

주소 Santa Clara 36 **시간** 화~토 08:30~23:00, 일~월 10:00~17:00

비바
Viva

무게에 따라 뷔페를 파는 '뽀르 낄루(Por Kilo)' 식당으로 메뉴가 다양한데, 2019년 말 리모델링 후 식당 이름이 몬시키(Monchique)에서 비바(Viva)로 바뀌었다. 특히 연어가 들어간 '마끼'가 있고 음식이 짜

지 않아서 필자가 자주 찾는 곳이다. 늦은 시간에 가면 맛있는 음식은 없는 때가 많고, 점심보다는 저녁에 메뉴가 많다.

주소 Nossa Senhora de Copacabana 796 **시간** 11:00~23:00

더 베이커스
The Bakers

대형 카페 겸 빵집으로 빵과 함께 샐러드, 샌드위치, 피자 등 다양한 메뉴를 판매한다. 시원한 곳에서 간단하게 식사를 하고 싶을 때 괜찮은 곳이다.

주소 Santa Clara 86 **시간** 09:00~21:00

아데가 페롤라
Adega Perola

다양한 요리를 무게를 달아서 파는데, 모든 음식의 가격이 같은 '뽀르 낄루' 식당과 달리 음식마다 가격이 다르다. 특히 해산물 요리가 맛있는 것으로 유명한데 가격은 비싼 편이다.

주소 Siqueira Campos 138 **시간** 11:00~24:00

하루 스시
Haru sushi

코파카바나에는 일식집이 많은데 그중 가장 유명한 곳이다. 상당히 깔끔하고 음식이 정갈하지만 일식집이 다 그렇듯이 조금 비싼 편이다. 초밥이 우리나라보다는 저렴하고, 가츠동 등 돈가스류가 괜찮은 편이다.

주소 Raimundo Correa 10 **시간** 화~일 12:00~16:00/ 18:00~23:30, 월 휴무

추천 숙소

리우 데 자네이루의 호스텔은 비싸면서 시설은 아주 열악하다. 무려 3층 침대를 쓰는 곳이 많고, 성수기에는 20인실, 심지어 30인실을 운영하기도 한다. 1년 내내 엄청나게 덥고 습한 지역에서 많은 사람을 좁은 공간에 넣다 보니, 냄새가 많이 나고 위생 상태도 상당히 열악하다. 따라서 일행이 있다면 호스텔보다는 아파트형 호텔, 에어비앤비 또는 저렴한 호텔을 이용하는 것이 훨씬 낫다. 성수기와 비수기의 가격 차이가 심해서 부활절 연휴, 삼바 카니발 등 최성수기에는 가격이 몇 배씩 뛴다. 워낙 땅값이 비싼 지역이다 보니 호텔들은 대부분 방이 작고 사람이 많아서 상당히 혼잡하다. 추천 숙소는 비교적 안전하고 교통이 편한 코파카바나와 인근 지역의 숙소만 대상으로 했다.

밤부 리우 호스텔

Bamboo Rio Hostel

코파카바나 지역의 중간쯤에 위치한 호스텔로 내부 공간이 리우 호스텔들 중에는 넓은 편이고 깔끔하게 관리되고 있다.

주소 Lacerda Coutinho 45 **가격** 도미토리 120~200헤알, 더블·트윈 450~600헤알

아쿠아렐라 두 레미

Aquarela do Leme

코파카바나 해변의 북쪽 끝에 있는 '레미(Leme)' 지역에 있는 호스텔로 매우 깨끗하다. 방과 식당 등 부대시설이 꽤 넓고 시설이 좋은 편이다. '빵 지 아수카르'에서 가깝고 코파카바나와도 연결되어 있기 때문에, 호스텔에서 머물러야 한다면 조금 비싸더라도 이런 호스텔이 낫다.

주소 Ladeira Ary Barroso 21 **가격** 도미토리 110~150헤알. 더블·트윈 300~400헤알

CLH 슈츠 코파카바나 도밍고스 페레이라

CLH Suites Copacabana Domingos Ferreira

저렴한 소형 호텔 체인인 CLH 슈츠에서 운영하는 곳으로 방이 크진 않지만 호스텔보다는 넓고 깨끗하다. 해변에서 가깝고 주변에 마트 등 편의 시설이 많다. 일행이 있다면 호스텔 도미토리 가격에 조금만 더 보태어 이런 저가형 호텔을 쓰는 것도 고려해 볼 만하다.

주소 Domingos Ferreira 71 **가격** 더블·트윈 350~500헤알

이비스 포스투 5 코파카바나

Ibis Posto 5 Copacabana

코파카바나에 있는 이비스 호텔 중 가장 시설이 좋고 깨끗하다. 바로 옆에 지하철역이 있고 해변도 가까워서 위치가 아주 좋다. 사실 방은 코파카바나의 웬만한 호텔보다 이곳이 훨씬 깨끗하고 넓기 때문에, 이 지역에서 가성비가 가장 좋은 호텔이다.

주소 Xavier da Silveira 82 **가격** 더블·트윈 50~70달러(조식 불포함)

호텔 올린다 리우

Hotel Olinda Rio

해변 바로 앞에 있는 호텔로 해변가 호텔치고는 가격이 크게 비싸지 않다. 방이 많은 호텔이 아니라서 식당 등 부대시설 이용에 여유가 있고, 마트와 식당 등이 가깝다.

주소 Atlantica 2230 **가격** 더블·트윈 100~150달러

아레나 코파카바나 호텔

Arena Copacabana Hotel

해변 바로 앞에 있는 4성급 호텔로 방이 넓고 깨끗하다. 옥상에는 바다가 보이는 조그만 수영장과 바가 있으며, 공용 공간도 정말 잘 만들어져 있다. 숙박비를 어느 정도 써도 상관없다면 이곳을 추천한다. 성수기와 비수기의 가격 차이가 상당히 크다.

주소 Atlantica 2064 **가격** 더블·트윈 130~200달러

여행회화

스페인어

스페인어는 세상에서 가장 읽기 쉬운 언어로 알려져 있다. 발음과 문자가 100% 일치하기 때문에 기본 발음만 알면 누구나 읽을 수 있다. 대부분의 발음이 영어와 비슷하며, 격음(ㅍ/ㅌ/ㅋ)을 대체로 쓰지 않고 경음(ㄲ/ ㄸ/ ㅃ)이 많은 것이 특징이다.

※ 모든 언어가 그렇듯이 스페인어도 국가마다 단어와 발음에 약간씩 차이가 있다.

스페인어 발음

a	아	n	ㄴ
b	ㅂ	ñ	ㄴ + 중모음 발음
c	ㅆ(e, i), ㄲ(a, o, u)	o	오
d	ㄷ	p	ㅃ
e	에	q	ㄲ
f	ㅍ	r	ㄹ
g	ㅎ(e, i), ㄱ(a, o, u)	s	ㅅ
h	묵음(발음 안함)	t	ㄸ
i	이	u	우
j	ㅎ	v	ㅂ
k	ㄲ	x	ㄱ
l	ㄹ	y	이
m	ㅁ	z	ㅅ

스페인어의 인칭

나	Yo [요]	그녀	Ella [에야]
너	Tú [뚜]	우리	Nosotros [노소뜨로스]
당신	Usted [우스뗏]	당신들	Ustedes [우스떼데스]
그	Él [엘]		

※ 스페인어는 영어와 달리 반말과 존댓말이 있다. 나이 차이가 아주 많은 사람에게 반말인 'Tú [뚜]'를 쓰면 무례한 것이다. 중미의 스페인어는 스페인 본토와 달리 '너희들(Vosotros, 보소뜨로스)'는 쓰지 않는다.

TIP

스페인어의 특이한 발음

- 서로 다른 C의 발음 : Ceci [쎄씨], Casa [카사]
- 서로 다른 G의 발음 : Gohan [고안], General [헤네랄]
- ñ의 발음 : ña [냐], ñe [녜], ño [뇨], ñu [뉴]
- g+중 모음 : gua [과], gue [게], gui [기],
- q+중 모음 : que [께], qui [끼]
- ll+중 모음 : lla [야], lle [예], llo [요], llu [유]

인사

안녕.	Hola. [올라]
좋은 아침입니다.	Buenos dias. [부에노스 디아스]
좋은 오후입니다.	Buenas tardes. [부에나스 따르데스]
좋은 저녁입니다.	Buenas noches. [부에나스 노체스]
잘 가.	Chao. [챠오] / Adiós. [아디오스]
감사합니다.	Gracias. [그라시아스]
매우 감사합니다.	Muchas gracias. [무차스 그라시아스]
실례합니다.	Disculpe. [디스꿀뻬]
죄송합니다.	Perdón. [뻬르돈]

※ 중미 사람들은 모르는 사람이라도 얼굴을 마주치면 웃으며 인사를 한다. 상대방이 인사를 하더라도 당황하지 말고 '올라'라고 말하자. '올라'는 영어의 'Hi'와 같다.

※ 중미의 각 시간대별 인사는 영어의 'Good morning/afternoon/evening'과 동일하다. 구분해서 쓰면 더 좋지만 외국인이니까 'Hola(올라)'만 해도 무방하다.

※ 실제 회화에서는 '아디오스'보다는 '챠오'라는 말을 잘 쓴다.

※ '그라시아스(Gracias)'는 '올라'와 함께 중미 여행 중 가장 많이 쓰는 말이다. 중미 사람들은 사소한 것에 대해서도 '그라시아스'라고 말한다.

요청과 부탁

나에게 ~를 줘.	Dame~. [다메~]
저에게 ~를 주세요.	Déme~. [데메~]
저에게 ~를 주실 수 있나요?	¿Podría darme~? [뽀드리아 다르메~?]
제발.	Por favor. [뽀르 파보르]

※ Por favor는 영어의 '플리즈(Please)'와 같은 단어. 우리말은 '제발'이라는 표현을 잘 쓰지 않지만 중미는 아주 사소한 부탁을 할 때도 말 끝에 '뽀르 파보르'를 말한다. 요청을 할 때는 가능한 말하도록 노력하자. '물건 + Por favor'의 형태로 간단하게 요청을 할 수도 있다.

소개

제 이름은 ~입니다.	Mi nombre es ~. [미 놈브레 에스 ~]
저는 25살입니다.	Tengo 25 años. [뗑고 베인띠 씽꼬 아뇨스]
저는 학생입니다.	Soy estudiante. [소이 에스뚜디안떼]
저는 여행객입니다.	Soy turista. [소이 뚜리스따]
이름이 뭔가요?	¿Cómo se llama? [꼬모 세 야마?]
몇 살이세요?	¿Cuántos años tiene? [꾸안또스 아뇨스 띠에네?]
저는 한국 사람입니다.	Soy Coreano. [소이 꼬레아노(남자)] Soy Coreana. [소이 꼬레아나(여자)]
당신은 어느 나라 사람인가요?	¿De dónde es usted? [데 돈데 에스 우스뗃?]

기본적인 질문과 대답

네.	Sí. [씨]
아니오.	No. [노]
(사람을 부를 때) 저기요.	Oiga. [오이가]
왜?	¿Porqué? [뽀르께?]
뭐라고요?	¿Cómo? [꼬모?]
이것은 무엇입니까?	¿Qué es esto? [께 에스 에스또?]
영어를 할 수 있나요?	¿Habla inglés? [아블라 잉글레스?]
저는 스페인어를 말할 수 없어요.	No hablo español. [노 아블로 에스빠뇰]
이해했나요?	¿Entiende? [엔띠엔데?]
이해했습니다.	Entiendo. [엔띠엔도]
~가 어디에 있나요?	¿Donde esta~? [돈데 에스따~?]
화장실이 어디에 있나요?	¿Donde esta el Baño? [돈데 에스따 바뇨?]
가격이 얼마인가요?	¿Cuanto Cuesta? [꾸안또 꾸에스따?]

요리

1. 주식

흰쌀밥 arroz blanco [아로스 블랑꼬]

볶음밥 arroz frito [아로스 프리또]

삶은 감자 papa cocida [빠빠 꼬시다]

감자튀김(프렌치 프라이) papa frita [빠빠 프리따]

으깬 감자 pure [뿌레]

2. 닭고기 요리

닭튀김 pollo frito [뽀요 프리또]

구운 닭 pollo asado [뽀요 아사도] / pollo a la brasa [뽀요 알 라 브라사]

닭 스프 sopa de pollo [소빠 데 뽀요], caldo de gallina [깔도 데 가지나]

닭고기 볶음밥 arroz frito con pollo [아로스 프리또 꼰 뽀요]

닭 가슴살 pechuga [뻬추가]

닭 날개 alita [알리따]

닭 다리 pierna [삐에르나]

3. 돼지고기 요리

튀긴 돼지고기 chicharron [치차론(페루·볼리비아 음식)]

돼지고기 볶음밥 arroz frito con cerdo [아로스 프리또 꼰 쎄르도] / chancho [찬초]

돼지 등심 chuleta [출레따]

돼지 목살 bondiola [본디올라]

삼겹살 panceta [빤쎄따]

베이컨 tocino [또씨노]

돼지갈비(폭립) costillas de cerdo [꼬스띠야스 데 쎄르도]

4. 소고기 요리

소고기 안심 lomo [로모]

소고기 등심 ojo de bife [오호 데 비페]

소고기 채끝살 bife de chorizo [비페 데 초리소]

소고기볶음 lomo saltado [로모 살따도(페루 음식)]

5. 해물요리

해물 스프 sopa de marisco [소빠 데 마리스꼬]

해물 볶음밥 arroz con marisco [아로스 꼰 마리스꼬]

해물 샐러드 ensalada de marisco [엔살라다 데 마르스꼬]

튀긴 생선 pescado frito [뻬스까도 프리또]

음식 재료

닭고기 pollo [뽀요] / gallina [가지나] / ave [아베]
※ave는 '새'라는 뜻이지만 '닭고기'로도 쓰인다.

소고기 carne [까르네]

돼지고기 cerdo [쎄르도] / chancho [찬초]

양고기 cordero [꼬르데로]

소고기 등심 lomo [로모]

생선 pescado [뻬스까도]

해물(생선을 제외한 해물) marisco [마리스꼬]

문어 pulpo [뿔뽀]

오징어 calamar [깔라마르]

새우 camarón [까마론]

게 jaiba [하이바]

대게 centolla [센또야]

샐러드 ensalada [엔살라다]

양파 cebolla [쎄보야]

양상추 lechuga [레추가]

당근 zanahoria [사나오리아]

올리브(열매) oliva [올리바]

고수 cilantro [씰란뜨로]

오이 pepino [뻬삐노]

토마토 tomate [또마떼]

버섯 campiñon [참삐뇬]

옥수수 maiz [마이스]

감자 papa [빠빠]

고구마 camote [까모떼]

카사바 yuca [유까]

쌀 arroz [아로스]

빵 pan [빤]

조리법

튀긴 frito [프리또]

삶은 cocido [꼬시도]

볶은 saltado [살따도]

숯불이나 전기 등에 구운 asado [아사도] / barbacoa [바르바꼬아]

팬에 구운 a la plancha [알 라 쁠란차]

양념

설탕 azúcar [아수까르]

소금 sal [살]

식초 vinagre [비나그레]

식용유(기름) aceite [아세이떼]

올리브유 aceite de oliva [아세이떼 데 올리바]

후추 pimienta [삐미엔따]

소스 salsa [살사]

매운 소스 salsa picante [살사 삐깐떼]

케찹 ketchup [께춥]

마요네즈 mayonesa [마요네사]

머스터드 소스 mostaza [모스따사]

음식의 맛

(맛이) 단 dulce [둘쎄]

※'dulce'는 영어의 'sweet'이기 때문에, 케익·푸딩 등 단맛의 음식을 통칭하는 말로도 쓰인다.

(맛이) 짠 salado [살라도]

(맛이) 신 acido [아씨도]

(맛이) 매운 picante [삐깐떼]

맛있는 rico [리꼬]

뜨거운 caliente [깔리엔떼]

차가운 frio [프리오]

양 조절

더 많이(More) más [마스]

더 적게(Less) menos [메노스]

~와 함께(With) con [꼰]

~없이(Without) sin [신]

음료

음료 bebida [베비다]

※ '베비다'는 물·탄산음료·주류 등 모든 음료를 통칭하는 말이다. 따라서 식당에서 요리를 주문하고 나면 직원이 '베비다?'라고 물어보는데, '음료는 뭘 마시겠냐?'라는 질문이다.

물 agua [아구아]

생수 agua sin gas [아구아 신 가스]

탄산수 agua con gas [아구아 꼰 가스]

주스 jugo [후고]

맥주 cerveza [쎄르베사]

와인 vino [비노]

화이트 와인 vino blanco [비노 블랑꼬]

레드 와인 vino tinto [비노 띤도]

탄산음료 gaseosa [가세오사]

커피 café [까페]

카페라떼 cafe con leche [까페 꼰 레체]

아이스커피 cafe frio [까페 프리오]

※ '얼음(hielo)과 함께'라는 표현으로 'cafe con hielo(까페 꼰 이엘로)'라고 할 수도 있다.

우유 leche [레체]

과일

과일 fruta [프루따]

사과 manzana [만사나]

배 pera [뻬라]

딸기 fresa [프레사]

산딸기 frutilla [프루띠야]

※ 일부 지역에서는 'frutilla'가 '딸기'로 쓰인다.

포도 uva [우바]

복숭아 durazno [두라스노]

라임 limon [리몬]

아보카도 Aguacate [아구아까떼] / Palta [빨따]

무화과 higo [이고]

체리 cereza [쎄레사]

블루베리 arándano [아란다노]

식기류

숟가락 cuchara [꾸차라]

나이프 cuchillo [꾸치요]

포크 tenedor [떼네도르]

술을 마시는 잔 copa [꼬빠]

물이나 음료 잔 taza [따사] / vaso [바소]

접시 plato [쁠라또]

식사 종류

아침 식사 desayuno [데사유노]

점심 식사 almuerzo [알무에르소]

저녁 식사 cena [쎄나]

음식 comida [꼬미다]

주류 alcohol [알꼬올]

전채 요리 entrada [엔뜨라다]

메인 요리 plato principal [쁠라또 쁘린씨빨]

후식 postre [뽀스뜨레]

기타

배부른 lleno [예노]

배고픈 hambre [암브레]

메뉴판 menú [메뉴]

아이스크림 helado [엘라도]

케익 pastel [빠스뗄]

파이 torta [또르따]

영어 메뉴판이 있나요?	¿Hay menú en inglés? [아이 메누 엔 잉글레스?]
와이파이 비밀번호가 뭔가요?	¿Qué es clave de Wi-Fi? [께 에스 끌라베 데 와이파이?]
고수는 빼 주세요.	Sin cilantro, por favor. [신 씰란뜨로, 뽀르 파보르]
맥주(와인)가 있나요?	¿Hay cerveza(vino)? [아이 쎄르베사(비노)?]
소금을 적게 넣어 주세요. (덜 짜게 해 주세요.)	Menos sal, por favor. [메노스 살, 뽀르 빠보르]

호텔에서

예약

예약 reservación [레쎄르바씨온]

방 habitación [아비따시온]

호텔 hotel [오뗄]

호스탈 hostal [오스딸]

민박집 hospedaje [오스뻬다헤]

팬션 cabaña [까바냐]

(방이) 있는 disponible [디스뽀니블레]

싱글 룸 simple [심쁠레]

트윈 룸(침대 2개) doble [도블레]

더블 룸(큰 침대) matrimonio [마뜨리모니오]

트리플 룸 triple [뜨리쁠레]

(숙박비) 지불 pago [빠고]

세금 tasa [따사]

보증금 depósito [데뽀시또]

방

침대 cama [까마]

배게 almohada [알모아다]

침대 시트(홑이불) sábana [사바나]

이불 colcha [꼴차]

에어컨 aire acondicionador [아이레 아꼰디시오나도르]

히터 calentator [깔렌따도르]

선풍기 ventilador [벤띨라도르]

리모컨 (control) remoto [(꼰뜨롤) 레모또]

텔레비전 television [뗄레비시온]

냉장고 refrigerador [레프리헤라도르]

깨끗한 limpio [림삐오]

지저분한 sucio [수씨오]

열쇠 llave [야베]

카드키 tarjeta [따르헤따]

※ '따르헤따'는 '카드'라는 뜻으로 신용카드도 '따르헤따'라고 말한다.

화장실

화장실 baño [바뇨]

수건 toalla [또아야]

휴지 papel sanitario [빠 사니따리오]

샤워 ducha [두차]

비누 jabón [하봉]

뜨거운 물 agua caliente [아구아 깔리엔떼]

차가운 물 agua fría [아구아 프리아]

헤어드라이어 secador [세까도르]

빈 방이 있나요?	¿Hay habitación disponible? [아이 아비따시온 디스뽀니블레?]
더운 물이 하루 종일 나오나요?	¿Sale agua caliente todo el dia? [살레 아구아 깔리엔떼 또도 엘 디아?]
에어컨이 있나요?	¿Hay aire acondicionador? [아이 아이레 아꼰디시오나도르?]
하룻밤에 가격이 얼마인가요?	¿Cuánto cuesta por noche? [꾸안또 꾸에스따 뽀르 노체?]
아침 식사가 포함되어 있나요?	¿Incluyen desayuno? [인끌루옌 데사유노?]
와이파이가 안 돼요.	No funciona Wi-Fi. [노 풍씨오나 와이파이]

더운 물이 안 나와요.	No sale agua caliente. [노 살레 아구아 깔리엔떼]
제 방이 더러워요. 청소할 필요가 있어요.	Mí habitación es sucia, Necesita limpiar. [미 아비따시온 에스 수씨아, 네세시따 림삐아르]

교통

공항과 터미널에서

표 boleto [볼레또]

※ 표는 '띠껫'이라는 표현도 많이 쓴다.

편도 ida [이다]

왕복 ida y vuelta [이다 이 부엘따]

매표소 venta [벤따]

캐리어 maleta [말레따]

배낭 mochila [모칠라]

입구 entrada [엔뜨라다]

출구 salida [살리다]

비행기 avión [아비온]

버스 bus [부스]

택시 taxi [딱시]

자가용 콜택시 remis [레미스]

배 barco [바르꼬]

기차 tren [뜨렌]

좌석 asiento [아시엔또]

창가 좌석 asiento ventana [아시엔또 벤따나]

통로 좌석 asiento pasillo [아시엔또 빠시요]

스케줄 horario [오라리오]

시간 tiempo [띠엠뽀] / hora [오라]

내일 오전 mañana por la mañana [마냐나 뽀르 라 마냐나]

※ 'mañana(마냐나)'는 아침과 내일을 모두 의미하기 때문에 버스표를 구매할 때 주의해야 한다. 마냐나라고 하면 보통 '내일'을 의미하고, '오전'은 'por la mañana(뽀르 라 마냐나)'라고 표현하지만 늘 그런 것은 아니다. 스페인어가 자신 없다면 날짜와 시간을 적어서 표를 파는 사람에게 보여 주는 것이 가장 확실하다.

몇 시에 출발하나요?	¿A qué hora sale? [아 께 오라 살레?]
몇 시에 도착하나요?	¿A qué hora llega? [아 께 오라 예가?]
~까지 시간이 얼마나 걸리나요?	¿Cuánto se tarda hasta~? [꾸안또 세 따르다 아스따~?]
어디로 가나요?	¿A dónde va? [아 돈데 바?]
~로 가고 싶습니다.	Quiero ir a~. [끼에로 이르 아 ~]
표를 취소하고 싶습니다.	Quiero cancelar mi boleto. [끼에로 깐셀라르 미 볼레또]

물건 사기

비싼 caro [까로]
싼 barato [바라또]
할인 descuento [데스꾸엔또]
시장 mercado [메르까도]
슈퍼마켓 supermecado [수뻬르메르까도]
옷 ropa [로빠]
가게 tienda [띠엔다]

가격이 얼마인가요?	¿Cuónto cuesta? [꾸안또 꾸에스따?]
너무 비싸요. 깎아주세요.	Muy caro. Descuento, por favor. [무이 까로. 데스꾸엔또, 뽀르 파보르]

길 묻기

왼쪽 izquierda [이스끼에르다]
오른쪽 derecha [데레차]
앞으로 쭉 derecho [데레초]
모퉁이 esquina [에스끼나]
(거리의) 블록 cuadra [꾸아드라]
(거리가) 가까운 cerca [쎄르까]
(거리가) 먼 lejos [레호스]

~가 어디에 있나요?	¿Dónde está ~? [돈데 에스따~?]
걸어가면 시간이 얼마나 걸리나요?	¿Cuánto se tarda a pie? [꾸안또 세 따르다 아 삐에?]
상당히 멀어요.	Muy lejos. [무이 레호스]
모퉁이에 있어요.	Está en la esquina. [에스따 엔 라 에스끼나]

돈

은행 banco [방꼬]
환전 cambio [깜비오]
환전소 casa de cambio [카사 데 깜비오]
돈 dinero [디네로]
동전 moneda [모네다]
위조지폐 dinero falso [디네로 팔소]
ATM 기계 cajero automático [까헤로 아우또마띠꼬]
신용카드 targeta de crédito [따르헤따 데 끄레디또 ('따르헤따'라고도 한다.)]
현금 efectivo [에펙띠보]

달러를 바꾸고 싶어요.	Quiero cambiar dólares. [끼에로 깜비아르 돌라레스]
카드로 지불할 수 있나요?	¿Puedo pagar en targeta? [뿌에도 빠가르 엔 따르헤따?]
현금이 없어요.	No tengo efectivo. [노 뗑고 에펙띠보]

숫자

1 uno [우노]
2 dos [도스]
3 tres [뜨레스]
4 cuatro [꾸아뜨로]
5 cinco [씽꼬]
6 seis [세이스]
7 siete [시에떼]
8 ocho [오초]
9 nueve [누에베]
10 diez [디에스]
11 once [온쎄]
12 doce [도쎄]
13 trece [뜨레쎄]
14 catorce [까또르쎄]
15 quince [낀쎄]
16 dieciséis [디에시세이스]
17 diecisiete [디에시시에떼]
18 dieciocho [디에시오초]
19 diecinueve [디에시누에베]
20 veinte [베인떼]
21 veintiuno [베인띠우노]
30 treinta [뜨레인따]
31 treinta y uno [뜨레인따 이 우노]
32 treinta y dos [뜨레인따 이 도스]
40 cuarenta [꾸아렌따]
50 cincuenta [씽꾸엔따]
60 sesenta [세센따]
70 setenta [세뗀따]
80 ochenta [오첸따]
90 noventa [노벤따]
100 cien [씨엔]
200 dos cientos [도스 씨엔또스]
300 tres cientos [뜨레스 씨엔또스]
500 quinientos [끼니엔또스]
1,000 mil [밀]
1,000,000 millón [밀리온]

기타 장소

약국 farmcia [파르마시아]
레스토랑 restaurante [레스따우란떼]
병원 hospital [오스삐딸]
공항 aeropuerto [아에로뿌에르또]
터미널 terminal [떼르미날]
항구 puerto [뿌에르또]
해변 playa [쁠라야]
와이너리 bodega [보데가]
편의점 kiosco [끼오스꼬]
세탁소 lavandería [라반데리아]
기차역·버스 정류장 Estación [에스따시온]
여행사 agencia de viaje [아헨시아 데 비아헤]

시간

요일

월요일 lunes [루네스]
화요일 martes [마르떼스]
수요일 miércoles [미에르꼴레스]
목요일 jueves [후에베스]
금요일 viernes [비에르네스]
토요일 sábado [사바도]
일요일 domingo [도밍고]

월

1월 enero [에네로]
2월 febrero [페브레로]
3월 marzo [마르소]
4월 abril [아브릴]
5월 mayo [마요]
6월 junio [후니오]
7월 julio [훌리오]
8월 agosto [아고스또]
9월 septiembre [셉띠엠브레]
10월 octubre [옥뚜브레]
11월 doviembre [노비엠브레]
12월 diciembre [디시엠브레]

날짜 및 기타

년 año [아뇨]
월 mes [메스]
주 semana [세마나]
일 dia [디아]
날짜 fecha [페차]
어제 ayer [아예르]
어젯밤 anoche [아노체]
사흘 전 hace tres dias [아쎄 뜨레스 디아스]
오늘 hoy [오이]
지금 ahora [아오라]
내일 mañana [마냐나]
내일 모레 pasado mañana [빠사도 마냐나]
과거 pasado [빠사도]
미래 futuro [푸뚜로]

여행회화

포르투갈어

포르투갈어는 스페인어와 비슷하면서도 많이 다르다. 특히 발음은 프랑스어처럼 비음이 많아서 우리나라 사람이 발음하기에는 다소 까다롭다. 브라질에 오래 머무는 여행자가 많지 않기 때문에 포르투갈어는 간단한 기본 표현만 정리하였다.

인사와 만남

(만날 때) 안녕.	Ola. [올라]
(헤어질 때) 안녕.	Chau. [차우]
좋은 아침입니다.	Bom dia. [봉 지아]
좋은 오후입니다.	Boa tarde. [보아 따르지]
좋은 밤입니다.	Boa noite. [보아 노이찌]
감사합니다.	Obrigado. [오브리가두(남성)] Obirigada. [오브리가다(여성)]
실례합니다.	Com licença. [꽁 리쎈사]
천만에요.	De nada. [지 나다]
부탁합니다.	Por favor. [뽀르 파보르]
만나서 반갑습니다.	Muito prazer. [무이뚜 쁘라제르]
안녕하신가요?	Como vai? [꼬무 바이?]
모두 좋습니다.	Todu bom. [뚜두 봉]
아주 좋습니다.	Muito bom. [무이뚜 봉]
이름이 뭔가요?	Qual e o seu nome? [꾸알 에 오 세우 노미?]
내 이름은 ~입니다.	Meu nome e~. [메우 노미 에~]
당신 이름이 뭔가요?	Qual e o seu nome? [꾸알 에 오 세우 노미]
포르투갈어를 못합니다.	Não falo português. [능 팔루 뽀르뚜게스]
영어를 할 줄 아시나요?	Fala ingles? [팔라 잉글레스?]

식당에서

소고기 carne [까르니]
돼지고기 porco [뽀르꾸]
닭고기 frango [프랑구]
생선 peixe [뻬이시]
새우 camarão [까마룽]
쌀 arroz [아호스]
감자 batata [바따따]
우유 leite [레이치]
빵 pão [쁘응]
치즈 queijo [께이주]
설탕 açucar [아수까르]
소금 sal [사우]
화장실 banho [바뉴]

가격이 얼마인가요?	Quanto Custa? [꽌두 꾸스따?]
너무 비싸요.	Muito caro. [무이뚜 까루]
~이 어디에 있나요?	Onde está ~? [옹지 에스따~?]
이것은 무엇인가요?	O que é isso? [오 끼 에 이수?]
네.	Sim. [싱]
아니요.	Não. [느응]

찾아보기

INDEX

관광지

투어

식당

숙소